KB216028

요한복음

요한복음

초판 1쇄 발행 2017년 9월 1일
2판 1쇄 인쇄 2021년 9월 14일
2판 1쇄 발행 2021년 9월 20일

지은이 황원하
펴낸이 유동휘
펴낸곳 SFC출판부
등록 제104-95-65000
주소 (06593) 서울특별시 서초구 고무래로 10-5 2층 SFC출판부
Tel (02)596-8493
Fax 0505-300-5437
홈페이지 www.sfcbooks.com
이메일 sfcbooks@sfcbooks.com
기획 · 편집 편집부
디자인편집 최건호
ISBN 979-11-87942-57-3 (03230)
값 23,000원

잘못 만들어진 책은 언제든지 교환해 드립니다.

A Commentary on the Gospel According to John

요한복음

황원하 지음

SFC

추천의 글

요한복음은 복음서 가운데서도 초신자들이 가장 강한 인상을 받는 책입니다. 저도 그랬습니다. 그래서 읽고 또 읽었습니다. 독일어나 불어 성경을 읽을 때도, 라틴어나 화란어 성경을 읽을 때도, 그리고 헬라어 성경을 읽을 때도 저는 언제나 요한복음에서 시작했습니다.

요한복음을 이해하는 데 저는 레온 모리스나 레이몬드 브라운의 요한복음 주석에서 많은 도움을 받았습니다. 그런데 이번에 출간되는 황원하 목사님의 요한복음 주석을 보면서, 이제는 굳이 외국학자의 주석을 읽으려고 애쓸 필요 없이 우리말로 된 믿을 만한 주석을 얻게 된 것에 크게 기뻐했습니다.

이 주석은 학문적으로 믿을 만하고, 많은 의문에 답해줄 뿐 아니라, 무엇보다 예수 그리스도를 믿는 것이 무엇이고 어떻게 믿을 것이며 왜 믿어야 하는지를 잘 보여줍니다. 이 주석을 저는 설교를 맡고 있는 목회자들이나 미래의 목회자인 신학생들뿐만 아니라, 대학생들과 청년들, 교회 장로들과 집사들, 권사들이 먼저 읽기를 권합니다. 그리하여 하나님의 말씀을 읽고 풀어내어 이해하고 설교하고 가르치고 삶 속에서 적용한다는 것이 무엇인지 알고 깨닫기를 바랍니다.

강영안 미국 칼빈신학대학원 철학신학 교수, 서강대 철학과 명예교수

어린아이도 수영할 수 있고 거대한 코끼리도 수영할 수 있다는 성경. 목회적 온화함과 신학적 심오함을 동시에 경험할 수 있는 성경. 누구든지 그 메시지에 주의를 기울인다면 구원에 이르는 길을 안내받을 수 있는 성경. 하늘에서 내려온 지혜와 생명과 빛을 온 누리에 마음껏 펼치는 성경. 누군가를, 무엇인가를 가리키는 징조로 가득한 성경. 쉬운 듯 어렵고 가까운 듯 먼, 친숙한 듯 낯선 성경. 요한복음이 그렇습니다.

누군가의 친절한 안내를 받으면서 요한복음을 이해하고 싶다면 이 책의 저자를 강력하게 추천합니다. 요한복음 전공자이면서도 목회자의 가슴을 갖고 있는 저자는 요한복음에 관해 기본적으로 알아야 할 대부분의 정보를 독자들에게 알려줄 뿐 아니라, 복음서가 전하려는 메시지를 유감없이 분명하게 드러내고 있습니다.

요한복음의 거시 구조뿐 아니라 미시 구조를 균형 있게 살피는 저자는 독자들에게 성경 해석을 숲과 나무들을 함께 음미하고 감상하도록 눈과 귀를 열어 줍니다. 본문 해석과 연관된 궁금한 주제들(예, 성전 정화 사건의 횟수, 사마리아 여인의 정체, 초기 기독교의 예배, 구약의 신약 인용 등)은 필요할 때마다 특주를 사용하여 독자의 이해를 돕기도 합니다. 이 책의 큰 장점은 무리한 해석들을 멀리하고 본문이 말하려는 바를 정확하게 집어내어 성경 이해의 너비와 높이와 깊이를 한층 더 업그레이드 시켜주는 데 있습니다.

이 주석서는 학문과 목회의 절묘한 균형을 제시할 뿐 아니라 교회를 위한 성경 주석의 좋은 길잡이 역할을 하리라 믿습니다. 한국교회의 강단을 더욱 풍요롭고 알차게 해주는 주석서이기에 설교 준비에 바쁜 목회자들과 성경 연구에 목말라하는 신학생들, 하나님의 말씀을 진지하게 공부하고 싶어 하는 신자들에게 적극 추천합니다.

류호준 백석대학교 신학대학원 은퇴교수

요한복음은 공관복음과 달리 요한의 특별한 목적이 있어 쓰여진 책입니다. 따라서 시간 순으로 차근차근 말하기보다 필요한 주제들을 강조하며 기술하고 있습니다. 요한이 말하는 신학적 주제들은 박해 속에서 신앙을 지키고 살아가려고 했던 사람들에게 바로 '지금'을 어떻게 살아야 할지 고민하고 또한 답을 찾게 했습니다.

이런 점에서 황원하 목사의 해설은 특별합니다. 구절에 대한 풀이도 있지만, 이 단락에서 강조하고 있는 신학적 주제들을 따로 다루고 있기 때문입니다. 이 점이 요한복음을 이해할 때 상당히 유용하리라 생각합니다.

저자인 황원하 목사는 교회를 사랑해서 일찍이 신학교에 갔습니다. 그는 신학을 공부하며 말씀을 효과적으로 전하기 위해 깊이 고민했던 사람입니다. 당시 그는 많은 주석들을 보았지만 대부분의 저자들이 외국인들이기 때문에 오는 한계와 실제 삶에 적용할 수 없는 내용들이 많았다고 합니다. 그래서 그는 우리나라 정서와 현실에 맞는 성경 해석이 필요하다는 생각에 신학 공부를 계속하게 되었고, 요한복음을 전공했습니다.

수년 동안 요한복음을 깊이 고민해 온 저자의 글이 기대되는 이유는 그가 학자이면서 목회자이기 때문입니다. 냉철한 분석으로 본문의 의미를 파악하고, 뜨거운 마음으로 성도들에게 그 말씀을 먹이기 위해 쓴 이 책은 성도들뿐만 아니라 목회자들과 신학생들에게 기분 좋은 도전이 되리라 확신합니다.

이찬수 분당우리교회 담임목사

목차

개정판 서문

이 책의 초판이 나온 지 어느덧 4년이 지났다. 그동안 나는 목회와 연구를 수행하는 가운데 수시로 이 책을 가다듬고 보완했다. 이제 그간의 내 노력을 이렇게 내놓는다. 이 책은 요한복음의 입문서이다. 이 책을 읽고 기초를 잘 닦은 후 본격적인 주석서나 연구서를 읽으면 좋겠다. 오늘날 탁월한 신학자들이 요한복음에 관해 훌륭한 학문적 결과물들을 계속해서 내놓고 있으므로 독자들은 그들의 수고를 통해서 요한복음을 더욱 깊고 풍성하게 공부할 수 있을 것이다.

나는 개혁신학자로서 성경의 무오성과 유기적 영감성을 믿는 가운데 정확하고 정직하게 본문을 해석하고자 노력했다. 물론 그와 더불어 다양한 스펙트럼의 학자들이 요한복음을 연구하여 나름의 이론을 전개한 것들도 상당히 참고했다. 따라서 나와 같은 믿음과 지성을 가진 독자들은 안심하고 나의 설명을 따라올 수 있을 것이다. 특히 나는 신학자이면서 목회자이므로 이 책이 동료 목회자들의 연구와 설교 준비에 실용적인 도움을 줄 수 있을 것이라 믿는다.

이 책을 읽는 독자들이 요한복음의 재미와 의미를 푸짐하게 누릴 수 있기를 바라마지 않는다. 부족한 담임목사를 위해서 늘 기도하고 격려해 주시는 산성교회 당회원들과 성도님들에게 감사를 전한다. 원고를 교정하느라 수고해 준 송태경 목사와 박윤상 강도사에게도 감사한다. 또한 편집과 출간을 맡아주신 SFC 출판부에 감사를 표한다. 무엇보다 사랑과 기도로 내조해 주는 아내 김숙경과 우리의 듬직한 아들 현준이에게 이 책을 바친다.

2021년 8월
산성교회 목양실에서

황원하

초판 서문

나는 제법 오랜 기간 상당한 노력을 기울여서 이 책을 썼다. 처음에는 2011년에 출간한 『요한복음 해설노트』SFC 출판부의 개정증보판을 내려고 했다. 하지만 글을 쓰던 중 상당수의 문장을 고치거나 추가하였으며, 근래에 학계에서 진행된 요한복음의 연구 현황을 적절히 반영하였고, 더욱이 한국 기독교인의 정서와 현실을 고려하다 보니 이전의 책과 다른 별도의 책이 나오게 되었다. 따라서 이 책에는 나의 학문적 결실이 최대한 담겨 있다고 자부한다.

이 책의 주요 독자층은 목회자와 신학생이다. 나는 목회자와 신학생이 요한복음을 정확하게 해석하여 바르게 가르치기를 바라는 마음으로 이 책을 썼다. 나는 설교자들이 요한복음의 진정하고 풍부한 의미를 전달하는 데 필요한 책을 찾는 현실 속에서 이 책이 그들에게 유용하고 적절한 지침이 되기를 바란다. 또한 나는 신학을 공부하지 않은 그리스도인들 가운데 어느 정도의 지성을 가지고 있다면, 누구라도 이해할 수 있게끔 문장을 만들고 내용을 구성했다. 따라서 그리스도인이라면 누구나 이 책을 읽는 데 큰 부담을 느끼지 않을 것이다.

요한복음은 문예적 기교가 많고, 단어와 표현의 상징성이 풍부하며, 구성과 배열이 정교하고, 신학적 메시지가 강렬하다. 따라서 요한복음을 연구하는 이들은 세심하고 정교한 관찰력과 상당한 지성을 갖추어야 한다. 더욱이 요한복음은 당시의 독특한 상황을 기반으로 해서 기록되었기 때문에 연구자들은 당시의 정치-사회-문화-종교적인 상황을 잘 이해해야 한다. 뿐만 아니라 모든 세대의 독자들을 고려한 흔적이 들어 있기 때문에 적용성과 현장성도 중시해야 한다. 나는 이 책을 읽는 이들이 요한복음이 담고 있는 이러한 오묘한 특성들을 터득하기를 기도한다.

지면을 빌어서 여러 분들에게 감사를 표시하고 싶다. 우선 내가 목회하는 산성교회 성도들에게 감사한다. 나는 산성교회 성도들의 기도와 사랑으로 살아가고 있다. 다음으로 이 책의 추천사를 써 주신 강영안 교수님, 류호준 교수님, 이찬수 목사님께 감사한다. 이분들은 나의 학문과 목회에 지대한 영향을 끼치신 분들이다. 또한 이 책의 출판을 맡아서 수고해 주신 SFC출판부 간사님들에게도 감사한다. 끝으로 나를 위해서 항상 기도해 주고 내조해 주는 사랑하는 아내 김숙경과 우리의 귀여운 아들 현준이에게 감사한다.

2017년 8월

산성교회 목양실에서

황원하

A Commentary on the
Gospel According to
John
요한복음

요한복음 개론

1. 저자

요한복음의 저자는 예수님의 열두 제자 중 한 명인 '요한'이다.[1] 이는 내적증거성경 본문와 외적증거교회 전통에 의해서 지지받는다. 먼저 내적증거를 살펴보자.[2] 다른 복음서들과 마찬가지로 요한복음은 저자가 누구인지를 분명하게 언급하지 않는다. 하지만 우리는 본문을 자세히 살펴봄으로써

---

1. 상당수 현대 신약학자들은 요한복음이 특정 저자의 작품이 아니라 '공동체'(community)의 작품이라고 생각한다. 물론 이는 받아들일 수 없는 주장이다(참고. <특주1> 요한복음의 저자는 누구인가?). 그런데 공동체 저작설을 주장하는 학자들 사이에도 공동체(community)의 개념 정의에 있어서는 이견이 존재한다. 이에 관하여 Gerald L. Borchert는 다음과 같이 말한다. "In dealing with the subject of the Johannine community, it should be fairly clear at this point that there are various meanings implied by the term 'community.' For some it has meant little more than the church or community of believers that the evangelist was addressing. For others the concept has implied a focus group that may have changed radically over the years by the joining and departure of disparate members (such as Samaritans) who were said to be responsible not only for impacting the perspectives in the Gospel but also for the very shape and content of the Gospel itself. The first option would more clearly represent the traditional view of community, whereas the latter option would more closely represent views such as those of Martyn discussed earlier. In addition, there are many stages in between these two alternatives. In general, therefore, it seems questionable that the community itself was the source of the Gospel or responsible for its structure and content. Such a view seems to make the evangelist a mere reactor, redactor, or editor. On the other hand, the entire debate should remind everyone that both the life experiences of a writer and the persons to whom a document is written (even an inspired document) have an important impact on the way a presentation is made and the focus of its message." Gerald L. Borchert, *John 1-11*, The New American Commentary (Nashville: Broadman & Holman Publishers, 1996), 36.
2. G. M. Burge, *The Gospel of John*, NIV Application Commentary (Grand Rapids: Zondervan, 2000), 25~28.

저자에 대한 상당량의 정보를 얻을 수 있다. 특히 21장 24~25절은 저자에 대한 비교적 선명한 증거를 제공한다. 이 본문은 요한복음을 기록한 사람에 대해서 "이 일들을 증언하고 이 일들을 기록한 제자가 이 사람이라"라고 하는데, 여기서 "제자"는 21장 2절에 진술된 일곱 제자시몬 베드로, 도마, 나다나엘, 세베대의 두 아들, 또 다른 제자 둘 중 한 명이다참고. 막3:17; 행1:13. 그리고 이 일곱 제자 중에서 저자일 가능성이 가장 큰 인물은 세베대의 두 아들 중 하나인 '요한'이다참고. <특주1> 요한복음의 저자는 누구인가?.

다음으로 외적증거를 살펴보자.[3] 가장 중요한 외적증거는 이레니우스 Irenaeus, 주후 130~200년의 증언이다. 그는 사도 요한의 제자였던 서머나의 폴리갑Polycarpus, 주후 69~155년에게서 요한복음에 관하여 들은 후, "주님의 품에 안겼던 주님의 제자 요한이 아시아의 에베소에 머물고 있을 때 복음서를 썼다."*Adv. Haer*. 1.9.2; 3.21.3라고 말했다. 그리고 에베소의 감독이었던 폴루크라테스Polucrates, 주후 190년는 로마의 감독이었던 빅토르Victor, 주후 200년에게 보내는 서신에서 사도 요한과 복음서가 연관되어 있다고 말했다. 이외에도 알렉산드리아의 클레멘트Clement of Alexandria, 주후 200년, 무라토리 정경 Muratorian Canon, 주후 170~200년, 그리고 유세비우스Eusebius, 주후 300년 등이 요한복음의 사도 요한 저작설을 지지했다. 그러므로 우리는 요한복음의 저자를 예수님의 열두 제자 중 한 명이었던 '요한'이라고 결론내릴 수 있다.

---

3. 초기 교부들의 요한복음 연구사 고찰을 위하여 다음의 책을 참고하라. M. Wiles, *The Spiritual Gospel. The Interpretation of the Fourth Gospel in the Early Church* (Cambridge: Cambridge University Press, 1960).

2. 수신자

요한복음의 수신자는 1차 수신자직접적인 수신자와 2차 수신자궁극적인 수신자로 나누어서 생각해 볼 수 있다. 요한복음의 1차 수신자는 에베소의 그리스-로마 문화권에 살고 있던 유대인들약간의 이방인들 포함이다참고. 기록 장소. 그들의 종교-문화적 상황은 전혀 낙관적이지 않았다. 그들은 유대의 회당과 심각하게 갈등하며 지내고 있었다. 결국, 주후 1세기 후반에 얌니아 회의 Council of Jamnia에서 채택된 '18개의 기도문'Eighteenth Benedictions 중에서 열두 번째 기도에 '이단에 대한 저주 선언문'Birkat ha-Minim이 들어 있었는데, 그에 따라 당시 유대인들은 그리스도인들을 자신들의 회당에서 축출하기로 했다. 그러므로 요한복음의 수신자들은 이방 지역에 살면서 같은 민족에게서조차 버림을 받은 유대인 신자들이었다.

요한복음의 2차 수신자는 모든 세대의 모든 사람이다. 이는 요한복음의 우주성에 근거한다. 요한복음에서 가장 잘 알려진 구절인 3장 16절은 "누구든지" 예수님을 믿으면 구원을 얻는다고 선언한다. 이에 걸맞게 요한복음의 이야기 전개는 제자들의 믿음에서 시작하여2:11, 혼혈인들의 믿음에서 4장, 이방인들의 믿음4:54으로 나아간다. 또한 요한복음의 마지막 부분에서 도마가 예수님을 주님으로 고백하자, 예수님은 "보지 않고 믿는 자들"이 복되다고 말씀하시는데20:29, "보지 않고 믿는 자들"은 예수님을 육체적으로 볼 수 없는 모든 세대의 모든 그리스도인을 뜻한다. 따라서 요한복음은 모든 세대의 모든 사람을 위하여 기록된 책이라고 할 수 있다.

3. 기록 연대

현재까지 발견된 가장 오래된 요한복음 사본은 요한복음 18장 31~33절, 37~38절의 단편을 담고 있는 라이랜즈 파피루스Rylands Papyrus, P^{52}이다. 이 사본은 주후 125년경에 이집트에서 만들어졌다. 따라서 요한복음은 적어도 주후 125년 이전에 저술되었으며, 게다가 이미 주후 2세기 초에 이집트에까지 전해진 것을 알 수 있다. 또한 주후 1세기 말에서 2세기 초에 활동했던 이그나티우스Ignatius는 요한복음의 언어와 신학을 알고 있었다. 그리고 주후 2세기에 로마에서 활동했던 저스틴Justin 역시 요한복음의 신학을 기초로 하여 자신의 사상을 구축했다. 그러므로 요한복음은 주후 1세기에 저술되었음이 분명하다.

그런데 사도 요한을 이 복음서의 저자로 본다면, 저술 연대는 주후 60~90년대 사이가 될 것이다. 왜냐하면 주후 4세기에 살았던 제롬Jerome은 사도 요한이 예수님께서 돌아가신 후 68년 되는 해에 죽었다고 말하는데, 이때는 주후 98년쯤이기 때문이다. 게다가 요한복음에 성전 파괴에 대한 언급이 전혀 없는 것으로 보아 기록 연대를 주후 70년 이전으로 볼 수도 있다. 그렇다면 요한복음이 기록된 시기는 사도들이 왕성하게 활동하던 시기인 주후 60~65년경일 가능성이 크다. 하지만 만일 요한의 제자들에 의한 약간의 편집edition을 인정할 경우, 요한복음은 이보다 조금 늦게 출판되었다고 볼 수 있다. 결국, 현재 우리가 가지고 있는 요한복음 본문은 주후 80~90년대에 완성되었을 것으로 추정된다.[4]

---

4. Burge는 요한의 제자들 혹은 요한 공동체가 요한복음을 편집했을 가능성을 염두에 두면서 저작 시기에 관하여 이렇게 말한다. "To sum up, the traditions about Jesus that John preserves most likely stem from the earliest apostolic period-perhaps A.D. 60-65. But

4. 기록 장소

요한복음의 기록 장소가 어디인지에 대한 명확한 증거는 없다. 이레니우스는 요한이 에베소에 머물면서 이 복음서를 기록했다고 말한다*Adv. Haer.* 3.1.1. 유세비우스는 요한이 노년에 바울이 설립한 에베소에서 사역했다고 언급한다*Ecclesiastical History*. 3.24.7. 더군다나 에베소는 세례 요한의 추종자들이 활동하던 곳인데참고. 행19장, 요한복음에 세례 요한의 추종자들을 향한 변증적polemic 목적을 가진 본문이 다소 포함된 것으로 보아참고. 1:19~28, 35~42; 3:22~36; 10:40~42, 에베소를 요한복음의 기록 장소로 보는 것은 설득력이 있다.

당시 에베소는 소아시아의 수도이자 중심으로서 약 25만 명의 인구를 가진 대도시였다. 에베소 사람들은 아데미 신전을 중심으로 생활했는데, 그로 인해 윤리적으로 매우 타락해 있었다. 바울은 제2차 선교여행 중에 잠시 에베소에 머물렀고참고. 행18:19~22, 제3차 선교여행 중에 약 3년간 에베소에 머물렀다참고. 행19장; 20:31. 그는 이곳에서 고린도전서를 기록했다참고. 고전16:8, 19; 행19:21~22. 후에 바울은 디모데를 에베소에 보내어서 일하게 했다참고. 딤전1:3. 따라서 에베소는 초기 기독교회에서 중요한 곳이었다.

---

the final edition of the Gospel may have been published later. John and/or his disciples may have edited the work, making additions and sharpening its message for later Christianity." Burge, 29. 그러나 요한복음의 편집이론은 여전히 가설에 지나지 않는다.

5. 기록 목적

요한복음의 기록 목적은 20장 30~31절에 명시되어 있다. 그런데 이 구절에서 "믿게 하려 함이요"라는 문구가 사본 상의 차이를 가지고 있어서 정확한 의미를 판단하는 데 논란이 있었다. 즉 여기서 '믿는다'라는 동사의 헬라어 시제가 아오리스트 가정법aorist subjunctive으로 기록되어 있는 사본들도 있지만, 현재 가정법present subjunctive으로 기록되어 있는 사본들도 있는데, 양쪽 사본들의 가치가 비슷해서 어느 것이 옳은지를 결정하기가 쉽지 않다는 것이었다. 만일 이 동사의 시제를 아오리스트로 본다면 여기서 "믿게 하려 함"이란 선교적인 목적을 가진 것, 즉 불신자의 회심이 된다. 그러나 만일 이 동사의 시제를 현재형으로 본다면 여기서 "믿게 하려 함"이란 목회적인 것, 즉 신자의 믿음을 강화하는 것이 된다.[5]

그런데 최근에 헬라어를 연구하는 학자들은 아오리스트 가정법과 현재 가정법이 반드시 특정한 의미만을 가지는 것은 아니라는 사실을 발견했다. 즉 동사의 시제만을 가지고 의미를 결정하는 것은 옳지 않다는 것이다. 게다가 요한복음의 내용을 두루 살펴볼 때, 두 가지 목적을 모두 포함하고 있는 것으로 생각하는 것이 타당해 보인다. 곧 요한복음은 불신자들의 전도와 신자들의 믿음 강화라는 두 가지 목적을 모두 가지고 있다고 보는 것이 자연스럽다는 것이다. 실제로 요한복음은 믿지 않는 사람들에게 예수님을 믿어야 한다고 말하는 동시에, 믿는 사람들에게 더욱 정확하고 분명

---

5. 이에 대해서 다음의 글들을 참고하라. C. K. Barrett, *The Gospel according to St. John: An Introduction with Commentary and Notes on the Greek Text*, revised edition (London: SPCK, [1955] 1978), 114; G. R. Beasley-Murray, *John* (Waco: Word Books, 1987), lxxxviii; C. S. Keener, *The Gospel of John* (Peabody: Hendrickson Publishers, 2003), 1215~16.

하게 믿어야 한다고 말한다. 따라서 요한복음의 기록 목적을 "믿게 하려 함"이라고 규정하면서, 이를 믿기 시작하는 것과 더욱 강하게 믿는 것 모두를 의미하는 것으로 결론내릴 수 있다.[6]

6. 특징

(1) 요한복음과 공관복음의 관계

과거에 많은 학자는 요한복음과 공관복음의 유사성에 주목하면서 요한복음이 공관복음에 의존한다고 주장했다. 하지만 현대에 이르러 상당수의 학자는 요한복음과 공관복음의 분명한 차이점에 주목하면서 요한복음이 공관복음과는 다른 독자적인 자료를 사용하여 기록되었다고 주장한다.[7] 이런 주장은 정당해 보인다. 하지만 여러 정황을 고려할 때 요한은 공관복음을 잘 알고 있었던 것 같다. 그는 공관복음의 내용을 참고하면서 자신만의 신학적 의도를 위하여 독자적인 자료를 가지고 자신의 복음서를 기록

---

6. 오늘날 많은 요한문헌 학자들이 이 점에 동의한다. Beasley-Murray, 388. 대표적으로 R. E. Brown은 다음과 같이 말한다. "As part of John's universalism, we are told that Jesus comes into the world as a light for everyone (1:9). Jesus takes away the sins of the world (1:29); and he was sent that the world might be saved through him (3:17). Jesus was to die not only for the Jewish nation, but also to gather together the dispersed children of God and make them one (11:51-52). When he is lifted up on the cross and in resurrection/ascension, he draws all to himself (12:32)." R. E. Brown, *An Introduction to the Gospel of John*, edited and updated by F. J. Moloney (Now York: Doubleday, 2003), 181.
7. 특히 Robinson은 복음서 중에서 요한복음이 가장 먼저 기록되기 시작했다고 주장한다. 소위 '요한복음의 우선성'에 대해서는 다음의 책을 보라. J. A. T. Robinson, *The Priority of John* (London: SCM Press, 1985).

했던 것으로 보인다.

요한복음과 공관복음의 차이점 중에서 대표적인 것은 다음과 같다.

첫째, 요한복음에는 공관복음에 없는 내용이 수록되어 있다. 니고데모와의 대화3장, 사마리아 여인과의 대화4장, 나사로를 살리신 사건11장, 고별강화13~17장 등은 예수님의 생애 속에서 대단히 두드러진 행적이었지만, 요한복음에만 있을 뿐 공관복음에는 없다.

둘째, 요한복음은 예수님께서 공생애 기간에 적어도 세 번 예루살렘에 올라가셨다고 기록하지만참고. 2:13; 6:4; 13:1, 공관복음은 예수님께서 갈릴리에서 줄곧 사역하시다가 공생애의 마지막에 한 번 예루살렘으로 올라가셨다고 기록한다.

셋째, 요한복음은 예수님의 예루살렘 행적을 공관복음과 다르게 말한다. 특히 성전정화사건을 요한복음은 공생애 초기에 시행된 것으로 기록하지만, 공관복음은 공생애 말기에 시행된 것으로 기록한다. 그리고 예수님이 십자가에서 돌아가신 날짜도 요한복음은 목요일인 것처럼 기술하지만시간 기술 방식의 차이로 인하여, 공관복음은 금요일로 기술한다.

(2) '나는 … 이다' 형식구

요한복음에는 '나는 … 이다''에고 에이미', 'I am' statement라는 독특한 형태를 가진 예수님의 자기 정체 계시 형식구a divine formula 7개가 나온다. 이러한 형식구는 구약성경70인 역, LXX에서 하나님이 여호와로 자신을 계시하실 때 사용하신 것과 같다. 따라서 예수님은 이 형식구를 사용하셔서 자신의 신적 권위, 곧 자신이 하나님이시라는 사실을 드러내신다.

나는 생명의 떡이다6:35, 41, 48, 51

나는 세상의 빛이다8:12

나는 양의 문이다10:7, 9

나는 선한 목자다10:11, 14

나는 부활이요 생명이다11:25

나는 길, 진리, 생명이다14:6

나는 참 포도나무다15:1, 5

(3) 7개의 표적

요한복음은 예수님의 이적miracle이 '표적'세메이온, sign이라고 명명한다. 요한복음에는 이런 표적이 7개 나오는데, 소위 '표적의 책'이라고 불리는 2~12장에 모두 나온다. 이 표적들은 연관된 강화들discourses과 더불어서 강력한 기독론적/신학적 메시지를 창출한다.

가나 혼인 잔치2:1~11

왕의 신하의 아들 치유4:46~54

베데스다 연못의 병자 치유5:1~18

오병이어의 기적6:1~15

물 위를 걸으심6:16~21

맹인의 눈을 뜨게 하심9:1~12

나사로를 살리심11:1~45

(4) 유대적 배경과 헬라적 언어

요한복음이 어떤 사상의 영향을 받았는지에 대하여 지난 몇 세기 동안 요한문헌을 연구하는 학자들 사이에 상당한 토론이 있었다. 이에 관하여 크게 세 가지 견해가 있었다. 불트만R. Bultmann은 요한복음이 헬라주의적 영지주의의 영향을 받았다고 주장했다. 그리고 다드C. H. Dodd와 버렛C. K. Barrett 등은 요한복음이 헬라 사상과 유대 사상 모두의 영향을 받았다고 말했다. 그러나 스몰리S. Smalley, 브라운R. E. Brown, 모리스L. Morris, 비슬리-머레이G. R. Beasley-Murray 등은 요한복음이 유대 사상의 영향을 받았다고 생각했다.

과거 종교사학파에 속한 학자들은 대체로 요한복음이 헬라 사상, 특히 영지주의에 의해 영향을 받았다고 믿었다. 그러나 최근에 이르러 학자들은 요한복음의 배경을 헬라 사상이 아닌 구약성경에서 찾아야 한다고 주장한다. 이러한 주장은 구약성경의 사상과 요한복음의 사상이 긴밀하게 연결되어 있다는 사실에 근거한다. 특히 20세기 중반에 쿰란 사본이 발견되면서 요한복음과 쿰란 문서 간에 존재하는 유사성으로 인하여 이러한 주장이 더욱 폭넓은 지지를 얻게 되었다.

사실 요한복음에는 구약성경이 직접 인용되어 있을 뿐만 아니라, 풍부한 구약 모티프들이 들어 있다참고. <특주3> 요한복음의 구약 인용. 따라서 요한복음의 구약적 배경을 의심하는 것은 무리이다. 하지만 요한복음의 언어는 분명히 헬라적이다. 이는 요한복음에서 빈번하게 발견되는 이원론적인 언어와 개념들의 차용을 통하여 분명해진다. 필시 헬라 언어적/개념적 성격은 요한복음의 기록 배경과 무관하지 않은데, 이는 요한복음이 헬라 세계에서 유대적 사상을 가지고 살아가는 독자들을 위하여 기록되었기 때문이다. 그러므로 요한복음은 유대적 사상을 가진 독자들을 위하여 헬라적 언어로 기록된 책이라고 말할 수 있다. 이를 조금 더 확장해서 말하자면, 요한복음은 유대적 배경을 가진 독자들과 헬라적 배경을 가진 독자들 모두를 염두에 두고서 기록된 책이라고 말할 수 있다.

(5) 문학기법들

요한은 메시지를 효과적으로 전달하기 위하여 여러 가지 문학기법을 사용한다. 그중에서 대표적인 것 두 가지만 살펴보자면, 먼저 가장 두드러진 문학기법으로 '이중의미' 기법이 있다. 예를 들어, 요한은 1장 5절에서 '카타람바노'라는 동사를 사용한다. 이 동사는 '깨닫다'라는 뜻과 '이기다'라는 뜻을 모두 가지고 있는데, 요한은 의도적으로 이렇듯 두 가지 의미를 지닌 동사를 사용함으로써 어둠이 빛을 깨닫지 못할 뿐만 아니라, 이기지도 못한다는 메시지를 전달하고자 한다. 그리고 또 다른 문학기법으로 요한은 그의 복음서 여러 곳에서 '아이러니' 기법을 사용한다. 예를 들어, 11장 50절에서 예수님의 대적자인 대제사장 가야바는 한 사람이 백성을 위하여 죽어서 온 민족이 망하지 않게 된다는 말을 하는데, 비록 가야바 자신은 전혀 의도하지 않았겠지만, 그는 이를 통하여 자신도 모르는 사이에 예수님의 죽음의 진정한 의미를 말해 버린 결과가 되었다.

(6) 그 밖의 특징들

요한복음에는 위에서 언급한 것들 외에도 다양한 특징들이 있다. 그것 중에서 두드러진 몇 가지는 다음과 같다.

첫째, 요한은 믿음의 역동성을 강조하기 위하여 이 복음서에서 '믿음'이라는 명사형을 사용하지 않고 '믿다'라는 동사형만 사용한다98회.

둘째, 요한은 그의 복음서에 매우 강한 선교적, 변증적 성격을 포함한다. 그가 말하는 선교적, 변증적 성격은 가현설, 사마리아 선교, 세례 요한 추종자와의 대립, 제자들의 선교 등이다.

셋째, 요한은 예수님의 독특한 고별강화를 기록하는데13~17장, 후에 본문을 주해하면서 다루겠지만, 이 고별강화는 당시의 다른 고별강화들과 달리 예수님의 안타까운 '떠남'absence을 말하지 않고 예수님의 영원히 '계심' presence을 말한다.

7. 구조와 내용[8]

(1) 1:1~51 - 서론: 기독론적 서론

요한은 독특하고 시적인 방식으로 복음서를 시작한다1:1~18. 또한 세례 요한이 예수님을 소개하는 장면을 담는다1:19~34. 그리고 예수님이 제자들을 부르신 일을 기술한다1:35~51. 이렇게 함으로써 요한은 예수님의 사역을 위한 준비가 완료되었음을 알린다. 그런데 여기에 예수님에 대한 기독론

8. Mlakuzhyil은 요한복음의 구조를 연구하는 데 지대한 공헌을 한 학자이다. 그는 요한복음의 구조들에 대한 학자들의 이론들을 수집하여 기준과 주제에 따라 분류하여 다음과 같이 24가지로 정리한다. ① geographical-chronological structure (J. H. Bernard) ② chronological-liturgical structure (D. Mollat, A. Guilding, M. D. Goulder) ③ numerical-symbolic structure (P. Defourney) ④ literary-chronological structure (P. Defourney) ⑤ typological structure (H. Sahlin) ⑥ theological-typological-symbolic structure (J. Mateos & J. Barreto) ⑦ liturgical-symbolic-typological structure (M. -Ē. Boismard) ⑧ liturgical-symbolic-sign structure (R. Puigdollers) ⑨ chiastic structure (E. C. Webster) ⑩ chiastic-symbolic structure (D. Deeks) ⑪ symmetrical-concentric structure (J. J. C. Willemse) ⑫ rhythmical-symmetrical structure (C. Rau) ⑬ centric-symmetrical structure (J. Kammerstätter) ⑭ narrative structure (B. Prete) ⑮ narrative-discourse structure (C H. Dodd) ⑯ dramatic-chronological-geographical structure (M. C. Tenney) ⑰ dramatic-episodic structure (R. A. Culpepper) ⑱ revelatory structure (B. F. Westcott, H. van den Bussche, I. de la Potterie) ⑲ revelatory-dramatic structure (J. Caba) ⑳ revelatory-response structure (M. Gourgues) ㉑ revelatory-narrative structure (V. Pasquetto) ㉒ revelatory-eclectic structure (G. Segalla) ㉓ literary-thematic structure (R. E. Brown) ㉔ journey-structure (M. Rissi). G. Mlakuzhyil, *The Christocentric Literary Structure of the Forth Gospel* (Roma: Pontifical Biblical Institute, 1987), 17~85.

적 칭호들이 많이 나타나며, 이것들이 본론에서 발전되고 확장된다.

(2) 2:1~12:50 - 표적의 책: 예수님이 영광을 드러내심

이 단원에는 7개의 표적이 언급되고2~4장(2개); 5~10장(4개); 11~12장(1개), 그것들과 연관된 강화들이 제시된다. 이것들은 예수 그리스도의 신적 정체성divine identity과 신학적 메시지theological message를 드러낸다. 예수님은 여기서 주로 일반 대중을 상대로 사역하신다. 그리고 종교지도자들과 갈등을 빚으시나 그것을 계기로 삼아 교훈을 주신다.

(3) 13:1~20:31 - 영광의 책: 예수님이 영광을 받으심

이 단원에는 예수님이 고난을 며칠 앞두고 제자들과 함께 시간을 보내신 일이 기록되어 있다. 예수님은 고별강화를 말씀하시는데13~17장, 고별강화의 주제는 떠남absence이 아니라 계심presence이다. 예수님은 고난을 받으시고 죽음을 맞이하신다18~19장. 그러나 예수님은 사흘 후에 부활하셔서 제자들에게 나타나신다20장.

(4) 21:1~25 - 결론: 사명

부활하신 예수님은 제자들에게 나타나셔서 사명을 주신다21장.

<특주1> 요한복음의 저자는 누구인가?

1. 문제 제기

요한복음의 저자 문제는 상당히 복잡하다. 많은 학자가 요한복음의 저자로 여러 사람을 제시하지만, 어느 견해도 만족스럽지 못하다. 우리는 전통적인 견해에 따라 요한복음의 저자를 세대배의 아들이며 예수님의 열두 제자 중 하나였던 요한이라고 생각한다참고. 저자. 이제 관련된 몇 개의 성경 본문을 세밀히 살펴봄으로써 이러한 주장이 옳은지를 검토해 보겠다.

2. 21장 20~25절 석의

21장 24a절에는 "이 일들을 증언하고 이 일들을 기록한 제자가 이 사람이라"라는 언급이 있다. 여기에 나오는 "제자"는 '증언하는 자'현재분사이며 '기록한 자'아오리스트 분사이다. 그리고 21장 24b절에는 "우리는 그의 증언이 참된 줄 아노라"라는 언급이 있다. 게다가 21장 25a절은 "예수께서 행하신 일이 …… 이 기록된 책을 두기에……"라고 하는데, 이것은 '그 제자'가 책을 기록하여 남겼음을 의미한다. 또한 21장 25b절에 "[나는] …… 아노라"ESV: 'I suppose that ……'라는 말이 있는데, 이 사람은 앞에서 언급된 "우리"의 대표자로 보인다.

따라서 요한복음을 기록한 사람은 '그 제자'라고 결론내릴 수 있다. 그리고 여기에 나오는 "우리"는 '그 제자'가 남긴 것, 곧 '책'요한복음의 내용이 진실이라고 생각하는 사람들이라고 볼 수 있다. 이 사람들"우리"은 요한복음을 최종 형태로 발전시킨 사람혹은 집단이거나, 요한복음을 기록할 때 목격한 사람들이거나, 아니면 요한 공동체혹은 요한 학파, 요한 그룹일 것이다. 따라서 이들은 요한복음의 저자와 밀접한 관련성을 가졌다고 추정할 수 있다. 당시에 그들은 '그 제자'가 요한복음을 기록한 일을 보증하는 역할을 했을 것이다.

그렇다면 요한복음을 기록한 '그 제자'는 누구인가? 21장 24~25절의 근접 문맥immediate context은 21장 20~25절인데, 이곳에서는 '사랑하시는 제자'Beloved Disciple가 중심인물이다. 먼저 21장 20~22절에는 사랑하시는 제자의 운명에 대한 베드로와 예수님의 대화가 나온다20절에 제자가 나옴. 다음으로 21장 23절에는 사랑하시는 제자에 대한 잘못된 소문이 언급된다23절에 제자가 나옴. 그리고 21장 24~25절에는 "우리"가 제자의 증언과 기록을 참된 것이라고 보증한다는 언급이 있다. 그러므로 요한복음을 기록한 '그 제자'는 예수님께서 '사랑하시는 제자'라고 결론내릴 수 있다. 그는 예수님의 모든 행적을 다 기록한 것이 아니라, 목적에 따라 선별하여 기록했다참고. 20:30~31. 그리고 그의 기록은 모두 사실이다참고. 21:24.

3. '사랑하시는 제자'의 정체

그렇다면 '사랑하시는 제자'는 누구인가? 다음과 같은 증거들에 근거하여 '사랑하시는 제자'의 정체를 파악할 수 있다.

① 그는 마지막 식사 자리에서 예수님의 품에 의지하여 주님을 파는 자가 누구인지를 물었던 자이다참고. 13:23~25; 21:20. 따라서 그는 예수님과 상당히 친밀한 관계에 있었다.

② 그는 베드로와 가까운 관계에 있었다. 베드로는 마지막 식사 자리에서 그에게 주님을 파는 자가 누구인지를 물어보라고 했고참고. 13:24, 베드로와 함께 예수님의 빈 무덤으로 달려갔다참고. 20:2~10. 그리고 베드로는 장차 이 제자가 어떻게 될 것인지를 예수님께 물어보았다참고. 21:20~22. 따라서 그는 제자 그룹에서 핵심적인 위치에 있었다.

③ 그는 예수님께서 십자가 위에서 돌아가실 때 예수님으로부터 어머니를 모시도록 부탁받았다참고. 19:26~27. 따라서 그는 예수님이 매우 신뢰하던 자였다.

④ 그는 팔레스타인 출신 유대인으로 유대의 관습과 역사와 지리를 잘 알고 있었다. 즉 그는 유대의 관습을 알고 있었으며예. 유대의 정결 예식(2:6), 초막절(7:37), 유월절(18:28;19:31), 수전절(10:22), 유대의 역사를 알고 있었고예. 성전건축 역사(2:20), 유대인들과 사마리아인들의 좋지 않은 관계(4:9), 유대인들이 디아스포라를 멸시하는 것(7:35), 유대의 지리를 알고 있었다예. 가나(2:1; 4:46; 21:2), 살렘 가까운 애논(3:23), 수가에 있는 야곱의 우물(4:5~6), 그리심 산(4:21), 베데스다 연못(5:2), 실로암 못(9:7), 가바다(19:13), 베다니(1:28; 12:1).

⑤ 그는 예수님의 행적과 주변 상황을 정확하게 묘사한 것으로 보아 예수님을 가까이에서 직접 목격한 열두 제자 중 하나로 보인다. 즉 그는 숫자를 정확하게 알고 있으며예. 돌 항아리 여섯 개(2:6), 보리 떡 다섯 개와 물고기 두 마리(6:9), 제자들이 배를 타고 나간 거리(10여 리, 6:19), 마리아가 부은 향유의 값어치(300데나리온, 12:5), 예수님의 장사를 위해 사용한 향료의 수량(100리트라, 19:39), 인물을 정확하게 제시하고 있고예. 나다나엘(1:45), 니고데모(3:1), 나사로/마르다/마리아(11장), 말고(18:10), 예수님과 제자들 사이에 있

었던 사건들을 잘 알고 있으며예. 제자들끼리의 논쟁, 예수님과 제자들 사이의 대화, 마지막 만찬에 참여함(13~17장), 제자들이 부활하신 예수님을 목격할 때 함께 있음, 마지막 순간까지 예수님 곁에 있었다예. 안나스의 집에서의 재판(18~19장), 십자가 곁에 있음(20장).

4. 사도 요한: '사랑하시는 제자'

그렇다면 '사랑하시는 제자'는 누구인가? 사도 요한 외에 추정 가능한 사람은 베드로, 나사로, 세베대의 아들 야고보, 도마, 심지어 막달라 마리아 등이다. 베드로를 사랑하시는 제자로 보는 이들이 있다. 그러나 요한복음에서 베드로는 사랑하시는 제자와 확연하게 구별되어 나오기 때문에 이 견해를 받아들이기가 어렵다참고. 13:23-24; 20:2-9; 21:20. 나사로를 사랑하시는 제자로 보는 견해도 있다. 그러나 비록 나사로가 '예수님이 사랑하신 자'라고 표현된 것이 사실이지만참고. 11:3, 36, 그가 예수님과 처음부터 함께 있었던 것으로 보이지 않고 그와 다른 제자들의 관련성도 적기 때문에 그를 사랑하시는 제자라고 단정하기가 쉽지 않다. 세베대의 아들 야고보를 사랑하시는 제자라고 생각하는 이들도 있다. 하지만 그는 헤롯 아그립바 1세에 의해 일찍이 죽임을 당했으므로 이 책을 기록했다고 볼 수 없다참고. 행 12:1-2.

이들 외에 이름 혹은 별명이 분명히 명시된 다른 몇몇 제자들이 '사랑하시는 제자'라고 주장되었으나, '사랑하시는 제자'라는 이름의 은닉성을 고려할 때 받아들이기가 어렵다예. 나다나엘(1:45); 도마(14:5); 빌립(14:8); 가룟인 아닌 유다(14:22). 그 밖에 일부 학자들주로 여성신학자들 가운데 막달라 마리아를 사랑하시는 제자라고 주장하는 이들이 있으나 주장의 근거가 너무 빈약해서 수용할 수 없다. 심지어 어떤 학자들은 사랑하시는 제자를 실제 존재한 인물이 아닌 가상의 '이상적인 제자'the idealized disciple로 보지만 그것은 지나친 억측이다. 요한복음 본문을 자세히 살펴볼 때, 그는 역사상 실제로 존재했던 인물이지 가상의 인물이 아니다.

5. 결론

결국, 요한복음의 저자 논쟁에 대한 가장 자연스러운 해결책은 세베대의 아들이며 예수님의 열두 제자 중 하나였던 사도 요한을 저자로 보는 것이다. 그는 처음부터 예수님과 함께 있었고, 베드로와 매우 가까운 관계를 맺고 있었으며, 게다가 오랫동안 살아 있었기 때문에 요한복음의 저자가 갖추어야 할 모든 기준을 충족시킨다. 그렇다면 사도 요한이 이 복음서에서 자신의 이름을 굳이 밝히지 않은 이유는 무엇일까? 그는 다른 제자들사람들의 이름은 물론이고 사건이 일어난 시간과 장소까지 구체적으로 밝혔지만 유독 자신의 이름은 밝히지 않았다. 이는 아마도 그가 '사랑하시는 제자'라는 인물이 이 복음서를 읽는 모든 사람의 이상, 즉 제자도의 이상이 되기를 바라는 마음을 가지고 있었기 때문으로 보인다.

A Commentary on the
Gospel According to
John
요한복음

단원 I

서론: 기독론적 서론(1:1~51)

Introduction: Christological Introduction

단원의 요지

요한복음의 첫 번째 단원은 '서론'Introduction이다. 이 서론에는 예수님의 속성을 알려주는 기독론적 칭호들이 다양하게 소개되어 있다. 그래서 이 서론을 '기독론적 서론'Christological Introduction이라고 부른다. 여기에 언급된 다양한 기독론적 칭호들은 요한복음 전체에서 확장되고 발전된다.

단원의 구조

프롤로그	1:1~18
세례 요한의 증언	1:19~34
첫 제자들을 부르심	1:35~51

1. 프롤로그(1:1~18)

요한은[1] 다른 복음서들과 달리 독특하게 그의 복음서를 시작한다. 그는 예수님의 탄생 기사마태복음이나 누가복음같이나 예수님의 사역 기사마가복음같이로 시작하지 않고 '시'로 시작한다. 그래서 이 부분을 일반적으로 '프롤로그'prologue라고 부른다.[2] 이 프롤로그에 관하여 어떤 학자들은 요한이 초대 교회의 찬송시를 인용했다고 주장하고, 또 다른 학자들은 후대의 편집자들이 어느 특정한 구성 단계stage에서 이 부분을 첨가했다고 주장한다. 하지만 이 프롤로그는 내용에 있어서 분명한 내적 통일성을 갖추고 있으며, 주제에 있어서도 요한복음 전체와 매우 잘 어울린다. 이 프롤로그의 목적은 성육신하신 예수님을 소개하는 데 있다.

(1) 역사적 예수님(1:1~13)

1 태초에 말씀이 계시니라 이 말씀이 하나님과 함께 계셨으니 이 말씀은 곧 하나님이시니라 2 그가 태초에 하나님과 함께 계셨고 3 만물이 그로 말미암아 지은 바 되었으니 지은 것이 하나도 그가 없이는 된 것이 없느니라 4 그 안에 생명이 있었으니 이 생명은 사람들의 빛이라 5 빛이 어둠에 비치되 어둠이 깨닫지 못하더라 6 하나님께로부터 보내심을 받은 사람이 있으니 그의 이름은 요한이라 7 그가 증언하러 왔으니 곧 빛에 대하여 증언하고 모든 사람이 자기로 말미암아 믿게 하려 함이라 8 그는 이 빛이 아니요 이 빛에 대하여 증언하러 온 자라 9 참 빛 곧 세상에 와서 각 사람에게 비추는 빛이 있었나니 10 그가 세상에 계셨으며 세상은 그로 말미암아 지은 바 되었으되 세상

---

1. 이 책에서 '요한'이란 특별한 언급이 없는 한 요한복음의 '저자'를 가리킨다.
2. 요한복음의 프롤로그에 대한 연구는 무수히 많다. 대표적으로 다음의 글을 보라. Warren Carter, "The Prologue and John's Gospel: Function, Symbol and Definitive Word," *JSNT* 39 (1990): 35~58; R. A. Culpepper, "The Pivot of John's Prologue," *NTS* 27 (1981): 1~31.

이 그를 알지 못하였고 11 자기 땅에 오매 자기 백성이 영접하지 아니하였으나 12 영접하는 자 곧 그 이름을 믿는 자들에게는 하나님의 자녀가 되는 권세를 주셨으니 13 이는 혈통으로나 육정으로나 사람의 뜻으로 나지 아니하고 오직 하나님께로부터 난 자들이니라

1) 로고스이신 예수님(1:1~5)

요한은 "태초에 말씀이 계시니라"라는 인상적인 선언으로 그의 복음서를 시작한다1a절. 여기서 "태초에"는 창세기 1장 1절에 나오는 '태초에'를 상기시킨다. 그리고 "계시니라"에 해당한 헬라어 단어는 미완료형으로 예수님이 '계속해서 계시고 있음'을 의미한다. 이는 예수님의 선재성pre-existence을 드러낸다. 따라서 요한복음의 제일 앞에 있는 선언적 진술은 성부 하나님이 세상을 창조하신 것을 전제하면서 이제 성자 예수님이 세상을 재창조re-creation하실 것임을 알려준다. 예수님은 영원 전부터 존재하셨던 분으로서 전능하신 능력으로 세상을 창조하신 성부 하나님처럼 전능하신 능력으로 세상을 다시 창조하실 것이다.

그런데 요한복음에서 '창조'는 두 가지 측면으로 다루어진다. 그것은 '개인의 거듭남'new birth과 '우주의 거듭남'new cosmos이다. 사람이 출생한 후에 새롭게 태어나는 것을 '거듭남', 곧 '중생'이라고 부른다. 요한복음에서 예수님은 사람이 거듭나지 않으면 하나님의 나라를 볼 수 없다고 하시며3:3, 이러한 거듭남이 물과 성령으로 가능해진다고 하신다3:5. '우주의 거듭남'은 개인의 거듭남과 동반하지만, 예수님이 이 땅에 다시 오심으로 성취된다. 나중에 살펴보겠지만, 예수님은 세상을 떠나시면서 제자들에게 '고별강화'farewell discourse를 주셨다13~17장. 이 고별강화에서 예수님은 자신이 떠남으로 하나님 나라가 완성되어서 믿는 자들이 그곳에서 살 수 있게 되기 때문에 자신이 떠나는 것이 유익하다고 말씀하신다. 이는 개인의 거

듭남과 우주의 거듭남이 상호 연관된다는 사실을 보여준다. 즉 예수님의 재림으로 새로운 창조가 완성되는 것이다. 이러한 사상은 이어지는 바울의 창조 신학에서 자세히 다루어진다참고. 롬8:19~22.[3]

여기서 "말씀"에 해당하는 헬라어 단어는 '로고스'이다. 예수님을 '로고스'말씀라고 한 것은 '말씀=인격'의 차원에서 이해할 수 있다. 요한은 그의 복음서 전체에서 예수님의 말씀과 인격을 동일시한다. 즉 요한복음에서는 예수님이 하신 말씀과 사역이 곧 그분의 인격이 된다. 예를 들어, 예수님은 빛을 가져오시는 분인 동시에 그분이 곧 빛이시고, 생명을 주시는 분인 동시에 그분이 곧 생명이시다. 그리고 예수님은 사람들에게 양식을 주시면서 자신을 생명의 양식이라고 소개하신다. 이렇게 예수님의 말씀은 그분이 어떠한 분이신지를 드러내는 역할을 한다. 그러므로 성부 하나님께서 말씀으로 세상을 창조하신 것과 같이 성자 예수님도 말씀으로 세상을 재창조하실 것이다.

요한은 "이 말씀이 하나님과 함께 계셨으니"라고 말한다1b절. 요한은 "함께"에 해당하는 여러 헬라어 전치사들'메타', '쉰', '엔', '파라', '프로스' 등 중에서 특별히 '프로스'를 사용한다참고. 요일1:2. 이 전치사는 대격과 결합할 때 어떤 방향을 향하여 움직이는 것을 의미한다참고. 눅6:47. 즉 이 단어는 정적인 의미가 아닌 동적인 의미dynamic sense를 가진다. 따라서 요한이 이 단어를 일부러 사용한 것은 로고스이신 예수님이 성부 하나님을 향하여 강한 열망을 가지고 계신다는 사실을 알려주기 위해서이다. 다시 말해서, 이 단어는 성자 예수님이 성부 하나님과 친밀한 관계교제를 맺고 계신다는 사실을 가르쳐준다.

---

3. 황원하, "신약성경에 나타난 창조", 『그말씀』 379 (2021): 100~115(특히 105).

요한은 "이 말씀은 곧 하나님이시니라"라고 말한다1c절. 이 문구의 헬라어 본문은 '테오스 엔 호 로고스'인데, 헬라어 본문에서 '하나님'테오스 앞에 관사definite article가 없으므로 어떤 학자들은 이 문구에서의 하나님을 '신적인'divine으로 이해해야 한다고 주장한다. 그래서 그들은 이 구절을 '말씀은 신적이었다'the word was divine로 번역한다. 그러나 헬라어에는 '신적인'에 해당하는 '테이오스'라는 형용사가 따로 존재하기 때문에 요한이 말씀의 신적 속성을 말하려 했다면, 당연히 '테이오스'를 사용했을 것이다.[4] 그리고 이 문장에서 말씀은 주어이고헬라어 본문에서 말씀 앞에 관사 '호'가 붙어 있음 하나님은 술어이기 때문에 "말씀은 곧 하나님이시니라"라고 번역하는 것에는 아무런 문제가 없다.[5]

2절의 "그가 태초에 하나님과 함께 계셨고"라는 표현은 1절의 선언을 반복하면서 정리한 것이다. 그렇다면 태초에 하나님과 함께 계셨던 로고스는 무슨 일을 하고 계셨는지에 대한 의문이 생길 수 있다. 이에 요한은 3절에서 '만물이 로고스를 통하여 있게 되었다'라고 답한다. 구약성경 창세기는 성부 하나님께서 세상을 만드셨다는 사실을 말한다. 그런데 신약성경의 사도들은 종종 성자 예수님의 창조 사역을 언급한다참고. 고전8:6; 골1:16; 히1:2. 이것은 성부 하나님께서 세상을 창조하셨으나 성자 예수님을 통하여 "그로 말미암아" 하셨다는 뜻이다. 그리고 우리는 성령 하나님께서 창조의 현장에서 창조 사역에 관여하신 사실을 알고 있다참고. 창1:2. 그러므로 삼위 하나님 모두가 창조의 일에 참여하신 것이다.

"그로고스 안에 생명이 있었으니 이 생명은 사람들의 빛이라"라는 문구

---

4. Burge, 55.
5. J. R. Michaels, *The Gospel of John* (Grand Rapids: Wm. B. Eerdmans Publishing Co, 2010), 47~48을 보라.

는 요한복음의 주제를 집약한다4절. 생명과 빛은 요한복음에서 가장 중요한 모티프들이다. 요한은 성자 예수님을 믿는 자에게 생명이 있지만, 그분을 믿지 않는 자에게 생명이 없다고 단언한다참고. 3:36; 5:24~26; 14:6. 그리고 요한은 성자 예수님을 빛이시며 어둠을 물리쳐 주시는 분이라고 언급한다참고. 1:6~8; 8:12; 12:46. 따라서 요한복음의 프롤로그에서 로고스 안에 생명이 있고 그 생명이 사람들의 빛이라는 말은 로고스의 근원적 위치를 알림과 더불어 로고스 중심의 삶을 촉구한다.

그런데 요한은 빛이 어둠에 비치되 어둠이 이 빛을 깨닫지 못한다고 말한다5절. 여기서 '깨닫다'에 해당하는 헬라어 동사 '카타람바노'에는 '깨닫다'와 '이기다'라는 두 가지 의미가 있다. 따라서 이 문장은 '어둠이 빛을 깨닫지 못하다'라는 뜻과 '어둠이 빛을 이기지 못하다'라는 뜻을 모두 지닌다. 이렇게 두 가지 의미를 가지는 동사를 집어넣어 독자들에게 효과적인 메시지를 전달하는 기법을 '이중의미'double entendre 기법이라고 한다. 앞으로 살펴보겠지만, 요한복음에는 이러한 이중의미 기법이 사용된 곳이 많다참고. 서론. 이중의미 기법은 독자들이 더욱 깊은 생각과 적용을 하게끔 만들어 준다. 필시 어둠에 속한 자들은 로고스를 깨닫지 못할 뿐 아니라, 또한 로고스를 이기지도 못한다.

<특주2> '로고스'의 역사적 배경

고대세계에서 헬라어 '로고스'는 다양한 의미를 가졌다. 이 단어는 알렉산드리아의 필로Philo of Alexandria에 의해서 하나님으로부터 표출프로포리코스된 하나님과 세상의 매개자로 정의된 적이 있으며, 유대의 지혜신론적 용어로 사용되기도 했고참고. 잠8:22~31, 영지주의적 개념으로 이해되기도 했으며, 여러 종교 철학적 용어가 되기도 했다.

그런데 요한은 예수님을 '로고스'라고 했다. 그러면 요한은 어떤 의미로 로고스를 사용했을까? 초기 기독교 문헌에서 예수님을 '말씀', 즉 로고스로 부른 경우는 요한복음과 이그나티우스Ignatius의 문서*Magn.* 8.2.뿐이다. 그래서 요한이 말하고자 했던 로고스의 의미를 파악하기가 쉽지 않다. 그러므로 로고스라는 단어의 수직적통시적, diachronic 의미들과 수평적공시적, synchronic 용례들을 고려하여 요한복음에 사용된 로고스의 의미를 찾아야 한다.

그렇게 볼 때 요한복음에서 로고스라는 용어가 사용된 문맥은 '창조'이다. 즉 요한은 로고스를 창조자로 묘사한다. 더욱이 서론에서 말했듯이, 요한복음은 구약의 배경을 강하게 가지고 있다. 따라서 우리는 로고스를 성부 하나님과 더불어 세상을 창조하신 분으로 이해할 수 있다.

하지만 로고스는 분명히 헬라 철학적 용어이다. 헬라 철학자들은 이성의 원리 또는 우주 내에 내재해 있는 질서, 물질적인 세계에 형식을 부여하는 어떤 것, 사람 속에 있는 합리적인 영혼을 구성하는 원리 등을 지시할 때 로고스라는 용어를 사용했다. 요한복음의 1차 독자들은 헬라 세계에 사는 유대인들이방인들도 부분적으로 포함이었다참고. 수신자. 따라서 요한은 헬라 사상에 익숙한 사람들을 위해 이러한 용어를 사용한 것이다.

결국, 요한이 프롤로그에서 '로고스'라는 독특한 용어를 사용하여 말하려고 한 것은 예수님이 이 땅에 오셔서 하시는 일이 '새로운 창조'라는 사실이었다. 즉 요한은 이 용어를 사용함으로써 예수님이 세상을 새롭게 하심으로 새로운 언약 백성 공동체를 창설하시고, 그들에게 새로운 규약을 주시며, 그들을 새로운 땅으로 인도하실 것임을 알리려 했다. 요한은 헬라 문화에 익숙한 1차 독자들을 고려하면서 동시에 구약의 의미를 살리기 위하여 이 특별한 용어를 사용했다.

2) 세례 요한의 예수님 증언(1:6~8)

요한은 '세례 요한'을 언급한다. 그런데 프롤로그에서 갑자기 세례 요한이 나오는 것은 다소 어색해 보인다. 그래서 많은 현대 신학자들은 편집이론에 근거하여 여기에 세례 요한이 나오는 것을 후대인들이 삽입한 것이라고 본다. 즉 세례 요한이 나오는 6~8절과 15절을 빼면 예수님만 나오기 때문에 자연스럽다는 것이다. 그러나 프롤로그에는 예수님과 세례 요한이 교차적으로 나오는데예수님(1~5절), 세례 요한(6~8절), 예수님(9~14절), 세례 요한(15절), 예수님(16~18절), 이는 후대의 삽입이 아니라 저자의 의도적 배치이다문예적 기교. 즉 요한은 기독론적 메시지를 전달하기 위하여 이곳에 세례 요한을 언급하는

것이 필요하다고 생각했다.[6]

우선 요한은 세례 요한에 대해서 “하나님께로부터 보내심을 받은 사람”이라고 설명한다6절. 따라서 요한은 세례 요한을 대단히 특별한 사람으로 평가한다. 그리고 이어서 “그가 증언하러 왔으니 곧 빛에 대하여 증언하고”라고 말한다7a절. ‘빛’은 4~5절에서 예수님을 가리키는 용어로 사용되었는데, 여기서 세례 요한이 바로 그 빛에 대하여 증언하러 왔다는 말은 세례 요한의 사명이 예수님을 증언하는 것임을 알려준다. 세례 요한은 당대에 상당한 명성과 존경을 받았던 인물이며, ‘증언’이라는 것은 사실을 본 대로 말하는 것이기에, 세례 요한의 증언은 사람들에게 큰 영향을 끼쳤다. 게다가 세례 요한은 구약 시대의 마지막 인물이다. 따라서 구속사적인 관점에서 볼 때, 세례 요한의 증언은 구약성경이 예언했던 메시아가 바로 예수님이시라는 사실을 가르쳐준다. 결국, 그의 증언을 통하여 많은 사람이 예수님을 믿게 된다7b절.

더욱이 요한은 “그는 이 빛이 아니요 이 빛에 대하여 증언하러 온 자라”라고 말한다8절. 이것은 세례 요한이 메시아가 아니라는 사실을 알려준다. 당시에 어떤 사람들은 세례 요한을 메시아로 생각하고 그를 추종했다. 이에 요한은 세례 요한이 메시아가 아니라는 점을 명확히 언급한다. 더욱이 19절 이하에서 세례 요한은 자신의 입으로 자신이 메시아가 아니라고 말한다. 분명히 세례 요한은 메시아가 아니었다. 하지만 그는 메시아의 등장을 위해서 매우 귀하게 사용된 사람이었다. 그는 예수님을 증언하기 위해서 왔으며, 그의 증언은 대단히 효과적이었다.

---

6. 세례 요한에 대한 언급과 프롤로그와의 관계에 대해서 다음을 참고하라. Morna D. Hooker, “John the Baptist and the Johannine Prologue,” *NTS* 16 (1970): 354~58.

한편, 어떤 사람들은 세례 요한의 제자들과 예수님의 제자들 사이에 갈등이 일어나자 사도 요한그를 추종하는 무리이 세례 요한을 격하시키기 위하여 프롤로그를 이렇게 만들었다고 주장한다. 하지만 본문을 자세히 읽어보면 요한이 세례 요한을 격하시키지 않는다는 사실을 쉽게 알 수 있다. 오히려 요한은 세례 요한의 위대함을 인정한다. 다만 그는 세례 요한이 메시아가 아니라 메시아를 증언하러 온 자라고 말할 뿐이다참고. 1:6~8, 15, 19~34; 3:22~30; 5:33. 그러므로 우리는 사도 요한이 세례 요한을 언급하는 부분을 긍정적인 관점에서 읽어야 한다.

3) 예수님에 대한 사람들의 반응(1:9~13)

요한은 예수님이 이 땅에 오시자 사람들의 반응이 나누어졌다는 사실을 말한다. 이 단락은 사람들의 이 같은 분리를 잘 보여준다.

<구조>

1:9	예수님의 오심에 대한 선언
1:10~11	예수님을 거부한 자들
1:12~13	예수님을 영접한 자들

9절은 예수님의 오심에 대한 선언이다. 예수님은 참 빛으로 세상에 오셔서 각 사람에게 비추는 빛이시다. 빛은 두 가지 역할을 한다. 곧 빛이 비취는 것은 구원과 심판의 두 가지 기능을 모두 가진다. 한편으로 어둠 속에 있는 사람들에게 빛이 비취면 길을 찾아서 바로 걸어갈 수 있게 되지만, 다른 한편으로 어둠 속에서 죄를 짓고 있는 사람들에게 빛이 비취면 그들의 죄가 훤히 드러나서 부끄러움을 당하게 된다. 따라서 예수님의 오심으로

구원과 심판의 두 가지 일이 모두 일어난다. 이에 따라 사람들의 반응은 부정과 긍정으로 극명하게 나뉜다.

10~11절은 예수님을 거부한 자들에 대한 언급이다. 10절과 11절은 병행을 이루는데, 10절은 '세상'을 말하고, 11절은 '이스라엘'을 말한다. 먼저 10절을 살펴보자. 이 구절은 예수님이 세상에 계셨으며 세상이 그로 말미암아 지은 바 되었지만, 세상이 그분을 알지 못했다고 말한다. 여기서 주목할 만한 것은 10절에 '세상'이라는 단어가 세 번 나오는데, 헬라어 본문에서 '세상'코스모스이라는 단어가 각 문장의 제일 앞에 나오면서 강조하는 역할을 한다는 사실이다. 요한복음에서 세상은 대체로 부정적인 의미로 사용된다.[7] 그리고 "알지 못하였고"는 아오리스트aorist로 되어 있어서 단호하게 혹은 무자비하게 무시하는 행동을 시사한다. 즉 예수님이 오셨으나 세상은 예수님을 단호하게 혹은 무자비하게 거부하였다는 것이다.

이제 11절을 살펴보자. 11절은 10절을 다른 각도에서 묘사한 것이다. 곧 10절은 세상이 그리스도를 거부한 것을 말하지만, 11절은 이스라엘이 그리

---

7. Burge는 이 구절에 나오는 '세상'(코스모스)에 대해서 다음과 같이 말한다. "In John's vocabulary, the 'world' (Gk. kosmos) is an important theological term, appearing seventy-eight times in this Gospel alone. In some cases it bears a positive connotation (e.g., 3:16: "God so loves the world"). Other times it is neutral (e.g., 8:26, where Jesus says, "What 1 have heard from him [God] 1 tell the world"). But for the most part, references to kosmos are decidedly negative. The world is not the created order of things; it is not the natural environment per se. It is the sphere of creation that lives in rebellion (1:10; 7:7; 14:17, 22, 27, 30; 15:18~19; 16:8, 20, 33; 17:6, 9, 14, 25). Thus when we read about Jesus' appearance in the world, God's love for the world (3:16), or Jesus' salvation of the world (4:42), such passages are not ringing endorsements of the world, but testimonies to the character of God and his love." Burge, 57. 참고. N. H. Cassem, "A Grammatical and Contextual Inventory of the use of kosmos in the Johannine Corpus with some Implications for a Johannine Cosmic Theology," *NTS* 19 (1972~1973): 81~91.

스도를 거부한 것을 말한다. 이 구절에서 "자기 땅"과 "자기 백성"은 각각 이스라엘과 유대인을 가리킨다. 비록 이방인들이 예수님을 몰랐다 하더라도, 유대인들은 자기들의 땅에서 자기 민족으로 태어나신 예수님을 알았어야 했다. 그렇지만 그들은 예수님을 몰랐으며, 장차 예수님을 십자가에 못 박아 죽일 것이다. 또한, 이 구절의 "영접하지 아니하였으나"는 10절의 "알지 못하였고"와 마찬가지로 아오리스트로 되어 있는데, 이는 앞에서와 마찬가지로 그리스도를 단호하고 무자비하게 무시하는 것을 강조한다. 그리고 10절의 알지 못했다는 말과 11절의 영접하지 않았다는 말은 병행을 이룬다. 세상과 이스라엘은 예수님을 알지도 못했고 영접하지도 않았다.

12~13절은 예수님을 영접한 자들에 대한 진술이다. 헬라어 본문에는 12절 문장 첫 머리에 접속사 '그러나'δε가 붙어 있다. 이것은 10~11절의 부정적인 반응이 12~13절에서 급격하게 바뀌는 것을 표시한다. 예수님을 '영접하다'라는 것은 예수님에 대한 어떤 사실을 지적으로 받아들이는 것일 뿐만 아니라 그분과 인격적으로 친밀한 관계를 맺는 것을 뜻한다. '영접'이란 가정에서 사용하는 언어로서 손님이 올 때 안으로 모셔 들여서 대접하는 것을 의미하는데, 요한복음에는 '가정 은유'family metaphor가 풍부하게 사용되어서 그리스도와 나의 연합 그리고 신자와 신자의 연합을 하나님의 가정을 이루는 것으로 묘사한다. 즉 그는 신자들이 하나님의 가족 공동체에 속해 있음을 시사하는 언어들을 사용한다. 예를 들어, 그는 '살다', '먹다', '가르치다', '거하다', '보호하다', '아버지', '아들', '집', '영접하다', '사랑하다' 등의 표현을 빈번하게 사용한다. 요한은 하나님을 아버지로 소개하며, 우리가 하나님을 믿는 것이 하나님의 자녀가 되는 것이라고 알려준다요1:12. 따라서 교회 공동체는 가족 공동체이다. 우리는 교회를 하나님의 가정으로 이해해야 하며, 교회 생활을 가정생활처럼 해야 한다. 그리고 많은 사람

이 하나님의 가정에 들어오도록 기도하고 노력해야 한다.[8]

요한은 예수님을 영접하는 것과 그분의 이름을 믿는 것을 같은 것으로 취급한다. 고대 지중해 연안에서 '이름'은 그에 관한 모든 것, 곧 그의 전 인격을 뜻했다. 따라서 예수님의 이름을 믿는 것은 예수님의 전 존재를 믿는 것이다. 그리고 예수님의 이름을 믿는 자는 하나님의 자녀가 되는 엄청난 권세를 얻는다. 요한은 이어서 사람이 하나님의 자녀가 되는 것이 혈통육체적 출생으로나 육정육체의 의지으로나 사람의 뜻사람의 노력으로 되지 않는다고 말한다. 오직 하나님의 자녀는 하나님으로부터 난 자들로서 신적인 기원을 가진다. 즉 하나님의 자녀가 되는 것은 사람의 노력이나 힘으로가 아니라, 하나님의 초자연적인 능력으로 가능하다.[9] 결국 예수님을 영접하는 자는 '하늘의 가정'heavenly family에 소속된다.

(2) 신적인 은혜(1:14~18)

14 말씀이 육신이 되어 우리 가운데 거하시매 우리가 그의 영광을 보니 아버지의 독생자의 영광이요 은혜와 진리가 충만하더라 15 요한이 그에 대하여 증언하여 외쳐 이르되 내가 전에 말하기를 내 뒤에 오시는 이가 나보다 앞선 것은 나보다 먼저 계심이라 한 것이 이 사람을 가리킴이라 하니라 16 우리가 다 그의 충만한 데서 받으니 은혜 위에 은혜러라 17 율법은 모세로 말미암아 주어진 것이요 은혜와 진리는 예수 그리스도로 말미암아 온 것이라 18 본래 하나님을 본 사람이 없으되 아버지 품 속에 있는 독생하신 하나님이 나타내셨느니라

---

8. 요한복음의 '가정 은유' 주제에 관한 포괄적인 연구를 위하여, J. G. Van der Watt, *Family of the King: Dynamics of Metaphor in the Gospel according to John* (Leiden: Brill, 2000)을 참고하라.
9. ESV Study Bible.

1) 예수님의 성육신(1:14)

이 구절은 예수님의 성육신incarnation을 가장 핵심적으로 표현하는데, 다소 고백적인 분위기confessional tone를 띤다. 여기서 "말씀"은 예수님을 가리키고, "육신"은 예수님의 인성을 의미한다. "말씀이 육신이 되어"라는 표현에서 요한은 '말씀이 사람이 되어'the Word became man라고 하거나 '말씀이 몸을 취하여'the Word took the body라고 하지 않는다. 그는 자신이 표현하고 싶어 하는 가장 적합한 표현으로서 "말씀이 육신이 되어"the Word became flesh라는 문구를 사용한다. 이것은 당시에 예수님이 육신을 입고 오신 것을 부인했던 이단 가현설Docetism 주의자들의 주장을 반박하기 위한 것으로 보인다.

"우리 가운데 거하시매"에서 '거하다'에스케노센라는 단어는 장막을 뜻하는 헬라어 '스케네'에서 유래했다. 따라서 이 단어는 하나님이 광야에서 성막에 거하신 것을 떠 올리게 한다참고. 출25:8~9; 29:46; 33:7. 구약시대에 하나님은 성막과 성전에서 당신의 백성들을 만나셨다. 그러나 이제 신약시대에 하나님은 육신을 입으신 그분의 아들 예수 그리스도를 통하여 당신의 백성들 가운데 거하신다. 그러므로 예수 그리스도의 오심은 하나님께서 성막과 성전에서 당신의 백성들과 함께 사시는 것에 대한 성취이다. 이후 예수 그리스도는 성령을 통하여 교회참고. 고전3:16와 그리스도인의 몸참고. 고전6:19을 성전으로 삼아 거하실 것이다.

"우리가 그의 영광을 보니 아버지의 독생자의 영광이요 은혜와 진리가 충만하더라"라는 문구는 의미심장하다. 앞 문구에 이어서 이 문구에도 "우리"가 들어있다. 여기에서 "우리"는 요한복음의 에필로그에 해당하는 21장 24절의 "우리는 그의 증언이 참된 줄 아노라"와 연관된다. 그렇다면 "우리"는 누구인가? 이들은 요한복음을 최종적으로 보존하고 전수해 준 사람들로 보인다. 그들은 사도 요한의 제자들일 것이다. 요한이 그의 복음서를 완성한 후에 그들은 약간의 편집edition을 한 후 이 복음서를 순수하고 온전한 상태로 교회들에 전수해 주었을 것이다.

"그의 영광"이라는 표현은 예수님의 탄생과 모든 생애 속에 드러난 영광을 가리키며, "독생자"모노게네스라는 단어는 예수님이 하나님의 유일하신 아들임을 알려준다. "아버지의 독생자의 영광"이란 문구는 예수님이 하나님의 영광을 공유하고 있음을 의미한다. 그런데 예수님이 하나님의 영광을 공유하고 있으면서도 하나님의 아들이시라는 사실은 예수님이 하나님 아버지와 동등한 분이시지만, 또한 구별되는 분이심을 뜻한다. "은혜와 진리가 충만하더라"라는 표현에서 "은혜와 진리"는 구약의 율법과 대조되는 것으로 예수 그리스도의 한 속성이다참고. 17절.

2) 세례 요한의 예수님 증거(1:15)

6~8절에 이어서 세례 요한이 다시 등장한다. "증언하여 외쳐"의 헬라어 시제는 현재형historical present이다. 이는 세례 요한의 증언이 지속하고 있음을 의미한다. 세례 요한이 예수님에 대하여 "내 뒤에 오시는 이가 나보다 앞선 것은 나보다 먼저 계심이라 한 것이 이 사람을 가리킴이라"라고 말하는 이유는 비록 예수님이 자기보다 조금 늦게 태어나셨지만, 자기보다 먼저 되신 분이라는 것을 알고 있기 때문이다. 즉 세례 요한은 예수님의 선재성pre-existence을 알고 있었다.

3) 성육신의 결과(1:16~18)

예수님이 육신이 되신 것은 세상에 엄청난 유익을 준다. 무엇보다도 예수님의 오심은 우리에게 "은혜 위에 은혜"이다16절. 이것은 점층법으로서

'은혜'를 강조한다. 그런데 17절에는 '은혜'와 더불어 '진리'가 나온다. 그래서 예수 그리스도가 '은혜와 진리'를 주시는 분으로 소개된다. 실로 예수님으로 말미암아 주어지는 선물은혜와 진리은 너무나 값지고 귀하다. 그런데 17절은 율법과 예수님을 대조한다. 즉 율법은 모세로 말미암아 주어진 것이지만, 은혜와 진리는 예수 그리스도로 말미암아 온 것이라고 말한다. 우리는 모세를 통해 주어진 율법을 부정적으로 보지 말아야 한다. 율법은 분명히 하나님의 말씀이다. 그리고 예수님 자신도 율법을 폐하거나 무시하지 않으셨다참고. 마5:17. 따라서 이 말은 그림자와 실체를 대조하는 것이라고 보아야 한다. 예수님은 구약의 모든 율법을 이루시는 분이다.

18절은 프롤로그의 절정climax이다. 이 절정은 예수님의 사역의 목적이 무엇인지를 명시적으로 보여준다. 본래 하나님을 본 사람은 없다. 구약에서 모세를 비롯한 모든 위대한 인물들 중에서 누구도 하나님을 보지 못했다. 그런데 요한은 "아버지 품속에 있는 독생하신 하나님이 나타내셨느니라"라고 말한다. "아버지 품속에 있는"이란 표현은 예수님이 하나님 아버지께서 사랑하시는 아들이시며, 또한 하나님 아버지께 부탁하면 하나님 아버지께서 무엇이든지 들어주시는 아들이시라는 점을 의미한다. "독생하신 하나님"이라는 표현은 예수님과 하나님이 동등하신 분임을 굉장히 강력하게 보여준다. 오직 아들이신 예수님만 아버지 하나님을 보셨다참고. 6:46. 그리고 아들 예수님과 아버지 하나님은 동일하신 분이다. 따라서 우리는 아들 예수님을 통하여 아버지 하나님을 알 수 있으며 그분께 나아갈 수 있다참고. 14:6~9.

2. 세례 요한의 증언(1:19~34)

세례 요한의 입을 통하여 예수님의 정체가 풍부하게 드러난다. 여기에서 드러나는 예수님의 정체는 하나님의 어린 양29절, 세례 요한보다 앞선 분30절, 이스라엘에 나타내어진 분31절, 성령을 받으신 분32절, 성령으로 세례를 받으신 분33절, 하나님의 아들34절 등이다. 이 단화는 '세례 요한의 첫 번째 증언: 나는 그리스도가 아니다'1:19~28와 '세례 요한의 두 번째 증언: 그리스도는 누구신가?'1:29~34로 구성된다.

(1) 세례 요한의 첫 번째 증언: 나는 그리스도가 아니다(1:19~28)

19 유대인들이 예루살렘에서 제사장들과 레위인들을 요한에게 보내어 네가 누구냐 물을 때에 요한의 증언이 이러하니라 **20** 요한이 드러내어 말하고 숨기지 아니하니 드러내어 하는 말이 나는 그리스도가 아니라 한대 **21** 또 묻되 그러면 누구냐 네가 엘리야냐 이르되 나는 아니라 또 묻되 네가 그 선지자냐 대답하되 아니라 **22** 또 말하되 누구냐 우리를 보낸 이들에게 대답하게 하라 너는 네게 대하여 무엇이라 하느냐 **23** 이르되 나는 선지자 이사야의 말과 같이 주의 길을 곧게 하라고 광야에서 외치는 자의 소리로라 하니라 **24** 그들은 바리새인들이 보낸 자라 **25** 또 물어 이르되 네가 만일 그리스도도 아니요 엘리야도 아니요 그 선지자도 아닐진대 어찌하여 세례를 베푸느냐 **26** 요한이 대답하되 나는 물로 세례를 베풀거니와 너희 가운데 너희가 알지 못하는 한 사람이 섰으니 **27** 곧 내 뒤에 오시는 그이라 나는 그의 신발끈을 풀기도 감당하지 못하겠노라 하더라 **28** 이 일은 요한이 세례 베풀던 곳 요단 강 건너편 베다니에서 일어난 일이니라

1) 세례 요한의 겸손(1:19~23)

유대인들은 예루살렘에서 제사장들과 레위인들을 보내어 세례 요한에게 정체를 밝히라고 촉구한다19절. 이는 당시 사람들에게 세례 요한의 영향력이 대단히 컸음을 시사한다. 그런데 유대인들이 제사장들과 레위인들을

보냈다는 언급은 언뜻 이해하기가 힘들다. 왜냐하면 평범한 유대인들이 제사장들과 레위인들을 보낼 만큼 힘이 있었을 것이라고 보기는 어렵기 때문이다. 그런데 24절은 그들제사장들과 레위인들이 '바리새인들로부터' 보냄을 받았다고 말한다"그들은 바리새인들이 보낸 자라". 따라서 여기에 나오는 유대인들은 바리새인들이다. 즉 바리새인들이 공회산헤드린에 요청하여 제사장들과 레위인들을 보낸 것이다. 한편, 요한복음에는 유대인이라는 단어가 68회 나온다. 이 용어는 가끔 중립적으로 사용되었고예. 2:6, 때로는 긍정적으로 사용되었지만예. 4:22, 많은 경우에 부정적예수님께 적대적으로 사용되었다.

유대인들의 질문에 대해 세례 요한은 "드러내어 말하고 숨기지 아니"한다20a절. 즉 그는 자신의 정체에 대해서 분명하게 말한다. 그는 '그리스도가 아니다', '엘리야가 아니다', 그리고 '그 선지자가 아니다'라고 말한다20b~21절. 헬라어 본문에서 세례 요한이 "나는 그리스도가 아니라"라고 말하는 부분에 의도적으로 "나는"에 해당하는 1인칭 대명사 '에고'가 들어있다. 헬라어 문장에서는 이런 경우에 인칭대명사를 넣지 않아도 동사가 인칭대명사를 포함하기 때문에 말하는 사람의 의사가 정확하게 전달되지만, 세례 요한이 자신을 그리스도가 아니라고 주장했다는 사실을 강조하려고 일부러 '에고'가 들어있는 것이다. 따라서 그는 사람들이 자신을 메시아라고 생각할 수 있는 여지를 완전히 차단했다.

'엘리야'와 '그 선지자'는 종말론적 인물로서 이스라엘이 기다리고 있었던 메시아의 표상이다.[10] 구체적으로 말하자면, 엘리야는 죽지 않고 하늘로 올라간 사람으로서참고. 왕하2:11 종말에 다시 와서 메시아의 앞길을 예비할 자이다참고. 말4:5. 세례 요한은 엘리야와 같은 일을 했으며참고. 마3:4; 왕하

10. Burge, 72.

1:8, 예수님께서도 그를 엘리야라고 하셨으나참고. 마11:14; 막9:13; 눅1:7, 정작 세례 요한은 자신이 엘리야가 아니라고 말함으로써 자신을 격하시킨다. 그리고 '그 선지자'는 신명기 18장 15~18절에 예언된 '모세와 같은 선지자'이다. 그 선지자는 마치 모세가 이스라엘을 인도하여 가나안 땅에 이르게 했던 것 같이 온 인류를 인도하여 하나님의 나라로 이끌 것이다. 그리하여 요한복음은 예수님을 '그 선지자'로 묘사한다참고. 요6:14; 7:40. 결국, 세례 요한이 자신을 엘리야가 아니며 그 선지자도 아니라고 말한 것은 자신을 메시아가 아니라고 말한 것이 된다.

그런데도 세례 요한의 정체를 파악하지 못한 유대인들은 세례 요한에게 자신의 정체를 확실히 밝히라고 요구한다22절. 이에 세례 요한은 이사야 40장 3절을 인용하면서 자신이 "주의 길을 곧게 하라고 광야에서 외치는 자의 소리로라"라고 대답한다23절. 그런데 특이하게도 공관복음에는 저자들이 이 말을 묘사하는 것으로 되어 있지만참고. 마3:3; 막1:3; 눅3:4, 요한복음에는 세례 요한이 직접 말하는 것으로 되어 있다. 세례 요한이 인용한 이사야 40장 3절은 하나님께서 이스라엘 백성들을 포로에서 돌아오게 하시는 행위를 말한다. 따라서 세례 요한은 예수님의 출애굽출바벨론, 출사탄, 출사망 사역을 예비하는 자라는 사실을 그의 고백을 통해서 알 수 있다.

2) 세례 요한의 예수님 소개(1:24~28)

사도 요한은 세례 요한에게 온 자들에 대해서 "그들은 바리새인들이 보낸 자라"라고 말한다24절. 이 말은 바리새인들이 누구인지를 독자들이 안다는 전제하에서 언급된 것이다. 바리새인들은 율법과 전통을 지키는 것을 의롭게 되는 수단으로 생각했다. 예수님 당시에 상당수 바리새인들이 예수님을 대적했으나참고. 마23:1~36, 일부 바리새인들은 그분을 따랐다참고. 요

3:1~5; 7:50; 19:38~40; 행23:6; 빌3:5. 바리새인들이 보낸 자들은 세례 요한이 '그리스도'도 아니고 '엘리야'도 아니고 '그 선지자'도 아니면서 어찌하여 세례를 베푸느냐고 묻는다25절. 당시에 유대인들은 세례를 특별하게 생각했고, 세례 요한이 세례를 베풀고 있는 것도 그가 종말론적인 인물일 것이기 때문이라고 생각했다. 그런데 지금 세례 요한이 자신을 아무것도 아니라면서 세례를 베풀고 있으니, 유대인들로서는 의아해하지 않을 수 없었다.

그러나 세례 요한은 그들의 질문에 대답하지 않고 다른 말을 한다. 그는 자신의 행위가 의미하는 바를 설명하거나 이유를 제시하는 대신에 사람들의 관심을 자연스럽게 예수님께로 돌린다26절; 참고. 막1:7~8. 이는 세례 요한의 행위세례와 말씀가 철저히 예수님의 정체와 사역을 향하고 있음을 보여준다. 세례 요한은 자신과 예수님을 비교하면서 "나는 그의 신발끈을 풀기도 감당하지 못하겠노라"라고 말한다27절. 이것은 대단히 겸손한 표현이다. 이처럼 세례 요한은 예수님과 자신이 도무지 비교 대상이 될 수 없다는 점을 분명히 한다. 그래서 그는 자신을 향한 대중들의 주목과 인기를 거부하고 그들의 시선을 예수님께로 돌리게 한다.

이 일이 일어났던 곳은 "요단강 건너편 베다니"이다28절; 참고. 10:40. "요단강 건너편"이란 '요단강 동편'을 뜻하는데, 구체적으로 오늘날의 어디를 가리키는지 알기는 어렵다. 3장 26절에는 세례 요한에 관하여 "요단 강 저편에 있던 이"라고 묘사하고, 10장 40절에는 "요단 강 저편 요한이 처음으로 세례 베풀던 곳"이라는 문구가 있지만 이 언급들로 지역을 특정하기란 어렵다.[11] 이곳이 11장에 나오는 나사로의 고향 베다니와 다른 곳임은 분명하다. 왜냐하면 요한은 나사로가 살았던 베다니를 "예루살렘에서 가깝기

11. 권해생, 『요한복음』, 개정판 (서울: 총회출판국, 2021), 91을 보라.

가 한 오 리쯤 되매"라고 설명하는데11:18, 이곳은 요단강을 건너가기 전, 즉 '요단강 서편' 어딘가를 가리키기 때문이다. 한편, 사도 요한이 이렇게 구체적인 지명을 언급하는 것은 사건의 역사적 사실성을 강조하기 위한 것이다.

(2) 세례 요한의 두 번째 증언: 그리스도는 누구신가?(1:29~34)

29 이튿날 요한이 예수께서 자기에게 나아오심을 보고 이르되 보라 세상 죄를 지고 가는 하나님의 어린 양이로다 **30** 내가 전에 말하기를 내 뒤에 오는 사람이 있는데 나보다 앞선 것은 그가 나보다 먼저 계심이라 한 것이 이 사람을 가리킴이라 **31** 나도 그를 알지 못하였으나 내가 와서 물로 세례를 베푸는 것은 그를 이스라엘에 나타내려 함이라 하니라 **32** 요한이 또 증언하여 이르되 내가 보매 성령이 비둘기 같이 하늘로부터 내려와서 그의 위에 머물렀더라 **33** 나도 그를 알지 못하였으나 나를 보내어 물로 세례를 베풀라 하신 그이가 나에게 말씀하시되 성령이 내려서 누구 위에든지 머무는 것을 보거든 그가 곧 성령으로 세례를 베푸는 이인 줄 알라 하셨기에 **34** 내가 보고 그가 하나님의 아들이심을 증언하였노라 하니라

세례 요한은 이제 그리스도가 어떤 분이신지를 더욱 적극적으로 증언한다. 따라서 요한복음을 읽는 모든 독자는 세례 요한의 입을 통해서 예수님이 어떤 분이신지를 알 수 있다.[12]

---

12. 참고. L. Morris, *The Gospel according to John: The English Text with Introduction, Exposition, and Notes*. New International Commentary on the New Testament (Grand Rapids: Eerdmans, 1971), 130; D. M. Smith, *Theology of the Gospel of John* (Cambridge: Cambridge University Press, 1995), 104~105; M. W. G. Stibbe, *John* (Sheffield: Sheffield Academic Press, 1993), 36.

1) 하나님의 어린 양이신 예수님(1:29~31)

세례 요한은 예수님을 향하여 "세상 죄를 지고 가는 하나님의 어린 양"이라고 진술한다29절. "어린 양"이라는 표현은 유월절 어린 양의 이미지를 강하게 가지며참고. 19:14, 29, 구약의 제사들에서 속죄의 제물로 사용된 양의 성취라는 사실을 암시한다참고. 출29:38~46. 궁극적으로 이 문구는 예수님께서 인류의 죄를 위하여 희생하심으로써 인류의 죄에 대한 하나님의 진노가 사라져서 인류가 죄와 사망과 사탄의 권세로부터 해방되었음을 가르쳐준다참고. 골1:13~14; 히2:14~15. 실로 예수님은 하나님의 속죄 기준을 충족시키셨다.

30절의 "나보다 앞선 것은"이란 표현은 그리스도의 우월성pre-eminence을 가리키고, "그가 나보다 먼저 계심이라"라는 표현은 그리스도의 선재성pre-existence을 가리킨다. 비록 예수님은 세례 요한보다 조금 늦게 세상에 태어나셨지만, 세례 요한보다 앞선 분이시며, 그보다 먼저 계신 분이시다. 그리스도는 영원 전부터 계셨으며 어느 날 인간의 몸을 입고 이 세상에 오셨다가 공생애를 마치신 후에 하늘로 올라가셨다. 더욱이 그리스도는 참사람으로서 사람이 겪는 모든 일을 겪으셨지만, 죄는 없으셨고, 때로 초월적인 능력으로 이적을 행하셨다.

세례 요한은 "나도 그를 알지 못하였으나"라고 말한다31a절. 이 말은 언뜻 이해하기가 쉽지 않다. 왜냐하면 예수님의 어머니 마리아와 세례 요한의 어머니 엘리사벳이 친척 관계였기에참고. 눅1:36 예수님과 세례 요한은 어린 시절부터 같이 자라면서 가까이 지냈을 가능성이 크기 때문이다. 하지만 세례 요한은 예수님이 그토록 위대하신 하나님-메시아인 줄은 몰랐던 것 같다. 그래서 그는 자신 역시 예수님이 누구신지 정확히 알지 못했다고 고백하는 것으로 보인다. 하지만 그는 때가 이르러 예수님을 어느 정도 알게 되었고, 이제 그분에게 세례를 베푼다. 그가 예수님께 세례를 베푸는 목적은 "그를 이스라엘에 나타내려 함이라"라는 말에 들어 있다31b절.

2) 하나님의 아들이신 예수님(1:32~34)

세례 요한은 계속해서 예수님에 관하여 증언하는데, 예수님이 세례를 받으실 때 성령이 비둘기 같이 하늘로부터 내려와서 그분의 위에 머물렀다고 말한다32절. 예수님이 세례를 받으시는 장면은 이 복음서에 기록되어 있지 않지만, 당시의 독자들은 이미 공관복음서나 다른 전승들을 통하여 예수님이 세례를 받으실 때 성령이 비둘기 같이 임하셨다는 사실을 알고 있었을 것이다참고. 막1:10. 예수님 위에 성령이 머무신 것은 그분이 특별한 신적인 존재임을 가리킨다. 그런데 성령과 비둘기가 어떤 관계를 맺는지 알기가 쉽지 않다. 아마도 비둘기가 하늘에서 내려오는 장면과 관련된 듯하다.

그런데 세례 요한은 "나도 그를 알지 못하였으나"라고 말한다33a절. 이것은 31a절의 "나도 그를 알지 못하였으나"와 같은 뜻이다. 세례 요한은 처음에 그리스도에 대해서 몰랐으나, 자신을 보내어 물로 세례를 주라 하신 하나님께서 자신에게 말씀하시기를 "나를 보내어 물로 세례를 베풀라 하신 그이가 나에게 말씀하시되 성령이 내려서 누구 위에든지 머무는 것을 보거든 그가 곧 성령으로 세례를 베푸는 이인 줄 알라"라고 하셨기에 자신이 보고 그가 하나님의 아들이심을 증언하였다고 고백한다33b~34절. 한편, 여기서 예수 그리스도는 "성령으로 세례를 베푸는 이"로 묘사되는데, 이것은 예수님의 사역이 물로 세례를 베푸는 요한의 사역과 대조를 이룬다는 사실을 가르쳐준다. 곧 세례 요한의 사역은 예수님의 사역을 예비하는 것이다.

3. 첫 제자들을 부르심(1:35~51)

예수님께서 첫 제자들을 부르시는 장면은 앞으로 펼쳐질 예수님의 사역을 준비하게 한다. 그런데 예수님이 제자들을 두신 것은 예수님이 제자들과 함께 일해야 했다는 것을 의미하지 않는다. 예수님은 전능하신 분으로서 얼마든지 혼자서 일하실 수 있는 분이다. 오히려 예수님이 제자들을 두신 것은 제자들이 예수님의 사역을 계승할 수 있도록 훈련되어야 한다는 것을 뜻했다. 제자들은 예수님이 승천하신 후에 예수님의 사역을 이어받아서 후세대들에 순수한 복음을 전수해 주어야 했다. 따라서 예수님의 제자 훈련은 매우 중요했다.

그런데 앞 단화에서와 마찬가지로 이 단화에서도 독자들은 예수님의 정체가 무엇인지를 접하게 된다. 여기에 소개되는 예수님은 하나님의 어린양36절, 랍비38절, 메시아41절, 모세와 여러 선지자가 기록한 그 이45절, 이스라엘의 왕49절, 인자51절 등이다. 이 단화는 '제자들의 고백을 통해 그리스도의 정체가 드러남'1:35-42과 '예수님의 자기 계시를 통해 그리스도의 정체가 드러남'1:43~51으로 구성되어 있다.

(1) 제자들의 고백을 통해 그리스도의 정체가 드러남(1:35~42)

35 또 이튿날 요한이 자기 제자 중 두 사람과 함께 섰다가 **36** 예수께서 거니심을 보고 말하되 보라 하나님의 어린 양이로다 **37** 두 제자가 그의 말을 듣고 예수를 따르거늘 **38** 예수께서 돌이켜 그 따르는 것을 보시고 물어 이르시되 무엇을 구하느냐 이르되 랍비여 어디 계시오니이까 하니 (랍비는 번역하면 선생이라) **39** 예수께서 이르시되 와서 보라 그러므로 그들이 가서 계신 데를 보고 그 날 함께 거하니 때가 열 시쯤 되었더라 **40** 요한의 말을 듣고 예수를 따르는 두 사람 중의 하나는 시몬 베드로의 형제 안드레라 **41** 그가 먼저 자기의 형제 시몬을 찾아 말하되 우리가 메시야를 만

났다 하고 (메시야는 번역하면 그리스도라) 42 데리고 예수께로 오니 예수께서 보시고 이르시되 네가 요한의 아들 시몬이니 장차 게바라 하리라 하시니라 (게바는 번역하면 베드로라)

1) 두 사람이 예수님의 제자가 됨(1:35~39)

세례 요한이 다시 한 번 자신의 제자들에게 예수님을 "하나님의 어린 양"이라고 소개하자, 세례 요한의 두 제자가 예수님을 따라간다35~37절. 이 제자 중 한 사람의 이름은 안드레이고참고. 40절, 다른 한 사람의 이름은 알려져 있지 않다. 하지만 여러 정황을 고려할 때 그는 이 복음서를 지은 세베대의 아들 요한일 것이다.[13]

예수님은 자신을 따라오는 두 제자를 향하여 "무엇을 구하느냐"라고 물어보신다38a절. 이것은 '무슨 목적으로 나를 좇느냐?'라는 뜻이다. 이에 제자들은 "랍비여 어디 계시오니이까"라고 되묻는다38b절. 이는 선생님이 지금 계시는 곳이 어디인지 알려달라는 질문인데, 여기에 내포된 의미는 '우리가 선생님이 계신 곳에 가서 같이 교제하기를 원합니다.'라는 것이다. 여기서 제자들은 예수님을 "랍비"Rabbi라고 부르며참고. 3:2, 26; 4:31; 6:25; 9:2; 11:8, 요한은 "랍비는 번역하면 선생이라"라는 말을 붙이는데, 이는 히브리어/아람어를 모르는 헬라어 권에 사는 독자들을 위한 배려이다. 이러한 배려들이 요한복음 곳곳에 나온다참고. 1:41; 1:42; 20:16 등.

제자들의 질문에 예수님은 "와서 보라"라고 하시면서 그들을 초청하신다39a절. 헬라어 원문에서 "와서"는 현재 명령법이고, "보라"는 미래 직설법이다. 따라서 이 문구를 '오라, 그러면 볼 것이다.'로 번역하는 것이 좋다참고. ESV, NASB: 'come and you will see.'. 이는 예수님께 오면 구원을 받을 수 있다는

---

13. ESV Study Bible.

것을 함의한다. 이에 제자들은 예수님께 가서 그분이 계신 곳을 보고 그날 함께 지낸다39b절. 즉 그들은 예수님과 함께 교제하면서 가르침을 받는다. 그런데 본문에는 "이때가 제 십시였다"라는 언급이 있다39c절. 여기서 시간 표기에는 어떤 상징성이 발견되지 않는다.[14] 다만 이것은 목격에 근거한 사건의 정확성을 강조하기 위한 것으로, 요한복음에 자주 나온다. 예를 들어, 제 십시1:39, 제 육시4:6, 제 칠시4:52, 새벽18:28, 제 육시19:14, 저녁20:19 등이다.

그렇다면 여기에 나오는 10시는 오늘날의 몇 시일까? 만약 10시를 유대시로 볼 경우에는 오늘날의 오후 4시가 되는데, 이는 유대시가 해 뜨는 것을 시간의 시작으로 계산하기 때문이다. 유대시는 여름에 조금 당겨지고 겨울에 조금 늦춰지긴 하지만, 대략 오전 6시를 0시로 간주한다. 그러나 여기의 10시를 로마시로 볼 경우에는 오전 10시 혹은 오후 10시가 되는데, 이는 로마시가 오늘날 우리의 시간 체계와 같기 때문이다. 그렇다면 요한복음의 시간은 유대시를 따르는가? 아니면 로마시를 따르는가? 많은 학자는 요한복음이 유대시를 따른다고 본다. 그러나 다른 상당수의 학자는 요한복음이 로마시를 따른다고 주장한다. 반면에 어떤 학자들은 요한복음의 시간을 상징적이라고 보거나, 혹은 '쯤'호스이라는 용어의 사용을 근거로 요한이 시간에 대해서 일관성 없이 표기했다고 주장한다. 우리는 이 책에서 요한복음의 시간이 로마시를 따른다고 볼 것이다.[15] 그렇다면 여기에

---

14. Michaels는 이 시간의 의미에 대해서 다음과 같이 말한다. "The reference to the "tenth" hour, which has no obvious symbolic significance, and which qualifies or even subverts the notice that "they stayed with him that day," probably reflects historical tradition, not the creativity of the Gospel writer. Yet while "tenth" is not symbolic, "hour" may very well be, for Jesus will soon begin to speak of another decisive "hour" (2:4)." Michaels, 121.

15. 이에 관하여 시간에 대한 언급이 있는 곳의 설명을 보라.

서 10시는 정황상 오늘날의 오전 10시가 된다.

2) 베드로가 예수님의 제자가 됨(1:40~42)

예수님의 첫 제자 중 한 명의 이름은 안드레이다40절. 안드레는 자신의 형제인 시몬베드로을 찾아가서 "우리가 메시야를 만났다"라고 말한다41절. 여기서 "우리"는 익명의 다른 한 제자를 포함한 것이지만, 나아가서 유대인들의 메시아 대망 사상을 반영한 것이다. 그리고 예수님의 명칭이 "메시아"로 나오는 것은 매우 의미심장하다. 안드레는 예수님을 메시아라고 소개하는데, 이는 그가 예수님과 함께 지내면서 그분이 메시아이심을 깨달았기 때문이다. 요한은 친절하게도 "메시아는 번역하면 그리스도'기름 부음 받은 자'라는 뜻라"라는 문구를 덧붙여 말하는데, 이는 '랍비'의 경우와 마찬가지로 히브리어/아람어를 모르는 이들을 배려한 것이다.

안드레는 자기의 형제 시몬을 데리고 예수님께 가고, 예수님은 시몬베드로을 보시고 "네가 요한의 아들 시몬이니 장차 게바라 하리라"라고 말씀하신다42절. "게바"란 아람어로 '바위'라는 뜻이다. 유대 배경에서 사람의 이름이 바뀌는 것은 특별한 의미를 지닌다.[16] 구약성경에서 하나님은 종종 사람들의 이름을 바꾸어 주시면서 그들에게 특별한 사명을 주셨다. 예를 들어, 아브람은 아브라함으로 바뀌었고참고. 창17:5, 야곱은 이스라엘로 바뀌었다참고. 창32:28. 한편, 마태복음 16장 18절에는 빌립보 가이사랴에서 베드로가 예수님에 대한 신앙을 고백한 것으로 인하여 게바로 불렸다고 기록되어 있는데, 여기서는 안드레의 고백과 관련하여 게바라는 이름을 얻는다. 아마도 예수님은 종종 베드로를 게바라고 부르시면서 그 이름이 가지는

---

16. Burge, 76.

의미'바위'를 상기시켜 주셨을 것이다.

(2) 예수님의 자기 계시를 통해 그리스도의 정체가 드러남(1:43~51)

43 이튿날 예수께서 갈릴리로 나가려 하시다가 빌립을 만나 이르시되 나를 따르라 하시니 44 빌립은 안드레와 베드로와 한 동네 벳새다 사람이라 45 빌립이 나다나엘을 찾아 이르되 모세가 율법에 기록하였고 여러 선지자가 기록한 그이를 우리가 만났으니 요셉의 아들 나사렛 예수니라 46 나다나엘이 이르되 나사렛에서 무슨 선한 것이 날 수 있느냐 빌립이 이르되 와서 보라 하니라 47 예수께서 나다나엘이 자기에게 오는 것을 보시고 그를 가리켜 이르시되 보라 이는 참으로 이스라엘 사람이라 그 속에 간사한 것이 없도다 48 나다나엘이 이르되 어떻게 나를 아시나이까 예수께서 대답하여 이르시되 빌립이 너를 부르기 전에 네가 무화과나무 아래에 있을 때에 보았노라 49 나다나엘이 대답하되 랍비여 당신은 하나님의 아들이시요 당신은 이스라엘의 임금이로소이다 50 예수께서 대답하여 이르시되 내가 너를 무화과나무 아래에서 보았다 하므로 믿느냐 이보다 더 큰 일을 보리라 51 또 이르시되 진실로 진실로 너희에게 이르노니 하늘이 열리고 하나님의 사자들이 인자 위에 오르락 내리락 하는 것을 보리라 하시니라

앞에서는 세례 요한과 제자들의 입을 통하여 예수님이 어떤 분이신지가 소개되었는데, 이제는 예수님이 직접 자신을 소개하신다. 그리고 이전까지는 요단강 건너편 베다니예루살렘 근처에서 있었던 일에 관한 기록이었으나, 이제부터는 갈릴리에서 일어난 일에 관한 기록이다.

1) 빌립이 예수님의 제자가 됨(1:43~46)

예수님께서 갈릴리로 가려 하시다가 빌립을 만나서 제자로 부르신다43절. 그런데 요한은 빌립을 "안드레와 베드로와 한 동네 벳새다 사람"이라고 소개한다44절. 따라서 빌립과 안드레와 베드로는 서로 잘 아는 사이였을 것이다. 그렇다면 예수님과 제자들의 이전 관계는 어떠했을까? 예수님은 갈릴리에서 목수로 사셨다. 그리고 제자들도 갈릴리에서 살았다. 따라서 예수님과 제자들은 이미 서로 잘 아는 사이였다고 보는 것이 합리적이다. 그들은 서로 알고 있는 사이였으나, 이제 정식으로 선생과 제자의 관계가 된다. 아마도 평소에 제자들은 예수님을 비범한 분으로 생각하고 있었기에, 어느 날 예수님이 제자로 부르시자 즉시 따랐을 것이다.

예수님을 만난 빌립은 나다나엘을 찾아가서 예수님을 소개한다45절. 따라서 제자들은 연쇄적으로 전도 활동을 한다. 빌립은 나다나엘에게 "모세가 율법에 기록하였고 여러 선지자가 기록한 그이"를 만났다고 말한다. 모세와 여러 선지자가 기록한 책은 구약성경이다참고. 마5:17; 7:12. 그러므로 빌립의 말 속에는 예수님께서 구약성경에 예언된 분이라는 뜻이 내포되어 있다. 그런데 이때 빌립은 예수님에 대해서 "요셉의 아들 나사렛 예수라"라고 말한다. 이렇게 빌립이 예수님의 고향을 아는 것은 예수님이 빌립을 부르신 후 그와 얼마간 교제하셨음을 암시한다. 한편, 나다나엘이라는 이름은 오직 요한복음에만 나온다참고. 21:2. 즉 공관복음의 제자들 명단에는 그의 이름이 없다참고. 마10:2~15; 막3:13~19; 눅6:12~16; 행1:13. 다만 제자들 명단에 바돌로매라는 이름이 나오고 그가 빌립과 항상 짝을 이루어 언급되는 것으로 보아 바돌로매가 나다나엘인 것으로 보인다.

하지만 나다나엘은 "나사렛에서 무슨 선한 것이 날 수 있느냐"라고 반문한다46a절. 이는 나사렛과 같은 작은 동네에서 어떻게 메시아 같은 위대한 인물이 태어날 수 있겠느냐는 뜻이다. 당시에 나사렛은 알려지지 않은 작은 마을이었다. 구약성경과 고대 문헌에는 나사렛이라는 지명이 나오지 않는다. 오늘날 학자들은 당시 나사렛의 인구가 2,000명 이하였을 것으로 추정한다.[17] 따라서 나다나엘의 말은 무리가 아니다. 하지만 빌립은 예수님이 처음 두 제자에게 하신 말씀을 모방하여 "와서 보라"라는 말로써 나다나엘을 초청한다46b절; 참고. 39절.

2) 나다나엘이 예수님의 제자가 됨(1:47~51)

예수님은 나다나엘이 자기에게 오는 것을 보시고 그를 가리켜 "참으로 이스라엘 사람이라 그 속에 간사한 것이 없도다"라고 말씀하신다47절. 이는 예수님의 전지성을 보여준다참고. 2:24~25. 그런데 이 말은 나다나엘과 야곱의 강한 관련성을 암시한다.[18] 51절은 야곱의 꿈을 반영한다. 야곱은 벧엘에서 하나님의 천사가 사다리를 오르락내리락하는 꿈을 꾸었다참고. 창28장. 그런데 구약에서 이스라엘이란 이름을 얻은 야곱은 간사한 인물이었다참고. 창27:35. 이에 반하여 예수님은 나다나엘을 참 이스라엘 사람으로서 간사한 것이 없다고 하셨다. 따라서 예수님이 나다나엘을 제자로 부르신 것은 새로운 이스라엘의 창조를 상징한다.

나다나엘이 예수님을 향하여 자신을 어떻게 아시느냐고 묻자 예수님은 "빌립이 너를 부르기 전에 네가 무화과나무 아래에 있을 때에 보았노라"라고 말씀하신다48절. 이것은 예수님이 초자연적인 지식전지성을 가지고 계심을 보여준다. 그리고 이러한 초자연적인 지식은 예수님의 신적 정체를 드러내 준다. 그렇다면 나다나엘은 무화과나무 아래에서 무엇을 하고 있었을까? 여러 추정이 가능하다참고. 막11:13~14. 그는 여기서 기도하고 있었거나, 성경을 묵상하고 있었거나, 휴식을 취하고 있었을 것이다. 어느 것이 옳은

---

17. ESV Study Bible.

18. 참고. Jerome H. Neyrey, "The Jacob Allusions in John 1:51," *CBQ* 44 (1982): 586~605.

지는 정확하게 판단하기가 어렵다.

예수님이 나다나엘에 대해 초자연적인 지식을 가지고 계시다는 것이 드러나자, 나다나엘은 "당신은 하나님의 아들이시요 당신은 이스라엘의 임금이로소이다"라고 고백한다49절. 이것은 34절에 있는 세례 요한의 증언과 같다. "하나님의 아들"참고. 삼하7:14; 시2:7과 "이스라엘의 임금"참고. 습3:15이 함께 메시아적 용어로 사용된다는 것참고. 마27:42~43은 요한복음의 기독론적 계시가 많이 진전되었다는 사실을 보여준다. 하지만 예수님에 대한 나다나엘의 믿음은 여전히 충동적이다. 즉 그의 믿음은 초보적이다.[19] 그리하여 예수님은 그가 앞으로 "이보다 더 큰 일을 보리라"라고 말씀하신다50절. "더 큰 일"이란 이어지는 구절51절에 나오는 일을 의미한다. 즉 앞으로 펼쳐질 예수님의 중보자 사역을 뜻한다.

예수님은 1장 마지막 절51절에서 매우 의미심장한 말씀을 하신다. 이 구절은 앞으로 예수 그리스도가 어떤 일을 하실 지를 보여준다. 우선, 예수님은 "진실로 진실로"라는 어구로 말씀을 시작하신다. 이러한 이중 아멘 형식구double amen formula는 공관복음에 없고 오직 요한복음에만 있다25회 나옴. 그리고 초기 기독교 문헌들 중에는 쿰란 문서에서 발견된다예. 1QS 1:20; 2:10, 18; 10:1~17. 이것은 뒤이어 나오는 말의 엄숙함과 진지함을 드러낸다.

예수님은 "너희에게 이르노니 …… 너희가 보리라"라고 말씀하신다. 그러므로 예수님은 지금 나다나엘에게 말씀하시고 있지만 실상 두 차례 모두 2인칭 복수를 사용하셔서 여러 사람에게 말씀하시고 있다.[20] 이는 예수님의 신적인 정체를 나다나엘뿐만 아니라 모든 사람이 볼 것이라는 뜻이

---

19. Michaels는 나다나엘의 고백이 가지는 의미를 이렇게 진술한다. "Nathanael is the first individual in the Gospel who is explicitly said to believe." Michaels, 133.
20. Burge, 79.

다. "하늘이 열리고 하나님의 사자들이 인자 위에 오르락 내리락 하는 것" 이란 문구는 창세기 28장에 나오는 야곱 이야기를 떠올리게 한다. 구약성경에서 천사들은 사다리를 통하여 하나님과 사람 사이를 오르락내리락했다참고. 창28:12; 히10:19~20. 그러나 이제 신약시대에는 예수님께서 하나님과 사람 사이를 잇는 다리가 되신다. 즉 예수님의 십자가 사역은 하늘과 땅을 연결하는 중보 사역이다.

<특주3> 요한복음의 구약 인용

1. 신약의 구약 인용

신약성경 저자들은 구약성경을 많이 인용한다. 그들은 구약성경을 인용할 때 '기록된 바'it is written와 같은 문구를 문장 앞부분에 사용하거나introductory formula, 구절을 풀어서 쓰거나paraphrase, 내용을 암시적으로 사용하거나allusion, 구약성경의 특정 주제와 구조와 신학을 반영하는reflection 등의 다양한 방법을 사용한다. 그들이 이러한 방법들을 통하여 구약성경을 인용하는 이유는 구약성경을 적절히 사용함으로써 자신들의 신학적 의도, 즉 변증적, 윤리적, 교리적, 교육적, 예전적 목적 등을 더욱 효과적으로 전달할 수 있기 때문이다. 게다가 이는 구약성경의 사상이 신약성경의 형성에 유기적인 영향력을 미쳤음을 보여준다. 따라서 신약성경 본문에 내재하여 있는 신약성경 저자의 의도를 정확하게 파악하기 위하여 그의 구약성경 사용 방식을 파악하는 일은 대단히 중요하다.

2. 문제점

그런데 신약성경의 구약성경 인용에 관한 통계는 학자들에 따라서 약간씩 차이를 보인다. 어떤 학자들은 빌립보서, 골로새서, 데살로니가 전후서, 디도서, 빌레몬서, 요한 일, 이, 삼서, 유다서 등 10권의 신약성경에는 구약성경이 인용되어 있지 않다고 보는가 하면, 다른 학자들은 신약성경 중에서 단지 빌레몬서에만 구약성경이 인용되지 않았다고 주장한다. 그러나 또 다른 학자들은 빌레몬서뿐만 아니라 요한이서와 요한삼서에도 구약성경 인용이 없다고 생각한다. 학자들 간의 이러한 견해 차이는 신약성경의 저자들이 구약성경의 직접인용explicit quotations과 간접인용allusions을 명확하게 처리하지 않았기 때문이다. 즉 그들은 구약성경을 어떤 경우에는 직접 인용했지만, 다른 경우에는 구절들을 편집해서 인용했고, 또 다른 경우에는 단지 사상만을 차용했다. 더욱이 신약성경의 저자들은 구약성경을 인용할 때 맛소라 본문히브리어 본문에서 인용하기도 했고, 70인 역헬라어 본문, LXX에서 인용하기도 했다.

3. 요한복음의 구약 인용

다른 신약성경 저자들과 마찬가지로 요한은 그의 복음서에서 구약성경을 직접적 혹은 간접적으로 인용함으로써 그의 신학적 의도를 수신자들에게 드러내고자 하였다. 따라서 요한복음을 정확하게 이해하기 위해서는 요한이 구약성경을 어떻게 사용했는지를 연구하는 작업이 필요하다. 물론 요한복음에서 구약성경이 어떻게 사용되었는지를 고찰하는 일은 이미 많은 학자에 의해 수행되었으며, 오늘날까지 나름대로 유용한 성과들이 나오고 있다. 그러나 여전히 이 분야의 연구는 미천하다. 심지어 학자들 사이에서 요한복음에 구약성경이 몇 번 인용되어 있는지조차 아직 일치된 견해를 가지고 있지 못한 실정이다. 그러므로 우리는 요한복음에서 구약성경이 직접 인용되었거나 암시된 구절들 혹은 단화들pericopes을 계속해서 찾아서 연구해야 한다.

4. 요한복음의 구약 인용 횟수

요한복음의 구약 인용 횟수는 공관복음의 구약 인용 횟수보다 훨씬 적다. 웨스트코트-호르트Westcott-Hort가 제시한 신약성경 내의 구약성경 인용 목록에 따르면, 마태는 124개, 마가는 70개, 누가는 109개의 구약성경을 인용했으나, 요한은 단지 27개만 인용했다. 게다가 UBSGreek New Testament 4판의 색인표Index of Quotations에 따르면, 마태는 54개, 마가는 27개, 누가는 25개의 구약성경 직접 인용을 가지고 있으나, 요한은 단지 14개의 직접 인용만을 가지고 있다예. 1:23; 2:17; 6:31; 6:45; 10:34; 12:13; 12:15; 12:38; 12:40; 13:18; 15:25; 19:24; 19:36; 19:37. 물론 다른 견해도 있다. 프리드D.D. Freed는 요한복음에 구약성경 17개가 직접 인용되었다고 주장하지만, 슈하드B.G. Schuchard는 13개만이 직접 인용되었다고 주장한다7:37, 42; 15:25; 17:12; 19:28을 제외하고 13:16을 포함하여. 하여튼 요한복음의 구약 인용이 공관복음의 구약 인용보다 많지 않은 것은 사실이다. 신약학계에서 오랫동안 신약의 구약사용을 연구한 모이에스S. Moyise는 이렇게 요한이 공관복음보다 구약성경을 적게 사용한 것을 그가 복음서에서 단지 7개의 표적sign만을 언급한 것과 같은 차원에서 이해할 수 있다고 말한다.

5. 결론: 기독론적 구약 이해

요한복음의 구약 인용에 대해서 학자들은 대체로 이것이 기독론에 초점이 맞추어져 있고 그것도 수난 사화에 집중되어 있다고 본다. 요한복음은 출애굽 모티프, 생명의 떡, 생명의 물, 유월절 양, '그 선지자', 절기에 관련된 표적과 강화유월절, 초막절, (수전절), 오병이어시78:24, 율법에 관한 토론, 의로운 고통받는 자, 참된 성전시69:9과 관련, 모형론뱀과 인자, 두 증인의 증거에 대한 호소신17:6 혹은 19:15, 하나님의 아들 됨시82:6, 나귀를 타심슥9:9 등과 같은 풍부한 구약성경의 기독론적 적용을 가지고 있다. 그 외에도 이 복음서는 구약성경의 여러 간접적 반영을 가지고 있는데, 1장 1~2, 4~5, 9절은 창조 모티프를 반영하고, 1장 14~18절의 '은혜와 진리의 충만' 언급은 출애굽기 34장 6절을 반영한다. 그리고 10장은 이스라엘과 하나님의 관계로서의 목자와 양을 서술하며, 15장은 구약에 빈번하게 나오는 포도나무와 가지 소재를 사용한다.

A Commentary on the Gospel According to

John

요한복음

단원 II

표적의 책: 예수님이 영광을 드러내심(2:1~12:50)

the Book of Signs: Jesus reveals Glory

단원의 요지

요한복음의 두 번째 단원은 '표적의 책'the Book of Signs이라고 불린다. 이 단원에는 예수님께서 행하신 일곱 개의 표적들과 그 표적들에 연관된 강화들이 나온다. 여기에 나오는 일곱 개의 표적들과 그 표적들에 연관된 강화들은 예수님의 정체성과 신학적 메시지를 만들어낸다. 그리고 이 단원에는 예수님과 유대의 종교지도자들 간의 논쟁들이 많이 나오는데, 이러한 논쟁들을 통해서도 예수님의 신적 정체성과 신학적 메시지가 드러난다.

단원의 구조

취임표적들 2:1~4:54

심화표적들 5:1~10:42

절정표적 11:1~12:50

1. 취임표적들(2:1~4:54)

2~4장에는 예수님이 행하신 두 개의 표적이 2장 서두와 4장 말미에 나오는데, 이 표적들을 통해서 예수님의 메시아로서의 정체가 드러나기 때문에 이를 '취임표적들'the inaugural signs이라고 부른다. 이곳에 있는 두 개의 표적들 사이에는 메시아의 오심으로 성취되는 가장 중요한 주제인 성전과 생명과 예배가 다루어진다. 즉 '첫 번째 표적: 유대인이 예수님을 믿음' 2:1~11에 이어서 '성전'2장과 '생명'3장과 '예배'4장에 대한 논의가 나오고, '두 번째 표적: 이방인이 예수님을 믿음'4:46~54이 언급됨으로 하나의 단위unit가 구성된다.

(1) 첫 번째 표적: 물로 포도주를 만드심(2:1~11)

1 사흘째 되던 날 갈릴리 가나에 혼례가 있어 예수의 어머니도 거기 계시고 **2** 예수와 그 제자들도 혼례에 청함을 받았더니 **3** 포도주가 떨어진지라 예수의 어머니가 예수에게 이르되 저들에게 포도주가 없다 하니 **4** 예수께서 이르시되 여자여 나와 무슨 상관이 있나이까 내 때가 아직 이르지 아니하였나이다 **5** 그의 어머니가 하인들에게 이르되 너희에게 무슨 말씀을 하시든지 그대로 하라 하니라 **6** 거기에 유대인의 정결 예식을 따라 두세 통 드는 돌항아리 여섯이 놓였는지라 **7** 예수께서 그들에게 이르시되 항아리에 물을 채우라 하신즉 아귀까지 채우니 **8** 이제는 떠서 연회장에게 갖다 주라 하시매 갖다 주었더니 **9** 연회장은 물로 된 포도주를 맛보고도 어디서 났는지 알지 못하되 물 떠온 하인들은 알더라 연회장이 신랑을 불러 **10** 말하되 사람마다 먼저 좋은 포도주를 내고 취한 후에 낮은 것을 내거늘 그대는 지금까지 좋은 포도주를 두었도다 하니라 **11** 예수께서 이 첫 표적을 갈릴리 가나에서 행하여 그의 영광을 나타내시매 제자들이 그를 믿으니라

이것은 예수님이 행하신 첫 번째 표적이다. 그런데 이 표적은 요한복음

에만 나오며 다른 복음서에는 나오지 않는다.[1] 이 표적은 다음과 같은 전형적인 교차대칭구조ABCB′A′를 가진다.

<구조>

2:1~2 제자들이 혼례에 참석함(A)

2:3~5 포도주가 떨어짐(B)

2:6~8 이적: 물로 포도주를 바꾸심(C)

2:9~10 포도주가 공급됨(B′)

2:11 제자들이 예수님을 믿음(A′)

1) 제자들이 혼례에 참석함(2:1~2)

요한은 "사흘째 되던 날 갈릴리 가나에 혼례가 있어"라는 말로 이야기를 시작한다1a절. 따라서 이야기의 서두에 사건의 배경인 시간과 장소가 나온다. 요한은 그의 복음서에서 시간과 장소에 상당한 관심을 가지는데, 이는 그것이 실제로 일어난 사건임을 입증하기 위해서이며 또한 시간과 장소가 가지는 상징적 의미를 전달하기 위해서이다. 즉 요한은 이적이 일어난 시간과 장소, 그리고 종종 목격자들을 언급함으로써 이적의 역사적 신빙성historical reliability을 주장하며, 또한 시간이나 장소가 가지는 상징적 의미를 알려준다.

먼저, 이적이 일어난 시간인 "사흘째 되던 날"on the third day에 대해서 생각해 보자. 요한은 1장에서 세 번이나 '이튿날'을 말하다가 여기서 '사흘째

1. 공관복음에 나오는 첫 번째 이적은 마태복음(8:1~4)의 경우에 나병환자를 치유하신 일이고, 마가복음(1:21~28)과 누가복음(4:31~37)의 경우에 가버나움에서 귀신들린 사람을 치유하신 일이다.

되던 날'을 말한다참고. 1:29, 35, 43. 따라서 이 표현에 요한의 의도가 담겨 있다고 볼 수 있다.[2] 특히 여기서 '사흘'은 예수님이 나다나엘을 만나신 일에서 이어진다참고. 1:43~51. 따라서 예수님이 나다나엘에게 자신의 메시아적 정체성을 드러내신 일과 이 이적을 통해서 드러내시려는 메시지가 연결된다는 사실을 알 수 있다. 그렇다면 요한은 이러한 시간을 언급함으로써 무엇을 말하려고 했을까? 이에 대해서 많은 견해가 존재하지만, 가장 타당성 있는 견해는 그가 부활 모티프를 말하려고 했다는 것이다. 이러한 부활 모티프에 대한 추정은 11절에 나오는 '영광'이라는 표현과 잘 어울린다. 이는 요한복음에서 '영광'이 죽음과 부활을 가리키기 때문이다참고. 11절의 주해. 더욱이 이곳의 부활 모티프는 19절의 "내가 사흘 동안에 일으키리라"라는 부활에 관한 언급과도 일치한다.

다음으로, 이적이 일어난 장소인 "갈릴리 가나"에 대해서 생각해 보자. 갈릴리 가나가 오늘날의 어디에 해당하는지 분명하지가 않다. 가장 널리 인정받는 견해로는 나사렛에서 북쪽으로 약 13㎞ 떨어져 있는 키르벳 카나Khirbet Kana라는 곳이다. 하지만 어떤 학자들은 이와 달리 케푸르 케네Kefar-Kenne라는 곳이 갈릴리 가나에 해당한다고 주장한다. 실상 우리는 이 지역의 정확한 위치를 모른다. 다만 우리는 여기에 나오는 '첫 번째 표적'과 4장 46~54절에 나오는 '두 번째 표적'의 장소가 동일하다는 사실을 주목해야 한다4:46, "예수께서 다시 갈릴리 가나에 이르시니 전에 물로 포도주를 만드신 곳이라". 이러한 장소의 일치는 뒤에서 언급하겠지만, 두 개의 표적을 서로 연결하려는 신학적 의도를 가진다참고. 4:46~54의 주해.

---

2. 여기에 나오는 '사흘'이라는 단어가 상징성을 가지고 있다고 보는 대표적인 학자들은 다음과 같다. R. A. Culpepper, H. N. Ridderbos, M. W. G. Stibbe, G. R. Beasley-Murray, R. Schnackenburg, R. Kysar.

마지막으로, 이 사건에 등장하는 주요 인물들인 예수님의 어머니, 예수님, 그리고 제자들에 대해서 살펴보자1b~2절. 헬라어 본문을 검토해 볼 때, 이 구절은 '예수님의 어머니가 거기에 먼저 가 있었다. 그런데'데' 예수님도 제자들과 함께 혼인 잔치에 초청을 받으셨다.'라는 뜻이 된다. 즉 예수님의 어머니가 먼저 결혼식에 가 있었으며, 예수님과 제자들은 결혼식에 따로 초청을 받아서 참석했다는 것이다. 더군다나 예수님의 어머니는 포도주가 떨어진 것을 알았다. 따라서 예수님의 어머니가 이 결혼식과 어떤 관계가 있다고 생각할 수 있다. 즉 예수님의 어머니는 이 결혼식의 혼주와 가까운 관계에 있었던 것이다. 그런데 이 내러티브에서 요한은 예수님의 어머니를 '마리아'라고 지칭하지 않고 "예수의 어머니"라고 지칭한다. 이는 요한복음 전체에서 발견되는 특징인데참고. 2:1, 3, 5, 12; 19:25, 고대 지중해 연안에서 어떤 사람을 영예롭게 하려고 유명한 사람과의 관련성을 호칭으로 사용하는 일이 있었다. 어쨌든 이 혼인 잔치에 초청을 받은 인물들 중에서 강조되는 이들은 예수님의 어머니가 아니라 예수님과 제자들이다.

2) 포도주가 떨어짐(2:3~5)

그런데 결혼식장에 갑자기 포도주가 떨어졌다3a절. 구약에서 포도주는 기쁨과 즐거움, 그리고 하나님의 복을 상징한다참고. 시104:15; 잠3:10 등. 따라서 지금 포도주가 떨어진 것은 상징적인 의미에서 주후 1세기 유대주의가 지닌 영적인 척박함을 의미한다참고. 10절의 주해. 포도주가 떨어지자 예수님의 어머니는 예수님께 포도주가 떨어졌다고 말한다3b절. 그런데 그녀가 이 사실을 혼주나 관리자에게 알리지 않고 예수님에게 알린 것은 특이하다. 이는 아마도 그녀가 예수님의 신적인 정체를 알고 있어서 예수님이 초자연적인 능력으로 포도주를 만들어 주시기를 기대했기 때문일 것이다.

그러나 예수님은 냉정하게 대답하신다. 예수님은 어머니를 "여자여"귀나이라고 부르신다4a절. 이 단어는 여성을 부르는 호칭으로 'madam', 'dear woman' 정도의 뜻이다. 이 호칭은 무례한 것이 아니다참고. 마15:28; 눅22:57. 그러나 그렇다고 해서 자식이 어머니를 부를 때 사용할 수 있는 것도 아니다. 그냥 제3의 여인에게 붙이는 표현이다참고. 4:21. 즉 가족 관계를 염두에 두지 않은 표현이다. 그렇다면 예수님은 왜 어머니를 느닷없이 "여자여"라고 부르셨을까? 이것은 예수님이 어머니와 자신을 구분하시려는 의도를 가지고 계신다는 사실을 보여준다. 즉 지금 예수님은 마리아의 아들로서가 아니라 메시아로서 마리아를 대하고 계시는 것이다. 후에 예수님께서 십자가 위에서 자신의 어머니를 '사랑하시는 제자'에게 부탁하시면서 같은 호칭을 사용하신 것도 같은 맥락을 가진다참고. 19:26.

예수님은 어머니에게 포도주가 떨어진 것이 자신과 무슨 상관이 있느냐고 반문하신다4b절. 일반적으로 구약에서 '나와 무슨 상관이 있나이까'라는 말은 셈어적 표현으로 서로 아무런 관련이 없다는 것을 드러낼 때 사용되었다참고. 삿11:12; 삼하16:10; 19:23; 왕상17:18; 왕하3:13; 대하35:21. 그리고 신약에서도 이 표현은 예수님이 귀신과 아무런 관련이 없다는 것을 말할 때 사용되었다참고. 마8:29; 막5:7; 눅8:28. 따라서 예수님은 대단히 냉정하게 지금의 상황이 자신과 아무런 관련이 없다고 말씀하시는 것이다. 사실 포도주가 떨어진 것은 예수님과 아무런 상관이 없다. 그것은 혼주가 채워 넣어야 할 일이다.

게다가 예수님은 자신의 때가 아직 이르지 않았다고 말씀하신다4c절. 요한복음에서 예수님의 '때호라'란 예수님의 '영광의 때', 곧 예수님의 '죽음과 부활과 승천의 때'를 가리킨다참고. 7:6, 30; 8:20; 12:23, 27; 13:1; 16:21, 32; 17:1. 따라서 예수님은 지금 이 시점에서 메시아적 이적을 공개적으로 행하시지 않으려고 하시는데, 이는 사람들이 메시아의 정체성을 오해할 수 있는 데다

자칫하면 자신이 고난을 받으셔야 할 때가 되기 전에 적대자들로부터 박해를 받으실 수 있기 때문이다. 그래서 예수님은 이 이적을 조용히 행하실 것이다.[3] 예수님은 당분간 사람들의 박해를 피하려고 애쓰시다가 때가 이르면 박해를 당당히 맞이하실 것이다.

그럼에도 불구하고 예수님의 어머니는 하인들에게 예수님의 말씀에 순종하라고 지시한다5절. 이는 예수님의 어머니가 예수님이 이적을 행하실 것을 여전히 기대하고 있다는 사실을 보여준다. 예수님의 어머니는 예수님을 잉태할 때부터 지금 이 순간까지 예수님이 누구이신지 알았다. 그녀는 동정녀 상태에서 예수님을 성령으로 잉태했으며 천사로부터 메시아를 낳을 것이라고 예언을 받았다. 더욱이 그녀는 예수님을 양육하면서 예수님의 신적인 비범함을 목격했다. 따라서 그녀는 조금 전에 예수님이 하신 말씀의 의미를 알았고, 이후에 예수님이 자신의 부탁에 의해서가 아니라 예수님 자신의 의도에 따라서 무엇인가를 행하실 것이라고 생각했다.

3) 이적: 물로 포도주를 바꾸심(2:6~8)

이 부분이 이 내러티브의 중심이다. 이 부분을 기점으로 사건이 극적인 전환을 맞이한다. 예수님은 어머니의 부탁을 거절하시지만 곧이어 이적을 행하신다. 따라서 이것은 앞뒤가 맞지 않는 것처럼 보인다. 우리는 이것을 어떻게 이해해야 하는가? 이것은 예수님께서 육신의 어머니의 프로그램에 따라 움직이시는 것이 아니라 하나님 아버지의 프로그램에 따라 움직이시는 분임을 보여준다. 즉 예수님은 어머니의 부탁에 대해서 매정한 모습을 보여주시면서 사람의 부탁을 무시하는 것 같이 보이셨으나, 곧 이적

---

3. ESV Study Bible.

을 행하심으로써 지금의 일이 사람의 뜻에 따라 하는 것이 아니라 하나님의 뜻에 따라 하는 것임을 분명히 하신다.

요한은 "거기에 유대인의 정결 예식을 따라 두세 통 드는 돌 항아리 여섯이 놓였는지라"라고 진술한다6절. 요한은 유대의 종교 규례를 잘 모르는 헬라 문화권의 독자들을 위하여 의도적으로 돌 항아리의 용도가 "유대인의 정결 예식"을 위한 것이라고 설명해 준다. 당시 유대인들은 음식을 먹기 전에 물에 손을 깨끗하게 씻음으로써 정결 예식을 행하였다. "두세 통"에서 '통'에 해당하는 대격 복수 '메트레타스'는 신약성경에서 여기에만 나온다*hapax legomenon*. 한 통은 약 40리터이므로, '두세 통'은 약 100리터이다. 따라서 이것이 여섯 개 있었다는 것은 약 600리터 정도의 물을 담을 수 있는 항아리가 준비되었다는 뜻이다. 당시에 보통 한 가정에 돌 항아리 한 통이 있었는데, 지금 여섯 통이 있다는 것은 잔치를 위하여 다른 집에서 빌려왔기 때문일 것이다. 따라서 요한의 진술은 사실적이면서 현상적이다.

그렇지만 이 진술에는 대단히 강한 상징적 의미가 담겨 있다. 먼저, "유대인들의 정결 예식"이라는 표현은 유대의 질서들, 즉 옛 질서들을 뜻한다. 요한은 의도적으로 돌 항아리들이 "유대인들의 정결 예식"을 위하여 준비되어 있었다는 점을 언급함으로써 이 잔치에 참석한 유대인들의 유대주의적 성향을 드러낸다. 다음으로, 돌 항아리가 "여섯 개" 있었다는 표현은 돌 항아리의 실제 숫자를 가리키지만, 또한 유대주의의 부족함을 뜻한다. 이는 유대 전통에서 '여섯'이라는 숫자가 가지는 상징성에 기반을 둔다. 더욱이 지금은 포도주가 떨어진 상황인데, 앞에서 말했듯이, 이것은 유대주의의 척박함을 보여준다. 곧 유대주의는 사람들에게 만족을 주지 못한다는 것이다.

예수님께서 하인들에게 항아리에 물을 채우라고 명령하시자 하인들은 항아리 아귀까지 물을 채운다7절. 물을 돌 항아리의 아귀까지 채웠다는 표현은 다른 첨가물이 들어갈 여지를 완전히 없애 버리는 문학적 기교의 역할을 한다. 즉 이 항아리에는 오로지 순수한 물만 들어 있다는 사실을 암시한다. 예수님은 항아리에 담겨 있는 것포도주을 떠서 연회장에게 갖다 주라고 하시고, 하인들은 그것을 연회장에게 갖다 준다8절. 따라서 물이 변하여 포도주가 되었지만, 내러티브에서 이적이 행해지는 과정은 언급되지 않는다. 이는 내러티브의 목적상 이적의 과정이 중요하지 않고, 단지 이적이 주는 의미가 중요하기 때문이다.

4) 포도주가 공급됨(2:9~10)

연회장은 물로 된 포도주를 맛보고도 어디서 났는지 알지 못하지만 물 떠온 하인들은 안다9절. '연회장'the master of the feast은 결혼 예식 전체를 관장하는 사람이다. 그러나 정작 그는 포도주의 출처를 모른다. 하지만 물을 떠온 하인들은 안다. 여기서 모름과 앎의 대조가 드러난다. 연회장은 신랑을 불러서 "사람마다 먼저 좋은 포도주를 내고 취한 후에 낮은 것을 내거늘 그대는 지금까지 좋은 포도주를 두었도다"라고 말한다10절. 이것은 매우 중요한 메시아적 발언이다. 독자들은 연회장의 말에서 메시아적 정체성에 대한 암시가 나타나는 것을 주목해야 한다. 연회장의 말은 예수님을 통한 종말론적 기대의 성취를 보여준다. 즉 물은 전통적 유대교라는 옛 질서를 상징하지만, 포도주는 메시아를 통해서 도래하는 새 질서를 상징한다는 것이다.[4]

이제 구약에서 포도주와 메시아의 관계에 대한 대표적인 구절들 몇

---

4. Kysar, 46~47.

개를 살펴봄으로써 포도주가 가지는 신학적 의미를 파악해 보자참고. 창 49:10~12; 사25:6; 렘31:12; 호14:6~7; 암9:11~14; 막2:22; 눅5:38; 22:16~18 등.

먼저, 창세기 49장 10~12절에는 야곱이 유다에게 한 축복이 기록되어 있다. 10절에는 "규가 유다를 떠나지 아니하며 통치자의 지팡이가 그 발 사이에서 떠나지 아니하기를 실로가 오시기까지 이르리니 그에게 모든 백성이 복종하리로다"라는 말씀이 있는데, 여기서 "규"와 "통치자의 지팡이"는 왕권을 상징하고 "실로"는 메시아를 가리킨다. 따라서 이 말은 메시아가 오시기까지 유다의 가문이 왕권을 유지할 것이라는 뜻이다. 11절에는 "그의 나귀를 포도나무에 매며 그의 암나귀 새끼를 아름다운 포도나무에 맬 것이며 또 그 옷을 포도주에 빨며 그의 복장을 포도즙에 빨리로다"라는 말씀이 있다. 이것은 메시아가 오실 때에 포도주가 넘쳐난다는 사실을 의미한다. 12절의 "그의 눈은 포도주로 인하여 붉겠고" 역시 포도주의 풍성함을 시사한다.

다음으로, 이사야 25장 6~8절은 종말의 때에 하나님께서 백성들에게 기름진 음식맛있는 음식과 "오래 저장하였던 맑은 포도주"최상급의 포도주로 대접하실 것이라고 말한다. 즉 포도주가 하나님이 베푸시는 잔치에서 중요한 음식으로 언급된다참고. 8절, "만군의 여호와께서 이 산에서 만민을 위하여 기름진 것과 오래 저장하였던 포도주로 연회를 베푸시리니 곧 골수가 가득한 기름진 것과 오래 저장하였던 맑은 포도주로 하실 것이며". 그리고 미가 4장 1~5절은 메시아가 세상을 다스릴 때 세상에 평화가 깃들 것이라고 하면서, 이때 메시아로 인하여 포도나무와 무화과나무가 많을 것이라고 하는데, 이것은 메시아 시대의 풍요로움을 상징한다.[5]

---

5. Beasley-Murray는 이에 대해서 다음과 같이 설명한다. "their large size is natural, but the sequel suggests that the great quantity they contained reflected the fullness of Christ's grace, in contrast to the limitations of the old covenant (John 1:16-17)." Beasley-Murray,

5) 제자들이 예수님을 믿음(2:11)

요한은 표적 이야기를 마무리하면서 "예수께서 이 첫 표적을 갈릴리 가나에서 행하여 그의 영광을 나타내시매 제자들이 그를 믿으니라"라고 말한다11절. 이 진술은 깊은 신학적 의미를 담고 있다. 곧 이 진술은 첫 번째 표적 이야기를 어떻게 이해해야 하는지를 보여준다.[6]

"첫 표적"아르켄 톤 세메이온이란 표현은 예수님께서 지금까지 한 번도 표적을 행하시지 않았음을 의미한다. 즉 외경이나 위경에서 말하는 예수님의 유아기나 청년기에 일어난 이적 기사들이 사실이 아님을 보여준다. 예수님은 지금까지 평범한 사람으로 사셨으며, 이제 공생애를 시작하시면서 첫 번째 이적으로 물로 포도주를 바꾸시는 일을 하셨다. 그런데 여기서 "첫 표적"이라는 말은 '가장 먼저 행하신 표적'이라는 뜻을 가지지만, 동시에 '가장 근본적인 표적'이요 '가장 중요한 표적'이라는 상징적인 뜻도 가진다. 이 책의 서론에서 말했듯이, '표적'세메이온이라는 단어 자체는 어떤 실체를 가리키는 역할을 하는데, 그 실체란 다름 아닌 예수님의 신적인 정체이다. 그러므로 이 표적을 "첫 번째 표적"이라고 표현한 것은 이 표적이 다른 표적들의 근본이 된다는 뜻이며, 궁극적으로 예수님이 어떤 분이신지를 가장 근본적으로 보여준다는 뜻이다.

요한은 이 표적이 예수님의 '영광'을 드러냈다고 말한다. 요한복음에서 예수님의 영광은 매우 중요한 용어로서 예수님의 신적인 정체와 본질을 가리킨다. 특히 이 복음서에서 영광은 예수님이 세상의 구속을 위하여 자신의 목숨을 버리시고 다시 부활하시고 하늘로 올라가시는 일을 통칭하는

35.

6. B. Witherington III, *John's wisdom* (Louisville: Westminster John Knox press, 1995), 79.

용어로 사용된다참고. 7:39; 12:16; 13:31~32. 따라서 첫 번째 표적을 통해 예수님의 영광이 나타났다는 것은 예수님이 단순한 인간이 아닌 세상의 구속자요 초월자이신 것이 드러났다는 뜻이다. 예수님의 영광이 드러나자 제자들이 믿었다. 따라서 예수님은 이 첫 번째 표적을 통하여 우선 소수의 측근들에게 자신의 정체를 드러내셨다. 여기서 소수에게 자신의 정체를 드러내신 예수님은 앞으로 더 많은 사람에게 자신의 정체를 드러내실 것이다.

(2) 연결 구절(2:12)

12 그 후에 예수께서 그 어머니와 형제들과 제자들과 함께 가버나움으로 내려가셨으나 거기에 여러 날 계시지는 아니하시니라

요한은 예수님께서 그의 어머니와 형제들과 제자들과 함께 가나에서 가버나움으로 내려가신 일을 언급한다12절. 가나는 높은 곳에 있는 반면에 가버나움은 바닷가호숫가여서 낮은 곳에 있어서 요한은 '내려가다'라는 표현을 사용한다. 가버나움은 가나에서 약 26㎞ 떨어져 있었으므로 하루 만에 갈 수 있었다. 복음서에서 가버나움은 예수님의 활동 중심지였다참고. 마 4:12~13; 눅4:28~31.[7] 요한은 "거기에 여러 날 계시지는 아니하시니라"라고 말한다. 이제 예수님은 유월절을 보내시기 위해 예루살렘으로 가신다참고. 13절.

한편, 여기에 언급된 예수님의 형제들이 누구인지에 대해서 학자들 간에 논쟁이 있다. 터툴리안Tertullian, *Against Marcion*, 4:19; *On the Flesh of Christ*, 7과 로마의 헬비디우스Helvidius, 주후 380년 등은 이들을 예수님의 친형제들로 보았

---

7. Michaels, 155~56.

다. 그러나 '야고보의 복음'*Protevangel of James*, 9:2과 에피파니우스Epiphanius, *Against Heresies*, 78 등은 이들을 요셉의 전처에서 난 아들로 보았다. 반면에 제롬Jerome, *Against Helvidus* 등은 이들을 예수님의 조카들, 곧 마리아의 동생인 글로바의 아내 마리아를 통해서 낳은 알패오의 아들들이라고 주장했다 참고. 요19:25. 이러한 견해들 중에서 이들을 예수님의 친 형제로 보는 것이 가장 자연스럽고 타당하다.

(3) 성전을 정화하심(2:13~22)

13 유대인의 유월절이 가까운지라 예수께서 예루살렘으로 올라가셨더니 14 성전 안에서 소와 양과 비둘기 파는 사람들과 돈 바꾸는 사람들이 앉아 있는 것을 보시고 15 노끈으로 채찍을 만드사 양이나 소를 다 성전에서 내쫓으시고 돈 바꾸는 사람들의 돈을 쏟으시며 상을 엎으시고 16 비둘기 파는 사람들에게 이르시되 이것을 여기서 가져가라 내 아버지의 집으로 장사하는 집을 만들지 말라 하시니 17 제자들이 성경 말씀에 주의 전을 사모하는 열심이 나를 삼키리라 한 것을 기억하더라 18 이에 유대인들이 대답하여 예수께 말하기를 네가 이런 일을 행하니 무슨 표적을 우리에게 보이겠느냐 19 예수께서 대답하여 이르시되 너희가 이 성전을 헐라 내가 사흘 동안에 일으키리라 20 유대인들이 이르되 이 성전은 사십육 년 동안에 지었거늘 네가 삼 일 동안에 일으키겠느냐 하더라 21 그러나 예수는 성전된 자기 육체를 가리켜 말씀하신 것이라 22 죽은 자 가운데서 살아나신 후에야 제자들이 이 말씀하신 것을 기억하고 성경과 예수께서 하신 말씀을 믿었더라

1) 도입(2:13)

예수님께서 유월절을 지키시기 위해서 예루살렘으로 올라가신다13절. 공관복음에는 유월절이 한 번만 나오지만, 요한복음에는 유월절이 세 번 나온다참고. 2:13; 6:4; 13:1(11:55; 12:1). 그리고 이곳이 첫 번째 유월절 언급이다. 참고로 요한복음의 다른 절기들은 다음과 같다. 5장 1절은 절기의 이름이 명시되지 않은 채 '유대인의 명절'이라고 되어 있고, 7장 2절은 초막절이며, 10장 22절은 수전절이다. 여기서 요한이 "유대인의 유월절"이라고 표현한 것은 유대의 관습을 모르는 이방 지역의 독자들을 배려한 것이다. 그리고 '올라가다'라는 표현을 사용한 것은 예루살렘이 높은 곳에 위치해 있었을 뿐만 아니라 가장 중요한 도시였기 때문이다.[8]

2) 성전을 정화하심(2:14~20)

예수님은 성전 안에서 소와 양과 비둘기를 파는 자들과 환전하는 자들이 앉아 있는 것을 보신다14절. 여기서 '성전'에 해당하는 헬라어는 '히에론'으로 '성전 구내'temple precincts를 가리키며, 성전 건물 자체나오스를 가리키지 않는다참고. '히에론' - 2:14, 15; 5:14; 7:14, 28; 8:20, 59; 10:23; 11:56; 18:20 / '나오스' - 2:19, 20, 21. 성전 구내는 세 부분으로 나누어져 있었다. 제일 안쪽 부분은 유대인 남자들의 뜰로서 혈통적 유대인 남자들과 할례를 받은 이방인 남자 개종자들proselytes이 들어갈 수 있었다. 가운데 부분은 유대인 여자들의 뜰로서 유대인 여자들이 들어갈 수 있었다. 그리고 제일 바깥쪽 부분은 이방인들의 뜰로서 하나님을 믿기는 하지만 아직 할례를 받지 않은 이방인들인 '하나님을 경외하는 자들'God-fears이 들어갈 수 있었다. 그런데 유대인들은 성전의 바깥쪽에 위치한 이방인들의 뜰을 장사하는 곳으로 만들었다.

소와 양과 비둘기는 성전에서 번제를 드리기 위하여 반드시 필요한 동물들이었다참고. 레1, 3장. 하지만 먼 거리에서 오는 사람들은 동물을 직

8. 당시 유대인들에게 있어서 예루살렘의 의의와 중요성에 대한 Borchert의 설명을 참고하라. "For the Jew, Jerusalem was the center of the world. Anyone who has lived in Israel and has traveled much in Palestine knows by personal experience of the hills there that the pilgrim goes 'up to Jerusalem' because Jerusalem is a mountain city (cf. Ps 125:2; Acts 11:2; 15:1; 18:22)." Borchert, 1996, 134.

접 끌고 오는 것이 쉽지 않았기 때문에 주로 성전에서 동물들을 샀다. 그리고 성전에 바칠 수 있는 돈은 오로지 튀리안Tyrian 주화와 테트라드라쿰Tetradrachum 주화였다. 따라서 디아스포라diaspora 유대인들과 멀리서 성전을 찾아온 이방인들은 어쩔 수 없이 환전을 해야만 했다. 결국 당시에 성전에서 제사를 지내기 위해서는 동물을 사는 것과 돈을 바꾸는 것이 불가피했다. 하지만 유대인들은 이방인들의 뜰에서 이러한 일을 함으로써 이방인들이 성전에 들어오지 못하게 하는 잘못을 범했다. 게다가 당시에 성전제사는 순수하지 못한 방향으로 변질되어 버렸다. 그러므로 이런 상황에서 예수님은 성전을 정화하신다15~16절.

17절의 "제자들이 성경 말씀에 주의 전을 사모하는 열심이 나를 삼키리라 한 것을 기억하더라"라는 표현은 제자들이 이 사건을 시편 69편 9절과 연관 지어 이해했다는 뜻이다17절. 즉 제자들은 오순절에 성령이 임하신 후에 이 사건의 진정한 의미를 알았다는 것이다.[9] 시편 69편 9절에서 "주의 전을 사모하는 열심"이란 '고난 받는 의인이 주의 전을 사모하는 것'을 가리킨다. 그리고 "나를 삼키리라"카테스티오라는 표현은 '성전에서 제물을 불태우는 것'을 의미하는데참고. 레9:24; 왕상18:38, 이를 지금 예수님에게 적용하면 그분이 속죄의 제물로서 죽임을 당하시는 것을 가리킨다. 따라서 성전의 정화는 예수님의 죽음과 연결된다. 즉 옛 성전이 예수님으로 대체되고, 옛 제물의 불태움이 예수님의 죽음으로 대체된다.

유대인들은 "네가 이런 일을 행하니 무슨 표적을 우리에게 보이겠느냐"라고 말한다18절. 이 문장의 헬라어 원문을 직역하면, '당신이 이런 일들을 행해도 된다는 것을 (입증하기 위해) 무슨 표적을 우리에게 보여줄 수 있

9. 참고. Michaels, 161.

겠는가?'이다. 이것은 유대인 당국자들이 예수님의 주장을 표적으로써 증명해 보이라고 요구하는 것이다. 왜냐하면 유대인들은 표적에 많은 관심을 가지고 있었기 때문이다참고. 2:23. 그러나 유대인들의 요구에 대해 예수님은 "너희가 이 성전을 헐라 내가 사흘 동안에 일으키리라"라고 대답하신다19절. 여기서 언어유희word play가 발견된다. 공관복음에서는 '건축하다'라는 동사에서 실제 건축을 나타내는 용어인 '오이코도메오'가 사용되었지만, 이곳에서는 건물건축과 아울러 예수님의 부활을 가리키는 '에게이로'가 사용되었다참고. 마10:8; 막12:26; 요5:21; 행5:30.[10] 그러므로 예수님은 건물을 다시 세우는 것에 대해서 말씀하시는 것이 아니라 자신의 죽음과 부활에 대해서 말씀하시는 것이다.

그러나 성전을 단지 건물로 이해한 유대인들은 "이 성전은 사십육 년 동안에 지었거늘 네가 삼 일 동안에 일으키겠느냐"라고 반문한다20절.[11] 따라서 그들은 예수님의 말씀이 무엇을 의미하는지를 깨닫지 못한 것이다. 이렇게 사람들이 예수님의 말씀을 깨닫지 못하여 오해하는 것은 요한복음의 특징 중 하나이다. 이것은 땅에 속한 사람들이 하늘에 속한 일을 모르는 이치를 반영한다참고. 3장.

---

10. 참고. 권해생, 136.
11. 한글성경 개역개정의 "사십육 년 동안에"라는 번역에는 논란이 있다. 이 문구의 '년'에 해당하는 '에테신'을 시간의 점(the point in time)을 가리키는 여격으로 본다면 '사십육 년 전에'라고 번역해야 한다. 그리고 이는 '성전 건물'(성소-지성소, sanctuary)은 주전 20/19년에 착공되어 주전 18/17년에 완공되었지만, '성전 구내'(건물 전체, temple precincts)는 예수님 당시에도(주후 27~29년) 여전히 건축이 진행 중이었고, 주후 60년대 중반까지도 완공되지 않았다는 사실로 지지를 받을 수 있다. 그러나 이것을 일반적인 용례로 보아서 기간(duration)으로 본다면 '사십육 년 동안'이 된다. 그렇다면 아마도 유대인들은 성전건물 전체, 곧 사십육 년 전에 건축이 시작되어서 아직도 완공되지 않은 웅장한 건축물을 예수님이 어떻게 삼일 안에 헐어버릴 수 있겠느냐는 취지로 이렇게 말했을 것이다.

3) 교훈: 참 성전이신 예수님(2:21~22)

유대인들이 예수님의 말씀을 문자적으로 이해하고 그 진정한 의미를 깨닫지 못하기 때문에 요한은 예수님의 성전 정화의 의미를 설명한다. 요한은 "예수는 성전된 자기 육체를 가리켜 말씀하신 것이라"라고 언급한다21절. 이것은 예수님이 말씀하신 성전이 건물이 아니라 예수님의 몸이라는 뜻이다. 이것은 독자들에게 이 사건에 대한 기독론적 해석의 가능성을 촉구한다. 성전이 하나님과 인간을 중재하는 장소이듯 예수님은 하나님과 인간을 중재하는 중보자이시다. 이제 건물 성전의 역할은 끝났다. 이는 건물 성전의 실체, 곧 진정한 성전이신 예수님이 오셨기 때문이다.[12]

그런데 요한은 "죽은 자 가운데서 살아나신 후에야 제자들이 이 말씀하신 것을 기억하고 성경과 예수께서 하신 말씀을 믿었더라"라고 말한다22절. 이것은 당시에 유대인들뿐만 아니라 예수님의 제자들조차도 예수님의 말씀의 정확한 의미를 깨닫지 못했다는 것을 암시한다. 그들은 예수님이 부활하시고 성령이 오신 후에야 비로소 예수님의 말씀의 의미를 알 수 있었다. 예수님은 하늘로 올라가신 후에 보혜사 성령을 보내어 주시겠다고 하셨는데, 보혜사 성령께서 그분의 말씀을 깨닫게 하실 것이라고 하셨다참고. 14:16~17, 25~26; 15:26~27; 16:7~15.

한편, 물을 포도주로 바꾸는 이적2:1~11과 성전 정화 사건2:13~22은 다음과 같은 병행 구조적 특징을 가진다.

12. 참고. R. H. Hiers, "Purification of the Temple: Preparation for the Kingdom of God," *JBL* 90 (1971): 82~90.

도입: 배경과 인물 2:1~2, 2:13

사건: 대화와 행동 2:3~10, 14~20

결말: 저자의 언급 2:11, 21~22

이 두 기사의 신학적 교훈은 메시아 시대의 변혁이다. 물을 포도주로 바꾸는 이적은 옛 질서가 채워주지 못하는 것을 새 질서가 채워준다는 메시지를 전달하며, 성전 정화 사건은 새 성전실체이 옛 성전그림자을 정화한다는 메시지를 전달한다.

<특주4> 성전 정화 사건은 몇 번 있었는가?

예수님이 성전을 정화하신 사건 기사는 요한복음뿐만 아니라 공관복음에도 나온다참고. 마21:12~13; 막11:15~19; 눅19:45~48. 그런데 공관복음에는 예수님의 활동 말기에 성전 정화 사건이 있는 반면, 요한복음에는 예수님의 활동 초기에 있다. 이러한 이유로 어떤 학자들은 성전 정화 사건이 한 번 있었는데, 요한이 그것을 예수님의 공생애 앞부분에 배치한 것이라고 보고, 다른 학자들은 성전 정화 사건이 예수님의 공생애 초기와 후기에 각각 한 번씩 있어서 모두 두 번 있었다고 본다. 그렇다면 예수님의 생애 동안 성전을 정화하신 사건은 한 번 있었는가 아니면 두 번 있었는가?

성전 정화 사건이 한 번 일어났다고 보는 학자들은 요한이 메시아로 말미암는 새로운 시대의 도래라는 신학적 의도를 강조하기 위해 예수님의 생애 말기에 있었던 성전 정화 사건을 사역 초기에 배치한 것으로 본다. 그렇지만 이 일이 두 번 일어났다고 주장하는 학자들은 공관복음과 요한복음의 기사 사이에 다음과 같은 두드러진 차이가 존재한다는 점을 근거로 제시한다. ① 요한복음에는 황소와 양과 회초리 등 공관복음에 없는 내용이 실려 있다. ② 공관복음은 이사야 56장 7절과 예레미야 7장 11절을 인용하나, 요한복음은 스가랴 14장 21절과 시편 69편 9절을 인용한다. ③ 요한복음에는 공관복음에 나오는 '기도하는 집'과 '강도의 소굴'에 대한 언급이 없다. ④ 요한복음에는 성전 무너뜨림/다시 일으킴예수님의 죽음/부활에 대한 언급2:18~22이 나오지만 공관복음에는 나오지 않는다.

따라서 공관복음에서의 성전 정화 사건과 요한복음에서의 성전 정화 사건 사이에는 차이점이 너무 많다. 그런데 성전 정화가 굳이 한 번만 일어났어야 할 이유는 없다. 예수님이 사역을 시작하시면서 예루살렘을 적어도 세 번 올라가셨는데참고. 2:13; 6:4; 11:55, 그때마다 성전을 정화하셨을 가능성이 매우 크다. 예수님은 참된 성전으로 이 땅에 오셨기 때문에 성전 정화 사건을 통하여 옛 성전의 종결과 더불어 새 성전의 시작을 선언하셨다. 그리고 이러한 선언은 사역의 초기부터 줄곧 선포되고 진행되어 온 것일 수 있다. 그러므로 우리는 성전 정화 사건이 두 번 이상 있었다고 생각할 수 있다.

그런데 성전 정화 사건의 횟수에 대한 논의보다 중요한 것은 사건이 주는 의미이다. 요한복음에 기록된 성전 정화 사건의 의미는 무엇인가? 우리는 이것을 철저히 계시역사적인 사건으로 이해해야 한다. 즉 이 사건을 단순히 종교적 차원이나 윤리 도덕적인 차원으로 볼 것이 아니라, 새 성전이신 예수님이 옛 성전을 대체하는 대변혁사건으로 보아야 한다참고. 슥14:21. 이제 새로운 성전이신 예수님이 오심으로 하나님과 인간 사이에 진정한 다리가 놓였다. 이제부터는 누구든지 예수님을 통하여 하나님께 나아갈 수 있게 되었다참고. 14:6.

(4) 연결 구절(2:23~25)

23 유월절에 예수께서 예루살렘에 계시니 많은 사람이 그의 행하시는 표적을 보고 그의 이름을 믿었으나 24 예수는 그의 몸을 그들에게 의탁하지 아니하셨으니 이는 친히 모든 사람을 아심이요 25 또 사람에 대하여 누구의 증언도 받으실 필요가 없었으니 이는 그가 친히 사람의 속에 있는 것을 아셨음이니라

이 부분은 앞부분성전 정화 사건과 뒷부분예수님과 니고네모/사마리아 여인과의 대화을 연결하는 역할을 한다. 본문은 예수님이 니고데모3장와 사마리아 여인4장을 만나기 전에 그들에 대한 모든 것을 알고 계신다는 점전지성을 강조한다.

요한은 유월절에 예수님께서 예루살렘에 계실 때 많은 사람이 그분이 행하시는 표적을 보고 그분의 이름을 믿었다고 말한다23절. 요한은 이 시점에 예수님이 어떤 표적을 행하셨는지를 언급하지 않는데, 이는 그가 복음서에서 예수님의 모든 행적을 기록하지 않기 때문이다참고. 20:30. 그런데 이렇게 표적을 보고 믿는 믿음은 틀린 믿음이 아니지만 낮은 수준의 믿음이다. 이들의 믿음은 표적이 가리키는 예수님의 신적인 정체성에 대한 깨달음으로 발전해야 한다. 따라서 이제 예수님은 니고데모와 사마리아 여인을 만나셔서 말씀으로 자신의 신적인 정체를 드러내실 것이며, 그것은 독자들을 온전한 믿음으로 이끌 것이다.[13]

24절과 25절은 병행을 이룬다. "예수는 그의 몸을 그들에게 의탁하지entrust 아니하셨으니"와 "사람에 대하여 누구의 증언도testimony 받으실 필요가 없었으니"는 헬라어에서 언어유희를 이루는데, 둘 다 동사 '피스튜오'믿다를 사용한다.[14] 첫 번째 문구는 예수님께서 이적을 보고 믿는 낮은 수준의 믿음을 신뢰하지 않으신다는 뜻이다. 그리고 두 번째 문구는 예수님께서 다른 사람들에 대한 정보를 필요로 하지 않으신다는 뜻이다. 또한 "이는 친히 모든 사람을 아심이요"와 "이는 그가 친히 사람의 속에 있는 것을 아셨음이니라"는 예수님의 신적인 전지성을 확언해 준다. 사람들의 마음에 대한 예수님의 신적인 전지성은 3장에서 니고데모와의 대화를 통해서 그리고 4장에서 사마리아 여인과의 대화를 통해서 잘 드러날 것이다.[15]

(5) 예수님과 니고데모의 대화(3:1~12)

1 그런데 바리새인 중에 니고데모라 하는 사람이 있으니 유대인의 지도자라 2 그가 밤에 예수께 와서 이르되 랍비여 우리가 당신은 하나님께로부터 오신 선생인 줄 아나이다 하나님이 함께 하시지 아니하시면 당신이 행하시는 이 표적을 아무도 할 수 없음이니이다 3 예수께서 대답하여 이르시되 진실로 진실로 네게 이르노니 사람이 거듭나지 아니하면 하나님의 나라를 볼 수 없느니라 4 니고데모가 이르되 사람이 늙으면 어떻게 날 수 있사옵나이까 두 번째 모태에 들어갔다가 날 수 있사옵나이까 5 예수께서 대답하시되 진실로 진실로 네게 이르노니 사람이 물과 성령으로 나지

---

13. 참고. Michaels, 172.
14. 참고. Burge, 97~98.
15. ESV Study Bible.

아니하면 하나님의 나라에 들어갈 수 없느니라 **6** 육으로 난 것은 육이요 영으로 난 것은 영이니 **7** 내가 네게 거듭나야 하겠다 하는 말을 놀랍게 여기지 말라 **8** 바람이 임의로 불매 네가 그 소리는 들어도 어디서 와서 어디로 가는지 알지 못하나니 성령으로 난 사람도 다 그러하니라 **9** 니고데모가 대답하여 이르되 어찌 그러한 일이 있을 수 있나이까 **10** 예수께서 그에게 대답하여 이르시되 너는 이스라엘의 선생으로서 이러한 것들을 알지 못하느냐 **11** 진실로 진실로 네게 이르노니 우리는 아는 것을 말하고 본 것을 증언하노라 그러나 너희가 우리의 증언을 받지 아니하는도다 **12** 내가 땅의 일을 말하여도 너희가 믿지 아니하거든 하물며 하늘의 일을 말하면 어떻게 믿겠느냐

1) 니고데모의 등장과 질문(3:1~2)

니고데모라는 사람이 등장한다1절.[16] 그는 신약성경에서 요한복음에만 나오는데, 7장 50절과 19장 39절에 다시 나온다. 요한은 니고데모를 "바리새인"이며 "유대인의 지도자"'아르콘 톤 이우다이온', member of the Jewish ruling council 라고 소개한다. 니고데모가 일부 고위층 사두개인들과 바리새파 율법학자들의 모임인 산헤드린Sanhedrin, 공회의 회원인지 아니면 다른 종류의 고위 직책을 가진 사람인지 본문 자체로 봐서는 분명하지 않다. 아마도 산헤드린의 회원일 가능성이 큰데,[17] 하여튼 유대 사회에서 높은 직책에 있었던 사람임에는 분명하다.

니고데모는 '밤'에 예수님을 찾아온다2절. 왜 그는 밤에 예수님을 찾아왔을까?[18] 아마도 예수님에 대한 상당한 관심을 가지고 있었지만, 다른 사

16. 참고. Marinus de Jonge, "Nicodemus and Jesus: Some Observations on Misunderstanding and Understanding in the Fourth Gospel," *BJRL* 53 (1970~1971): 337~59.

17. 참고. Kysar, 51.

18. Michaels는 니고데모가 밤에 예수님을 찾아 온 사실에 관하여 다음과 같은 설명을 제공한다. "Here it is important to distinguish between Nicodemus's possible reason for coming at night and the Gospel writer's reason for calling attention to it. As for the first, he may have come out of fear, or a desire for secrecy. This would align him with

람들의 눈에 띄지 않게 하려고 밤에 찾아왔을 것이다. 하지만 요한복음에서 밤은 영적인 어둠을 상징한다참고. 1:5; 3:19~21; 8:12; 9:4; 11:10; 13:30. 따라서 이 에피소드의 전체적인 분위기는 부정적이다. 니고데모는 예수님을 "랍비"라고 부른다. 유대인의 지도자인 니고데모가 공식적인 랍비 훈련을 받지 않은 예수님을 '랍비'라고 부르는 것은 상당한 예의와 존경심을 담은 것이다참고. 7:15. 니고데모는 교육을 받은 사람임에 틀림이 없는데, 그는 예수님이 전하시는 말씀이 너무나도 탁월하고 위대한 것을 느꼈기 때문에 예수님을 '랍비'라고 부른다.

또한 니고데모는 예수님을 "하나님께로부터 오신 선생"이라고 부른다. 이것은 이어지는 말씀인 "하나님이 함께 하시지 아니하시면 당신이 행하시는 이 표적을 아무도 할 수 없음이니이다"라는 말과 연관된다. 즉 니고데모는 예수님이 말씀을 탁월하게 전하실 뿐만 아니라 또한 놀라운 이적을 일으키시기 때문에 이렇게 부른다참고. 2:1~11; 2:23. 하지만 2장 23절의 "그의 행하시는 표적을 보고 그의 이름을 믿었으나"라는 진술을 참고할 때 니고데모의 이러한 고백은 온전한 믿음에 근거한 것이 아니다. 온전한 믿음은 표적이 아니라 말씀에 기반을 둔다.

한편, 여기서 니고데모는 "우리"라는 표현을 사용한다. 이것은 니고데모 혼자서 예수님을 찾아온 것이 아니라는 점을 알려준다. 그렇다면 니고데모 외에 몇 명이 더 예수님에게 왔을까? 요한은 이에 대해서 명시적으로

---

those other 'rulers' who believed in Jesus, but 'because of the Pharisees would not confess him for fear of being put out of the synagogue'(12:42). Later, his companion, Joseph of Arimathea, is said to have been 'a disciple of Jesus, but secretly, for fear of the Jews'(19:38). At that point Nicodemus himself is reintroduced, and possibly the accompanying reminder that he had come to Jesus 'at night'(19:39) implies that he too was a secret disciple, and for the same reason." Michaels, 177~78.

말하지 않는다. 아마도 여러 사람이 온 것 같다. 이는 7절에서 예수님의 말씀을 듣는 대상이 복수인 '너희들'휘마스로 바뀌는 것을 통해서 알 수 있다. 어쨌든 니고데모가 예수님을 향해 이렇게 고백하는 것은 그것이 비단 니고데모의 개인적인 고백일 뿐만 아니라 당시 많은 사람의 일반적인 인식이 그러했다는 것을 알려준다.

2) 예수님의 가르침: 거듭남과 하나님의 나라(3:3~8)

예수님은 니고데모를 향하여 "진실로 진실로 네게 이르노니 사람이 거듭나지 아니하면 하나님의 나라를 볼 수 없느니라"라는 말씀을 주신다3절. 우선 예수님은 "진실로 진실로"라는 어구로 말씀을 시작하신다. 요한복음에서만 발견되는 "진실로 진실로"라는 '이중 아멘 형식구'double amen formula는 굉장히 중요한 사실을 말할 때 사용된다. 이것은 이어지는 5절과 11절에도 나오는데, 이는 이 단락이 대단히 중요한 가르침을 담고 있다는 것을 보여준다. 예수님께서 니고데모가 아직 질문하지 않았는데도 미리 대답하시는 것은 예수님이 니고데모가 질문하고자 한 것을 아셨기 때문이다참고. 예수님의 전지성, 2:23~25.

하지만 니고데모는 "사람이 늙으면 어떻게 날 수 있사옵나이까 두 번째 모태에 들어갔다가 날 수 있사옵나이까"라고 되묻는다4절. 따라서 니고데모가 예수님의 말씀을 전혀 이해하지 못하고 있다는 사실이 드러난다. 즉 그는 여전히 땅어둠에 속해 있는 사람이기 때문에 하늘빛에 속해 있는 예수님의 말씀을 깨닫지 못한다. 하지만 이러한 니고데모의 질문은 예수님으로 하여금 더욱 상세히 의미를 전달하게 하시는 기능을 가진다. 따라서 이 복음서의 독자들에게는 니고데모의 질문이 예수님의 가르침을 더욱 잘 이해하게 하는 수단이 된다. 이것을 요한의 '언어유희'와 '오해기법'이라고 한다참고. 3:8; 4:10~15, 31~38; 11:11~13.

여기서 '거듭나다'에 해당하는 헬라어 '겐나오 아노텐'은 '다시 태어나다'born again와 '위로부터 태어나다'born from above라는 두 가지 뜻을 지닌다. 예수님은 다시 태어나는 것이 위로부터 태어나는 것이라는 사실을 전달하려고 하셨다. 하지만 니고데모는 다시 태어난다는 말을 어머니의 뱃속에서 다시 태어나는 것으로만 이해할 뿐 하늘로부터 나는 것으로 이해하지는 못한다. '하나님의 나라'라는 용어는 다른 복음서에 빈번하게 나오지만, 요한복음에서는 이곳3절과 5절에만 나온다. 그리고 '보다'라는 단어는 '알다', '영접하다', '믿다'와 같은 의미 범주의 단어이다. 따라서 예수님의 말씀은 위로부터 난 사람만이 하나님의 나라를 보고 그 나라의 백성이 될 수 있다는 뜻이다.

니고데모의 질문으로 인해 예수님은 거듭남에 관하여 더욱 자세히 설명하신다5절. 여기서 다시 "진실로 진실로"가 나오면서 주목을 요청한다. 예수님은 "사람이 물과 성령으로 나지 아니하면 하나님의 나라에 들어갈 수 없느니라"라고 말씀하신다. 여기서 물과 성령은 물세례와 성령세례를 가리키지 않는다. 헬라어 본문에서 물과 성령은 하나의 전치사 '엑스'로 묶여 있고, 물과 성령을 연결하는 접속사 '카이'는 요한 문헌에서 자주 설명하는 역할을 한다참고. 1:16; 4:23; 계1:19; 2:2, 19; 3:17. 따라서 이는 물과 성령이 하나a conceptual unit임을 보여준다. 구체적으로 말하자면, 이 문장에서 물과 성령은 상징과 실체의 관계를 가진다. 즉 물은 성령의 정화를 뜻한다참고. 요 7:37~39; 겔36:25~27; 사44:3~5; 슥12:10 등.

"육으로 난 것은 육이요"라는 표현은 자연적 출생생물학적 출생으로 하나님의 나라에 들어갈 수 없다는 뜻이며, "영으로 난 것은 영이니"라는 표현은 오직 성령을 통해서만 하나님의 나라에 들어갈 수 있다는 뜻이다6절. 그러므로 3절에서 '하나님의 나라를 보다'라는 말은 5절에서 '하나님의 나라에 들어가다'라는 말로 표현되며, 6절에서 '영'으로 묘사된다. 그리고 구원을 받는 수단은 3절에서 거듭나는 것위로부터 나는 것이었는데, 5절에서 성령이 깨끗하게 씻으므로 새롭게 태어나는 것이고, 6절에서는 성령으로 태어나는 것이다.

예수님의 말씀을 이해하지 못하는 니고데모에게 예수님은 "내가 네게 거듭나야 하겠다 하는 말을 놀랍게 여기지 말라"라고 하신다7절. 헬라어 본문에서 이 문장에는 두 개의 2인칭 대명사가 나오는데, 하나는 단수이고 다른 하나는 복수이다. 즉 예수님은 '너'소이', 단수는 놀라지 말라, 너희'휘마스', 복수가 거듭나야 하겠다는 것을'이라고 말씀하시는 것이다. 이것은 거듭남에 대한 진리가 니고데모 개인에게만이 아니라 그와 함께 온 사람들2절: '우리'에게 적용되어야 한다는 사실을 보여주며,[19] 나아가서 이 복음서를 읽는 모든 독자paradigmatic readers에게도 알려져야 한다는 사실을 가르쳐준다.

예수님은 혼란 가운데 있는 니고데모에게 "바람이 임의로 불매 네가 그 소리는 들어도 어디서 와서 어디로 가는지 알지 못하나니 성령으로 난 사람도 다 그러하니라"라고 말씀하신다8절. 이 말은 바람이 어디서 어디로 부는지 알 수 없듯이, 구원을 받는 시점과 여부도 알기 어렵다는 뜻이다. 즉 이것은 거듭남의 모호성에 대한 말씀이다. 필시 땅에 속한 자는 하늘에 속한 일을 다 알 수 없다. 한편, 여기서 '바람'과 '영'으로 번역된 헬라어 단어들은 모두 같은 단어 '프뉴마'이다. 그리고 이 단어들은 히브리어에서도 모두 같이 '루아흐'이다.

---

19. ESV Study Bible.

3) 니고데모의 혼란과 예수님의 설명(3:9~12)

니고데모는 여전히 예수님의 말씀을 이해하지 못한다9절. 이에 대해 예수님은 니고데모에게 "너는 이스라엘의 선생으로서 이러한 것들을 알지 못하느냐"라고 말씀하신다10절. 이것은 니고데모가 "이스라엘의 선생으로서", 즉 구약성경을 잘 아는 자로서 예수님의 말씀을 이해하지 못하는 형편을 질책하시는 것이다. 니고데모는 구약성경에 이미 거듭남에 관한 언급들이 있다는 것을 알아야 했다참고. 겔37장-부활 / 신30:6; 렘31:33; 겔36:26-새로운 마음. 하지만 그는 구약성경을 제대로 알지 못했기에 예수님의 말씀을 이해하지 못한다.

11절의 "우리"와 "너희"는 직접적으로 예수님과 니고데모를 뜻하지만, 나아가서 예수님의 제자기독교와 모세의 제자유대교를 상징한다. 그뿐만 아니라 이것은 요한복음이 기록될 당시의 요한복음의 독자 공동체와 그들을 회당에서 쫓아낸 유대인 공동체의 대조로 확대될 수 있다. 예수님은 "우리는 아는 것을 말하고 본 것을 증언하노라"라고 하시면서 "우리"로 규정되는 자신과 자신을 따르는 제자들이 "아는 것"과 "본 것"이 있다는 점을 드러내신다. 이것은 3절의 '하나님의 나라를 보다'라는 말과 연결된다. 즉 예수님과 제자들은 하나님의 나라를 알고 보았다. "너희가 우리의 증언을 받지 아니하는도다"라는 말씀은 사람들의 불신과 완악함을 반영한다. 니고데모를 포함한 모세의 제자들은 예수님의 증언을 받아들이지믿지 않는다.[20]

예수님은 이어서 "내가 땅의 일을 말하여도 너희가 믿지 아니하거든 하물며 하늘의 일을 말하면 어떻게 믿겠느냐"라고 말씀하신다12절. 여기서

---

20. 이 내러티브에서 니고데모에 대한 성격묘사에 관하여 다음의 글을 참고하라. J. N. Suggit, "Nicodemus-the True Jew," *Neotestamentica* 14 (1981): 90~110.

"땅의 일"earthly things과 "하늘의 일"heavenly things은 무엇인가? 어떤 학자들은 이를 이 땅에서 태어나는 것과 하늘나라의 백성으로 거듭나는 것을 뜻한다고 주장한다. 그러나 그렇게 보면 이 문맥에서 의미가 제대로 형성되지 않는다. 예수님은 니고데모와의 대화 가운데 이 땅에서 태어나는 일을 말씀하신 적이 없으며, 니고데모가 그것을 믿지 않은 적도 없다. 오히려 "땅의 일"과 "하늘의 일"을 각각 '초보적인 진리'와 '더 깊은 진리'로 이해해야 한다. 거듭남은 사람이 이 땅에서 사는 동안에 이루어지며 가장 기본적인 일이다. 그러나 거듭난 사람이 하나님의 영광을 보는 것은 하늘나라에서 이루어지는 일이다.

(6) 구원과 심판에 관한 교훈(3:13~21)

13 하늘에서 내려온 자 곧 인자 외에는 하늘에 올라간 자가 없느니라 **14** 모세가 광야에서 뱀을 든 것 같이 인자도 들려야 하리니 **15** 이는 그를 믿는 자마다 영생을 얻게 하려 하심이니라 **16** 하나님이 세상을 이처럼 사랑하사 독생자를 주셨으니 이는 그를 믿는 자마다 멸망하지 않고 영생을 얻게 하려 하심이라 **17** 하나님이 그 아들을 세상에 보내신 것은 세상을 심판하려 하심이 아니요 그로 말미암아 세상이 구원을 받게 하려 하심이라 **18** 그를 믿는 자는 심판을 받지 아니하는 것이요 믿지 아니하는 자는 하나님의 독생자의 이름을 믿지 아니하므로 벌써 심판을 받은 것이니라 **19** 그 정죄는 이것이니 곧 빛이 세상에 왔으되 사람들이 자기 행위가 악하므로 빛보다 어둠을 더 사랑한 것이니라 **20** 악을 행하는 자마다 빛을 미워하여 빛으로 오지 아니하나니 이는 그 행위가 드러날까 함이요 **21** 진리를 따르는 자는 빛으로 오나니 이는 그 행위가 하나님 안에서 행한 것임을 나타내려 함이라 하시니라

1) 예수님이 오신 목적(3:13~15)

이제 예수님은 니고데모와의 대화에 따른 교훈을 주신다. 예수님은 '하늘의 일'에 대해서 더욱 구체적으로 말씀하신다. '하늘'은 연결어로서 12

절과 13절을 이어준다. 헬라어 본문에서 13절은 '카이'로 시작된다. 이것은 앞의 구절12절과 이 구절을 연결해 주는 역할을 한다. 즉 예수님이 '하늘의 일'을 말씀하실 수 있는 권위를 가지신 분이라는 사실을 가르쳐준다.[21] 예수님은 하늘에서 내려오신 분으로서 다시 하늘에 올라가실 것이다. 다시 말해, 예수님은 하나님께서 이 땅에 보내신 분으로 십자가에서 돌아가심으로써 구속의 사역을 수행하실 것이며, 이후에 죽음에서 살아나시고 승천하심으로 하늘로 돌아가실 것이다.[22]

예수님은 이어서 모세가 광야에서 뱀을 든 사건을 자신의 '들림'에 연결하신다14절; 참고. 민 21:8~9. 즉 광야에서 독사에 물려서 죽게 된 사람들에게 모세가 뱀 형상을 만들어 보여줌으로 구원해 준 일이 구속사적 의미를 가진다는 사실을 알려주신다. 이것은 우리가 구약의 이야기들을 구속사적으로 이해해야 한다는 사실을 가르쳐준다. 실로 우리는 구약을 그리스도 중심적으로 이해해야 한다참고. 5:39. "인자도 들려야 하리니"라는 표현은 이중의미를 가진다. 요한복음에는 예수님의 '들림휩쏘오'에 대한 언급이 세 번 나오는데참고. 3:14; 8:28; 12:32, 이들은 모두 예수님의 죽음과 부활과 승천을 동시에 의미한다참고. 행2:33, 5:31.[23]

예수님의 들림은 예수님을 믿는 자마다 영생을 얻게 하려 하심이다15절. 요한복음에서 '영생'이라는 단어는 '구원'의 동의어로 사용되는데, 이곳에 처음으로 등장하지만, 앞으로 빈번하게 등장할 것이다. 그리고 신약성경 전체에서 영생은 현재적이고 미래적인 의미를 동시에 지닌다. 즉 영생은

---

21. 참고. Carson, 199.
22. 참고. C. H. Talbert, "The Myth of a Descending-Ascending Redeemer in Mediterranean Antiquity," *NTS* 22 (1975): 418~43.
23. ESV Study Bible.

미래에 새 하늘과 새 땅에서 가지게 되는 영원한 생명일 뿐만 아니라 이미 이 땅에서 사는 동안 예수님 안에서 가지고 있는 현재적 생명의 상태이기도 하다. 그런데 요한복음에서는 영생이 미래적인 의미도 가지지만, 특히 현재적인 의미를 많이 가진다참고. 5:24.

2) 예수님을 믿는 자는 구원을 받음(3:16~17)

16절은 요한복음 전체에서뿐만 아니라 성경 전체에서 가장 유명한 구절이다. 이 구절은 앞에서 언급한 내용을 보다 구체화한다. 예수님은 하나님 아버지의 사랑이 동기가 되어 이 땅에 오셨다. "하나님이 세상을 이처럼 사랑하사"라는 표현은 당시 사람들에게 매우 놀랍게 들렸을 것이다. 왜냐하면 여기서 '세상'이란 불신앙을 가진 자들을 의미하는데참고. 1:5,[24] 구약성경과 기타 유대 문헌들은 하나님의 사랑을 이스라엘 사람들을 향한 것으로 한정하여 언급했기 때문이다.[25] "독생자"라는 단어는 1장 14절에 나온 적이 있는데, 하나님이 가장 사랑하시는 유일한 아들을 세상의 구원을 위하여 주실 만큼 이 세상을 사랑하셨다는 사실을 가르쳐준다.

17절은 16절의 의미를 구체화한다.[26] 곧 하나님께서 아들을 세상에 보내신 목적이 무엇인지를 밝힌다. 예수님은 하나님께서 자신을 세상에 보

---

24. 참고. Michaels, 200; 이 구절의 의미에 대한 Burge의 설명을 참고하라. "The statement that God loves the world is surprising on two counts (3:16). ① Judaism rarely (or never) spoke of God's loving the world outside of Israel. God desires to reach this world through Israel, his child. It is a uniquely Christian idea to say that God's love extends beyond the limits of race and nation. ② John tells his readers elsewhere that they are not to love the world (1 John 2:15-17) because it is a place of disbelief and hostility (cf. John 15:18-19; 16:8)." Burge, 118.
25. ESV Study Bible.
26. 참고. Michaels, 203.

내신 것이 세상을 심판하시기 위해서가 아니라 세상을 구원하시기 위해서라고 천명하신다. 하나님은 결코 세상이 심판을 받아 멸망하기를 원하시는 분이 아니다. 오히려 하나님은 세상이 구원을 받아 그분의 자녀가 되기를 원하신다참고. 딤전2:4; 벧후3:9. 그런데 여기서 예수님은 하나님이 '보내신' 분으로 표현된다. 이것은 요한복음에 자주 나오는 표현이다참고. 3:34~36; 5:19~26; 6:40; 8:35~36; 14:13. 하나님께서 예수님을 보내셨으며, 나중에 예수님께서 제자들을 보내실 것이다참고. 20:21~22.[27]

3) 예수님을 믿지 않는 자는 심판을 받음(3:18~21)

예수님은 위에서 구원에 대해서 말씀하셨지만, 이제 심판에 대해서 말씀하신다. 18절에 있는 예수님의 말씀은 매우 단호하고 단정적이다. 특히 "벌써 심판을 받은 것이니라"라는 표현은 심판의 확실성을 강조한다. 예수님은 이 구절에서 믿지 않는 자들의 운명을 아오리스트aorist 시제로 표현하시는데, 이는 믿지 않는 자들의 심판이 이미 이 땅에서 진행되고 있으며 또한 미래에 확정적이라는 사실을 보여준다참고. 5:24; 11:25~26; 12:31. 예수님을 믿지 않는 것은 하나님의 독생자의 이름을 믿지 않는 것인데, 이는 예수님이 하나님의 독생자이시기 때문이다. 예수님은 하나님으로부터 보내심을 받은 하나님의 가장 사랑하시는 아들이시다.

19~21절에서 예수님은 빛과 어둠의 은유를 사용하셔서 악한 사람들이 빛을 받아들이지 않으며 진리를 따르는 사람들이 빛으로 온다고 말씀하신다. 요한은 이미 1장 5절에서 빛이 세상에 오셨다는 사실을 언급했으며, 1장 10~11절에서 빛이 세상에 왔으나 세상이 빛을 거부한 것을 말했다. 19

27. ESV Study Bible.

절의 "자기 행위가 악하므로"와 20절의 "악을 행하는 자"는 연결된다. 곧 이들은 악한 행위가 드러날 것을 염려하여 빛을 거부하며 미워한다. 21절의 "진리를 따르는 자"는 헬라어 원문에서 '진리를 행하는 자'호 포이온 텐 알레테이안로 20절의 "악을 행하는 자"와 대조된다. 이 구절에서 예수님은 진리를 따르는 것이 하나님께서 역사하신 결과라고 말씀하신다.

(7) 세례 요한이 예수님을 찬양함(3:22~30)

22 그 후에 예수께서 제자들과 유대 땅으로 가서 거기 함께 유하시며 세례를 베푸시더라 23 요한도 살렘 가까운 애논에서 세례를 베푸니 거기 물이 많음이라 그러므로 사람들이 와서 세례를 받더라 24 요한이 아직 옥에 갇히지 아니하였더라 25 이에 요한의 제자 중에서 한 유대인과 더불어 정결예식에 대하여 변론이 되었더니 26 그들이 요한에게 가서 이르되 랍비여 선생님과 함께 요단강 저편에 있던 이 곧 선생님이 증언하시던 이가 세례를 베풀매 사람이 다 그에게로 가더이다 27 요한이 대답하여 이르되 만일 하늘에서 주신 바 아니면 사람이 아무것도 받을 수 없느니라 28 내가 말한 바 나는 그리스도가 아니요 그의 앞에 보내심을 받은 자라고 한 것을 증언할 자는 너희니라 29 신부를 취하는 자는 신랑이나 서서 신랑의 음성을 듣는 친구가 크게 기뻐하나니 나는 이러한 기쁨으로 충만하였노라 30 그는 흥하여야 하겠고 나는 쇠하여야 하리라 하니라

1) 세례 요한의 사역(3:22~24)

요한은 예수님이 제자들과 함께 유대 땅에 유하시면서 세례를 베푸셨다고 기록한다22절. 그런데 4장 1~2절에는 예수님이 세례를 직접 베푸신 것이 아니라 제자들이 베푼 것이라는 부연 설명이 있다. 이때 세례 요한도 살렘 가까운 애논에서 세례를 베풀었으며 사람들이 와서 세례를 받는다23절. 따라서 세례 요한과 예수님사실은 제자들은 같은 일, 곧 세례를 베푸는 일을 하고 있다. 이처럼 세례 요한의 사역과 예수님의 사역은 같은 맥락을 가진다. 세례는 사람의 죄를 정화하는 것을 상징하는 의식이다. 곧 세례는 하나님의 자녀가 되었음을 보여준다.

요한은 이때 아직 세례 요한이 옥에 갇히지 않았다는 사실을 언급한다 24절. 따라서 요한복음에 나오는 지금까지의 내용은 모두 마가복음 1장 14절요한이 잡힌 후 이전에 일어난 일이다.[28] 그런데 세례 요한이 옥에 갇히는 것에 대한 언급이 여기에 미리 나오는 이유는 요한복음을 기록한 시점 때문이다. 요한복음의 독자들은 세례 요한이 옥에 갇혀서 처형된 것을 잘 알고 있었던 것으로 보인다참고. 마14:1~2; 막6:14~29; 눅3:19~20.[29] 당시에 세례 요한은 유명한 인물이었고 그의 행보는 대중들에게 큰 영향을 미쳤기 때문에 요한은 일부러 여기서 그의 상황을 언급한다.

2) 세례 요한의 겸손(3:25~30)

세례 요한의 제자들과 한 유대인어떤 사본에는 '유대인 여러 명'이 정결 예식에 대한 논쟁을 벌이고 있다25절. 이 논쟁은 '세례'에 대한 논쟁이다. 당시에 세례 요한이 세례를 베푼 것은 유대의 종교지도자들 사이에서 상당한 논란거리가 되었다참고. 1:19~27. 그런데 이 구절에서 전치사 '에크'와 더불어 요한의 제자들이 앞에 나온 것을 고려하여, 이 문구를 NASB처럼 'on the part of John's disciples with a Jew'라고 번역할 수도 있는데, 만일 그렇다면 이 논쟁의 시작은 요한의 제자들이라 할 수 있다. 세례 요한의 제자들은 논쟁을 벌인 후에 요한에게 와서 사람들이 "다" 예수님께로 간다고 말하면서 불평을 제기한다26절. 여기서 "다"라는 표현은 과장이며, "그에게로

---

28. ESV Study Bible.

29. 주후 1세기 지중해 연안에서 예수님과 세례 요한의 관계에 대한 사람들의 일반적인 인식에 관하여 알려면 다음의 글을 참고하라. Jerome Murphy-O'Connor, "John the Baptist and Jesus: History and Hypotheses," *NTS* 36 (1990): 359~74.

가더이다"라는 문구가 현재형으로 되어 있는 것은 사람들의 이동이 제법 활발했다는 사실과 함께 세례 요한의 제자들이 가지고 있는 불편한 심기를 반영한다.

세례 요한의 제자들이 불평과 투정을 하자 세례 요한은 예수님과 자신의 위치에 대해서 분명히 말한다. "만일 하늘에서 주신 바 아니면 사람이 아무것도 받을 수 없느니라"라는 말의 의미는 조금 모호하다27절. "하늘에서"란 예수님의 사역이 하늘로부터 내려온 것이라는 뜻이다. 이 용어는 요한복음의 이원론적 언어의 관점에서 이해해야 한다참고. 서론; 예. 하늘과 땅 / 영과 육 / 참과 거짓 등. 그리고 "사람이 아무것도 받을 수 없느니라"라는 말은 예수님을 통하여 사람이 하늘의 일, 곧 영원한 생명을 받을 수 있다는 뜻이다참고. 12절.

세례 요한은 "나는 그리스도가 아니요 그의 앞에 보내심을 받은 자"라고 분명하게 주장하며, 이어서 그러한 사실을 증언할 자는 자신의 제자들이라고 말한다28절. 이미 세례 요한은 자신이 그리스도가 아니라 그리스도 앞에서 그분의 길을 준비하는 자라고 말했다참고. 1:20; 말3:1; 마11:10; 막1:2; 눅7:27. 그런데 여기서 그는 다시 한 번 그 사실을 말한다. 더욱이 그는 이러한 사실을 자신의 제자들이 증언해야 한다고 주장한다. 따라서 세례 요한은 자신의 신분이 무엇이며 자신의 사명이 무엇인지를 잘 알고 있었다.

세례 요한은 예수님을 신랑에 인유하고 자신을 신랑의 친구에 인유한다29절. 예수님은 종말론적인 신랑이시다. 구약성경에서 이스라엘은 종종 하나님의 신부로 묘사된다참고. 사62:4~5; 렘2:2; 호2:16~20; 엡5:25~27; 계19:7~8. 따라서 세례 요한의 말은 예수님이 바로 이스라엘이 오랫동안 기다려온 메시아라는 뜻이다. 그리고 세례 요한은 신랑의 친구이다. 신랑의 친구는 신랑의 음성을 들으면서 크게 기뻐하는데, 세례 요한은 자신이 이러한 기쁨으로 충만하다고 말한다.[30] 이것은 세례 요한의 사명에 대한 진술인 동시에 나아가서 메시아가 주시는 기쁨에 관한 언급이다.

세례 요한은 예수님이 흥하여야 하고 자신이 쇠하여야 한다고 말한다 30절. 세례 요한은 '반드시'에 해당하는 헬라어 단어 '데이'를 사용함으로써 그것의 당위성을 강조한다. '흥하다'에 해당하는 헬라어 단어 '아욱사노'는 예수님이 영화롭게 되고 존귀하게 되는 것을 전망한다. 그리고 '쇠하다'에 해당하는 헬라어 단어 '엘라토오'는 세례 요한이 조만간에 죽임을 당할 것을 시사한다. 그런데 이 구절은 단지 세례 요한과 예수님이라는 개인들의 흥망을 말하지 않는다. 오히려 이 구절은 새로운 시대메시아 시대가 등장하면서 옛 시대구약시대가 마감되어야 하는 것을 의미한다.

(8) 예수님의 신적 기원(3:31~36)

31 위로부터 오시는 이는 만물 위에 계시고 땅에서 난 이는 땅에 속하여 땅에 속한 것을 말하느니라 하늘로부터 오시는 이는 만물 위에 계시나니 **32** 그가 친히 보고 들은 것을 증언하되 그의 증언을 받는 자가 없도다 **33** 그의 증언을 받는 자는 하나님이 참되시다는 것을 인쳤느니라 **34** 하나님이 보내신 이는 하나님의 말씀을 하나니 이는 하나님이 성령을 한량 없이 주심이니라 **35** 아버지께서 아들을 사랑하사 만물을 다 그의 손에 주셨으니 **36** 아들을 믿는 자에게는 영생이 있고 아들에게 순종하지 아니하는 자는 영생을 보지 못하고 도리어 하나님의 진노가 그 위에 머물러 있느니라

이 단락을 후대에 삽입된 것으로 보는 견해가 있지만, 전혀 근거가 없다. 어떤 이들은 여기에서 화자를 세례 요한이라고 주장하지만, 여기에서

30. ESV Study Bible.

화자는 분명히 요한복음의 저자인 사도 요한이다.[31] 왜냐하면 이곳의 내용이 요한일서 5장 12절과 비슷하기 때문이다.

1) 예수님의 증언(3:31~33)

예수님은 위로부터 오셨고 사람들은 땅에서 태어났다31절. '위'와 '아래'는 헬라의 이원론적인 개념인데 요한복음에서 신학적 의도에 맞게 차용되었다. '위'와 '아래'는 다른 영역으로서 서로 연결이 되지 않지만, 예수님의 성육신을 통하여 서로 연결되어 교통한다. 예수님은 "친히 보고 들은 것", 곧 하늘의 일을 말씀하신다32절. 즉 예수님은 선재하신 분으로서 하나님을 잘 알고 계신 분이시며, 하나님의 의중을 파악하신 분이시다. 그러나 땅의 사람들은 그의 증언을 이해하지 못한다. 이는 그들이 여전히 어둠 가운데 있기 때문이다.

요한은 "그의 증언을 받는 자는 하나님이 참되시다는 것을 인쳤느니라"라고 말한다33절. 여기서 '인치다'에 해당하는 '스프라기조'는 '(어떤 것을) 증명한다'attest라는 뜻이다. 즉 이것은 예수님의 증언을 받아들인 사람의 분명하고 확실한 믿음을 의미한다. 예수님의 증언을 받아들이는 것은 믿는 것을 뜻하며, '하나님이 참되시다'라고 확신하는 것은 영원한 생명을 얻는 것을 의미한다. 예수님은 하나님을 보여주신다. 따라서 사람들은 예수님을 통하여 하나님을 볼 수 있고 알 수 있다.[32] 결국, 땅에 속한 사람들은 하늘의 일을 아시는 예수님을 믿어야 한다.

---

31. 이에 대해서 Burge는 다음과 같이 말한다. "3:31-36 is likely a meditation or theological epilogue written by the evangelist to highlight the differences between John and Jesus, using language established at the beginning of the chapter." Burge, 122.
32. 참고. Michaels, 224.

2) 예수님의 권위(3:34~36)

하나님이 보내신 이는 예수님이시며, 예수님의 말씀은 곧 하나님의 말씀이다34절, 참고. 14:24. 하나님은 예수님에게 성령을 한량없이 부어주신다. 따라서 예수님은 성령으로 충만하시다. 그런데 이것은 하나님께서 다른 사람들에게는 성령을 부어주시되 한량없이 부어주시지 않고 제한적으로 부어주신다는 사실을 암시한다. 아버지 하나님께서는 아들 예수님을 사랑하셔서 만물을 다 그분의 손에 주셨다35절; 참고. 5:20; 10:17; 15:9. 따라서 성부와 성자의 관계는 만물의 통치권으로 연결된다. 그리고 이러한 성자의 통치권은 신약성경에서 폭넓게 발견된다참고. 1:3; 3:16, 17; 5:22; 6:38; 14:16, 28; 행2:33; 5:31; 롬8:29, 34; 고전8:6; 15:28; 엡1:4~5; 히1:2, 3, 13; 벧전3:22 등.[33]

"아들을 믿는 자에게는 영생이 있고 아들에게 순종하지 아니하는 자는 영생을 보지 못하고 도리어 하나님의 진노가 그 위에 머물러 있느니라"라는 말은 의미심장하다36절. 이것은 복음의 요약이다. 예수님을 믿으면 영생을 얻지만, 예수님을 믿지 않으면 영생을 얻지 못할 뿐만 아니라 하나님의 진노를 받을 것이다참고. 롬1:18~25. 여기서 "아들을 믿는 자에게는 영생이 있고"라는 말은 실현된 종말론을 지지한다. 그리고 "아들을 믿는 자"에 대조되는 말은 "아들에게 순종하지 아니하는 자"인데, 이것은 요한복음에서 믿음과 순종이 동의어로 사용된다는 점을 시사한다. 더욱이 이 구절은 아들의 권위와 아버지의 권위를 같은 것으로 언급한다.

---

33. ESV Study Bible.

(9) 예수님과 사마리아 여인의 대화(4:1~15)

1 예수께서 제자를 삼고 세례를 베푸시는 것이 요한보다 많다 하는 말을 바리새인들이 들은 줄을 주께서 아신지라 **2** (예수께서 친히 세례를 베푸신 것이 아니요 제자들이 베푼 것이라) **3** 유대를 떠나사 다시 갈릴리로 가실새 **4** 사마리아를 통과하여야 하겠는지라 **5** 사마리아에 있는 수가라 하는 동네에 이르시니 야곱이 그 아들 요셉에게 준 땅이 가깝고 **6** 거기 또 야곱의 우물이 있더라 예수께서 길 가시다가 피곤하여 우물 곁에 그대로 앉으시니 때가 여섯 시쯤 되었더라 **7** 사마리아 여자 한 사람이 물을 길으러 왔으매 예수께서 물을 좀 달라 하시니 **8** 이는 제자들이 먹을 것을 사러 그 동네에 들어갔음이러라 **9** 사마리아 여자가 이르되 당신은 유대인으로서 어찌하여 사마리아 여자인 나에게 물을 달라 하나이까 하니 이는 유대인이 사마리아인과 상종하지 아니함이러라 **10** 예수께서 대답하여 이르시되 네가 만일 하나님의 선물과 또 네게 물 좀 달라 하는 이가 누구인 줄 알았더라면 네가 그에게 구하였을 것이요 그가 생수를 네게 주었으리라 **11** 여자가 이르되 주여 물 길을 그릇도 없고 이 우물은 깊은데 어디서 당신이 그 생수를 얻겠사옵나이까 **12** 우리 조상 야곱이 이 우물을 우리에게 주셨고 또 여기서 자기와 자기 아들들과 짐승이 다 마셨는데 당신이 야곱보다 더 크니이까 **13** 예수께서 대답하여 이르시되 이 물을 마시는 자마다 다시 목마르려니와 **14** 내가 주는 물을 마시는 자는 영원히 목마르지 아니하리니 내가 주는 물은 그 속에서 영생하도록 솟아나는 샘물이 되리라 **15** 여자가 이르되 주여 그런 물을 내게 주사 목마르지도 않고 또 여기 물 길으러 오지도 않게 하옵소서

이 단화pericope에는 예수님과 사마리아 여인의 대화가 수록되어 있다. 이 이야기는 네 복음서 중에서 오직 요한복음에만 있다. 요한은 유대인들을 대상으로 한 구원포도주 이적, 성전 정화, 니고데모와의 대화: 2~3장이 이제 혼혈인사마리아인을 거쳐서 이방인왕의 신하의 아들을 고침: 4:46~54으로 확장되어 가는 것을 알리기 위해서 이 에피소드를 언급한다.[34] 한편, 많은 학자는 요한복음의

34. 니고데모와 사마리아 여인이 제자도와 어떻게 연관되는지를 알기 위하여 다음의 글을 참고하라. Mary Margaret Pazdan, "Nicodemus and the Samaritan Woman: Contrasting Models of Discipleship," *BTB* 17 (1987): 145~48.

독자들 가운데 사마리아인들이 다수 포함되어 있어서 4장의 단화가 사마리아 선교를 위한 전략적 차원에서 수록되었을 것으로 추정한다.

1) 사마리아로 가시는 예수님(4:1~6)

예수님께서는 자신이 요한보다 많은 이를 제자로 삼고 세례를 베푼다는 것을 바리새인들이 들었다는 것을 아셨을 때 유대를 떠나 다시 갈릴리로 가셨다1~3절; 참고. 예수님의 전지성, 2:25. 이것은 예수님의 인기가 올라가서 바리새인들이 예수님을 시기하여 대적하자, 예수님이 이를 피하시기 위해서 갈릴리로 가셨다는 뜻이다. 바리새인들은 예수님과 세례 요한 사이에 경쟁심을 불러일으켜서 둘 사이를 갈라놓으려 한다. 그래서 예수님은 불필요한 경쟁심과 분쟁을 없애시기 위하여 자리를 피하신다. 한편, 요한은 지금까지 바리새인들을 부정적으로 묘사하지 않았으나, 이 언급을 통하여 그들에 대한 부정적인 견해를 표명하기 시작한다.

예수님은 갈릴리로 가실 때 사마리아 지방을 통과하신다4절. 당시에 유대인들은 사마리아인들을 싫어했으며, 그들과 접촉하면 부정하게 된다고 생각했다참고. 왕하17:24~41. 그래서 그들은 유대에서 갈릴리로 올라갈 때 사마리아를 통과하지 않고 여리고 쪽동쪽으로 우회하여 요단강을 따라 올라갔다. 물론 당시에 유대주의에 철저했던 유대인들은 유대에서 갈릴리로 갈 때 사마리아를 피해서 올라가는 우회도로를 이용했지만, 그렇지 않은 일부 유대인들은 사마리아를 통과하여 올라가기도 했다. 하지만 지금 예수님은 일부러"하여야" 사마리아를 통과하심으로 특정한 교훈을 주시려고 하신다. 이렇게 예수님이 자신에 관하여 적대적인 입장을 가진 바리새인들이 있는 유대를 떠나시면서, 오히려 유대인들이 적대적인 곳으로 생각하는 사마리아로 가시는 것은 당시의 독자들이 보기에 상당히 이상한 행동이었다.

4절의 "사마리아를 통과하여야 하겠는지라"를 정확히 번역하면 '그분은 사마리아를 가로질러 가셔야 했다.'ESV: 'He had to pass through Samaria.'이다. 이 문구에서 "하여야"에 해당하는 헬라어 단어 '데이'를 사용한 것은 예수님의 여정이 하나님의 주권적이고 섭리적인 계획임을 알려준다. 즉 요한복음에서 '데이'는 언제나 신적인 필연성을 의미하는 용어로 사용되었는데, 여기서도 사용됨으로 예수님이 이 여정을 통하여 어떤 메시아적 교훈을 주려 하신다는 사실을 가르쳐준다참고. 3:7, 14, 30; 9:4; 10:16; 12:34; 20:9 등.[35] 따라서 예수님이 사마리아를 지나가시는 것은 단순히 빨리 갈릴리에 도착하시려는 의도가 아니었다. 한편, 누가는 사마리아를 긍정적으로 언급하는데, 이는 실상 복음서들이 인종적 편견을 전혀 가지고 있지 않음을 보여주는 증거가 된다참고. 눅10:33; 17:16.

예수님은 사마리아의 수가Sychar에 들어가신다5절. 수가는 당시 사마리아의 주요 도시이면서 동시에 종교적인 중심지였다. 요한은 수가를 야곱이 그의 아들 요셉에게 준 땅이 가까웠고 또 야곱의 우물이 있는 곳이라고 말함으로써 사마리아를 야곱과 관련시킨다6a절; 참고. 창33:18~20; 48:22; 수24:32. 이렇게 요한이 사마리아를 야곱과 연관 짓는 것은 유대의 선민사상을 비판하면서 유대인뿐만 아니라 누구든지 구원을 받을 수 있다는 사상구원의 우주성을 드러내기 위한 것이다. 한편, 고대 문헌은 수가에 대해서 전혀 언급하지 않기 때문에 수가가 정확하게 어디인지는 아무도 모른다.[36] 학자들은 이곳이 세겜Shechem을 가리키거나 아니면 근처에 있던 어떤 마을지금은 존재

---

35. ESV Study Bible.

36. Burge, 141.

하지 않는 곳을 가리킬 것으로 추정한다.

예수님은 피곤하여 우물곁에 앉으신다6b절. 이처럼 예수님께서 피로를 느끼시는 것은 예수님의 인성을 드러낸다. 예수님은 완전한 하나님으로서 전지하시고 전능하신 분이시지만, 또한 완전한 인간이시기 때문에 우리와 같이 피곤함과 갈증과 배고픔과 고통을 느끼신다참고. 11:35; 19:28. 예수님이 우물곁에 앉으신 시간은 "여섯 시쯤"이다6c절. 요한복음은 로마시를 따르는데참고. 1:39, 로마시를 따르면 여섯 시는 오전 6시 아니면 오후 6시가 된다. 그런데 예수님이 여행으로 인하여 지쳐 있고 제자들이 음식을 사러 동네에 들어간 것을 고려할 때 오전 6시보다는 오후 6시가 적절하다. 당시에 여인들은 시원한 때인 아침이나 저녁에 우물을 길러 왔다참고. 창24:11; 29:7~8. 반면에 유대시에 따르면, 이 시간은 낮 12시이다. 유대시를 주장하는 학자 중에서 상당수는 사마리아 여인을 부도덕한 여인이라고 본다. 그래서 이 여인이 사람들의 눈을 피하고자 더위 때문에 사람들이 움직이지 않는 낮 12시에 우물에 물을 길으러 왔다고 주장한다. 그러나 이 본문에서 사마리아 여인이 부도덕하여 다른 사람들을 만나지 않으려 했다는 증거는 전혀 발견되지 않는다참고. <특주5> 사마리아 여인은 부정한 여인인가?.

2) 사마리아 여인을 만나시는 예수님(4:7~10)

예수님이 우물곁에서 쉬고 계실 때 사마리아 여자 한 사람이 물을 길으러 오니 예수님이 물을 좀 달라고 하신다7절. 당시에 우물에서 물을 긷는 것은 여인들의 몫이었다. 구약성경에서 우물은 여인들의 장소였다.[37] 창세

---

37. 참고. "The setting recalls three classic biblical incidents in which a man met a prospective bride at a well: when Abraham's servant seeking a bride for Isaac met the virgin Rebekah (Gen 24:1-27), when Jacob met Rachel (Gen 29:1-12), and when Moses

기 24장에는 아브라함의 종이 이삭의 부인이 될 리브가를 우물에서 만나는 장면이 나오고, 출애굽기 2장 15~16절에서도 모세가 미디안 광야로 도망할 때 이드로의 딸들을 우물에서 만난다. 하여튼 예수님이 사마리아 여인에게 물을 좀 달라고 말씀하시는 것은 예수님이 육체적 갈증을 느끼셨던 데다가 무엇보다도 여인과 대화를 시도하고자 하셨기 때문이다. 즉 예수님은 여인에게 복음을 전하시려는 마음에 먼저 말을 거신다.

요한은 "이는 제자들이 먹을 것을 사러 그 동네에 들어갔음이러라"라는 진술을 덧붙인다8절. 이것은 예수님이 여인에게 말을 거시게 된 이유 중 하나를 제시하기 위해서이다. 만일 이 자리에 제자들이 있었더라면 예수님이 여인에게 직접 말씀하시지 않고 제자들을 통해서 말씀하셨겠지만, 제자들은 지금 먹을 것을 사러 동네에 들어가고 없다. 따라서 유대인 제자들의 부재는 예수님이 사마리아 여인과 대화하는 일을 수월하게 해 주었다. 결국 27절에 이르러서 제자들이 돌아오는데, 그들은 예수님과 여인이 대화하는 것을 보고 이상하게 여긴다.

사마리아 여인은 예수님이 자신에게 물을 좀 달라고 말하는 것에 놀란다9절. 왜냐하면 예수님의 행동은 당시의 사회-문화적 정황을 고려할 때 이해하기 힘든 것이었기 때문이다. 당시에 유대인들은 사마리아 사람들과 아예 상종하지 않았으며, 특히 여인들과는 더욱 그러했다. 이 구절에서 '상종하다'에 해당하는 헬라어 단어 '수그크라오마이'는 '함께 사용하다'라는

---

met Zipporah in Midian (Exod 2:15-21). Each story is different, and the language of the story told here cannot be traced to any one of them. But the introduction to the story here is strikingly similar to Moses' encounter as Josephus transformed it (*Antiquities* 2.257), in which Moses 'sat down on the brink of a wel1 and there rested after his toil and hardships, at midday, not far from the town'." Michaels, 237.

뜻도 지니고 있다. 이것은 사마리아 사람들이 사용하는 그릇이 부정하기 때문에 유대인들이 그것을 함께 사용하지 않았다는 사실을 내포한다이중의미. 한편, 요한이 사마리아 여인의 입을 통해서 유대인들과 사마리아인들의 적대적인 관계를 언급하는 것은 유대의 상황을 모르는 헬라 문화권 독자들의 이해를 위한 것이다.

예수님은 만일 여인이 하나님의 선물과 또 그녀에게 물을 좀 달라고 하는 이가 누구인 줄 알았더라면, 그녀가 오히려 그에게 생수를 달라고 부탁했을 것이며, 그가 생수를 그녀에게 주었을 것이라고 하신다10절. 예수님은 '하나님의 선물'과 '물을 달라는 사람의 신분'과 '생수'를 일치시키신다. 즉 예수님 자신이 하나님의 선물이며 생수라는 것이다. 따라서 예수님은 자신의 신적 정체를 매우 강하게 드러내신다. 여기서 '생수living water'는 이중의미를 가진다참고. 3:14; 8:24; 11:50~51; 19:19 등. 이것은 신선한 샘물을 가리키는 동시에참고. 창26:19; 레14:6 생명을 주시는 성령을 상징한다참고. 7:38~39; 렘2:13; 겔47:1~6; 슥14:8.[38]

3) 생명의 물이신 예수님(4:11~15)

그러나 사마리아 여인은 예수님의 말씀을 이해하지 못한다11절. 그녀는 예수님이 말씀하시는 물이 그저 땅에서 얻어지는 물이라고 생각한다. 그리고 이는 그녀가 여전히 땅에 속한 사람이라는 사실을 보여준다. 여인은 예수님을 향하여 "주여"라고 부르는데, 이것은 성인 남성에 대한 일반적인 존칭이며, 적어도 여기서는 메시아적 호칭이 아니다참고. 11, 15, 19절.

여인은 예수님을 향하여 "당신이 야곱보다 더 크니이까"라고 묻는다12

38. ESV Study Bible. '생수'에 관한 자세한 논의를 위하여, 권해생, 171~73을 보라.

절.[39] 이것은 사마리아 사람들이 야곱을 자신들의 조상으로 생각했기 때문에 나온 말이다참고. 창32:28. 그런데 헬라어 본문에서 이 질문은 부정적인 답변을 기대하는 '메'로 시작된다. 이는 여인이 예수님을 야곱보다 더 큰 사람이라고 전혀 생각하지 않기 때문에 부정적인 대답을 내포하는 질문을 던지고 있음을 보여준다. 그런데 이 점에서는 유대인들도 마찬가지이다. 그들은 아브라함을 유대인들의 조상이라고 생각하기 때문에, 8장 53절에서 예수님께 "너는 이미 죽은 우리 조상 아브라함보다 크냐"라고 질문하는데, 이때도 '메'로 시작한다. 그런데 요한은 여인의 말이후에는 유대인들의 말을 통하여 오히려 역설적인 메시지를 전달한다. 즉 예수님은 야곱보다 크신 분이라는 것이다. 구체적으로 말하자면, 야곱은 우물을 통하여 육신의 갈증을 일시적으로 해소할 수 있는 물을 주었을 뿐이지만, 예수님은 구속의 사역을 통하여 전인의 갈증을 영원히 해소할 수 있는 생명의 물을 주신다는 것이다.

예수님은 "이 물을 마시는 자마다 다시 목마르려니와 내가 주는 물을 마시는 자는 영원히 목마르지 아니하리니 내가 주는 물은 그 속에서 영생하도록 솟아나는 샘물이 되리라"라고 말씀하신다13~14절. 여기서 "내가 주는 물"이란 7장 37~39절에 자세히 설명되는 바, 예수님을 믿는 자가 마실 수 있는 물로서 그를 믿는 자들이 받을 '성령'을 가리킨다. 또한 "영원히 목마르지 아니하리니"라는 표현은 구원의 완전성과 충족성을 의미한다. 그리고 "그 속에서 영생하도록 솟아나는 샘물이 되리라"라는 표현은 영적인 필요가 채워지는 것을 뜻한다참고. 시42:2; 사44:4; 55:1.

---

39. 이 단화는 야곱과의 관련성을 강하게 가지고 있다. 다음 글을 보라. Jerome H. Neyrey, "Jacob Traditions and the Interpretation of John 4:10-26," *CBQ* 41 (1979): 419~37.

그러나 여인은 예수님의 신적인 정체에 대해서 알지 못한다. 다만 그녀는 예수님이 근처 어디엔가 괜찮은 우물을 알고 있다고 생각할 뿐이다. 그래서 자신이 앞으로는 목마르지도 않고 여기에 힘들게 물 길으러 오지도 않게 해 달라고 부탁한다15절. 이렇듯 예수님은 영적인 물spiritual water: 영원히 목마르지 않음에 대해서 말씀하시지만, 여인은 여전히 육적인 물physical water: 다시 목마름만을 생각한다. 이 때문에 여인은 예수님에게 다시는 목마르지 않을 물을 달라고 요청한다. 결국, 이제 물을 달라는 사람은 예수님이 아니라 여인이 된다참고. 10절.

(10) 참된 예배에 대한 교훈(4:16~26)

16 이르시되 가서 네 남편을 불러 오라 **17** 여자가 대답하여 이르되 나는 남편이 없나이다 예수께서 이르시되 네가 남편이 없다 하는 말이 옳도다 **18** 너에게 남편 다섯이 있었고 지금 있는 자도 네 남편이 아니니 네 말이 참되도다 **19** 여자가 이르되 주여 내가 보니 선지자로소이다 **20** 우리 조상들은 이 산에서 예배하였는데 당신들의 말은 예배할 곳이 예루살렘에 있다 하더이다 **21** 예수께서 이르시되 여자여 내 말을 믿으라 이 산에서도 말고 예루살렘에서도 말고 너희가 아버지께 예배할 때가 이르리라 **22** 너희는 알지 못하는 것을 예배하고 우리는 아는 것을 예배하노니 이는 구원이 유대인에게서 남이라 **23** 아버지께 참되게 예배하는 자들은 영과 진리로 예배할 때가 오나니 곧 이 때라 아버지께서는 자기에게 이렇게 예배하는 자들을 찾으시느니라 **24** 하나님은 영이시니 예배하는 자가 영과 진리로 예배할지니라 **25** 여자가 이르되 메시야 곧 그리스도라 하는 이가 오실 줄을 내가 아노니 그가 오시면 모든 것을 우리에게 알려 주시리이다 **26** 예수께서 이르시되 네게 말하는 내가 그라 하시니라

여기서 대화의 주제가 바뀐다. 예수님은 앞에서 물이라는 소재를 통하여 자신의 정체를 드러내셨지만, 여기서는 예배에 관하여 말씀하심으로 자신의 정체를 드러내신다.

1) 네 남편을 데려 오라(4:16~18)

예수님이 여인에게 "가서 네 남편을 불러오라"라고 말씀하신다16절. 이에 여인은 "나는 남편이 없나이다"라고 대답하고, 예수님은 "네가 남편이 없다 하는 말이 옳도다"라고 말씀하신다17절. 그리고 이어서 예수님은 여인의 과거를 상세히 언급하신다18절. 그러면 왜 예수님은 뜬금없이 여인에게 남편을 불러오라고 하시며, 여인의 아픈 과거를 드러내시는가? 그것은 여인의 상처와 그에 따른 필요를 끄집어내심으로 대화를 시작하시기 위해서이다. 즉 예수님은 여인에게 큰 갈증이 있으며, 그 갈증이 자신을 통해서 치유될 수 있음을 보여주신다.[40]

더욱이 이 단락은 예수님의 전지성을 드러낸다. 예수님은 여인에게 남편이 없다는 것을 알고 계신다. 그리고 과거에 여인에게 남편 다섯이 있었으나 모두 헤어졌고 지금 있는 남자도 정식 남편이 아니라는 것도 알고 계신다. 이러한 예수님의 전지성은 이미 이 복음서 앞부분에서 다루어졌다. 요한은 2장 23~25절에서 예수님이 모든 것을 알고 계신다는 사실을 말했으며, 나다나엘과의 대화와 니고데모와의 대화에서 예수님이 그들의 사정을 훤히 알고 계신다는 사실을 언급했다. 따라서 예수님은 여인의 사정을 잘 알고 계시기에 그녀의 필요를 채워주실 것이다.

2) 예배의 장소에 대한 논쟁(4:19~21)

여인은 예수님이 자신에 대해서 많이 알고 계시는 것을 보고 예수님을 향하여 '선지자'라고 말한다19절. 여인이 예수님을 '선지자'라고 한 것은 '하

---

40. 주후 1세기 지중해 연안에서 결혼이 가지는 의미가 무엇이며 사마리아 여인의 결혼 생활이 어떠했는지를 알기 위하여 다음의 글을 보라. Calum M. Carmichael, "Marriage and the Samaritan Woman," *NTS* 26 (1979-1980): 332~46.

나님의 말씀을 받은 사람'이라는 일반적인 인식을 내재한 칭호가 아니다. 이 여인은 깊은 통찰이나 숙고 없이 단지 예수님을 '특별한 능력을 갖춘 사람' 정도로 생각할 뿐이다. 더욱이 이 여인은 아직 예수님에 대한 메시아적 인식에 도달하지 못했다. 참고로, 신명기 18장 15~18절에 근거하여 사마리아인들은 야곱을 종말론적인 선지자로 인식하였고, 유대인들은 모세를 종말론적인 선지자로 인식하였다.

여인은 예수님을 선지자특별한 능력을 갖춘 사람로 생각해서 조금 더 깊은 이야기를 끄집어낸다. 그것은 예배의 장소에 대한 것이다20절. 전통적으로 유대인들은 예루살렘에 있는 성전을 중심으로 예배드렸지만, 사마리아인들은 그리심 산에 세워진 성전을 중심으로 예배를 드렸다참고. 신27:4; 왕하17:28~41. 곧 사마리아인들은 그들의 조상 아브라함참고. 창12:7과 야곱참고. 33:18~20이 그리심 산에서 예배한 것을 중요한 전통으로 생각했다. 세월이 흘러서 사마리아 성전은 주전 128년에 요한 힐카누스John Hyrcanus에 의해 파괴되었지만, 예배의 장소가 예루살렘이냐 그리심 산이냐 하는 것은 유대인들과 사마리아인들 사이에 있었던 가장 심각한 갈등 소재였다.

예수님은 여인의 질문에 관하여 말씀을 주신다21절. 예수님은 "여자여 내 말을 믿으라"라고 하시는데, 이는 지금부터 말씀하시는 것이 중요하다는 것을 뜻한다. 또한 예수님은 "때가 이르리라"라고 말씀하시는데, 이는 종말론적 성취의 때를 가리키는 것으로, 새로운 시대의 도래를 선언하시는 것이다.[41] 이로써 예수님은 여인의 관심을 예배의 장소place에서 예배의 때time로 변화시키신다. 이제 장소는 더 이상 중요하지 않다. 이제는 성령이 모든 사람에게 임하셔서 하나님의 백성들 자신이 성전이 된다참고. 고전

41. Burge, 147.

3:16~17; 엡2:19~22. 한편, 이 말씀에서 놓치지 말아야 할 사실 한 가지는 "너희가 아버지께"라는 언급이다. 즉 예수님은 사마리아 사람들도 하나님을 "아버지"라 부를 수 있음을 전제하시면서 구원의 우주성을 드러내신다.

3) 영과 진리로 예배하라(4:22~26)

예수님은 사마리아 사람들과 유대인들을 구분하신다. 곧 사마리아 사람들은 알지 못하는 것을 예배하지만 유대인들은 아는 것을 예배하는데, 이는 구원이 유대인에게서 나기 때문이라고 말씀하신다22절. 사마리아 사람들이 알지 못하는 것을 예배한다는 말은 그들의 종교 혼합주의에 대한 경계이다. 사마리아 사람들은 하나님을 제대로 믿지 않았으므로 하나님께 온전한 예배를 드리지 못했다. 즉 그들은 사마리아 오경만을 믿으면서 하나님에 대해 왜곡된 이해를 하고 있었다. 반면에 유대인들은 성경이 그들에게서 나왔으며 메시아도 그들에게서 태어났기 때문에 하나님을 바로 알고 바르게 예배했다.

그런데 예수님의 이러한 말씀은 민족 차별적인 발언이 아니다. 오히려 이 말씀은 사마리아 사람들과 나아가서 모든 인류가 성경과 메시아에 관해 바른 이해를 해야 한다는 사실을 의미한다. 유대에서 태어난 메시아는 유대의 메시아에 국한하지 않고 온 우주의 메시아가 되신다. 즉 구원은 유대에서 시작되었으나 이제 온 민족에게 미친다. 이제 모든 인류가 아버지께 나아가서 예배할 수 있다. 필시 아버지께 예배드리는 자들 사이에 유대인과 이방인의 차별은 존재하지 않는다. 그리고 그렇게 된 것은 메시아가 오심으로 말미암았다.

23절과 24절은 비슷한 말씀이다. "아버지께 참되게 예배하는 자들"이란 그리스도를 믿어 구원을 받은 사람들이다. "예배할 때가 오나니 곧 이

때라"라는 표현은 미래의 기대가 현재에 이미 진행 중이라는 뜻이다. "아버지께서는 자기에게 이렇게 예배하는 자들을 찾으시느니라"라는 말은 하나님께서 새로운 언약 공동체의 바른 예배를 바라신다는 사실을 알려준다. 23절의 "영과 진리"라는 용어는 24절에서 반복되는데, 용어 자체를 가지고문맥을 벗어나서 의미를 결정할 것이 아니라, 문맥 안에서 용어가 사용된 방식을 고려하면서 이해해야 한다.[42]

24절을 살펴보자. 먼저, 예수님은 하나님의 속성을 말씀하시면서 "하나님은 영이시니"라고 하신다. 이 표현은 사마리아인들과 유대인들이 예배의 장소에 관해 이견을 가진 상황에서 하나님께서 어떤 물리적인 물질로 이루어져 있지 않으며, 따라서 물질적인 몸을 가지신 분이 아니기에 어떤 장소에 제한적으로 머무시면서 예배를 받으시는 분이 아니라는 사실을 가르쳐준다.[43] 이어서 예수님은 "예배하는 자가 영과 진리로 예배할지니라"라고 하신다. 여기에 나오는 "영과 진리"'엔 프뉴마티 카이 알레테이아'; NRSV: in spirit and truth라는 문구의 의미에 관하여 학자들 사이에 상당한 논란이 있다.[44] 요한복음의 이원론적인 언어를 고려할 때 "영과 진리"는 '위의 세계', 곧 하나님에게 속해 있는 세계를 가리킨다. 이것은 '아래의 세계', 곧 마귀의 세계와 반대된다. 그러므로 이 문구는 하나님의 관점에서, 하나님이 정해 주신 방식대로, 그리고 하늘에 속한 정신과 자세로 예배드려야 한다는 뜻이다.

---

42. 이 구절의 의미에 관하여 다음을 보라. Otto Betz, "'To Worship in Spirit and in Truth': Reflections on John 4:20-26." In Asher Finkel and Lawrence Frizzel, eds., *Standing Before God: Studies on Prayer in Scriptures and in Tradition with Essays in Honor of John M. Oesterreicher* (New york: Ktav, 1981), 53~72.

43. ESV Study Bible.

44. 참고. Michaels, 253~55.

사마리아 여인의 말25절은 사마리아인들의 메시아 기대를 드러낸다참고. 신18:15~18. 이에 예수님은 "내가 그라"에고 에이미라고 하신다26절; 참고. 6:20; 8:24, 28, 58; 13:19; 18:5, 6, 8. 이것은 구약70인 역에서 하나님의 '신적 정체 계시구'로 사용되었다참고. 출3:14. 따라서 예수님은 자신이 하나님의 형체로서 보이지 않는 하나님을 보여주시고 그분을 알게 하시는 분이라는 사실을 드러내신다참고. 1:18. 결국 사마리아 여인의 미래적 메시아 기대는 예수님의 현재적 자기 계시로써 충족된다. 그리하여 중보자이신 예수 그리스도를 통한 예배가 시작된다는 새로운 시대의 도래에 관한 메시지가 선언된다.

<특주5> 사마리아 여인은 부정한 여인인가?

많은 사람은 사마리아 여인의 남자관계가 복잡하다고 하여 이 여인을 부정한 여인이라고 평가한다. 그러나 이 여인은 부정한 여인이 아니다. 이는 다음과 같은 이유 때문이다.

① 주후 1세기 팔레스타인에서는 여자가 남자에게 먼저 이혼을 요구할 수 없었다. 오직 남자가 여자에게 이혼을 요구할 수 있었다. 특히 유대인들은 남자가 여자에게 이혼증서를 써주고 합법적으로 이혼을 요구했다. 그리고 랍비들은 대체로 세 번까지 결혼을 허용했다. 따라서 여인이 남자들을 바꾼 것이 아니라, 남자들이 여인을 바꾼 것이다.

② 사마리아 여인이 지금 함께 사는 남자와 합법적으로 결혼하지 않은 것은 사실이지만, 그것은 여인의 특별한 사정으로 정당한 법적 절차혼인예식를 밟지 못한 것일 수도 있다. 당시 사회에서 여인

이 홀로 사는 것은 매우 어려운 일이었다. 따라서 여인은 부득불 남자와 동거하면서 결혼한 것과 같은 혜택경제적을 누리고 있었을 것이다.

③ 예수님이 여인에게 남편을 데려오라고 하셨을 때 여인이 부정적인 반응예. 신경질적 반응, 거짓말 등을 보이지 않고 자신의 형편을 그대로 말한 것은 여인이 자신의 처지를 비관하거나 숨기지 않고 정당하게 생각하고 있다는 증거가 된다. 즉 적어도 여인은 자신이 죄를 지었다고 생각하지 않았던 것이다. 그뿐만 아니라 이는 여인의 처지에 대한 보편적인 인식을 반영한다.

④ 예수님은 여인의 현재 형편남자 문제에 대해서 아무런 부정적인 평가를 하지 않으신다. 이는 이 복음서의 저자인 요한도 마찬가지이다. 분명히 본문에는 여인의 허물에 대한 어떠한 암시나 함의도 들어 있지 않다. 따라서 이 복음서를 읽는 모든 세대의 모든 독자들paradigmatic readers은 여인에 관하여 부정적으로 생각할 이유가 없다.

⑤ 여인은 여섯 시오늘날의 오후 6시에 남들이 물 길어 오는 시간에 물을 길으러 왔다. 게다가 여인은 예수님을 만난 후에 마을로 돌아가서 사람들에게 그리스도를 만났다고 말하며, 여인의 말을 듣고 마을 사람들은 예수님에게 나아온다참고. 28~30절. 그러므로 이러한 정황들은 이 여인이 부도덕하여 다른 사람들의 눈을 피해서 살았다는 주장을 지지하지 않는다.

<결론>

본문에는 사마리아 여인을 부정하다고 생각할 만한 어떠한 언급이나 암시가 없다. 무엇보다도 예수님께서 사마리아 여인을 부정하다고 말씀하지 않으셨다. 따라서 우리가 굳이 이 여인을 부정하다고 평가할 수 없다. 그녀는 남편들을 잃고사별 상심했거나 아니면 남편들에게서 버림을 받고 상처 입었을 뿐이다. 그러나 그녀는 예수님을 만나서 새로운 생명을 얻었고, 동네 사람들에게 예수님을 그리스도라고 소개함으로 신실한 전도자가 되었다.

(11) 예수님과 제자들의 대화(4:27~42)

27 이 때에 제자들이 돌아와서 예수께서 여자와 말씀하시는 것을 이상히 여겼으나 무엇을 구하시나이까 어찌하여 그와 말씀하시나이까 묻는 자가 없더라 **28** 여자가 물동이를 버려 두고 동네로 들어가서 사람들에게 이르되 **29** 내가 행한 모든 일을 내게 말한 사람을 와서 보라 이는 그리스도가 아니냐 하니 **30** 그들이 동네에서 나와 예수께로 오더라 **31** 그 사이에 제자들이 청하여 이르되 랍비여 잡수소서 **32** 이르시되 내게는 너희가 알지 못하는 먹을 양식이 있느니라 **33** 제자들이 서로 말하되 누가 잡수실 것을 갖다 드렸는가 하니 **34** 예수께서 이르시되 나의 양식은 나를 보내신 이의 뜻을 행하며 그의 일을 온전히 이루는 이것이니라 **35** 너희는 넉 달이 지나야 추수할 때가 이르겠다 하지 아니하느냐 그러나 나는 너희에게 이르노니 너희 눈을 들어 밭을 보라 희어져 추수하게 되었도다 **36** 거두는 자가 이미 삯도 받고 영생에 이르는 열매를 모으나니 이는 뿌리는 자와 거두는 자가 함께 즐거워하게 하려 함이라 **37** 그런즉 한 사람이 심고 다른 사람이 거둔다 하는 말이 옳도다 **38** 내가 너희로 노력하지 아니한 것을 거두러 보내었노니 다른 사람들은 노력하였고 너희는 그들이 노력한 것에 참여하였느니라 **39** 여자의 말이 내가 행한 모든 것을 그가 내게 말하였다 증언하므로 그 동네 중에 많은 사마리아인이 예수를 믿는지라 **40** 사마리아인들이 예수께 와서 자기들과 함께 유하시기를 청하니 거기서 이틀을 유하시매 **41** 예수의 말씀으로 말미암아 믿는 자가

더욱 많아 42 그 여자에게 말하되 이제 우리가 믿는 것은 네 말로 인함이 아니니 이는 우리가 친히 듣고 그가 참으로 세상의 구주신 줄 앎이라 하였더라

1) 제자들이 돌아옴(4:27~30)

이때 제자들이 마을에서 돌아온다27절. 당시 유대인들은 사마리아인들과 대화하지 않았기 때문에 제자들은 예수님과 사마리아 여인이 대화하는 것을 이상하게 여긴다. 하지만 제자 중에 묻는 자가 없었다. 요한복음을 읽는 독자들은 제자들이 예수님의 이해할 수 없는 행동, 곧 예수님이 사마리아 여인과 대화하시는 것에 관해서 물을 것이라고 기대할 것이다. 그러나 제자 중에서 아무도 묻는 자가 없었던 것은 스승에 대한 예의 차원에서 이해할 수 있는데, 특히 예수님의 신적 권위를 강조하려는 의도를 가진다.

여인은 물동이를 버려두고 동네로 들어간다28절. 여인이 물동이를 버려둔 것은 그녀가 참된 물을 발견했음을 상징하는 행동이다. 여인은 마을 사람들에게 "이는 그리스도가 아니냐"라고 말한다29절. 이것을 직역하면 '이 사람은 그리스도가 아닐까요?''메티 후토스 에스틴 호 크리스토스'; ESV: 'Can this be the Christ?'이다. 이것은 '그가 그리스도가 아닐 것 같다.'라는 반신반의의 말이다. 여인은 예수님이 자신에 대해 모든 것을 알고 계시는 것을 보고 그가 보통의 인물이 아니라는 사실을 안다. 그러나 그녀는 여전히 참된 믿음에 도달해 있지 않다. 그녀는 아직 예수님을 그리스도라고 확신하지 않는다.

여인의 말을 들은 마을 사람들이 예수님께로 나아온다30절. 그들은 여인의 말을 듣고 예수님에 대해서 굉장한 호기심을 가졌을 것이다. 아마도 여인은 마을 사람들에게 예수님이 상당한 지적 통찰을 가지고 계시며, 유대인들과 사마리아인들 사이의 첨예한 논쟁거리였던 예배 장소의 문제를 명쾌하게 해결해 주신 것을 말하면서 그분을 칭송했을 것이다. 그리고 이것은 마을 사람들에게 전혀 새로운 깨달음을 주었기에 그들은 예수님을 보기 위해서 나아온다. 마을 사람들에 관한 내용은 39~42절에서 다시 나온다. 한편, 이 구절은 사마리아 여인이 마을 사람들과 격리된 채로 살았던 부정한 여인이 아니라는 점을 분명히 드러낸다.

2) 예수님의 양식(4:31~34)

제자들이 예수님께 음식을 드시라고 권유한다31절. 그러나 예수님은 "내게는 너희가 알지 못하는 먹을 양식이 있느니라"라는 의외의 말씀을 하신다32절. 예수님은 조금 전까지만 해도 배고파하셨다. 그런 예수님께서 자신에게 먹을 양식이 있다고 말씀하시자 제자들은 예수님의 말씀을 이해하지 못한다. 그래서 제자들은 누가 예수님에게 잡수실 음식을 갖다 드렸느냐고 서로 말한다33절. 따라서 땅육신, 거짓, 어둠, 아래에 속한 사람은 하늘영, 진리, 빛, 위에 속한 예수님의 말씀을 깨닫지 못한다는 주제가 다시금 드러난다.

예수님은 음식을 소재로 사용하셔서 제자들에게 가르침을 주신다34절. 이처럼 요한복음에서 예수님은 종종 눈에 보이는 물질적 세계의 실체들을 소재로 사용하셔서 눈에 보이지 않는 영적 세계의 실상을 가르치신다. 예수님은 자신의 양식이란 자신을 보내신 분하나님의 뜻을 행하며 그분의 일을 온전히 이루는 것이라고 말씀하신다참고. 5:30, 36; 6:38; 10:37~38. 이것은 예수님께서 육적인 양식을 필요로 하지 않으시는 분이라는 뜻이 아니다. 예수님은 완전한 인간으로서 갈증과 배고픔을 느끼시고 음식을 통하여 에너지를 공급받으셔야 하는 분이다. 오히려 이것은 예수님에게 있어서 더욱 중요한 일이 하나님의 뜻을 이루는 것임을 뜻한다.

3) 추수해야 함(4:35~38)

이제 양식 이야기가 추수 이야기로 넘어간다35절. 왜냐하면 양식을 먹으려면 추수를 해야 하기 때문이다. 사람들은 추수할 때가 넉 달이 남았다고 생각한다. 팔레스타인의 추수 시기는 5월이므로 이때는 지금이 1월임을 암시한다. 그러나 예수님은 지금이 추수할 시기라고 말씀하신다. 여기서 추수할 시기란 메시아 사역의 시작을 의미하며, 이는 결국 종말의 시작을 뜻한다참고. 사27:12; 욜3:13. 그러므로 예수님이 앞에서 말씀하신 하나님의 일이란 메시아가 십자가에서 돌아가심으로써 인류의 죄를 대속하시는 일이며, 제자들은 그러한 대속의 사역을 사람들에게 전함으로써 영적인 백성들을 많이 얻어야 한다. 추수할 사람들이 눈을 들어 밭을 보듯이 제자들은 영적인 눈을 떠서 사람들을 보아야 한다. 그러면 많은 백성이 보일 것이다.

이어서 추수의 결과가 나온다36절. "거두는 자가 이미 삯도 받고"라는 말은 현재형으로 사용되어 동시적이고 확정적인 사실을 강조한다. "영생에 이르는 열매를 모으나니"라는 말은 영적인 추수, 곧 사람들이 영원한 생명을 얻는 것을 의미한다. 씨를 "뿌리는 자"는 예수님과 제자들 이전에 사마리아에 들어와서 복음의 씨를 뿌린 자를 뜻하는데, 구약시대와 신구약 중간시대에 사마리아 지역에 복음의 씨를 뿌려 놓았던 사람들을 가리킨다. 그리고 "거두는 자"는 예수님의 제자들을 뜻하는데, 그들은 먼저 온 사람들의 수고 덕분에 쉽게 추수할 수 있을 것이며, 궁극적으로 그들은 함께 추수의 즐거움을 나눌 것이다37~38절.

4) 많은 사람이 믿음(4:39~42)

사마리아 여인이 예수님의 전지성과 선지자적 속성을 증언하자, 많은 사마리아 사람들이 예수님을 믿는다39절. 여기서 선교 모티프가 나온다. 즉 제자들이 예수님을 증언하면 사람들이 예수님을 믿는다는 사실이 예시된다. 많은 사마리아 사람들의 회심은 당시 유대인들에게 있어서 매우 놀랄만한 일이었다. 왜냐하면 유대인들은 사마리아 사람들이 하나님의 백성이 되리라고 결코 생각하지 못했기 때문이다. 그러나 주님의 구원은 우주적이다. 이제 누구든지 예수님을 믿으면 영생을 얻을 수 있다참고. 3:16. 처음에 예수님의 제자들유대인들이 예수님을 믿었으나참고. 2:1~11; 3:1~15, 이제 사마리아 사람들혼혈인들이 예수님을 믿고, 이후에 로마 황제의 신하 가족들이방인들이 예수님을 믿을 것이다참고. 4:46~54.

사마리아 사람들이 예수님께 와서 자기들과 함께 유하기를 청하자, 예수님은 거기서 이틀을 유하신다40절. 이는 당시의 유대인으로서는 매우 이례적인 결정이었다. 왜냐하면 당시에 유대인들은 사마리아 사람들과 상종을 하지 않았을 뿐만 아니라 그들의 집에서 유한다는 생각을 아예 하지 않았기 때문이다. 그러나 예수님은 일반적인 유대인들과 달리 사마리아에 이틀을 더 머무시면서 말씀을 가르치신다. 그리고 예수님이 말씀을 전하시자 믿는 사람이 더욱 많아진다41절. 여기서 말씀과 믿음의 상관관계가 발견되는데, 믿음은 오로지 말씀을 통해서 생성되며 다른 방법으로는 가능하지 않다. 필시 주님의 말씀을 들어야 믿음이 생긴다.

사마리아 사람들은 예수님의 말씀을 "친히 듣고" 예수님이 참으로 "세상의 구주"이신 줄 알게 된다42절.[45] 그러므로 사람들의 증언을 듣는 것도 중요하지만, 예수님의 말씀을 '친히' 듣는 것은 더욱 중요하다. 예수님의 말씀을 들은 자들은 예수님이 진정으로 어떤 분이신지를 깨닫게 된다. 한편, 이 에피소드에 담겨 있는 기독론적 명칭Christological titles의 변화를 주목

45. 참고. Michaels, 269.

할 필요가 있다. 곧 11절에서는 예수님을 향하여 '주'라고 하는데, 이는 성인 남성에 대한 평범한 존칭일 뿐이다. 그리고 19절에서는 예수님에 관하여 '선지자'라고 하는데, 여기에 심각한 종교적 의미는 없어 보인다. 하지만 25절과 30절에서는 예수님을 '메시아'라고 부른다. 따라서 그들이 명확한 인식에 도달한 것 같지는 않으나 괄목할 만한 변화를 보인 것은 분명하다. 결국 42절에서 그들은 예수님을 '세상의 구주'호 소테르 투 코스무라고 하는데, 이것은 그들이 예수님에 대해 온전한 이해에 도달했음을 의미한다. 예수님은 세상의 구주로서 유대인들뿐만 아니라 온 인류를 구원하신다.

(12) 연결 구절: 갈릴리로 돌아오신 예수님(4:43~45)

43 이틀이 지나매 예수께서 거기를 떠나 갈릴리로 가시며 44 친히 증언하시기를 선지자가 고향에서는 높임을 받지 못한다 하시고 45 갈릴리에 이르시매 갈릴리인들이 그를 영접하니 이는 자기들도 명절에 갔다가 예수께서 명절 중 예루살렘에서 하신 모든 일을 보았음이더라

43~45절은 연결 구절이다참고. 2:23~25.[46] 예수님은 사마리아를 떠나 원래 가려던 갈릴리로 가신다43절, 참고. 3절. 44절을 정확히 번역하면 "예수님은 친히 '선지자가 자기 고향에서 존경을 받지 못한다.'라고 증언하신 적이 있다."이다. 따라서 이 구절은 예수님이 고향에서 환영받지 못할 것을 아시면서도 갈릴리로 가셨다는 뜻이다참고. 마13:57; 막6:4; 눅4:24. 그런데 여기서 고향이 어디를 가리키는지가 모호하다.[47] 왜냐하면 예수님이 높임을 받지 못하신 곳은 예루살렘인데, 예루살렘은 예수님의 고향이 아니고, 오히려 고

46. Beasley-Murray, 70; Kysar, 72.

47. 이 문제에 대한 다양한 제안들에 대해서 Carson, 235~38; Witherington III, 126을 보라.

향이 아닌 사마리아에서 대대적인 환영을 받으셨으며, 그 뒤에 고향인 갈릴리에 도착하셨을 때 갈릴리 사람들로부터도 영접을 받으셨기 때문이다. 그러므로 예수님의 다소 모호한 말씀을 바르게 이해하기 위해서는 문맥을 잘 살펴봐야 한다. 일단 여기에서 고향은 갈릴리를 가리키는 것이 분명하다. 그런데 갈릴리 사람들은 예수님을 영접하긴 했지만, 요한이 설명을 붙인 대로 예수님의 말씀을 듣고 그렇게 한 것이 아니라 예수님이 예루살렘에서 행하신 표적을 보고 그렇게 했다45절; 참고. 48절. 따라서 예수님은 사마리아 사람들과외국 달리 갈릴리 사람들이고국 자신의 참된 메시아적 정체성을 깨닫지 못하는 것을 탄식하신 것이라 할 수 있다.[48]

(13) 두 번째 표적: 왕의 신하의 아들을 고치심(4:46~54)

46 예수께서 다시 갈릴리 가나에 이르시니 전에 물로 포도주를 만드신 곳이라 왕의 신하가 있어 그의 아들이 가버나움에서 병들었더니 **47** 그가 예수께서 유대로부터 갈릴리로 오셨다는 것을 듣고 가서 청하되 내려오셔서 내 아들의 병을 고쳐 주소서 하니 그가 거의 죽게 되었음이라 **48** 예수께서 이르시되 너희는 표적과 기사를 보지 못하면 도무지 믿지 아니하리라 **49** 신하가 이르되 주여 내 아이가 죽기 전에 내려오소서 **50** 예수께서 이르시되 가라 네 아들이 살아 있다 하시니 그 사람이 예수께서 하신 말씀을 믿고 가더니 **51** 내려가는 길에서 그 종들이 오다가 만나서 아이가 살아 있다 하거늘 **52** 그 낫기 시작한 때를 물은즉 어제 일곱 시에 열기가 떨어졌나이다 하는지라 **53** 그의 아버지가 예수께서 네 아들이 살아 있다 말씀하신 그 때인 줄 알고 자기와 그 온 집안이 다 믿으니라 **54** 이것은 예수께서 유대에서 갈릴리로 오신 후에 행하신 두 번째 표적이니라

이 이적 기사는 공관복음에 나오는 백부장의 아들을 고치신 기사와 비

---

48. 참고. J. W. Pryor, "John 4:44 and the patris of Jesus," *CBQ* 49 (1987): 254~63.

슷하지만, 양자는 별개의 사건이다참고. 마8:5~13; 눅7:2~10.[49]

1) 왕의 신하가 예수님께 간청함(4:46~49)

예수님이 다시 갈릴리 가나를 방문하신다46a절. 요한복음에서 가나는 예수님을 긍정적으로 받아들이는 곳으로 인식된다. 특히 요한은 가나를 언급하면서 "예수께서 다시 갈릴리 가나에 이르시니 전에 물로 포도주를 만드신 곳이라"라는 설명을 덧붙임으로써 이 표적과 첫 번째 표적의 연관성inclusio을 드러내려고 한다.[50] 이때 왕의 신하가 예수님께 와서 자신의 죽어가는 아들을 고쳐 달라고 부탁한다46b~47절. 여기서 왕의 신하는 로마 정부의 수하에서 일하는 이방인이다.[51] 그는 높은 지위에 있으면서 유대인들을 멸시하는 지배국의 관리였다. 하지만 그는 예수님께서 이전에 행하신 표적들을 들어서 알고 있었기 때문에 자기의 아들이 죽어가는 절박한 상황에서 예수님께서 가버나움에 오셔서 자기의 아들을 살려 달라고 부탁한다. 특히 여기서 그의 간청에로타이 미완료 형태로 되어 있는 것은 그의 간절함을 보여준다.

신하의 요청에 예수님은 "너희는 표적과 기사를 보지 못하면 도무지 믿지 아니하리라"라고 말씀하신다48절. 이것은 신하의 말을 들어주시겠다는 긍정도 아니고 그의 부탁을 거절하시겠다는 부정도 아니다. 다만 이것은

---

49. 이 기사와 공관복음에 나오는 유사한 기사의 차이점과 이 기사에 나오는 신하의 정체에 대해서 다음의 글을 참고하라. A. H. Mead, "The basilikos in John 4.46-53," *JSNT* 23 (1985): 69~72.

50. Witherington III, 127.

51. R. Schnackenburg, *The Gospel according to St John, vol. 1: Introduction and Commentary*, 3 vols. translated by C Hastins, F McDonagh, D Smith and R Foley (London: Burns & Oates, [1965]1968-[1975]1982), 466.

표적에 대한 당시 대중들의 생각에 대한 비판일 뿐이다참고. 2:23; 4:45.[52] 특히 여기서 예수님께서 "너희는"이라는 2인칭 복수 형태의 단어를 사용하신 이유는 당시에 왕의 신하뿐만 아니라 많은 사람이 이런 생각을 하고 있었기 때문이다. 따라서 예수님의 이 말씀은 표적과 기사를 보고 믿는 것은 낮은 수준의 초보적인 믿음이며, 바른 믿음은 이적 위에 세워지지 않고 말씀 위에 세워진다는 것을 뜻한다.

그러나 왕의 신하는 계속해서 자기의 아들을 고쳐 달라고 예수님께 간청한다. "주여 내 아이가 죽기 전에 내려오소서"49절. 여기서 "주여"는 메시아적 칭호가 아니다. 왕의 신하는 아직 예수님을 메시아로 인식하지 않고 있다. 그는 단지 당시의 성인 남성에게 붙였던 존경을 담은 칭호를 사용하여 예수님을 부르고 있다. 더욱이 그는 예수님의 말씀에 대해 자신을 변호할 생각이 없으며, 성경과 믿음의 관계에 대해서도 모르고, 심지어 예수님에 대한 기독론적 지식도 부족하다. 그는 단지 자기 아들이 죽기 전에 제발 내려와서 고쳐달라고 요청할 뿐이다.

2) 예수님이 왕의 신하의 간청을 들어주심(4:50~54)

예수님은 결국 왕의 신하의 청을 들어주셔서 그의 아들을 고쳐주신다 50a절. 하지만 이 단화에서 예수님은 이적을 일으키는 어떤 특별한 행동도 취하지 않으신다. 그리고 요한 역시 이적의 과정이나 방법을 기술하지 않는다. 실제로 여기서 그런 행동은 전혀 없다. 다만 "가라 네 아들이 살아 있다"라는 예수님의 말씀만이 있을 뿐이다. 따라서 이것은 신하의 믿음에 대한 시험test이 된다. 즉 왕의 신하는 예수님이 직접 현장가버나움에 내려오셔

52. Michaels, 277.

야 한다고 생각하고 있었으나, 예수님은 멀리서 그저 말씀으로 고치셨고, 그것을 믿을 것을 요청하신다.

왕의 신하는 예수님께서 하신 말씀을 믿고 간다50b절. 비록 그는 아들이 살아난 것을 직접 보지 못했으나, 예수님의 말씀을 듣고 자기 아들이 치유되었다고 믿는다. 그리하여 그는 직접 눈으로 보아야만 믿는 유대인들이나 갈릴리 사람들보다 훨씬 높은 수준의 믿음을 가지고 있음을 보여준다. 또한 이것은 독자들에게 진정한 믿음이란 어떤 것인지를 가르쳐준다.[53] 한편, 이렇게 요청과 거절이 같이 나오는 것은 예수님께서 인간의 프로그램에 따라서가 아니라 하나님의 프로그램에 따라서 움직이시는 분이심을 보여준다참고. 마리아의 요청과 예수님의 거절, 2:4; 수로보니게 여인의 요청과 예수님의 거절, 막 7:24~30; 마15:21~28.

왕의 신하는 가버나움으로 내려가는 길에서 종들을 만난다51절. 그들은 왕의 신하에게 아이가 살아 있다고 확인해 준다. 왕의 신하가 아이의 병이 낫기 시작한 때를 물으니 그들은 "어제 일곱 시에" 아이의 열기가 떨어졌다고 대답한다52절. 그렇다면 왕의 신하가 예수님을 만나서 아들을 살려달라고 간청하고 예수님이 아들의 병을 고쳐 주신 시간은 "어제 일곱 시"가 된다. 그런데 '일곱 시'는 유대시에 따르면 오후 1시이고, 로마시에 따르면 오전 7시 혹은 오후 7시이다. 그렇다면 이 시간을 어떤 시간 체계에 따라 이해하는 것이 바람직하겠는가?

먼저, 유대시에 따라서 이 시간을 생각해 보자. 만일 왕의 신하가 유대시에 따라 어제 오후 1시에 예수님을 만났다면, 아이가 치유되었다는 예수님의 선언을 듣고 조금 무리를 해서라도 아이의 치유를 확인하기 위하여

53. Carson, 239; 참고. Michaels, 280; Morris, 291~92.

그날 바로 가버나움으로 내려갔을 것이다. 즉 왕의 신하가 낮에 가나에서 시간을 지체하다가 다음 날 가버나움으로 내려갔다고 보는 것은 아버지의 절박한 심정과 여러 상황을 고려할 때 무리이다. 가나에서 가버나움은 약 20㎞ 거리로서 오후에 출발하면 어두워지기 전에 도착할 수 있었다. 따라서 오후 1시에 아이의 병이 나았다고 보는 것은 설득력이 없다.

다음으로, 로마시에 따라서 이 시간을 생각해 보자. 로마시에 따르면 이 시간은 오전 7시가 될 수도 있고 오후 7시가 될 수도 있는데, 왕의 신하가 오전 7시에 예수님을 만났을 것으로 생각하는 것은 자연스럽지 않다. 따라서 이 시간은 오후 7시라고 보아야 한다. 그렇다면 왕의 신하는 오후 7시에 예수님을 만나서 아들의 고침을 받고 가나에서 밤을 보낸 후에 다음 날 아침 일찍 출발하여 가버나움으로 내려가다가 종들을 만나서 아들의 치유 소식을 들은 것이 된다. 실로 이렇게 보는 것이 타당하다. 그러므로 여기서도 요한복음이 유대시가 아닌 로마시를 사용한다는 사실이 입증된다참고. 1:39; 4:6.

그런데 왕의 신하가 가나에서 하룻밤을 보내고 가버나움으로 내려간 것은 그의 믿음을 보여준다. 비록 당시에 밤에 먼 거리를 이동하는 일이 어려운 것은 사실이지만, 그래도 아들의 생사를 알고 싶어 하는 아버지로서 무리해서라도 밤에 내려갈 수는 있었을 것이다. 하지만 그는 예수님의 말씀을 믿었기 때문에, 그날 밤 가나에서 머물고, 다음 날 일찍 가버나움으로 내려간다. 따라서 신하의 믿음은 대단하다. 그는 표적을 보고 믿은 것이 아니라 말씀을 듣고 믿었다. 그리고 그의 믿음은 온 가족에게로 확대된다53절. 당시 지중해 연안 지역의 가정은 가장 중심이었기 때문에 가장의 믿음이 가족 전체의 믿음으로 발전하기 쉬웠다.

요한은 이것을 "두 번째 표적"이라고 부른다54절. 요한복음에서 이렇게 표적에 숫자를 매긴 것은 '첫 번째 표적'가나 혼인 잔치 이적, 2:1~11과 '두 번째 표적'가나 왕의 신하의 아들 치유 이적, 4:46~54뿐이다. 따라서 요한이 이 표적을 '두 번째 표적'이라고 이름 붙인 것은 이것을 '첫 번째 표적'과 인클루시오inclusio로 만들기 위한 것이다.[54] 즉 요한은 의도적으로 두 개의 표적을 양 극단에 위치시키고 그 안에 여러 에피소드를 배치하여 메시지를 창출하려 한 것이다. 이러한 요한의 구조적인 의도를 다음과 같이 정리할 수 있다.

<2~4장의 구조>

첫 번째 표적: 제자들의 믿음이적을 보고 믿음

옛 성전과의 만남: 참된 중보자의 등장을 선언하심

유대 랍비와의 만남: 참된 생명을 선언하심

사마리아 여인과의 만남: 참된 예배를 선언하심

두 번째 표적: 이방인들의 믿음이적을 보지 않고 믿음

<2-4장의 구조에 따른 신학적 메시지: 구원의 확장>

요한복음 2~4장에는 예수님께서 메시아로 취임하신 일을 언급하는데, '중보자'와 '생명'과 '예배'라는 기독교 신앙의 가장 중요한 요소가 메시아적 관점에서 설명된다. 그리고 예수님의 사역을 통하여 구원의 범위가 제자들 → 유대인들 → 혼혈인들 → 이방인들로 확장된다. 그리하여 누구든지 예수님을 믿으면 구원을 얻을 수 있다는 계시적 선언이 구체화된다참고. 3:16.

---

54. Michaels, 283~85.

<특주6> 초기 기독교의 예배

주후 1세기의 기독교 공동체가 언제시간, 어디서장소, 그리고 어떻게형태 예배드렸는지를 신약성경과 고대 문헌을 통해 파악하고, 그렇게 도출된 결과가 오늘날 우리에게 어떻게 적용될 수 있는지를 모색해 보겠다.

1. 예배 시간

최초의 기독교 공동체는 매일 모여서 예배드렸다참고. 행2:46~47. 하지만 시간이 흘러 주후 1세기 중반에 이르자 기독교인들은 일요일인 '주일'Lord's Day에 모여서 예배드렸다. 이는 주일이 예수님께서 부활하신 날로서 새 언약의 공동체에 새로운 생명을 부여하신 날이기 때문이다. 그런데 이러한 주일성수의 기원은 부활하신 예수님을 만난 제자들의 공동체에서 가장 먼저 발견된다. 요한복음 20장 19~29절에는 부활하신 예수님이 두 차례 제자들에게 나타나신 일이 기록되어 있는데, 이때 제자들이 모인 날은 두 차례 모두 안식 후 첫날일요일이었다참고. 19, 26절. 다음으로 신약성경의 기록 중에서 초기 기독교회가 주일일요일에 모였다는 가장 분명한 증거는 고린도전서 16장 2절의 기록이다. 그곳에는 '매주 첫날'이라는 문구가 나오는데, 이는 기독교인들이 일요일, 곧 주님의 날에 예배드렸다는 증거가 된다. 그리고 신약성경 외의 초기 기독교 문헌 중에서는 이그나티우스주후 115년, 디다케주후 1세기 말, 순교자 저스틴주후 155년, 어거스틴주후 4세기 등이 기독교인들의 주일예배에 대해서 언급했다.

2. 예배 장소

처음에 기독교인들은 성전과 회당과 집 등지에서 모임을 가졌다. 예루살렘의 그리스도인들은 성전에서 모였으며참고. 행2:46; 3:1, 11, 그 외의 지역에서는 회당 등에서 모였다참고. 행19:8~9. 그러다가 시간이 흐르면서 회당에서 모일 수 없는 형편이 되자 점차 가정집에서 모이게 되었다. 이러한 가정교회 형태는 특히 이방 지역에서 많이 발견된다. 대표적으로, 로마의 역사가 수에토니우스Suetonius는 『클라우디우스의 전기』*Claudius* 25.4, 주후 49년에서 클라우디우스 황제가 '크레스투스'Chrestus 문제 때문에 로마에 있는 유대인들을 향하여 로마를 떠나라고 칙령을 내린 사건을 기록한다. 이 사건은 유대인 그리스도인들과 유대인 비그리스도인 사이의 다툼이었으며, 여기서 '크레스투스'란 그리스도를 잘못 기재한 것으로 보인다.

처음에 로마교회는 유대인 그리스도인들이 다수였고 이방인 그리스도인들이 소수였지만, 이 사건 후에 로마에는 이방인 그리스도인들만이 남게 되었다참고. 롬1:5~6, 13; 11:13, 23~24, 28, 31; 15:9, 16. 그리하여 그들은 회당 중심이 아닌 가정 중심의 교회를 형성하게 되었다. 로마서 본문을 통해서 추정할 때 당시 로마교회는 3~5개의 가정교회로 구성되어 있었던 것으로 보인다참고. 롬16장. 결국, 초기 기독교인들에게 있어서 예배의 장소는 그리 중요하지 않았다. 그들은 모일 수 있는 곳이라면 어디서나 모여서 예배드렸다.

3. 예배 형태

초기 기독교인들의 예배에는 특별한 순서나 절차가 없었다. 하지만 예배의 구성요소는 분명했는데, 이는 말씀, 기도, 찬양, 성찬, 교제, 헌금 등이었다. 그들은 사도들의 말씀을 들었으며, 기도의 시간을 가졌고, 가난한 자들을 위한 헌금을 드렸다. 그들은 송영찬미으로 하나님께 영광을 돌렸고, 신앙을 고백했으며, 죄를 자백함으로써 그리스도인 공동체로서의 정체성을 유지하고 발전시켰다. 그들은 또한 구제 사역을 실천했고참고. 행6:1~6, 은사 집회를 가졌는데예. 방언, 예언, 치유: 고전12~14장, 이 모든 것은 사도들의 신중한 통제하에 시행되었다.

그리고 그들은 '아가페'agape 혹은 '애찬'love feast이라고 불리는 공동식사를 했으며, 식사 후에는 '떡을 떼는' 의식, 즉 성찬Eucharist을 행했다참고. 행2:42, 46. 그들에게 있어서 예배의 필수 요소 중 간과할 만한 것은 아무것도 없었다. 그들은 예배를 통하여 자신들을 구속해 주신 삼위 하나님의 성품과 사역을 찬양하며 누리며 즐겼다. 즉 그들에게 있어서 예배는 살아계신 주님과 실제적인 교제를 가지는 기회가 되었다. 그리하여 그들은 온 백성에게 칭송을 받게 되었으며, 주께서 구원받는 사람을 날마다 더하게 하셨다.

4. 결론: 적용 방안

그렇다면 지금까지 언급한 것들이 오늘날 우리에게 어떻게 적용될 수 있겠는가?

① 예배 시간: 오늘날 어떤 사람들은 주일예배가 로마의 콘스

탄틴 황제의 칙령주후 313년에서 비롯되었다고 주장하는데, 이는 전혀 근거가 없다. 주일날 예배를 드리는 것은 주님에게서 시작된 초기 기독교회의 전통이다. 그러므로 주일은 어떤 상황에서도 지켜져야 한다. 우리는 주일을 거룩하게 지킴으로써 우리에게 생명을 부여하신 주님의 부활 의미를 되새겨야 한다.

② 예배 장소: 예배를 위한 특정한 장소가 정해져 있는 것은 아니다. 상황에 따라 변경할 수 있다. 따라서 소위 '가정교회'를 신약교회의 원형이라고 주장하는 것은 적절하지 않다. 오히려 가정교회는 성경이 지시한 교회 형태라기보다는 당시 상황에서 어쩔 수 없이 선택한 것이었다. 그러므로 가정교회는 그들이 처한 교단의 신학적, 정치적 입장에 기초하고 효율성과 필요성의 측면을 고려하여 도입 여부를 결정할 수 있는 문제이다.

③ 예배 형태: 초기 기독교에서 예배의 순서가 정해져 있는 것은 아니었다. 더욱 중요한 것은 예배의 구성요소였다. 예배에는 반드시 말씀, 기도, 찬양, 헌금, 교제, 성찬의 순서가 들어있어야 한다. 이것들은 예배의 필수 구성요소이다. 오늘날 예배 시간에 이러한 요소들 외에 다른 요소가 들어가는 경우가 있는데물론 그것을 무조건 비성경적이라고 무시할 것은 아니지만, 그것들이 위에 언급된 본질적인 구성요소를 드러내는 역할을 하지 않는다면 심각하게 재고해 보아야 한다.

2. 심화표적들(5:1~10:42)

5~10장에는 예수님이 행하신 네 개의 표적이 나오는데, 이 표적들이 예수님의 정체를 더욱 깊이 알려준다고 해서 '심화표적들'The intensified signs이라고 부른다. 이 표적들은 그에 연관된 강화들과 더불어서 예수님의 정체를 더욱 풍부하게 드러내 준다. 게다가 5~10장에서 예수님은 유대인들과 심하게 충돌하면서 논쟁을 하시는 가운데 자신의 정체를 많이 드러내신다. 여기에 기록되어 있는 네 개의 표적은 38년 된 병자를 고치신 이적5:1~18, 많은 사람을 먹이신 이적6:1~15, 물위를 걸으신 이적6:16~21, 그리고 맹인을 고치신 이적9:1~7이다.

(1) 38년 된 병자를 고치심(5:1~18)

1 그 후에 유대인의 명절이 되어 예수께서 예루살렘에 올라가시니라 2 예루살렘에 있는 양문 곁에 히브리 말로 베데스다라 하는 못이 있는데 거기 행각 다섯이 있고 3 그 안에 많은 병자, 맹인, 다리 저는 사람, 혈기 마른 사람들이 누워 [물의 움직임을 기다리니 4 이는 천사가 가끔 못에 내려와 물을 움직이게 하는데 움직인 후에 먼저 들어가는 자는 어떤 병에 걸렸든지 낫게 됨이러라] 5 거기 서른여덟 해 된 병자가 있더라 6 예수께서 그 누운 것을 보시고 병이 벌써 오래된 줄 아시고 이르시되 네가 낫고자 하느냐 7 병자가 대답하되 주여 물이 움직일 때에 나를 못에 넣어 주는 사람이 없어 내가 가는 동안에 다른 사람이 먼저 내려가나이다 8 예수께서 이르시되 일어나 네 자리를 들고 걸어가라 하시니 9 그 사람이 곧 나아서 자리를 들고 걸어가니라 이 날은 안식일이니 10 유대인들이 병 나은 사람에게 이르되 안식일인데 네가 자리를 들고 가는 것이 옳지 아니하니라 11 대답하되 나를 낫게 한 그가 자리를 들고 걸어가라 하더라 하니 12 그들이 묻되 너에게 자리를 들고 걸어가라 한 사람이 누구냐 하되 13 고침을 받은 사람은 그가 누구인지 알지 못하니 이는 거기 사람이 많으므로 예수께서 이미 피하셨음이라 14 그 후에 예수께서 성전에서 그 사람을 만나 이르시되 보라 네가 나았으니 더 심한 것이 생기지 않게 다시는 죄를 범하지 말라 하시니 15 그 사람이 유대인들에게 가서 자기를 고친 이는 예수라 하니라 16 그러므로 안식일에 이러한 일을 행하신

다 하여 유대인들이 예수를 박해하게 된지라 17 예수께서 그들에게 이르시되 내 아버지께서 이제까지 일하시니 나도 일한다 하시매 18 유대인들이 이로 말미암아 더욱 예수를 죽이고자 하니 이는 안식일을 범할 뿐만 아니라 하나님을 자기의 친 아버지라 하여 자기를 하나님과 동등으로 삼으심이러라

1) 배경: 많은 병자들이 못 가에 있음(5:1~5)

요한은 "그 후에 유대인의 명절이 되어 예수께서 예루살렘에 올라가시니라"라는 설명을 붙인다1절.[55] 요한복음에서 "그 후에"에 해당하는 헬라어 단어 '메타 타우타'after this는 종종 불특정한 시간의 경과를 알리는 역할을 한다참고. 6:1; 21:1. 예수님은 유대인의 명절을 지키시기 위해 예루살렘에 올라가신다. 여기서 명절이 어떤 명절인지 정확하게 알기란 어렵다. 추정 가능한 명절은 유월절, 오순절, 초막절 등이다. 이러한 절기에 대한 언급은 5~10장에서 내러티브를 전개하는 데 매우 중요한 역할을 한다. 그런데 이 에피소드에서는 9절에 나오는 '안식일'에 대한 언급이 의미 형성에 큰 역할을 한다. 요한복음에서 예루살렘은 예수님을 적대적으로 대하는 곳이다. 따라서 이 에피소드의 분위기는 어두울 것으로 예상된다.

예루살렘에는 '베데스다'라고 불리는 못이 있었다2절. '베데스다'란 '자

---

55. 4장에 넉 달이 지나야 추수한다는 말이 있는데, 유대인들의 추수기는 5월이므로 4장은 1월에 발생한 일이다. 6장은 유월절(6:4)에 일어난 사건이므로 3~4월(아빕월) 15~21일에 일어난 일이다. 그런데 1월과 3~4월(아빕월) 사이에는 유대인들의 큰 명절이 없다. 따라서 5장의 사건이 언제 일어났는지 알기가 어렵다. 이에 대한 다양한 해결책이 학자들에 의해서 제시되었다. 대표적으로 불트만(R. Bultmann)은 5장과 6장의 순서를 바꾸는데(4장→6장→5장), 만일 5장과 6장의 순서를 바꿀 경우 5장의 명절은 오순절이나 초막절(9~10월)이 된다. 그러나 이에 대한 사본학적인 증거가 없으며 이렇게 바꿀 경우에 더 큰 문제가 생긴다. 따라서 4장의 1월과 6장의 유월절이 같은 해에 일어난 사건이 아니라고 보는 것이 타당하다. 아마도 6장의 사건은 그 다음 해에 일어났을 것이다.

비의 집'이라는 뜻이다. 이 못은 양문The Sheep Gate 곁에 있었으며 행각 다섯이 있었다. 이것은 고고학적으로 발굴되어 그 존재의 사실성이 입증되었다.[56] 요한복음에서 물의 상징성은 풍부하다. 세례 요한은 물로 세례를 주었고참고. 1:25~28, 33; 3:23, 예수님은 물로 포도주를 만드셨으며참고. 2:1~11, 물과 성령으로 거듭나야 한다고 말씀하심으로써 성령의 정화하는 기능을 물을 통하여 설명하셨고참고. 3:5, 사마리아 여인과 생명의 물에 관하여 논하셨다참고. 4:9~15. 따라서 독자들은 어떤 의미심장한 사건이 지금 일어날 것이라고 기대하게 된다.

한글성경 개역개정에서 3~4절의 괄호로 처리된 부분은 사본학적인 지지가 약하다. 아마도 후대인들이 이 부분을 삽입한 것으로 보인다. 천사가 물을 움직이게 한다는 언급은 당시에 있었던 소문일 것이다. 이것은 아마도 물이 온천수여서 마치 천사가 내려와서 물을 움직이게 하는 것처럼 보였기 때문일 것이다. 베데스다에는 많은 환자들이 있었는데, 그들 중에서도 특히 38년 된 병자가 있었다5절. 38년이라는 기간은 당시의 평균수명40세 이하을 고려할 때 매우 오랜 기간이다. 즉 이 기간은 병이 치유될 가능성이 전혀 없음을 가리킨다.[57]

2) 표적: 예수님이 한 병자를 고치심(5:6~9a)

예수님은 38년 된 병자가 누워 있는 것을 보시고 그의 병이 벌써 오래된 줄 아시고 "네가 낫고자 하느냐"라고 물으신다6절. 예수님이 병자의 병이 오래된 것을 아시는 것은 이전에 예수님이 나다나엘이나 사마리

56. Moloney, 1998, 171.

57. Brown, 1966, 207; Ridderbos, 185.

아 여인에 대해서 아시는 것과 마찬가지로 그분의 전지성을 드러낸다참고. 2:24~25; 1:48; 4:17~18, 29 등. 예수님이 병자에게 다가가셔서 "네가 낫고자 하느냐"라고 물어보시는 것은 요한복음의 표적 기사에서 다소 특이한데, 이는 다른 곳에서와 달리 여기서는 병자의 요청이 없는데도 불구하고 예수님이 먼저 병자에게 다가가셔서 그를 고치시려고 하기 때문이다.[58]

그러자 병자는 "주여 물이 움직일 때에 나를 못에 넣어 주는 사람이 없어 내가 가는 동안에 다른 사람이 먼저 내려가나이다"라고 대답한다7절. 여기서 사용된 "주여"라는 단어는 메시아적 용어가 아니라 성인 남성에 대한 일반적인 존칭어이다. 병이 38년 되었다는 말과 병자를 못에 넣어 줄 사람이 아무도 없다는 말은 육체적인 질병과 사회적인 소외 상태가 결합되어 그가 처한 절망적인 상태를 강하게 보여준다. 병자의 대답으로 보아 그는 예수님이 자신을 초자연적인 능력으로 고칠 수 있다고 생각하지 않고 있다. 다만 그는 예수님이 자신을 못에 넣어 주시기를 바랄 뿐이다. 하지만 예수님은 말씀으로 병자를 치유하신다8~9a절. 여기에 사용된 3개의 명령어인 '일어나라'get up, '들어라'pick up, '걸어가라'walk는 예수님의 신적 권위를 드러낸다.

3) 논쟁을 통한 교훈(5:9b~18)

그런데 예수님이 병자를 고치신 날은 '안식일'이었다9b절. 율법에는 안식일에 물건을 옮기는 것을 금하는 구체적인 조항이 없지만, 당시 유대인들은 자신들의 전통에 따라 안식일에 물건을 옮기는 행위를 금하였다참고.

---

58. 참고. J. L. Staley, "Stumbling in the Dark, Reaching for the Light: Reading Characters in John 5 and 9," *Semeia* 53 (1991): 55~80.

Shabbath 7:2. 따라서 이로 인하여 예수님과 유대인들 사이에 논쟁이 일어난다. 그런데 이것은 예수님의 의도에 따른 것이다. 즉 예수님은 의도적으로 안식일에 병자를 고치심으로써 유대인들과의 논쟁을 유발하신다. 그리고 이런 식으로 표적과 논쟁이 결합된 구도는 요한복음의 특징으로서, 특히 5~10장에서 나타나는 전형적인 패턴이다참고. 9:14; 막3:1~6.

유대인들은 38년 된 병자가 치유된 이적에 관해서는 관심이 없고 오로지 그가 안식일 규정을 위반한 것자리를 들고 간 것에 관해서만 관심을 가진다 10~12절. 하지만 예수님은 불필요한 박해를 피하시기 위해 그 자리를 이미 떠나셨다13절. 그 후에 성전정확하게는 '성전 뜰', '히에로스'에서 예수님은 고침을 받은 자와 만나시는데, 그에게 "보라 네가 나았으니 더 심한 것이 생기지 않게 다시는 죄를 범하지 말라"라고 말씀하신다14절. 그런데 이 말씀의 의미를 파악하는 일이 쉽지 않다. 즉 그의 죄가 병의 원인이라는 뜻인지참고. 9:2~3, 아니면 그가 치유를 받았음에도 불구하고 신앙을 고백하지 않는 것을 책망하시는 것인지 판단하기가 어렵다.

이후 고침을 받은 사람은 유대인들에게 가서 자기를 고친 이가 예수님이시라고 말한다15절. 이 말에 대한 해석으로 두 가지가 가능하다. 첫째는 고침을 받은 사람이 자신의 죄를 회개하고 예수님에 대한 신앙을 고백하는 대신에 유대인들에게 자기를 고친 이가 예수님이시라고 고자질한 것이라는 해석이다. 둘째는 고침을 받은 사람이 처음에는 예수님의 정체를 몰랐으나 성전에서 예수님을 만나서 말씀을 듣고 난 후에 예수님의 정체를 알고 유대인들에게 (순수한 마음으로) 예수님을 증언한 것이라는 해석이다. 이 두 가지 해석 중에서 어느 것이 옳은지 판단하기가 쉽지 않다.

예수님은 안식일에 이적을 행하심으로 유대인들에게서 박해를 받으신다16절.[59] 만일 위의 첫 번째 해석고자질을 택할 경우, 고침을 받은 자는 육적인 병만 고침을 받고 영적인 병은 고침을 받지 못한 것으로9장의 맹인과 대조됨, 이는 표적만을 구하는 자들에 대한 경고의 기능을 가진다. 그러나 만일 두 번째 해석단순한 증언을 택할 경우, 고침을 받은 자는 아무런 잘못이 없게 된다. 결국 유대인들은 잘못된 율법 이해와 더불어 인간적인 전통과 규례를 사람들을 향한 사랑과 긍휼보다 우선시함으로 하나님께서 진정 요구하셨던 것을 깨닫지 못한다.

예수님은 "내 아버지께서 이제까지 일하시니 나도 일한다"라고 말씀하신다17절. 따라서 예수님은 자기 일과 하나님 아버지의 일을 같은 것이라고 선언하심으로써 더욱 적극적으로 자신의 신적인 정체성을 드러내신다. 이에 유대인들은 예수님이 안식일을 범했을 뿐만 아니라 신성을 모독했다고 생각하여 분노하면서 예수님을 죽이려고 한다18절; 참고. 8:59; 10:31. 여기서 암시적으로 발견할 수 있는 것은 예수님께서 하나님을 자신의 '친아버지my own Father'라고 부르신 것이 자신을 하나님과 동등하다고 선언하신 것이 된다는 사실이다. 그러므로 독자들은 유대인들의 입을 통하여 예수님의 정체를 파악하게 될 뿐만 아니라 하나님과 예수님이 동등하신 분이라는 사실을 다시금 확인할 수 있게 된다참고. 10:30.

(2) 아버지의 뜻대로 일하시는 아들(5:19~30)

19 그러므로 예수께서 그들에게 이르시되 내가 진실로 진실로 너희에게 이르노니 아들이 아버지께서 하시는 일을 보지 않고는 아무것도 스스로 할 수 없나니 아버지께서 행하시는 그것을 아들도 그와 같이 행하느니라 20 아버지께서 아들을 사랑하사 자기가 행하시는 것을 다 아들에게 보

---

59. Burge, 175~76.

이시고 또 그보다 더 큰 일을 보이사 너희로 놀랍게 여기게 하시리라 **21** 아버지께서 죽은 자들을 일으켜 살리심 같이 아들도 자기가 원하는 자들을 살리느니라 **22** 아버지께서 아무도 심판하지 아니하시고 심판을 다 아들에게 맡기셨으니 **23** 이는 모든 사람으로 아버지를 공경하는 것 같이 아들을 공경하게 하려 하심이라 아들을 공경하지 아니하는 자는 그를 보내신 아버지도 공경하지 아니하느니라 **24** 내가 진실로 진실로 너희에게 이르노니 내 말을 듣고 또 나 보내신 이를 믿는 자는 영생을 얻었고 심판에 이르지 아니하나니 사망에서 생명으로 옮겼느니라 **25** 진실로 진실로 너희에게 이르노니 죽은 자들이 하나님의 아들의 음성을 들을 때가 오나니 곧 이 때라 듣는 자는 살아나리라 **26** 아버지께서 자기 속에 생명이 있음 같이 아들에게도 생명을 주어 그 속에 있게 하셨고 **27** 또 인자됨으로 말미암아 심판하는 권한을 주셨느니라 **28** 이를 놀랍게 여기지 말라 무덤 속에 있는 자가 다 그의 음성을 들을 때가 오나니 **29** 선한 일을 행한 자는 생명의 부활로, 악한 일을 행한 자는 심판의 부활로 나오리라 **30** 내가 아무것도 스스로 할 수 없노라 듣는 대로 심판하노니 나는 나의 뜻대로 하려 하지 않고 나를 보내신 이의 뜻대로 하려 하므로 내 심판은 의로우니라

1) 아들의 권세(5:19~23)

17절의 "내 아버지께서 이제까지 일하시니 나도 일한다"라는 예수님의 자기 계시 선언구는 19절 이하에 나오는 강화에 기초를 제공한다. 예수님은 자신을 하나님과 같은 분으로 계시하셨는데, 이제 그 관계를 더욱 분명하게 드러내신다. 이 단화에서 예수님은 혼자서 어떤 일을 하시지 않고, 하나님 아버지와의 관계 속에서 하나님 아버지의 프로그램에 따라 행하신다고 말씀하신다. 아버지는 아들을 사랑하셔서 그분의 일을 다 보여주실 뿐만 아니라 그것보다 더 큰 것도 보이신다. 이로 인하여 사람들은 놀랄 것이다. 그들은 아들 예수님을 통하여 아버지 하나님을 볼 수 있을 것이다.

예수님은 "진실로 진실로"라는 어구와 함께 말씀을 시작하신다19절. 공관복음은 "진실로"single amen formula라는 표현을 사용하지만참고. 마태 31번, 마가 13번, 누가 6번, 요한복음은 "진실로 진실로"double amen formula라는 표현을 25번이나 사용한다. 예수님은 아버지께서 하시는 일을 보지 않고는 아무것

도 스스로 하지 않으시며 아버지께서 행하시는 것을 그와 같이 행하신다고 말씀하신다. 이는 예수님께서 하나님의 의중과 역사하시는 방식을 모두 보고 계시며 알고 계신다는 사실을 함의한다. 또한 예수님이 하나님의 충실한 대행자agent이시다는 사실을 시사한다.

예수님은 하나님 아버지께서 아들을 사랑하셔서 자신이 행하시는 것을 모두 아들에게 보이시고, 또한 그보다 더 큰 일을 보이셔서 사람들로 하여금 놀랍게 여기게 하신다고 말씀하신다20절. 이것은 예수님이 하나님과 친밀한 관계를 맺고 계신다는 점을 가르쳐주며, 예수님이 하나님의 뜻에 맞게 행동하시기에 그분의 행동이 옳고 정당하므로 결국 그분의 사역이 하나님을 보여주는 역할을 한다는 것을 의미한다. “그보다 더 큰 일”이란 일차적으로 나사로를 살리는 일을 뜻하지만참고. 11장, 나아가서 예수님의 죽음과 부활을 가리킨다참고. 18~20장.

이제 예수님은 놀라운 말씀을 하신다. “아버지께서 죽은 자들을 일으켜 살리심 같이 아들도 자기가 원하는 자들을 살리느니라”21절. 여기서 ‘살리심’은 현재성과 미래성을 모두 가진다. 즉 이것은 현재 신자들에게 주어진 새로운 생명을 가리키는 동시에참고. 5:24; 11:25~26; 고후5:17, 그리스도가 재림하실 때 몸이 다시 살아나는 것을 의미한다참고. 고전15:42~57; 살전4:13~18. 예수님은 하나님이 구원의 권세를 가지고 계시듯이, 자신도 구원의 권세를 가지고 있다고 말씀하신다참고. 삼상2:6; 왕하5:7; 겔37:3~12; 롬4:17 등.[60]

또한 예수님은 다음과 같이 말씀하신다. “아버지께서 아무도 심판하지 아니하시고 심판을 다 아들에게 맡기셨으니”22절. 이것은 하나님이 심판자

---

60. ESV Study Bible; Michaels는 이것을 다음과 같이 설명한다. “The first two of these affirm the identity of the works of the Father and the Son (vv. 19, 20), while the latter two specify just what works are involved and in what way (vv. 21, 22).” Michaels, 309.

이신 것처럼 예수님도 심판자이시다는 뜻이다참고. 창18:25; 삿11:27; 시43:1; 109편 등. 구약성경에서 심판은 하나님의 독점적인 특권으로 인식되어 있으므로 이 말씀은 예수님의 신성을 강력하게 드러낸다. 따라서 21절에서 예수님은 아버지처럼 자신도 구원의 권세를 가지고 계신다고 하셨는데, 이 구절에서는 자신이 심판의 권세를 가지고 계신다고 하심으로써, 하나님과 자신이 같은 권세를 가지고 계신다는 사실을 보이신다.

그렇다면 하나님이 예수님에게 구원과 심판의 권세를 맡기신 이유는 무엇인가? 이에 관하여 예수님은 이렇게 말씀하신다. “이는 모든 사람으로 아버지를 공경하는 것 같이 아들을 공경하게 하려 하심이라 아들을 공경하지 아니하는 자는 그를 보내신 아버지도 공경하지 아니하느니라”23절. 이 말씀은 사람들이 하나님을 공경하는 것처럼 예수님을 공경하게 하시기 위해 그런 권세를 주셨다는 뜻이다. 즉 예수님은 구원과 심판을 행사하심으로써 자신의 신적 권위를 드러내신다. 따라서 예수님의 능력을 본 자들은 그분을 하나님처럼 공경해야 한다.

2) 현재 종말론(5:24~27)

예수님은 자신의 말을 듣고 또 자신을 보내신 하나님을 믿는 자는 영생을 얻고, 심판에 이르지 않으며, 사망에서 생명으로 옮겨졌다고 말씀하신다24절. 여기서 예수님은 하나님에 관하여 “나 보내신 이”라는 표현을 사용하신다. 요한복음에는 ‘보내신’이라는 표현이 39회 나오는데, 보냄을 받은 이는 보내신 이의 권위를 가진다. 그러므로 예수님은 하나님의 권위를 가지신다. 예수님은 이어서 “죽은 자들이 하나님의 아들의 음성을 들을 때가 오나니 곧 이 때라 듣는 자는 살아나리라”라고 말씀하신다25절. 여기서 “죽은 자들”은 영적으로 죽은 자들로서 주님을 믿지 않는 이들이다. 그들 가운데 예수님의 음성을 듣는 자는 살아날 것이다구원.

비록 한글성경 개역개정에는 번역되어 있지 않지만, 26~27절의 헬라어 문장은 '왜냐하면'가르으로 시작하는데, 이는 이 구절이 죽은 자들이 아들의 음성을 듣고 살아나는 이유를 설명해주기 때문이다. 여기서 21~22절의 주제가 반복된다. 즉 예수님은 하나님으로부터 생명을 부여하는 권한과 심판을 시행하는 권한을 부여받으셨다. "아들에게도 생명을 주어"라는 말은 하나님이 예수님을 만드셨다는 뜻이 아니라, 하나님께서 예수님에게 다른 사람들의 생명을 줄 수 있는 권한을 부여하셨다는 뜻이다.[61] "인자됨으로 말미암아"라는 표현은 다니엘 7장 13~14절을 상기시키는데, 예수님께서 신성과 인성을 모두 지니신 분임을 시사한다.[62]

3) 미래 종말론(5:28~30)

앞 구절들에서 현재실현된 종말론이 다루어졌다면, 이제는 미래 종말론이 다루어진다. "이를 놀랍게 여기지 말라 무덤 속에 있는 자가 다 그의 음성을 들을 때가 오나니"라는 말씀은 마지막 날에 일어날 일을 의미한다28절. "선한 일을 행한 자는 생명의 부활로, 악한 일을 행한 자는 심판의 부활로 나오리라"라는 말씀은 종말에 모든 사람이 심판대 앞에 설 것을 의미한다29절. 여기서 "선한 일을 행한 자"와 "악한 일을 행한 자"를 선한 행실과 악한 행실의 관점에서 이해하지 말아야 한다. 이 문맥에서 이들은 각각 주님을 믿는 자와 주님을 믿지 않는 자를 가리킨다. 즉 선행은 참된 믿음의 증거 역할을 하고 선행이 없다는 것은 참된 믿음이 없다는 사실을 보여준

61. ESV Study Bible.

62. 참고. J. G. van der Watt, "A New Look at John 5:25-29 in the Light of the Term 'eternal life' in the Gospel According to John," *Neotestamentica* 19 (1985): 71~86.

다.[63] 예수님은 하나님의 뜻에 따라서 공의롭게 심판하실 것이다30절.

(3) 증언과 거부(5:31~47)

31 내가 만일 나를 위하여 증언하면 내 증언은 참되지 아니하되 **32** 나를 위하여 증언하시는 이가 따로 있으니 나를 위하여 증언하시는 그 증언이 참인 줄 아노라 **33** 너희가 요한에게 사람을 보내매 요한이 진리에 대하여 증언하였느니라 **34** 그러나 나는 사람에게서 증언을 취하지 아니하노라 다만 이 말을 하는 것은 너희로 구원을 받게 하려 함이니라 **35** 요한은 켜서 비추이는 등불이라 너희가 한때 그 빛에 즐거이 있기를 원하였거니와 **36** 내게는 요한의 증거보다 더 큰 증거가 있으니 아버지께서 내게 주사 이루게 하시는 역사 곧 내가 하는 그 역사가 아버지께서 나를 보내신 것을 나를 위하여 증언하는 것이요 **37** 또한 나를 보내신 아버지께서 친히 나를 위하여 증언하셨느니라 너희는 아무 때에도 그 음성을 듣지 못하였고 그 형상을 보지 못하였으며 **38** 그 말씀이 너희 속에 거하지 아니하니 이는 그가 보내신 이를 믿지 아니함이라 **39** 너희가 성경에서 영생을 얻는 줄 생각하고 성경을 연구하거니와 이 성경이 곧 내게 대하여 증언하는 것이니라 **40** 그러나 너희가 영생을 얻기 위하여 내게 오기를 원하지 아니하는도다 **41** 나는 사람에게서 영광을 취하지 아니하노라 **42** 다만 하나님을 사랑하는 것이 너희 속에 없음을 알았노라 **43** 나는 내 아버지의 이름으로 왔으매 너희가 영접하지 아니하나 만일 다른 사람이 자기 이름으로 오면 영접하리라 **44** 너희가 서로 영광을 취하고 유일하신 하나님께로부터 오는 영광은 구하지 아니하니 어찌 나를 믿을 수 있느냐 **45** 내가 너희를 아버지께 고발할까 생각하지 말라 너희를 고발하는 이가 있으니 곧 너희가 바라는 자 모세니라 **46** 모세를 믿었더라면 또 나를 믿었으리니 이는 그가 내게 대하여 기록하였음이라 **47** 그러나 그의 글도 믿지 아니하거든 어찌 내 말을 믿겠느냐 하시니라

1) 예수님을 증언한 증인들(5:31~40)

이 단락에서 예수님은 자신을 증언한 네 명의 증인을 소개한다. 요한복음에서 '증인' 혹은 '증언'은 재판 모티프에서 나온 것인데, 이것들은 예수

63. ESV Study Bible.

님의 신적인 정체를 드러내며, 예수님의 무죄와 역사적 실재를 입증한다.[64]

첫째 증인은 하나님이시다31~32절. 하나님은 친히 예수님에 대해서 증언하신다37절. 이 증언은 가장 결정적이며 명확하다. 유대인들이 다른 증언은 거부하더라도 적어도 하나님의 증언만큼은 참되다고 인정해야 한다.

둘째 증인은 세례 요한이다33~35절. 그런데 세례 요한이 예수님에 관하여 증언하지만참고. 1, 3장, 예수님은 사람에게서 증언을 취하지 않는다고 하시는데, 이는 세례 요한의 증언이 일시적이고 제한적이라는 뜻이다. 특히 여기서 시제에 주목해야 한다. 하나님의 증언에는 현재형이 사용되었지만, 세례 요한의 증언에는 완료형메마르튀라겐이 사용되었다.

셋째 증인은 예수님의 행적이적과 말씀이다36절. 36절의 "아버지께서 내게 주사 이루게 하시는 역사 곧 내가 하는 그 역사"는 예수님이 행하신 이적을 가리킨다. 즉 예수님께서 행하신 초자연적인 능력과 예수님이 전하신 놀라운 말씀은 예수님의 신적 정체성을 증언한다.

넷째 증인은 하나님의 말씀성경이다38~39절. 하나님의 증언말씀: 38절은 기록된 성경39절으로 자연스럽게 이어진다. 유대인들은 성경에서 영생을 얻는 줄 생각하고 성경을 읽지만, 사실 그 성경은 예수님에 대해서 증언한다. 그러므로 성경을 읽는 사람들은 거기서 예수님을 발견해야 한다. 그러나 사람들은 영생을 얻기 위하여 예수님에게 오려고 하지 않는다40절.

2) 예수님을 거부한 사람들(5:41~47)

예수님은 "나는 사람에게서 영광을 취하지 아니하노라"라고 하시는데,

---

64. 참고. Urban C. von Wahlde, "The Witnesses to Jesus in 5:31-40 and Belief in the Fourth Gospel," *CBQ* 43 (1981): 385~408.

이 말씀은 언뜻 이해하기가 쉽지 않다41절. 이 말씀을 이해하려면 문맥을 파악해야 한다. 문맥을 고려할 때 예수님은 사람들이 서로 영광을 취하는 인본주의적인 자만과 자기 위로에 반대하여 이렇게 말씀하신다참고. 44절. 즉 사람들이 자신들의 이름을 드러내기를 좋아하고 자신들의 전통을 지키는 일로 만족하는 것을 비판하신다. 더욱이 이 말씀은 예수님께서 사람들이 자신을 믿든지 안 믿든지에 좌우되지 않으신다는 것을 보여준다. 곧 여러 가지 다양한 증언들에도 불구하고 사람들이 예수님을 믿지 않는다는 현실에 예수님은 흔들리지 않으신다는 것이다.

예수님은 사람들의 마음을 정확하게 헤아리신다. 예수님은 사람들 안에 하나님을 사랑하는 것이 없음을 알았다고 하신다42절. 사람들은 예수님이 아버지의 이름으로 오셨으나 영접하지 않았지만, 만일 다른 사람이 자기 이름으로 오면 영접할 것이다43절. 예수님이 아버지의 이름으로 오셨다는 것은 예수님이 아버지의 모든 권위와 능력을 갖추신 것을 의미한다. 예수님은 이렇게 하나님 아버지의 이름으로 오셔서 하나님 아버지의 모든 권위와 능력을 갖추고 계신다. 이에 반해 다른 사람들, 곧 거짓 선지자들과 거짓 메시아들과 온갖 종류의 거짓 교사들은 자기 이름으로 오는데, 사람들은 오히려 그런 사람들을 영접할 것이다.

예수님은 사람들이 서로 영광을 취할 뿐 유일하신 하나님으로부터 오는 영광을 구하지 않으니 어떻게 자신예수님을 믿을 수 있겠느냐고 책망하신다44절. 이것은 사람들이 예수님을 믿지 않는 이유가 그들이 하나님의 인정과 사랑을 구하는 대신에 다른 사람들의 인정과 사랑을 갈망하기 때문이라는 뜻이다.[65] 그들은 사람들에게 보이려고 선을 행하며 사람들이 칭찬

65. ESV Study Bible.

하고 존경하는 것을 기대하고 바란다. 그들은 예수님이 걸어가신 험난한 길을 걸으려고 하지 않는다. 또한 그들은 보이지 않는 가운데 선을 행하며, 모든 선행의 영광을 하나님께 돌리는 일을 좋아하지 않는다.

45~47절은 유대인들에게 매우 의미심장한 말씀이다. "내가 너희를 아버지께 고발할까 생각하지 말라 너희를 고발하는 이가 있으니 곧 너희가 바라는 자 모세니라"라는 말씀은 유대인들이 믿고 따르는 율법이 그들의 잘못을 일깨워줄 것이라는 뜻이다. "모세를 믿었더라면 또 나를 믿었으리니 이는 그가 내게 대하여 기록하였음이라 그러나 그의 글도 믿지 아니하거든 어찌 내 말을 믿겠느냐"라는 말씀은 모세구약성경가 예수님을 증언하고 있다는 뜻으로, 유대인들이 율법을 바로 이해하지 못하기 때문에 예수님을 알아보지 못하고 믿지도 않는다는 뜻이다. 유대인들은 율법을 가장 권위 있는 것으로 믿었고 부지런히 공부했다. 하지만 그들은 율법의 진정한 의미를 알지 못했다. 필시 구약은 예수 그리스도를 가리킨다참고. 눅24:27, 44; 행26:22; 28:23; 고전10:4 등. 그러므로 구약은 그리스도 중심적으로 읽고 이해해야 한다.

(4) 많은 사람을 먹이심(6:1~15)

1 그 후에 예수께서 디베랴의 갈릴리 바다 건너편으로 가시매 2 큰 무리가 따르니 이는 병자들에게 행하시는 표적을 보았음이러라 3 예수께서 산에 오르사 제자들과 함께 거기 앉으시니 4 마침 유대인의 명절인 유월절이 가까운지라 5 예수께서 눈을 들어 큰 무리가 자기에게로 오는 것을 보시고 빌립에게 이르시되 우리가 어디서 떡을 사서 이 사람들을 먹이겠느냐 하시니 6 이렇게 말씀하심은 친히 어떻게 하실지를 아시고 빌립을 시험하고자 하심이라 7 빌립이 대답하되 각 사람으로 조금씩 받게 할지라도 이백 데나리온의 떡이 부족하리이다 8 제자 중 하나 곧 시몬 베드로의 형제 안드레가 예수께 여짜오되 9 여기 한 아이가 있어 보리떡 다섯 개와 물고기 두 마리를 가

지고 있나이다 그러나 그것이 이 많은 사람에게 얼마나 되겠사옵나이까 10 예수께서 이르시되 이 사람들로 앉게 하라 하시니 그 곳에 잔디가 많은지라 사람들이 앉으니 수가 오천 명쯤 되더라 11 예수께서 떡을 가져 축사하신 후에 앉아 있는 자들에게 나눠 주시고 물고기도 그렇게 그들의 원대로 주시니라 12 그들이 배부른 후에 예수께서 제자들에게 이르시되 남은 조각을 거두고 버리는 것이 없게 하라 하시므로 13 이에 거두니 보리떡 다섯 개로 먹고 남은 조각이 열두 바구니에 찼더라 14 그 사람들이 예수께서 행하신 이 표적을 보고 말하되 이는 참으로 세상에 오실 그 선지자라 하더라 15 그러므로 예수께서 그들이 와서 자기를 억지로 붙들어 임금으로 삼으려는 줄 아시고 다시 혼자 산으로 떠나 가시니라

이 이야기가 기록된 목적은 하나님이 광야에서 모세를 통하여 이스라엘 백성을 먹이신 일의 최종 성취가 예수님을 통하여 일어난다는 사실을 알리기 위해서이다. 즉 이제 하나님의 종말론적인 백성들은 예수님을 통하여 영원한 양식을 먹는다는 것이다. 이 기사는 사복음서에 모두 기록되어 있는 유일한 이적 기사이다참고. 마14:13~21; 막6:30~44; 눅9:10~17.[66]

<구조>

6:1~4 예수님이 무리를 만나심(A)

6:5~9 음식이 필요함(B)

66. 요한복음 기사는 공관복음 기사와 조금 다른 관점에서 기술되어 있다. 그 차이는 다음과 같다. ① 유월절에 대한 언급은 이 기사를 유월절 모티프의 관점에서 보아야 함을 뜻한다(4절; 공관복음에는 유월절에 대한 언급이 없음). ② 빌립과 안드레가 역할을 한다(7~8절; 공관복음에는 이들의 이름이 나오지 않음). ③ 한 아이가 보리떡 다섯 개와 물고기 두 마리를 가지고 있다(9절; 공관복음에는 한 아이가 가지고 있다고 말하지 않음). ④ '축사하다'에 해당하는 단어로 '유카리스테오'를 사용한다(11a절; 공관복음은 '율로게오'를 사용함). ⑤ 예수님이 직접 음식을 나누어 주신다(11b절; 공관복음에서는 제자들이 나누어 줌). ⑥ 이적을 '표적'(세메이온)이라고 한다(14a절; 공관복음은 '이적'[듀나미스]이라고 표현함). ⑦ 사람들의 반응이 언급되어 있다(14b~15절; 공관복음에는 사람들의 반응에 대한 언급이 없음).

6:10~11 표적: 음식을 먹이심(C)

6:12~13 음식이 남음(B′)

6:14~15 예수님이 무리를 떠나심(A′)

1) 예수님이 무리를 만나심(6:1~4)

요한복음에서 "그 후에"에 해당하는 헬라어 단어 '메타 타우타'after this는 불특정한 시간의 경과를 가리킨다1절; 참고. 5:1; 21:1. 5장의 사건이 지나고 아마 6개월 이상의 시간이 경과했을 것이다. "갈릴리 바다"는 "디베랴 바다"라고도 불린다. 그런데 신약성경에서 오직 요한복음에만 디베랴 바다테스 달라스세스 테스 티베리아도스라는 명칭이 사용되었다. 디베랴는 헤롯 안티파스Herod Antipas가 로마 황제 티베리우스Tiberius를 기념하기 위하여 주후 17~18년경에 세운 도시의 이름이다. 요한이 이렇게 갈릴리 바다를 디베랴 바다라고 부른 것은 갈릴리 바다에 대해서 잘 모르는 헬라 문화권의 독자들을 위한 것이다.

많은 사람이 예수님께서 병자들에게 행하신 표적을 보고 그분을 따른다2절. 사람들은 예수님이 행하시는 표적을 보고 열광하였다참고. 2:23~25; 3:2. 그렇지만 표적을 보려고 모이는 것은 바른 믿음에 기초한 행동이 아니다. 이러한 믿음은 온전한 믿음이 아니거나 극히 낮은 수준의 믿음이다. 예수님은 이에 대해서 "너희는 표적과 기사를 보지 못하면 도무지 믿지 아니하리라"라고 강하게 비판하신 적이 있다4:48. 그러므로 표적에 의존하는 믿음은 말씀에 의하여 교정을 받아야 한다. 이에 따라서 예수님은 모인 사람들에게 말씀을 가르치려고 하신다.

예수님은 제자들과 함께 산에 올라가신다3절. 예수님이 산에 올라가시는 것은 많은 무리에게 효과적으로 소리를 전달하시기 위하여 지형을 이용하시는 것이다.[67] 따라서 예수님의 행동에서 어떤 상징적인 의미를 찾기는 어렵다참고. 마5:1; 막4:1; 9:35; 눅4:20. 요한은 '유월절'에 관하여 언급한다4절. 이것은 요한복음에 나오는 세 번의 유월절 중 두 번째이다참고. 2:13~21; 11:55. 유월절에 대한 언급은 이적이 가지는 의미를 더욱 분명히 보여준다. 이것은 5~10장을 절기와 관련해서 해석해야 한다는 거시적 관점을 고려할 때 그러하다. 특히 공관복음에는 유월절이라는 시간적 언급이 없는데 반하여참고. 마14:15; 막6:35; 눅9:12, 요한은 어떤 의도를 가지고 일부러 유월절을 말한다.

2) 음식이 필요함(6:5~9)

예수님은 많은 무리가 자신에게로 오는 것을 보시고 빌립에게 "우리가 어디서 떡을 사서 이 사람들을 먹이겠느냐"라고 물으신다5절. 예수님이 이렇게 말씀하신 것은 친히 어떻게 하실지 아시고 빌립을 시험하시기 위해서이다6절. 즉 예수님은 상황을 이용하여 제자를 훈련하시려는 교육적 의도를 가지고 계신 것이다. 이에 대해서 빌립은 "각 사람으로 조금씩 받게 할지라도 이백 데나리온의 떡이 부족하리이다"라고 대답한다7절. 따라서 빌립은 예수님이 질문하신 의도를 이해하지 못한다. 200데나리온은 노동자의 200일 치 급료인데참고. 마20:2, 빌립은 정확한 떡값을 제시하려 한 것이 아니라 많은 돈이 필요하다는 의사를 드러내려 했다.

8~9절에 나오는 안드레의 대답 역시 빌립의 대답과 다르지 않다. 그는 한 아이가 보리 떡 다섯 개와 물고기 두 마리를 가지고 있다는 사실을 말한다. 보리로 만든 음식은 서민들이 먹는 일반적인 음식이었으며, 물고기

67. B. J. Malina & R. L. Rohrbaugh, *Social-Science Commentary on the Gospel of John* (Minneapolis: Fortress Press, 1998), 126.

는 대개 햇볕에 말리거나 소금물에 절인 것이었다. 당시에 이런 음식은 도시락으로 싸서 다니기에 적합했다. 따라서 안드레의 말은 무리 중에서 이 아이처럼 도시락을 가져온 사람이 있으므로 조금씩 나누어 먹는다면 200 데나리온보다는 적은 돈이 필요할 것이라는 뜻이다. 그러므로 빌립과 안드레는 예수님이 초자연적인 능력으로 무리를 먹이실 수 있다는 사실을 깨닫지믿지 못하고 있다.

3) 표적: 음식을 먹이심(6:10~11)

예수님께서 무리에게 먹을 것을 주신다. 요한은 사람들의 수가 "오천 명쯤" 되었다고 말한다10절. 하지만 공관복음의 병행기사에서 마태14:21는 "먹은 사람은 여자와 어린이 외에 오천 명이나 되었더라"라고 하고, 마가6:44는 "떡을 먹은 남자는 오천 명이었더라"라고 하며, 누가9:14는 "남자가 한 오천 명 됨이러라"라고 한다. 공관복음에서의 남자는 당시의 관례에 따라 성인 남자를 가리킨다. 즉 당시에는 여자들과 어린아이들을 숫자에 포함하지 않았다. 그러므로 음식을 먹은 사람은 여자와 아이들을 포함하여 약 20,000명쯤 될 것이다.

요한은 예수님이 사람들에게 음식을 주신 과정을 간략히 기술한다. "예수께서 떡을 가져 축사하신 후에 앉아 있는 자들에게 나눠 주시고 물고기도 그렇게 그들의 원대로 주시니라"11절. 요한은 이적의 과정을 말하지 않는데, 이는 이적의 과정이 중요한 것이 아니기 때문이다. 예수님은 음식을 축사하시고 떼어주시는데, 이것은 유대인들의 식사에서 주인이 일반적으로 하는 행동이다. 그러나 독자들paradigmatic readers은 이 구절을 읽으면서 성만찬을 연상한다. 물론 이 식사는 성만찬이 아니다. 하지만 성만찬 제정을 예상하게 하는 것은 사실이다.

4) 음식이 남음(6:12~13)

사람들은 음식을 풍족히 먹었으며 음식이 너무 많아서 먹고 난 후에 많이 남았다12절. 예수님은 이처럼 풍족히 주시는 분이다. 이는 이미 가나에서 물로 포도주를 변화시키셨을 때 예시되었다참고. 2:1~11. 이렇게 먹을 것을 풍족히 주시는 예수님의 이미지는 출애굽기 16장에 있는 만나 이야기를 연상하게 한다. 곧 하나님께서 광야에서 사람들에게 먹을 것을 넉넉하게 공급하셨듯이 예수님도 광야에서 많은 사람에게 먹을 것을 풍족히 주신다. 요한은 음식을 거두니 "열두 바구니에 찼더라"라고 진술하는데13절, 여기서 '열둘'이라는 숫자는 풍족함을 의미하지만, 또한 열두 제자를 통해서 이루어질 새 언약의 공동체 형성을 암시한다.

5) 예수님이 무리를 떠나심(6:14~15)

이 부분은 요한복음에만 있다. 사람들은 예수님을 신명기에 약속된 "그 선지자"로 여긴다14절; 참고. 신18:15, 18.[68] 그리고 그들은 예수님을 억지로 "임금"으로 삼으려고 한다15절. 이스라엘 사람들이 생각하는 '선지자'와 '임금'이란 강력한 힘을 가진 정치 지도자를 의미한다. 그들은 모세와 같은 지도력을 가진 사람 그리고 다윗과 같은 힘을 가진 사람이 나타나서 자신들을 로마의 압제로부터 구원하고, 그 땅에 새로운 왕국을 건설하여 자신들을 행복하게 해 주기를 기대하고 있었다. 그리고 그들은 예수님이 바로 그 일을 하실 수 있는 적임자라고 생각했다. 그러나 예수님은 이스라엘이라는 나라에 한정된 민족적/정치적/물리적 메시아가 아니셨다. 그래서 예수님은 사람들을 피해서 떠나신다. 예수님은 그러한 사람들의 기대에 응답하

---

68. Burge, 194.

지 않으신다.[69]

(5) 물 위를 걸으심(6:16~21)

16 저물매 제자들이 바다에 내려가서 17 배를 타고 바다를 건너 가버나움으로 가는데 이미 어두웠고 예수는 아직 그들에게 오시지 아니하셨더니 18 큰 바람이 불어 파도가 일어나더라 19 제자들이 노를 저어 십여 리쯤 가다가 예수께서 바다 위로 걸어 배에 가까이 오심을 보고 두려워하거늘 20 이르시되 내니 두려워하지 말라 하신대 21 이에 기뻐서 배로 영접하니 배는 곧 그들이 가려던 땅에 이르렀더라

이 단화는 요한복음에 있는 다섯 번째 표적으로 예수님이 물 위를 걸으신 일에 대한 기록이다. 공관복음에도 예수님이 물 위를 걸으시는 이적이 많은 사람을 먹이시는 이적 뒤에 나온다참고. 마14:22~33; 막6:45~52. 그러나 공관복음의 강조점과 요한복음의 강조점은 다르다.[70] 공관복음은 제자들의 상황제자들의 믿음에 강조점을 두지만, 요한복음은 예수님이 계시지 않음absence과 계심presence의 차이를 강조한다. 요한은 예수님이 안 계실 때 파도가 일고 두려움이 있었으나 예수님이 계실 때 두려움이 사라지고 기쁨과 함께 목적지에 무사히 도착한다는 사실을 말한다.[71]

---

69. Carson은 당시 사람들의 메시아 기대를 다음과 같이 말한다. "in the light of verse 15, where the people try to make Jesus king by force, it is easy to think that, at least in John, the specification of five thousand men is a way of drawing attention to a potential guerrilla force of eager recruits willing and able to serve the right leader." Carson, 270.
70. Brown, 1966, 252.
71. 참고. C. H. Giblin, "The Miraculous Crossing of the Sea (John 6.16-21)," *NTS* 29 (1983): 96~103.

<구조>

6:16~17	제자들이 예수님과 떨어짐(원인)
6:18	바다에 풍랑이 일어남(결과)
6:19~20	예수님이 바다 위를 걸어오심(원인)
6:21	배가 무사히 목적지에 도착함(결과)

1) 원인: 제자들이 예수님과 떨어짐(6:16~17)

날이 저물었을 때 예수님은 제자들을 배에 태워서 가버나움으로 가게 하신다16~17a절. 예수님이 제자들을 보내시는 이유는 제자들을 위한 것이다. 만일 사람들이 예수님을 자기들의 왕으로 삼으려 한다면 제자들이 정치적인 반역자로 몰려서 위험에 처할 수도 있었기에 그들을 다른 지역으로 보내신다. 하지만 제자들은 조만간에 더 큰 어려움을 겪을 것이 암시된다. 곧 독자들은 예수님께서 제자들을 훈련하시려는 의도를 가지고 계신다는 사실을 간파하게 된다. 에피소드의 배경어둠, 바다이 가지는 상징성은 대단히 부정적이다. 어둠은 두려움과 무지를 반영하며, 바다는 혼돈과 죽음을 뜻한다. 무엇보다도 예수님이 그들과 함께 계시지 않는 것은 그들이 가장 두렵고 위험한 상태에 있음을 뜻한다17b절.

2) 결과: 바다에 풍랑이 일어남(6:18)

큰바람이 불어 파도가 일어난다18절. 따라서 배경에서 암시되었던 두려움과 혼돈이 실제로 발생한다. 여기서 제자들이 어려움을 당하는 가장 큰 원인은 예수님의 부재absence이다.

3) 원인: 예수님이 바다 위를 걸어오심(6:19~20)

제자들이 노를 저어 십 여리쯤약 25~30스타디온, 약 5~6㎞ 간다19a절. 갈릴리 바다의 가장 넓은 곳의 너비가 약 12㎞이고, 길이가 약 20㎞인 것을 고려할 때 제자들은 지금 바다 한가운데에 있다고 볼 수 있다.[72] 그들은 예수님이 바다 위로 걸어오시는 것을 보고 두려워한다19b절. 그들은 예수님을 알아보지 못하고 유령이 걸어오는 것으로 생각한다참고. 막6:49. 예수님이 바다 위를 걸으시는 것은 그분의 초자연적인 능력을 보여준다.

그런데 이 기사의 이적 요소를 부정하는 사람들은 [바다] '위'에 해당하는 헬라어 전치사 '에피'를 '위'on가 아니라 '곁'by으로 해석하여 이 문구를 '바닷가'by the sea로 이해한다. 헬라어 전치사 '에피'는 '위'on나 '곁'by으로 모두 번역할 수 있다. 하지만 이는 사건의 정황배가 바다 중간에 있음, 바다 위를 걸어오는 존재를 유령으로 생각함 등과 어울리지 않는다. 게다가 21절에서 땅에 도착한다고 기록할 때도 '땅에'에피 테스 게스에 같은 단어 '에피'가 같은 의미'곁'이 아니라 '위'로 사용되었다. 따라서 이 전치사를 '위'로 이해해야 한다.

두려워하는 제자들을 향해 예수님은 "내니 두려워하지 말라"라고 말씀하신다20절. "내니"에 해당하는 헬라어 단어 '에고 에이미'는 요한복음에서 자주 발견되는 신적인 계시 어구인데참고. 4:26; 8:24, 28, 58; 13:19, 이것은 구약성경70인 역에서 하나님이 자신을 여호와로 나타내실 때 사용하신 것이다참고. 출3:14; 사41:4 등. 그런데 여기서는 보어예. 선한 목자, 빛, 생명 없이 사용되어서 하나님으로서의 예수님의 신적인 정체를 극명하게 드러내는 수단이 된다참고. 서론: '요한복음의 특징'.

---

72. Michaels, 356.

4) 결과: 배가 무사히 목적지에 도착함(6:21)

제자들은 기뻐서 예수님을 배로 영접하고 배는 무사히 목적지에 닿는다21절.[73] 따라서 이 에피소드는 폭풍을 다스리는 것이 하나님만이 하시는 일이기에참고. 시77:19; 107:23~32; 사43:2, 예수님께서 바로 하나님이시라는 메시지를 알려준다.

(6) 생명의 떡이신 예수님(6:22~59)

22 이튿날 바다 건너편에 서 있던 무리가 배 한 척 외에 다른 배가 거기 없는 것과 또 어제 예수께서 제자들과 함께 그 배에 오르지 아니하시고 제자들만 가는 것을 보았더니 **23** (그러나 디베랴에서 배들이 주께서 축사하신 후 여럿이 떡 먹던 그 곳에 가까이 왔더라) **24** 무리가 거기에 예수도 안 계시고 제자들도 없음을 보고 곧 배들을 타고 예수를 찾으러 가버나움으로 가서 **25** 바다 건너편에서 만나 랍비여 언제 여기 오셨나이까 하니 **26** 예수께서 대답하여 이르시되 내가 진실로 진실로 너희에게 이르노니 너희가 나를 찾는 것은 표적을 본 까닭이 아니요 떡을 먹고 배부른 까닭이로다 **27** 썩을 양식을 위하여 일하지 말고 영생하도록 있는 양식을 위하여 하라 이 양식은 인자가 너희에게 주리니 인자는 아버지 하나님께서 인치신 자니라 **28** 그들이 묻되 우리가 어떻게 하여야 하나님의 일을 하오리이까 **29** 예수께서 대답하여 이르시되 하나님께서 보내신 이를 믿는 것이 하나님의 일이니라 하시니 **30** 그들이 묻되 그러면 우리가 보고 당신을 믿도록 행하시는 표적이 무엇이니이까, 하시는 일이 무엇이니이까 **31** 기록된 바 하늘에서 그들에게 떡을 주어 먹게 하였다 함과 같이 우리 조상들은 광야에서 만나를 먹었나이다 **32** 예수께서 이르시되 내가 진실로 진실로 너희에게 이르노니 모세가 너희에게 하늘로부터 떡을 준 것이 아니라 내 아버지께서 너희에게 하늘로부터 참 떡을 주시나니 **33** 하나님의 떡은 하늘에서 내려 세상에 생명을 주는 것이니라 **34** 그들이 이르되 주여 이 떡을 항상 우리에게 주소서 **35** 예수께서 이르시되 나는 생명의 떡이니 내게 오는 자는 결코 주리지 아니할 터이요 나를 믿는 자는 영원히 목마르지 아니하리라 **36** 그러나 내가 너희에게 이르기를 너희는 나를 보고도 믿지 아니하는도다 하였느니라 **37** 아버지께서 내게 주시는 자는 다 내게로 올 것이요 내게 오는 자는 내가 결코 내쫓지 아니하리라 **38** 내가 하늘

73. Michaels, 358.

에서 내려온 것은 내 뜻을 행하려 함이 아니요 나를 보내신 이의 뜻을 행하려 함이니라 39 나를 보내신 이의 뜻은 내게 주신 자 중에 내가 하나도 잃어버리지 아니하고 마지막 날에 다시 살리는 이것이니라 40 내 아버지의 뜻은 아들을 보고 믿는 자마다 영생을 얻는 이것이니 마지막 날에 내가 이를 다시 살리리라 하시니라 41 자기가 하늘에서 내려온 떡이라 하시므로 유대인들이 예수에 대하여 수군거려 42 이르되 이는 요셉의 아들 예수가 아니냐 그 부모를 우리가 아는데 자기가 지금 어찌하여 하늘에서 내려왔다 하느냐 43 예수께서 대답하여 이르시되 너희는 서로 수군거리지 말라 44 나를 보내신 아버지께서 이끌지 아니하시면 아무도 내게 올 수 없으니 오는 그를 내가 마지막 날에 다시 살리리라 45 선지자의 글에 그들이 다 하나님의 가르치심을 받으리라 기록되었은즉 아버지께 듣고 배운 사람마다 내게로 오느니라 46 이는 아버지를 본 자가 있다는 것이 아니니라 오직 하나님에게서 온 자만 아버지를 보았느니라 47 진실로 진실로 너희에게 이르노니 믿는 자는 영생을 가졌나니 48 내가 곧 생명의 떡이니라 49 너희 조상들은 광야에서 만나를 먹었어도 죽었거니와 50 이는 하늘에서 내려오는 떡이니 사람으로 하여금 먹고 죽지 아니하게 하는 것이니라 51 나는 하늘에서 내려온 살아 있는 떡이니 사람이 이 떡을 먹으면 영생하리라 내가 줄 떡은 곧 세상의 생명을 위한 내 살이니라 하시니라 52 그러므로 유대인들이 서로 다투어 이르되 이 사람이 어찌 능히 자기 살을 우리에게 주어 먹게 하겠느냐 53 예수께서 이르시되 내가 진실로 진실로 너희에게 이르노니 인자의 살을 먹지 아니하고 인자의 피를 마시지 아니하면 너희 속에 생명이 없느니라 54 내 살을 먹고 내 피를 마시는 자는 영생을 가졌고 마지막 날에 내가 그를 다시 살리리니 55 내 살은 참된 양식이요 내 피는 참된 음료로다 56 내 살을 먹고 내 피를 마시는 자는 내 안에 거하고 나도 그의 안에 거하나니 57 살아 계신 아버지께서 나를 보내시매 내가 아버지로 말미암아 사는 것 같이 나를 먹는 그 사람도 나로 말미암아 살리라 58 이것은 하늘에서 내려온 떡이니 조상들이 먹고도 죽은 그것과 같지 아니하여 이 떡을 먹는 자는 영원히 살리라 59 이 말씀은 예수께서 가버나움 회당에서 가르치실 때에 하셨느니라

1) 강화의 배경(6:22~26)

이제 앞에서 일어난 표적급식 이적을 소재로 한 예수님의 강화가 이어진다. 이렇게 이적 다음에 논쟁이 있고 그다음에 강화가 이어지는 것은 요한복음의 전형적인 패턴이다참고. 5장: 병자를 고친 사건 → 안식일 논쟁 → 기독론 선언. 사람들은 예수님으로부터 무엇인가를 얻고자 하여 열심히 예수님을 따라다닌

다22~24절.[74] 사람들은 예수님이 배에 타지 않으신 것을 보았기 때문에 바다 건너편에서 예수님을 만나 언제 오셨느냐고 묻는다25절. 이에 예수님은 자신을 좇는 자들에게 그들이 표적을 보고 자신을 좇는 것이 아니라 떡을 먹고 배부르므로 자신을 좇는다고 지적하신다26절. 사람들은 예수님이 행하신 표적을 보고 예수님이 어떤 분인지를 알아야 한다. 그렇지만 표적의 이면적진정한 의미를 알지 못하고 단지 예수님이 베푸시는 이적 자체떡을 먹고 배부름 때문에 예수님을 좇는 것은 온전한 믿음이 아니다.

2) 강화(6:27~59)

예수님은 이제 양식을 소재로 하여 자신이 누구이시며 어떤 일을 하시는지를 드러내신다. 이처럼 당시의 청중들과 모든 세대의 모든 독자는 예수님의 강화를 통하여 예수님이 진정 어떤 분이신지를 알게 된다. 그런데 이 강화는 다음과 같은 독특한 구조적 배열로 되어 있는데, 이는 매우 효과적인 메시지 전달의 수단이 된다.

<구조>

6:27~40 예수님은 생명의 떡을 주신다.
  6:41~42 유대인들의 생각: 당신은 요셉의 아들이다.
  6:43~46 예수님의 선언: 나는 하나님의 아들이다.
6:47~51 예수님은 생명의 떡을 주신다.
  → 6:52~59 예수님은 자신을 희생하심으로써 사람들에게 생명의 떡을 주신다.

74. 한글성경 개역개정은 사본학적인 문제점 때문에 23절을 괄호로 처리했다.

예수님은 명제적 문구로 강화를 시작하신다. "썩을 양식을 위하여 일하지 말고 영생하도록 있는 양식을 위하여 하라 이 양식은 인자가 너희에게 주리니 인자는 아버지 하나님께서 인치신 자니라"27절. "썩을 양식"이란 육신을 배부르게 하는 양식으로서 곧 없어지며 먹고 나면 얼마 후에 다시 배가 고프다. "영생하도록 있는 양식"이란 예수 그리스도가 주시는 양식인데, 양식을 먹고 마시는 자는 영원히 배고프지 않을 것이며 목마르지 않을 것이다. "인자는 아버지 하나님께서 인치신 자니라"라는 표현은 예수님을 하나님께서 인증하셨다는 뜻이다.

예수님께서 "영생하도록 있는 양식을 위하여 (일)하라"고 말씀하시자 제자들은 예수님의 말씀을 이해하지 못하여 "우리가 어떻게 하여야 하나님의 일을 하오리이까"라고 묻는다28절. 이에 예수님은 하나님께서 보내신 이, 곧 자신을 믿는 것이 하나님의 일이라고 말씀하신다29절. 제자들은 "일"을 복수 형태인 '에르가'일들로 물었으나, 예수님은 단수 형태인 '에르곤'일으로 대답하시는데, 이는 예수님을 믿는 것이 하나님의 유일한 일이라는 사실을 강조하시려는 의도를 가진다. 곧 오직 예수님을 믿음으로 영생을 얻는다는 사실을 드러내신다.

하지만 제자들은 예수님의 말씀을 이해하지 못한다. 그래서 예수님의 말씀을 믿을 수 있도록 표적을 보여달라고 요구한다30절. 즉 그들의 조상들이 광야에서 만나를 먹었던 일과 같은 놀라운 이적을 요청한다31절. 이에 예수님은 가르침을 주신다32~35절. 가르침의 요지는 간명하다. 곧 이스라엘 백성들이 광야에서 만나를 먹고참고. 출16장, 반석에서 나오는 물을 마심으로 생명을 얻었듯이참고. 민20:9~13, 이제 온 인류는 예수님이 주시는 영생의 떡을 먹고 영원한 생명을 가지며, 또한 영원한 물을 마시고 영원한 만족을 얻는다는 것이다.

그런데 예수님은 청중들을 책망하시기를, "너희는 나를 보고도 믿지 아니하는도다"라고 하신다36절. 이것은 예수님이 청중들의 영적인 상태를 알고 계심을 보여준다. 예수님은 이어서 "아버지께서 내게 주시는 자는 다 내게로 올 것이요 내게 오는 자는 내가 결코 내쫓지 아니하리라"라고 말씀하신다37절. 이 말씀은 예수님께 오는 자들을 모두 받아주시며 절대 버리지 않으시겠다는 의미이다. 예수님은 자신이 하늘에서 내려오신 목적을 밝히시는데, 곧 자기 뜻을 행하려 함이 아니라 자신을 보내신 하나님의 뜻을 행하려 함이라고 하신다38절. 그리고 예수님을 보내신 하나님의 뜻은 예수님께 주신 자 중에 하나도 잃어버리지 않고 마지막 날에 다시 살리는 것이라고 말씀하신다39~40절.

예수님이 자신을 "하늘에서 내려온 떡"이라고 말씀하시자, 유대인들은 예수님에 관하여 수군거리면서 "이는 요셉의 아들 예수가 아니냐 그 부모를 우리가 아는데 자기가 지금 어찌하여 하늘에서 내려왔다 하느냐"라고 말한다41~42절. 이에 예수님은 그들을 향하여 서로 수군거리지 말라고 하시면서, "나를 보내신 아버지께서 이끌지 아니하시면 아무도 내게 올 수 없으니 오는 그를 내가 마지막 날에 다시 살리리라"라고 하심으로 자신을 하나님의 아들로 소개하시고, 하나님께서 자신에게 사람을 살리는 권한을 주셨음을 언급하시며, 하나님에게서 온 자신만이 아버지를 보았다고 말씀하신다43~46절; 참고. 1:18.

예수님은 이어서 자신을 생명의 떡이라고 선언하시면서 유대인들의 조상들은 광야에서 만나를 먹었어도 죽었지만 자신이 주는 생명의 떡을 먹는 사람은 죽지 않고 영생하는데 자신이 줄 떡은 자신의 "살"이라고 말씀하신다47~51절. 그런데 예수님께서 자신을 떡이라고 소개하시면서 동시에 자신이 떡을 주신다고 말씀하시는 것은 1장 1절에 언급된 '로고스' 개념과 연관된다. 요한복음의 로고스 용례에 의하면, 예수님의 말씀과 인격은 동일시된다. 즉 요한복음에서는 예수님이 하신 말씀과 사역이 곧 그분의 인격이 된다. 따라서 예수님은 사람들에게 양식을 주시지만 자신이 곧 양식이시다. 더욱이 여기서 예수님은 자신이 줄 양식이 자신의 살이라고 하심으로써 자신이 십자가에서 죽임을 당함으로 사람들이 영생을 얻을 수 있다는 사실을 암시하신다.[75]

그러나 유대인들은 예수님의 말씀을 이해하지 못하여 서로 다투면서 "이 사람이 어찌 능히 자기 살을 우리에게 주어 먹게 하겠느냐"라고 한다 52절. 이는 요한복음의 오해 모티프이다. 곧 이들의 오해를 수단으로 삼아 예수님은 더욱 깊은 가르침을 주신다. 예수님은 "진실로 진실로"라는 '이중 아멘 형식구'double amen formula를 사용하셔서 중요한 교훈을 알려주신다 53a절. 예수님은 자신의 살을 먹고 자신의 피를 마셔야 영원한 생명을 얻는다고 말씀하신다53b~58절. 그리고 요한은 이 말씀을 예수님이 가버나움 회당에서 가르치실 때 하셨다고 언급함으로써 말씀의 권위와 역사적 신빙성을 드러낸다59절.

예수님이 주실 생명의 떡은 예수님의 살이고 예수님이 주실 물은 예수님의 피다. 그리고 우리가 예수님의 살을 먹고 예수님의 피를 마시는 것은 예수님의 희생을 통해서 가능하다. 오래전에 광야에서 이스라엘 백성들은 만나를 먹으면서 불평했다참고. 출15:24; 16:2, 7, 12; 민11:1; 시105:24~25. 그러나 이제 그리스도인들은 예수님이 주시는 영원한 양식을 먹으면서 불평하지 말아야 한다참고. 41~43절. 그들은 그리스도의 희생을 통한 구원 앞에서 한없이 감사해야 한다. 광야에서 주어진 만나는 제한적이고 일시적이었지만, 그리스

---

75. Burge, 201.

도께서 주시는 영원한 양식은 무한하며 궁극적이다.

(7) 사람들의 반응(6:60~71)

60 제자 중 여럿이 듣고 말하되 이 말씀은 어렵도다 누가 들을 수 있느냐 한대 **61** 예수께서 스스로 제자들이 이 말씀에 대하여 수군거리는 줄 아시고 이르시되 이 말이 너희에게 걸림이 되느냐 **62** 그러면 너희는 인자가 이전에 있던 곳으로 올라가는 것을 본다면 어떻게 하겠느냐 **63** 살리는 것은 영이니 육은 무익하니라 내가 너희에게 이른 말은 영이요 생명이라 **64** 그러나 너희 중에 믿지 아니하는 자들이 있느니라 하시니 이는 예수께서 믿지 아니하는 자들이 누구며 자기를 팔 자가 누구인지 처음부터 아심이러라 **65** 또 이르시되 그러므로 전에 너희에게 말하기를 내 아버지께서 오게 하여 주지 아니하시면 누구든지 내게 올 수 없다 하였노라 하시니라 **66** 그 때부터 그의 제자 중에서 많은 사람이 떠나가고 다시 그와 함께 다니지 아니하더라 **67** 예수께서 열두 제자에게 이르시되 너희도 가려느냐 **68** 시몬 베드로가 대답하되 주여 영생의 말씀이 주께 있사오니 우리가 누구에게로 가오리이까 **69** 우리가 주는 하나님의 거룩하신 자이신 줄 믿고 알았사옵나이다 **70** 예수께서 대답하시되 내가 너희 열둘을 택하지 아니하였느냐 그러나 너희 중의 한 사람은 마귀니라 하시니 **71** 이 말씀은 가룟 시몬의 아들 유다를 가리키심이라 그는 열둘 중의 하나로 예수를 팔 자러라

1) 사람들의 무지와 오해(6:60~65)

예수님의 제자들은 예수님의 말씀을 듣고 어려워한다60절. 구체적으로 예수님의 말씀에 대한 사람들의 반응은 수군거림61절; 참고. 41, 43절, 불신앙64절, 거부66절, 믿음을 고백함68~69절, 배신64, 71절 등이다. 이처럼 사람들은 예수님의 말씀을 이해하지 못한다참고. 41, 52, 66절. 그리하여 예수님은 그들에게 다시 자세하게 말씀하신다61절. 여기서 다시금 사람들의 오해는 독자들에게 예수님의 말씀을 더욱 상세하게 알려 주는 역할을 한다.[76] "인자가 이

76. Michaels, 406.

전에 있던 곳으로 올라가는 것"이란 예수님의 부활과 승천을 의미한다62절. 예수님은 자신의 부활과 승천이 자신의 말씀을 입증할 것임을 시사하신다. 게다가 예수님의 승천 이후 보혜사가 오시면 예수님의 말씀의 의미를 깨달을 수 있다참고. 14:26.

예수님은 이렇게 말씀하신다. "살리는 것은 영이니 육은 무익하니라 내가 너희에게 이른 말은 영이요 생명이라"63절. "살리는 것은 영이니 육은 무익하니라"라는 표현은 성령을 통한 중생을 의미한다. 인간적인 육은 중생을 가능하게 하지 못한다. "내가 너희에게 이른 말은 영이요 생명이라"라는 표현은 예수님이 하시는 말씀을 사용하여 성령께서 역사하신다는 뜻이다. 즉 성령께서는 예수님의 말씀을 매개체로 사용하셔서 중생의 역사가 있게 하신다는 것이다. 그러므로 사람이 영생을 얻기 위해서는 반드시 예수님의 말씀과 성령의 역사가 같이 있어야 한다.

그러나 예수님은 무리 중에 믿지 않는 자들이 있다고 지적하신다64a절. 이것은 예수님의 전지성을 드러낸다. 어둠에 속한 세상은 근본적으로 예수님을 거부한다. 그리하여 사람들은 예수님을 믿지 않는다. 예수님은 심지어 자신을 배신할 자가 누구인지 처음부터 알고 계신다64b절. 예수님은 또 말씀하시기를 "내 아버지께서 오게 하여 주지 아니하시면 누구든지 내게 올 수 없다 하였노라"라고 하신다65절. 이 말씀은 예수님께 오는 것이 오직 하나님의 은혜이며 하나님께서 역사하신 결과라는 뜻이다. 따라서 예수님의 행적과 사역, 특히 십자가에서의 죽음은 철저히 예정된 것이며 결코 우발적으로 일어난 일이 아니었다.

2) 사람들의 떠남(6:66~71)

자신이 죽으심으로 사람들이 생명을 얻게 될 것이라는 예수님의 말씀에 사람들은 부정적으로 반응한다. 요한은 이에 대해서 다음과 같이 말한다. "그때부터 그의 제자 중에서 많은 사람이 떠나가고 다시 그와 함께 다니지 아니하더라"66절. 그들은 예수님의 말씀을 이해하지 못했을 뿐만 아니라 오히려 예수님을 따르는 것이 자신들에게 유익이 되지 않는다고 생각했기에 예수님을 떠났다. 이는 그들이 처음부터 믿음을 가지고 예수님을 따른 것이 아니라 예수님이 무엇인가를 그들에게 주실 것으로 생각하고 따랐기 때문이다. 그들은 정치적/물리적 메시아관을 가지고서 예수님으로부터 치유나 음식이나 지위 같은 것들을 얻기를 기대했다.

이에 예수님은 열두 제자에게 "너희도 가려느냐"라고 물으신다67절. 예수님은 사람들이 떠나갈 때 열두 제자들에게 물으심으로써 그들의 신앙을 시험하신다.[77] 그러자 베드로가 제자들을 대표하여 대답한다. 복음서에서 베드로는 열두 제자들의 대변인이다. 그는 "주여 영생의 말씀이 주께 있사오니 우리가 누구에게로 가오리이까"라고 말한다68절. 그리고 이어서 "우리가 주는 하나님의 거룩하신 자이신 줄 믿고 알았사옵나이다"라고 말한다69절. 비록 베드로에게 아직 온전한 믿음이 있다고 생각되지는 않지만 그럼에도 불구하고 그는 정확하게 대답한다. 이러한 올바른 대답을 통하여 독자들은 예수님 외에 다른 방법으로 영생을 얻을 수 없으며, 예수님이 하나님의 거룩하신 분임을 믿고 알아야 한다는 사실을 상기하게 된다.[78]

예수님은 자신이 열두 제자들을 택했다고 하시면서, 그렇지만 그들 중에 한 사람은 "마귀"라고 말씀하신다70절. 그러므로 예수님의 말씀은 선택과 배신이라는 두 가지 주제를 동시에 담고 있다. 여기서 예수님이 자신을

77. 요한복음은 이곳에서 처음으로 '열두 제자'에 관하여 언급한다(참고. 6:70, 71; 20:24).

78. 참고. W. R. Domeris, "The Confession of Peter according to John 6:69," *TynB* 44 (1993): 155~67.

배반할 자에 관하여 미리 말씀하시는 것은 그가 돌이킬 기회를 주시기 위해서이다. 요한복음에서 가룟 유다는 돌이킬 기회를 여러 번 얻지만 끝내 돌이키지 않는다. 예수님이 자신을 배신할 자를 "마귀"라고 하신 것은 인상적이다참고. 요한복음에서 마귀에 대한 언급: 6:70; 8:44; 13:2. 이는 예수님을 파는 행동이 마귀의 일임을 의미한다. 요한은 예수님의 말씀이 "가룟 시몬의 아들 유다"를 가리키는 것이라고 설명하면서 "그는 열둘 중의 하나로 예수를 팔 자"라고 알려준다71절. 이렇게 이 시점에서 요한이 가룟 유다를 말하는 것은 이 복음서가 기록된 시점회고적 시점 때문이다. "가룟"은 '그리욧'Kerioth을 가리키는 것으로 보인다. 구약에 따르면, 이 지역은 남부 유대 땅에 있다참고. 수15:25; 렘48:24. 만약 이 해석이 옳다면, 유다는 열두 제자 중에서 유일하게 비非갈릴리 출신이다. 공관복음의 증언에 따르면, 일찍이 유다는 하나님 나라 사역에 동참하여 병을 고치고 귀신을 쫓아내는 일을 했다참고. 마10:1; 눅9:1. 그러나 겉으로 드러난 모습과 달리, 그는 탐욕의 사람이요 마귀의 사람이었다.[79]

(8) 하나님의 프로그램대로 움직이시는 예수님(7:1~24)

1 그 후에 예수께서 갈릴리에서 다니시고 유대에서 다니려 아니하심은 유대인들이 죽이려 함이러라 2 유대인의 명절인 초막절이 가까운지라 3 그 형제들이 예수께 이르되 당신이 행하는 일을 제자들도 보게 여기를 떠나 유대로 가소서 4 스스로 나타나기를 구하면서 묻혀서 일하는 사람이 없나니 이 일을 행하려 하거든 자신을 세상에 나타내소서 하니 5 이는 그 형제들까지도 예수를 믿지 아니함이러라 6 예수께서 이르시되 내 때는 아직 이르지 아니하였거니와 너희 때는 늘 준비되어 있느니라 7 세상이 너희를 미워하지 아니하되 나를 미워하나니 이는 내가 세상의 일들을 악하다

79. 권해생, 254.

고 증언함이라 8 너희는 명절에 올라가라 내 때가 아직 차지 못하였으니 나는 이 명절에 아직 올라가지 아니하노라 9 이 말씀을 하시고 갈릴리에 머물러 계시니라 10 그 형제들이 명절에 올라간 후에 자기도 올라가시되 나타내지 않고 은밀히 가시니라 11 명절중에 유대인들이 예수를 찾으면서 그가 어디 있느냐 하고 12 예수에 대하여 무리 중에서 수군거림이 많아 어떤 사람은 좋은 사람이라 하며 어떤 사람은 아니라 무리를 미혹한다 하나 13 그러나 유대인들을 두려워하므로 드러나게 그에 대하여 말하는 자가 없더라 14 이미 명절의 중간이 되어 예수께서 성전에 올라가사 가르치시니 15 유대인들이 놀랍게 여겨 이르되 이 사람은 배우지 아니하였거늘 어떻게 글을 아느냐 하니 16 예수께서 대답하여 이르시되 내 교훈은 내 것이 아니요 나를 보내신 이의 것이니라 17 사람이 하나님의 뜻을 행하려 하면 이 교훈이 하나님께로부터 왔는지 내가 스스로 말함인지 알리라 18 스스로 말하는 자는 자기 영광만 구하되 보내신 이의 영광을 구하는 자는 참되니 그 속에 불의가 없느니라 19 모세가 너희에게 율법을 주지 아니하였느냐 너희 중에 율법을 지키는 자가 없도다 너희가 어찌하여 나를 죽이려 하느냐 20 무리가 대답하되 당신은 귀신이 들렸도다 누가 당신을 죽이려 하나이까 21 예수께서 대답하여 이르시되 내가 한 가지 일을 행하매 너희가 다 이로 말미암아 이상히 여기는도다 22 모세가 너희에게 할례를 행했으니 (그러나 할례는 모세에게서 난 것이 아니요 조상들에게서 난 것이라) 그러므로 너희가 안식일에도 사람에게 할례를 행하느니라 23 모세의 율법을 범하지 아니하려고 사람이 안식일에도 할례를 받는 일이 있거든 내가 안식일에 사람의 전신을 건전하게 한 것으로 너희가 내게 노여워하느냐 24 외모로 판단하지 말고 공의롭게 판단하라 하시니라

1) 예수님의 형제들의 불신앙(7:1~5)

1절의 "그 후에"에 해당하는 헬라어 단어 '메타 타우타'after this는 요한이 종종 불특정한 시간의 변화를 말하면서 단원을 바꿀 때 사용하는 표현이다참고. 2:12; 3:22; 5:1; 6:1. 예수님은 유대인들의 박해를 피하여 갈릴리에 머무신다. 요한복음에는 지역에 대한 상징성이 비교적 분명하다. 요한복음에서 갈릴리는 우호적인 곳이고, 유대는 적대적인 곳이다. 요한은 유대인들의 명절인 초막절이 가까웠다고 말한다2절. 이러한 언급은 본문을 초막절 문

맥context에서 보아야 한다는 사실을 시사한다.[80] 6장은 유월절3~4월에 일어난 일이고 7장은 초막절9~10월에 일어난 일이기 때문에, 6장과 7장 사이에는 약 6개월의 시간 간격이 있다. 하지만 6장에서 시작된 출애굽 모티프가 여기에 계속된다.

한편, 유대의 3대 절기는 다음과 같다.

① 유월절=무교절: 아빕월히브리어, 아람어로는 니산월로 바벨론 포로기 이후 사용됨 14일 해가 진후부터 다음날 저녁즉, 15일까지가 유월절이고, 15일부터 21일까지가 무교절이다. 그러나 무교절 기간을 유월절이라고도 한다.
② 오순절: 유월절 이후 '순', 즉 10일이 다섯 번 지난 후라고 하여 오순절이라고 한다. 이 절기는 칠칠절, 초실절, 맥추절이라고도 불린다. 즉 유월절 이후 일주일이 일곱 번 지난 후라고 하여 칠칠절이라고 한다. 또한 그때 첫 열매를 거둔다고 하여 초실절이라고 한다. 그리고 그때 보리를 추수한다고 하여 맥추절이라고 한다.
③ 초막절장막절: 초막절Tabernacles은 오늘날의 9~10월유대력 제7월 15일에 거행된다참고. 레23:34. 초막절은 속죄일이 지난 후 5일 만에 시작되었고 그로부터 8일간 계속되었다참고. 레23:33, 36; 신16:13~17. 이 절기는 곡식을 추수하여 저장하는 시기라 하여 수장절이라고도 한다.

당시 유대인 성인 남자들은 초막절에 유대 예루살렘으로 순례 여행을 떠났다참고. 2:13; 5:1. 이 때문에 예수님의 형제들은 예수님께 예루살렘에 가

80. 참고. W. MacRae George, "The Meaning and Evolution of the Feast of Tabernacles," *CBQ* 22 (1960): 251~76.

서 이적을 행하고 정치적 메시아가 되어 존경을 받으라고 제안한다3~4절. 하지만 이것은 조롱하는 말투이다. 예수님의 형제들은 다른 사람들과 마찬가지로 예수님이 어떤 메시아인지 모르기 때문에 이렇게 말한다참고. 6:30. 한편, 복음서에 나오는 예수님의 형제들은 야고보, 요셉, 유다, 시몬이다참고. 막6:3. 로마 천주교 신학자들은 이들을 요셉이 다른 부인마리아 이전의 전처에게서 난 아들들이거나 예수님의 사촌 형제들이라고 주장하지만, 이들에 대한 가장 자연스러운 해석은 마리아의 아들들, 즉 예수님의 친동생들로 보는 것이다.

요한은 예수님의 형제들이 이렇게 말한 이유를 언급한다. "이는 그 형제들까지도 예수를 믿지 아니함이러라"5절. 이 말은 예수님의 형제들이 예수님의 정체를 몰랐다는 뜻이다. 어떤 면에서 이것은 믿음이 성령의 역사인 것을 가르쳐준다. 즉 인간적인 노력이나 인지가 믿음으로 이어지지 않는다는 사실을 보여준다. 그런데 다른 면에서 이들의 불신앙적 모습은 예수님의 인성이 매우 실제적이고 참되며, 예수님이 지상 사역을 시작하시기 전에 예수님의 신성이 너무나 잘 감추어져서 예수님과 거의 30년 동안 같은 집에서 살았던 사람들조차 예수님이 누구신지 몰랐다는 사실을 알려준다.[81] 아무튼 예수님과 같이 자란 형제들이 그분의 진정한 정체를 알지 못하고 그분을 믿지 못하는 것은 대단히 아이러니하다.

2) 예루살렘으로 올라가시지 않는 예수님(7:6~9)

예수님의 형제들의 불신앙적인 제안에 대해서 예수님은 "내 때는 아직 이르지 아니하였거니와 너희 때는 늘 준비되어 있느니라"라고 말씀하신다

81. ESV Study Bible.

6절. 예수님은 "내 때"예수님의 때와 "너희 때"사람들의 때를 구분하신다. 예수님의 때는 하나님이 정하신 때이나 사람들의 때는 그들이 마음대로 정한 때이다. 예수님은 하나님의 프로그램대로 움직이시지만, 형제들은 자신들의 프로그램대로 움직인다. 즉 예수님의 행적과 사역은 철저히 하나님의 뜻에 근거한다. 예수님은 아직 예루살렘으로 올라가서 사람들 앞에 나설 때가 아니기에 이렇게 말씀하신다.

예수님은 세상이 예수님의 형제들을 미워하지 않는 이유를 그들이 세상에 속해 있기 때문이라고 하시고, 반대로 세상이 자신을 미워하는 이유를 자신이 세상의 일을 악하다고 증언하기 때문이라고 하신다7절; 참고. 15:18~25. 예수님은 세상의 죄를 드러내시고 정죄하신다. 이로 인하여 세상은 예수님을 미워한다. 그런데 지금 예수님은 형제들에게 말씀하시고 있지만, 제자들독자들에게도 어떤 교훈을 주시려는 의도를 가지고 있다. 예수님은 동생들에게 명절에 예루살렘으로 올라가라고 하시면서 자신은 아직 때가 차지 않았기 때문에 이번 명절에 예루살렘에 올라가지 않겠다고 하신다8절. 그리고 예수님은 이 말씀을 하신 후에 갈릴리에 머물러 계신다9절.

3) 예루살렘으로 올라가시는 예수님(7:10~13)

예수님은 형제들이 명절에 예루살렘에 올라간 후에 자신도 예루살렘에 올라가시되 나타내지 않고 은밀히 가신다10절. 예수님은 조금 전에 자신의 형제들에게 예루살렘에 올라가지 않겠다고 말씀하셨는데, 왜 얼마 지나지 않아서 예루살렘에 올라가시는 것인가? 그것은 예수님이 사람들의 요청과 뜻에 따라 움직이시는 분이 아니라 하나님의 명령과 프로그램에 따라 움직이시는 분이라는 사실을 가르쳐주기 위해서이다. 요한복음에는 이러한 예수님의 속성을 나타내는 패턴이 자주 나온다참고. 2:1~11; 4:43~53; 11:5~15.

유대인들은 예수님이 예루살렘에 계실 것으로 생각하여 예수님을 찾아 다닌다11절. 그들의 목적은 예수님을 찾아서 죽이려는 것이다. 그런데 예수님에 대한 사람들의 반응이 다양하다. 어떤 사람들은 예수님에 대해서 긍정적인 반응을 보이지만, 다른 사람들은 그분에 대해서 부정적인 반응을 보인다12절; 참고. 7:25, 31, 40~44. 그러나 그들은 유대인들을 두려워하여 드러나게 말하지 못한다13절; 참고. 9:22. 여기서 유대인들이란 유대의 종교지도자들인 바리새인들과 사두개인들을 가리킨다. 유대의 종교지도자들은 예수님이 자신들의 지위와 체계를 흔든다고 생각하여 예수님을 극도로 시기하고 미워한다.

4) 하나님으로부터 교훈을 받으시는 예수님(7:14~24)

명절의 중간이 되었다14a절. 당시에 유대인들의 초막절은 8일간 계속되었다. 따라서 지금은 초막절이 시작된 지 4일째쯤일 것이다. 일반적으로 이때 사람들이 가장 많이 몰린다. 예수님은 성전에 올라가셔서 가르치신다14b절. 유대인들은 예수님이 정식으로 배우지 않았음에도 불구하고 율법을 가르치시는 것을 보면서 놀란다15절.[82] 이에 예수님은 자신의 교훈이 자신의 것이 아니라 자신을 보내신 분의 것이라고 말씀하신다16절. 이는 예수님의 가르침과 권위가 하나님에게서 비롯되었다는 뜻이다참고. 7:16; 8:28; 마 5:28~29.[83]

예수님은 사람이 하나님의 뜻을 행하려 하면 이 교훈이 하나님으로부

---

82. 유대인들의 교육기관은 다음과 같다. ① 베트 하세페르(Beth Hassepher): '책의 집', 남자 초등교육기관. ② 베트 탈무드(Beth Talmud): '연구의 집', 중고등학교 과정. ③ 베트 하미드라쉬(Beth Hammidrash): '설명의 집', 중고등학교 과정.

83. ESV Study Bible.

터 왔는지 그렇지 않은지를 알 수 있다고 말씀하신다17절. 실로 사람이 하나님의 말씀에 순종하려는 의지를 갖추고 있으면, 예수님의 말씀의 기원과 속성을 온전히 파악할 수 있다. 그러나 그들에게는 그럴 생각이 없었다. 당시에 유대인들은 율법을 받았으나 지키지 않았기에 율법의 진정한 의미는 물론이고, 그것이 가리키는 메시아를 알아보지 못했다. 그래서 그들은 예수님을 죽이려고 했다. 즉 그들은 불신앙과 무지 때문에 메시아를 알아보지 못하고, 오히려 죽이려 한 것이다참고. 5:19~30.

예수님은 계속해서 유대인들을 질책하시면서, 스스로 말하는 자는 자기 영광만 구하지만 보내신 이의 영광을 구하는 자는 참되니 그 속에 불의가 없다고 하신다18절. 이는 하나님의 보냄을 받은 사람이 하나님의 영광을 구한다는 뜻으로, 예수님이 하나님의 영광을 구하시므로 하나님께로부터 오신 분이라는 의미이다. 또한 예수님은 유대인들이 율법을 받았다고 하면서도 율법을 지키지 않는 것을 지적하시면서 왜 자신을 죽이려 하느냐고 나무라신다19절. 이에 무리는 "당신은 귀신이 들렸도다 누가 당신을 죽이려 하나이까"라고 반박한다20절; 참고. 8:48; 10:20; 마12:24. 이로써 그들은 예수님의 신성을 심각하게 모독한다. 이전에 그들은 세례 요한도 귀신들렸다고 말한 적이 있다참고. 마11:18.[84]

예수님은 유대인들의 모순을 다시 지적하신다. 예수님이 "한 가지 일"을 행하셨을 때 그들은 다 예수님을 이상하게 여겼다21절. 예수님이 행하신 "한 가지 일"이란 아마도 안식일에 예수님이 38년 된 병자를 고치신 일

84. 요한복음에서 유대인들은 예수님을 향하여 다음과 같이 비난한다. 안식일을 어김(5:16, 18; 9:16), 신성을 모독함(5:18; 8:59; 10:31, 33, 39; 19:7), 사람들을 미혹함(7:12, 47), 사마리아 사람(8:48), 미친 자(10:20), 범죄자(18:30) 등.

일 것이다참고. 5:1~15.[85] 그런데 유대인들은 아이가 태어난 지 8일째 되는 날 할례를 행하는데참고. 레12:3, 안식일이 되어도 아이가 태어난 지 8일째가 되면 할례를 행했다22절. 따라서 유대인들이 모세의 율법을 범하지 아니하려고 사람이 안식일에도 할례를 받는 일이 있는데, 하물며 예수님이 안식일에 사람의 전신을 건전하게 한 것으로 그들이 예수님께 노여워하는 것은 이치에 맞지 않다23절. 즉 예수님께서 안식일에 사람을 살리시는 것은 생명을 주는 율법의 목적에 맞지만, 유대인들이 안식일에도 할례를 행하는 것은 자기들의 전통을 스스로 파괴하는 셈이 된다. 이에 예수님은 그들에게 "외모로 판단하지 말고 공의롭게 판단하라"라고 말씀하시는데, 이것은 안식일을 피상적으로 이해하지 말고 그것의 진정한 의미를 깨달으라는 뜻이다24절.

(9) 그리스도이신 예수님(7:25~36)

25 예루살렘 사람 중에서 어떤 사람이 말하되 이는 그들이 죽이고자 하는 그 사람이 아니냐 **26** 보라 드러나게 말하되 그들이 아무 말도 아니하는도다 당국자들은 이 사람을 참으로 그리스도인 줄 알았는가 **27** 그러나 우리는 이 사람이 어디서 왔는지 아노라 그리스도께서 오실 때에는 어디서 오시는지 아는 자가 없으리라 하는지라 **28** 예수께서 성전에서 가르치시며 외쳐 이르시되 너희가 나를 알고 내가 어디서 온 것도 알거니와 내가 스스로 온 것이 아니니라 나를 보내신 이는 참되시니 너희는 그를 알지 못하나 **29** 나는 아노니 이는 내가 그에게서 났고 그가 나를 보내셨음이라 하시니 **30** 그들이 예수를 잡고자 하나 손을 대는 자가 없으니 이는 그의 때가 아직 이르지 아니하였음이러라 **31** 무리 중의 많은 사람이 예수를 믿고 말하되 그리스도께서 오실지라도 그 행하실 표적이 이 사람이 행한 것보다 더 많으랴 하니 **32** 예수에 대하여 무리가 수군거리는 것이 바리새인들에게 들린지라 대제사장들과 바리새인들이 그를 잡으려고 아랫사람들을 보내니 **33** 예수께서 이

---

85. ESV Study Bible.

르시되 내가 너희와 함께 조금 더 있다가 나를 보내신 이에게로 돌아가겠노라 34 너희가 나를 찾아도 만나지 못할 터이요 나 있는 곳에 오지도 못하리라 하시니 35 이에 유대인들이 서로 묻되 이 사람이 어디로 가기에 우리가 그를 만나지 못하리요 헬라인 중에 흩어져 사는 자들에게로 가서 헬라인을 가르칠 터인가 36 나를 찾아도 만나지 못할 터이요 나 있는 곳에 오지도 못하리라 한 이 말이 무슨 말이냐 하니라

1) 예수님에 대한 오해(7:25~27)

예루살렘 사람 중에서 어떤 사람들이 "이는 그들이 죽이고자 하는 그 사람이 아니냐"라고 말한다25절. 이것은 유대의 종교지도자들이 예수님을 미워하여 죽이려고 한다는 사실을 많은 사람이 알고 있음을 반영한다. 그렇지만 예수님은 은밀하게 말씀하지 않으시고 드러나게 말씀하신다26절. 이는 유대 종교지도자들을 두려워하여 드러나게 믿지 못하고 말하지 못하는 자들의 모습과 대조된다참고. 7:3~5. 일부 유대인들은 메시아가 아무도 모르게 갑자기 등장한다고 믿었다27절. 이것은 그들의 잘못된 지식에 기반을 두지만, 어쨌든 예수님의 출신지를 알고 있는 유대인들로서는 예수님을 메시아라고 믿을 수 없었다참고. 7:41~42.

2) 예수님의 설교(7:28~29)

예수님은 성전에서 가르치시며 외쳐 말씀하신다28a절. 요한은 "외쳐 이르시되"에크라크센라는 표현을 사용하는데, 이것은 매우 힘껏 외치는 것으로 예수님의 엄중한 선언을 표시한다참고. 7:37; 12:44. 예수님은 자신이 하나님으로부터 오셨다는 사실을 말씀하신다28b~29절. 유대인들은 하나님을 알지 못하나, 예수님은 하나님을 아신다. 왜냐하면 예수님은 하나님께로부터 오신 분이기 때문이다. 특히 예수님만이 하나님을 바르게 아신다. 따라서 사람들은 예수님을 통하여 하나님을 바르게 알 수 있다.

3) 사람들의 혼란: 긍정적인 반응과 부정적인 반응(7:30~32)

예수님의 말씀을 들은 사람들은 흥분하여 예수님을 잡으려고 하지만 손을 대는 자가 없었는데[86], 요한은 그 이유를 "이는 그의 때가 아직 이르지 아니하였음이러라"라고 말한다30절. '그의 때가 이르지 아니하였다'라는 말은 하나님이 정해 놓으신 예수님의 죽음과 부활과 승천의 때가 이르지 않았다는 뜻이다. 성부 하나님은 성자 예수님의 지상 사역이 완성될 때까지 이런 일이 일어나도록 허용하지 않으실 것이다참고. 8:20; 12:23, 27; 13:1; 17:13 등.[87] 즉 하나님은 예수님이 지상에서 사역을 마치셔야 그분을 데려가실 것이다.

한편, 예수님에 대한 긍정적인 반응도 있었다. 무리 중의 많은 사람은 예수님이 행하신 표적을 보고서 예수님의 신적 기원을 짐작한다31절. 그들은 메시아가 모세와 같은 선지자일 것으로 생각했으며참고. 신18:15~18, 모세가 출애굽 할 때와 그 이후에 많은 이적을 일으켰기 때문에참고. 출7~11장 메시아도 이적을 행할 것으로 생각하였다참고. 6:30~31.[88] 따라서 그들은 예수님이 수많은 이적을 행하신 일을 보고 예수님을 메시아로 생각한다. 그런데 이것은 일견 자연스러운 반응이지만, 요한복음에서 예수님은 줄곧 표적에 근거한 믿음을 온전한 믿음이라고 인정하지 않으시기 때문에 그들의 믿음은 말씀으로 온전하게 되어야 한다.

---

86. 참고. "What has happened between chapter 4 and the present is that God's messenger has been rejected once in Jerusalem (chapter 5), and is now being rejected again. These 'Jerusalemites' can no longer claim that they, in contrast to Samaritans or other Gentiles, know the 'true' God, for God has revealed himself in this messenger, and only in him." Michaels, 452.
87. ESV Study Bible.
88. ESV Study Bible.

많은 사람이 예수님에 대해 호의적인 반응을 보이는 것이 바리새인들과 대제사장들에게 들리자 그들은 예수님을 잡으려고 아랫사람들을 보낸다32절. 여기서 "대제사장들"이 복수 형태로 표현된 것은 대제사장이 여러 명이기 때문이 아니라, 당시에 전임 대제사장들 역시 예우상 대제사장이라고 불러 주었기 때문이다. 바리새인들과 대제사장들은 '공회'산헤드린를 구성한다. "아랫사람들"이란 성전 경비대Temple Guards를 가리킨다. 바리새인들과 대제사장들이 예수님을 잡으라고 명령한 것은 예수님을 범죄자로 몰아서 체포하기 위해서이다. 이처럼 공회의 구성원들이 자기들의 전통을 지키기 위하여 정작 그 전통의 주인공이신 예수님을 잡으려고 하는 것은 아이러니이다.

4) 예수님과 사람들 사이의 간격(7:33~36)

예수님은 "내가 너희와 함께 조금 더 있다가 나를 보내신 이에게로 돌아가겠노라"라고 말씀하신다33절. 이것은 예수님의 죽음과 부활과 승천을 의미한다. 예수님은 또한 "너희가 나를 찾아도 만나지 못할 터이요 나 있는 곳에 오지도 못하리라"라고 말씀하신다34절. 이것은 유대인들이 예수님이 계시는 곳, 즉 하나님의 나라에 들어오지 못할 것이라는 뜻이다. 따라서 이 두 구절에서 예수님은 자신의 사역죽음과 부활과 그 사역의 결과하나님의 나라를 말씀하신다.

그러나 유대인들은 예수님의 말씀에 무지하여 그 말씀을 이해하지 못한다35~36절. 그들은 33절의 말씀을 예수님이 헬라인 중에 흩어져 사는 자들, 곧 팔레스타인 바깥에 흩어져 사는 디아스포라 유대인들에게로 가서 헬라인을 가르치는 일이라고 이해하고, 34절의 말씀은 도무지 이해하지 못한다.[89] 따라서 여기서도 예수님과 유대인들 사이에 큰 간격이 존재한다는 사실이 드러난다. 그것은 위와 아래의 간격이요 도저히 메워지지 않는 간격이다. 오랫동안 메시아를 기다려왔던 그들이 정작 이 땅에 오신 메시아를 알아보지 못하는 것은 대단히 안타깝다.

(10) 생수이신 예수님(7:37~52)

37 명절 끝날 곧 큰 날에 예수께서 서서 외쳐 이르시되 누구든지 목마르거든 내게로 와서 마시라 **38** 나를 믿는 자는 성경에 이름과 같이 그 배에서 생수의 강이 흘러나오리라 하시니 **39** 이는 그를 믿는 자들이 받을 성령을 가리켜 말씀하신 것이라 (예수께서 아직 영광을 받지 않으셨으므로 성령이 아직 그들에게 계시지 아니하시더라) **40** 이 말씀을 들은 무리 중에서 어떤 사람은 이 사람이 참으로 그 선지자라 하며 **41** 어떤 사람은 그리스도라 하며 어떤 이들은 그리스도가 어찌 갈릴리에서 나오겠느냐 **42** 성경에 이르기를 그리스도는 다윗의 씨로 또 다윗이 살던 마을 베들레헴에서 나오리라 하지 아니하였느냐 하며 **43** 예수로 말미암아 무리 중에서 쟁론이 되니 **44** 그 중에는 그를 잡고자 하는 자들도 있으나 손을 대는 자가 없었더라 **45** 아랫사람들이 대제사장들과 바리새인들에게로 오니 그들이 묻되 어찌하여 잡아오지 아니하였느냐 **46** 아랫사람들이 대답하되 그 사람이 말하는 것처럼 말한 사람은 이 때까지 없었나이다 하니 **47** 바리새인들이 대답하되 너희도 미혹되었느냐 **48** 당국자들이나 바리새인 중에 그를 믿는 자가 있느냐 **49** 율법을 알지 못하는 이 무리는 저주를 받은 자로다 **50** 그 중의 한 사람 곧 전에 예수께 왔던 니고데모가 그들에게 말하되 **51** 우리 율법은 사람의 말을 듣고 그 행한 것을 알기 전에 심판하느냐 **52** 그들이 대답하여 이르되 너도 갈릴리에서 왔느냐 찾아 보라 갈릴리에서는 선지자가 나지 못하느니라 하였더라

1) 예수님이 외치심(7:37~39)

"명절 끝날 곧 큰 날에" 예수님이 "서서" 외치신다37a절. 이때는 명절이 끝나갈 무렵의 안식일이다참고. 레23:36. 당시에 랍비들은 대개 앉아서 가르

---

89. Burge, 226.

쳤는데, 예수님은 서서 외치신다. 이러한 행동은 예수님의 말씀의 간절함과 엄중함을 표시한다. 유대인들은 초막절에 실로암 못에서 물을 길어다 제단 옆 은그릇에 붓는 의식을 행했다. 이에 따라 예수님은 물을 소재로 하여 자신의 정체성을 드러내신다. "누구든지 목마르거든 내게로 와서 마시라"라는 말씀은 이사야 55장 1절과 같은 구약의 선지서 본문을 인용한 것이다37b절; 참고. 사12:3.[90] 목마른 것은 생명에 대한 갈증을 뜻하며, 와서 마시는 것은 친밀한 연합 관계를 의미한다.

예수님은 "나를 믿는 자는 성경에 이름과 같이 그 배[속]에서 생수의 강이 흘러나오리라"라고 말씀하신다38절; 참고. 3:5. 이것은 에스겔 47장 5절에서 물이 강이 되어서 건너지 못하는 이미지를 연상하게 한다참고. 잠4:23; 사58:11. 이러한 예수님의 말씀에 관하여 요한은 설명을 제공한다39절. 요한에 따르면, 생수의 경험은 성령 강림의 경험이다. "성령이 아직 그들에게 계시지 아니하시더라"라는 문구의 의미에 대한 학계의 논쟁이 있지만, 우리는 다음과 같이 이해하는 것이 바람직하다. 구약시대에도 성령이 계셔서 활동하셨지만 성령은 예수님의 구속 사역 이후에 완전하고 충만하게 활동하신다. 특히 구속사의 관점에서 예수님이 승천하신 후에 성령이 오셔서 예수님의 지속적인 현존presence을 가능하게 하신다고 볼 수 있다.

2) 사람들의 다양한 반응(7:40~44)

40~44절에는 예수님에 대한 사람들의 다양한 반응이 기록되어 있다. 어떤 사람들은 예수님을 긍정적으로 생각하지만, 어떤 사람들은 예수님을 부정적으로 생각한다. 부정적으로 생각하는 사람들은 예수님의 출생지

---

90. ESV Study Bible.

와 구약을 연관 지어 자신들의 생각을 정당화한다. 미가 5장 2절에는 메시아가 베들레헴에서 태어난다고 명시되어 있다참고. 마2:5~6. 그러나 사람들은 예수님을 갈릴리 출신이라고만 생각할 뿐, 그분이 베들레헴에서 태어나신 사실을 모른다. 그리고 그러한 무지가 예수님에 대한 오해를 가져온다. 요한은 다시금 예수님을 잡고자 하는 자들이 있었지만, 아직 하나님의 '때'가 아니므로 그분에게 손을 대는 자가 없었다고 말하는데, 이것은 독자들로 하여금 하나님의 '때'를 향해 나아가는 내러티브의 전개에 관심을 끌게 만든다.

3) 유대 지도자들의 불신앙(7:45~52)

아랫사람들, 즉 성전 경비대가 대제사장들과 바리새인들에게로 오니 그들이 "어찌하여 잡아오지 아니하였느냐"라고 묻는다45절. 이에 아랫사람들은 "그 사람이 말하는 것처럼 말한 사람은 이 때까지 없었나이다"라고 대답한다46절. 이것은 아랫사람들이 예수님의 말씀을 듣고 오히려 감명을 받았다는 사실을 가르쳐준다. 그러자 바리새인들은 율법을 모르는 저주받은 자들이 예수님을 믿는다고 신랄하게 비난한다47~49절. 심지어 그들은 "율법을 알지 못하는 이 무리는 저주를 받은 자로다"라고 말한다. 그러나 이들의 말은 아이러니이다. 율법을 모르는 자들은 오히려 유대인들이기 때문이다참고. 5:39; 6:45; 7:19.

이때 니고데모가 그들에게 "우리 율법은 사람의 말을 듣고 그 행한 것을 알기 전에 심판하느냐"참고. 신1:16, 17:4라고 말함으로써 예수님을 옹호한다50~51절. 니고데모는 이전에 몰래 예수님을 찾아왔던 사람인데참고. 3:1~12, 여기에서는 비교적 당당하게 예수님을 변호한다. 나중에 그는 예수님의 시신을 장사지낼 때 공헌할 것이다참고. 19:39~40. 니고데모의 옹호에 관하여 대제사장들과 바리새인들은 예수님이 갈릴리 출신인 것을 근거로 들어 선지자가 갈릴리에서 나지 못한다고 답변한다52절. 특히 그들은 니고데모의 출신지가 갈릴리인지를 의심하면서 그의 말을 반박한다. 그러나 이들의 주장은 옳지 않다. 구약의 선지자들인 요나, 나훔, 호세아 등은 갈릴리 출신이다. 따라서 구약성경에 대한 그들의 무지가 다시금 드러난다.

(11) 간음한 여인을 용서하시는 예수님(7:53~8:11)

53 [다 각각 집으로 돌아가고 1 예수는 감람 산으로 가시니라 2 아침에 다시 성전으로 들어오시니 백성이 다 나아오는지라 앉으사 그들을 가르치시더니 3 서기관들과 바리새인들이 음행중에 잡힌 여자를 끌고 와서 가운데 세우고 4 예수께 말하되 선생이여 이 여자가 간음하다가 현장에서 잡혔나이다 5 모세는 율법에 이러한 여자를 돌로 치라 명하였거니와 선생은 어떻게 말하겠나이까 6 그들이 이렇게 말함은 고발할 조건을 얻고자 하여 예수를 시험함이러라 예수께서 몸을 굽히사 손가락으로 땅에 쓰시니 7 그들이 묻기를 마지 아니하는지라 이에 일어나 이르시되 너희 중에 죄 없는 자가 먼저 돌로 치라 하시고 8 다시 몸을 굽혀 손가락으로 땅에 쓰시니 9 그들이 이 말씀을 듣고 양심에 가책을 느껴 어른으로 시작하여 젊은이까지 하나씩 하나씩 나가고 오직 예수와 그 가운데 섰는 여자만 남았더라 10 예수께서 일어나사 여자 외에 아무도 없는 것을 보시고 이르시되 여자여 너를 고발하던 그들이 어디 있느냐 너를 정죄한 자가 없느냐 11 대답하되 주여 없나이다 예수께서 이르시되 나도 너를 정죄하지 아니하노니 가서 다시는 죄를 범하지 말라 하시니라]

이 단화pericope가 요한복음의 원본에 있었는지 없었는지는 확실하지 않다. 가장 이른 사본인 P[66]과 수리아어, 콥틱어, 아람어 역 등은 본문을 수록하지 않았으나, 제롬Jerome은 라틴어 역 성경인 벌게이트Vulgate 역에서 본문을 수록했다. 그래서 많은 학자는 이 단화가 원본에 없었다고 주장한다. 게다가 이 이야기의 배경과 형태 등은 7~8장에 나오는 내용강화와 논쟁과 그리 어울리지 않는다. 오히려 이 이야기는 공관복음에서 예수님과 종교지도자들이 성전에서 논쟁하는 이야기들과 잘 어울린다참고. 마21:23~37; 막12:13~17; 눅21:20~26. 따라서 이 단화를 원래의 요한복음 본문이라고 보기가 어렵다. 하지만 이 단화가 주는 메시지는 신약성경 전체의 신학과 충돌하지 않으며, 더욱이 요한의 사상과 대치되지 않기 때문에 이것을 성경의 일부라고 여긴다고 해서 문제가 될 것은 없다.[91]

1) 사건의 배경(7:53~8:2)

사람들은 각각 집으로 돌아가고53절, 예수님은 감람산Mount of Olives으로 가신다1절. '감람산'이라는 명칭은 요한복음에서 여기에만 나온다. 공관복음에서 감람산은 예수님이 기도하시고 안식하신 장소이다. 예수님께서 아침에 다시 성전으로 들어오시니 백성들이 예수님 앞으로 다 나아오기에 예수님이 그들을 가르치신다2절.

2) 유대인들의 질문(8:3~6a)

서기관들과 바리새인들은 음행 중에 잡힌 여자를 끌고 와서 가운데 세우고 예수님께 "선생이여 이 여자가 간음하다가 현장에서 잡혔나이다 모세는 율법에 이러한 여자를 돌로 치라 명하였거니와 선생은 어떻게 말하

---

91. Burge는 이 단화와 요한복음의 관계에 대해서 다음과 같이 적절하게 해설한다. "While scholars are reasonably convinced that this story does not belong to the Fourth Gospel, many are confident that it is an ancient narrative that stems from the same pool of stories that contributed to the Synoptic Gospels. This is a typical Synoptic 'conflict' story in which Jesus is placed on the horns of a dilemma. He chooses to stand against the representatives of the law in favor of the needs of the woman. We also have evidence that in the first century there was an ongoing debate about the death penalty (stoning or strangling) and here, typically, Jesus refuses to get embroiled in the legalism of sinners who want to judge sin." Burge, 240.

겠나이까"라고 묻는다3~5절; 참고. 레20:10; 신22:22. 헬라어 원문에서 유대인들의 질문은 '당신은 무엇이라 말하겠는가?'쉬 운 티 레게이스인데, 그들의 질문의 강조점은 문장 제일 앞에 있는 '당신'쉬에 있다. 즉 그들은 이 사건을 '모세의 율법'과 '예수님의 교훈'의 대결 구도로 보려고 한다. 여기서 서기관들과 바리새인들의 문제점은 모세의 율법이 요구하는 증인을 데려오지 않았다는 점과참고. 신17:6; 19:15 간음한 여자뿐만 아니라 함께 간음한 남자를 데려와야 하는데 데려오지 않았다는 점이다참고. 레20:10; 신22:22; 겔16:38 이하. 따라서 그들은 음행의 문제를 해결하려는 목적을 가지고 있는 것이 아니라, 오로지 예수님을 비난할 트집을 찾으려는 목적을 가지고 있다.

요한은 "그들이 이렇게 말함은 고발할 조건을 얻고자 하여 예수를 시험함이러라"라고 말함으로 이들의 의도를 바르게 파악한다6a절. 결국, 유대의 종교지도자들은 이 문제를 법적으로 해결하기 위해서 물어보는 것이 아니라 예수님을 시험하여 함정에 빠뜨리기 위해서 물어본다참고. 마19:3; 22:18; 막10:2; 12:15. 그들은 만일 예수님이 여인을 용서하면 예수님이 모세의 율법을 어겼다고 주장할 것이고, 만일 여인을 정죄하면 로마 정부의 승인 없이 사람을 죽일 수 없다는사형권 규정을 위반했다고 주장할 것이다. 이처럼 그들은 예수님을 진퇴양난의 어려운 상황 속으로 몰아넣는다. 아마 그들은 사전에 모여서 계획을 치밀하게 모의했을 것이다. 지금 그들의 마음은 예수님에 대한 증오심과 시기심으로 가득 차 있다.

3) 예수님의 대답(8:6b~8)

예수님은 그들의 의중을 잘 알고 계시기 때문에 그들의 질문에 대답하시지 않고 몸을 굽히셔서 손가락으로 땅에 글씨를 쓰신다6b절. 예수님이 무엇을 쓰셨는지는 아무도 모른다. 어떤 사본에는 예수님이 거기에 모인 사람들의 죄를 땅에 쓰셨다고 한다'에노스 헤카투스 아우톤 타스 하마르티아스'. 그러나 대부분의 사본은 이에 대해서 언급하지 않는다. 따라서 우리는 굳이 상상력을 발휘하여 예수님이 무엇을 쓰셨는지에 대해서 결론내릴 필요가 없다. 예수님이 대답을 하시지 않자 유대인들은 예수님에게 계속해서 묻는다미완료, 7a절. 그러자 예수님은 일어나셔서 "너희 중에 죄 없는 자가 먼저 돌로 치라"라고 말씀하시고7b절, 다시 몸을 굽혀 손가락으로 땅에 글씨를 쓰신다8절. 한편, 범죄자를 돌로 치는 형벌석형은 신명기 13장 3~11절과 17장 2~7절 등에 언급되어 있다.

4) 예수님의 용서(8:9~11)

예수님을 시험하던 자들은 예수님의 말씀을 듣고 양심에 가책을 느껴 어른들로부터 시작하여 하나씩 하나씩 떠났고, 현장에는 오직 예수님과 간음하다 잡혀 온 여자만 남았다9절. 예수님께서 일어나셔서 여자 외에 아무도 없는 것을 보시고, "여자여 너를 고발하던 그들이 어디 있느냐 너를 정죄한 자가 없느냐"라고 물으신다10절. 여자가 "주여 없나이다"라고 대답하자, 예수님은 "나도 너를 정죄하지 아니하노니 가서 다시는 죄를 범하지 말라"라고 하신다11절. 따라서 이 이야기는 예수님이 유대인들의 의도를 다 알고 계신다는 전지성과 예수님이 죄를 용서하실 수 있는 절대적 권위와 큰 사랑을 가지고 계신다는 메시지를 내재한다.[92]

---

92. 이에 대해서 Burge는 다음과 같이 말한다. "Jesus' final words ("Then neither do I condemn you") again do not imply innocence, but reflect his sovereignty to forgive sin (Mark 2:5ff.). … The story's crisp ending captures the seriousness with which Jesus views sin and judgment-even the sin of those who accuse the woman-and his gracious, forgiving outlook on those who are caught in its grip." Burge, 243~44.

(12) 예수님의 증언이 참인 이유(8:12~20)

12 예수께서 또 말씀하여 이르시되 나는 세상의 빛이니 나를 따르는 자는 어둠에 다니지 아니하고 생명의 빛을 얻으리라 13 바리새인들이 이르되 네가 너를 위하여 증언하니 네 증언은 참되지 아니하도다 14 예수께서 대답하여 이르시되 내가 나를 위하여 증언하여도 내 증언이 참되니 나는 내가 어디서 오며 어디로 가는 것을 알거니와 너희는 내가 어디서 오며 어디로 가는 것을 알지 못하느니라 15 너희는 육체를 따라 판단하나 나는 아무도 판단하지 아니하노라 16 만일 내가 판단하여도 내 판단이 참되니 이는 내가 혼자 있는 것이 아니요 나를 보내신 이가 나와 함께 계심이라 17 너희 율법에도 두 사람의 증언이 참되다 기록되었으니 18 내가 나를 위하여 증언하는 자가 되고 나를 보내신 아버지도 나를 위하여 증언하시느니라 19 이에 그들이 묻되 네 아버지가 어디 있느냐 예수께서 대답하시되 너희는 나를 알지 못하고 내 아버지도 알지 못하는도다 나를 알았더라면 내 아버지도 알았으리라 20 이 말씀은 성전에서 가르치실 때에 헌금함 앞에서 하셨으나 잡는 사람이 없으니 이는 그의 때가 아직 이르지 아니하였음이러라

1) 세상의 빛이신 예수님(8:12)

예수님은 다시 성전에서 말씀하신다12절. 이렇게 성전 안에서 하신 말씀은 성전을 나가시기까지 계속된다참고. 59절. 예수님은 "나는 세상의 빛이니 나를 따르는 자는 어둠에 다니지 아니하고 생명의 빛을 얻으리라"라고 말씀하신다. 요한복음에서 예수님은 자주 '빛'으로 소개된다참고. 1:4~5; 3:19~21; 12:35~36, 46. 특히 지금 상황은 초막절이다. 유대인들은 초막절 마지막 날 밤에참고. 7:37 성전 여인들의 뜰에 있는 네 개의 대에 불을 붙여서 성전의 마당을 밝혔다. 따라서 초막절을 보내는 유대인들에게 예수님이 자신을 세상의 빛이라고 선언하시는 것은 시기적으로 적절하다. 더욱이 이것은 예수님이 초막절 축제의 기쁨의 성취자가 되신다는 사실을 상징한다. 요한복음에서 '세상'은 부정적인 이미지를 가진다. 세상은 어두움에 속해 있다. 반면에 '빛'은 구원과 심판의 기능을 가진다. 빛은 어둠을 밝히면서 동시에

어둠 속에 감추어져 있는 죄를 드러낸다.

2) 하나님의 증언을 받으시는 예수님(8:13~18)

예수님의 말씀에 관하여 바리새인들은 "네가 너를 위하여 증언하니 네 증언은 참되지 아니하도다"라고 말한다13절. 이것은 자기가 스스로에 대해서 증언하는 것은 유효하지 않다ESV, NASB: 'your testimony is not valid.'라는 뜻이다참고. 8:14, 16, 17. 유대인들의 율법 규정에 따르면, 어떤 증거가 유효하기 위해서는 두 사람 이상의 증거가 있어야 하므로 그들의 말은 일견 옳다참고. 민 35:30; 신17:6; 19:15. 그러나 예수님은 "내가 나를 위하여 증언하여도 내 증언이 참되니[유효하니] 나는 내가 어디서 오며 어디로 가는 것을 알거니와 너희는 내가 어디서 오며 어디로 가는 것을 알지 못하느니라"라고 대답하신다14절. 이 말씀은 예수님이 자신의 절대적 권위, 곧 신적 기원을 주장하시는 것이다.

예수님은 "너희는 육체를 따라 판단하나 나는 아무도 판단하지 아니하노라"라고 말씀하신다15절. "너희는 육체를 따라 판단하나"란 표현은 예수님의 대적자들이 육체를 따라, 즉 눈에 보이는 대로 판단하기 때문에 예수님의 신적 기원을 알지 못한다는 뜻이다. "나는 아무도 판단하지 아니하노라"라는 표현은 예수님 자신이 아무도 판단하지 아니하신다는 뜻인데, 이 말씀에는 예수님께서 이 세상에 계시는 동안공생애 기간 세상의 심판자로 계시지 않고 세상의 구원자로 계신다는 뜻이 내재해 있다참고. 3:17; 12:47.[93] 이어서 예수님은 자신이 판단해도 자신의 판단이 참된유효한 이유를 다음과 같이 말씀하신다. "이는 내가 혼자 있는 것이 아니요 나를 보내신 이가 나와

---

93. ESV Study Bible.

함께 계심이라". 이 문구를 정확히 번역하면 '이는 나 혼자 판단하는 것이 아니라, 나와 나를 보내신 이[아버지]가 함께 판단하시기 때문이다.'이다.[94]

예수님은 이어서 유대인들이 굳이 율법을 들어서 두 사람의 증언이 참되다유효하다고 기록되었다는 사실을 주장한다면, 예수님이 자신에 대하여 증언하시고, 또 자신을 보내신 아버지께서도 자신에 대하여 증언하시기에 자신의 증언이 참되다유효하다고 말씀하신다17~18절. 따라서 예수님은 율법이 요구하는 사항을 충족시켰다는 사실을 강조하신다. 그런데 이렇게 예수님이 자신과 하나님을 증인으로 세우시는 것은 예수님의 절대적인 권위와 자신과 하나님의 친밀한 관계를 보여준다. 즉 하나님께서 예수님을 인정하신다는 사실을 전제하시면서 말씀하시는 것이다.

3) 하나님을 알게 하시는 예수님(8:19~20)

예수님이 계속해서 자신의 '아버지'를 언급하시자 바리새인들은 "네 아버지가 어디 있느냐"라고 묻는다19a절. 이것은 예수님과 바리새인들 사이의 긴장을 반영하는데, 예수님은 하늘의 아버지heavenly Father를 말씀하고 계시지만, 바리새인들은 땅의 아버지earthly father를 말하고 있다. 따라서 바리새인들의 질문은 예수님의 신적 기원에 대한 그들의 무지를 드러낸다.[95] 바리새인들의 질문에 예수님은 "너희는 나를 알지 못하고 내 아버지도 알지 못하는도다 나를 알았더라면 내 아버지도 알았으리라"라고 대답하신다 19b절. 이 말씀의 의미는 성자 예수님을 통해서 성부 하나님을 안다to know

94. NRSV도 이 문구를 'for it is not I alone who judge, but I and the Father who sent me.' 라고 번역했다.

95. Kysar, 137.

Jesus is to know God는 것이다.[96]

요한은 예수님이 이 말씀을 성전 헌금함 앞에서 하셨다고 설명한다20a절. 성전에서 헌금함'가조퓔라키온', Shofar-chests은 여인들의 뜰 입구에 있었으며, 13개의 뿔 나팔 모양으로 되어 있었다참고. 『유대고대사』 19.294; 『유대전쟁사』 6.282. 그런데 예수님의 말씀을 들은 자들은 예수님을 잡고 싶었으나 잡지 못하는데, 이는 그분의 때가 아직 이르지 않았기 때문이다20b절. 이로써 예수님이 십자가에서 돌아가시는 것이 인간의 우발적인 실행이 아니라 하나님의 철저한 계획임이 다시금 암시된다. 결국 바리새인들은 예수님의 말씀을 듣고도 아무런 신앙적 진전을 이루지 못한다. 오히려 이것은 독자들paradigmatic readers에게 예수님의 정체성을 알게 해 주는 역할을 한다.

(13) 예수님의 말씀과 유대인들의 오해(8:21~30)

21 다시 이르시되 내가 가리니 너희가 나를 찾다가 너희 죄 가운데서 죽겠고 내가 가는 곳에는 너희가 오지 못하리라 **22** 유대인들이 이르되 그가 말하기를 내가 가는 곳에는 너희가 오지 못하리라 하니 그가 자결하려는가 **23** 예수께서 이르시되 너희는 아래에서 났고 나는 위에서 났으며 너희는 이 세상에 속하였고 나는 이 세상에 속하지 아니하였느니라 **24** 그러므로 내가 너희에게 말하기를 너희가 너희 죄 가운데서 죽으리라 하였노라 너희가 만일 내가 그인 줄 믿지 아니하면 너희 죄 가운데서 죽으리라 **25** 그들이 말하되 네가 누구냐 예수께서 이르시되 나는 처음부터 너희에게 말하여 온 자니라 **26** 내가 너희에게 대하여 말하고 판단할 것이 많으나 나를 보내신 이가 참되시매 내가 그에게 들은 그것을 세상에 말하노라 하시되 **27** 그들은 아버지를 가리켜 말씀하신 줄을 깨닫지 못하더라 **28** 이에 예수께서 이르시되 너희가 인자를 든 후에 내가 그인 줄을 알고 또 내가 스스로 아무것도 하지 아니하고 오직 아버지께서 가르치신 대로 이런 것을 말하는 줄도 알리라 **29** 나를 보내신 이가 나와 함께 하시도다 나는 항상 그가 기뻐하시는 일을 행하므로 나를 혼자 두지 아니하셨느니라 **30** 이 말씀을 하시매 많은 사람이 믿더라

---

96. 이것이 요한복음 기독론의 핵심이다(참고. 14:6~7).

1) 오해와 심판(8:21~24)

예수님은 "내가 가리니"에고 휘파고라고 말씀하신다21a절. 이것은 예수님의 죽음과 부활과 승천을 의미한다. 또한 예수님은 유대인들이 자신을 찾다가 그들의 죄 가운데 죽겠고 자신이 가는 곳에 그들이 오지 못할 것이라고 말씀하신다21b절. 요한복음에서 죄란 인간의 잘못된 행동을 뜻하는 것이 아니라 예수님을 믿지 않는 것을 뜻한다참고. 24절. 즉 요한복음에서의 죄는 도덕적 카테고리moral category에 속하지 않고 신학적 카테고리theological category에 속한다. 따라서 예수님의 말씀은 유대인들이 예수님의 말씀을 듣지 않고 그분을 거부하기 때문에 그들이 죄 가운데에서 죽을 것이라는 뜻이다. 이것은 심판을 경고하는 메시지이다. 여기서 "죄 가운데서 죽겠고"라는 말과 "내가 가는 곳에는 너희가 오지 못하리라"라는 말이 결합하여 유대인들의 철저한 멸망이 강조된다.

그러나 유대인들은 예수님의 말씀을 전혀 이해하지 못하여 "그가 자결하려는가"라고 말한다22절. 이는 유대인들과 예수님 사이에 큰 간격이 있음을 보여준다. 유대인들은 아래에서 났고 예수님은 위에서 나셨으며 유대인들은 이 세상에 속하였고 예수님은 이 세상에 속하지 않으셨다23절. 그러므로 유대인들은 예수님의 말씀을 도무지 이해할 수 없다. 24절은 21절을 반복한 것이다. 따라서 심판의 경고21절: 죄 가운데서 죽음에 이어 말씀에 대한 오해22~23절가 나오고 다시 심판의 경고24절: 죄 가운데서 죽음가 나오는 형식이다.[97] 예수님은 "내가 그인 줄"이라고 말씀하시는데, 이것은 '나는 … 이다' 어구'에고 에이미', 'I am' statement로서 예수님이 신적인 메시아이심을 드러내는 표현이다.

97. 참고. Michaels, 487~88.

2) 계시와 믿음(8:25~30)

유대인들의 오해와 그들을 향한 하나님의 심판에 관한 주제는 이제 예수님의 계시와 유대인들의 믿음희미한 믿음에 관한 주제로 바뀐다. 아들의 계시는 결국 세상의 변화를 가져올 것이다. 본문의 구조를 다음과 같이 정리할 수 있다.

<구조>

8:25~26	예수님의 말씀(계시: 과거와 현재)
8:27	요한의 설명(오해)
8:28~29	예수님의 말씀(계시: 미래)
8:30	요한의 설명(믿음 발생의 가능성: 아직 완전하지 않은 믿음)

이 구조는 예수님의 계시 → 유대인들의 오해 → 예수님의 계시 → 믿음 발생의 가능성이라는 메시지를 전달한다.

유대인들이 계속해서 예수님의 정체를 묻자 예수님은 "나는 처음부터 너희에게 말하여 온 자니라"라고 대답하신다25절. 이 말씀은 예수님이 이미 구약에서 계시된 분이라는 뜻으로 예수님이 오래전부터 정체를 밝혀 오셨다는 사실을 보여준다. 예수님은 또한 "내가 그에게 들은 그것을 세상에 말하노라"라고 말씀하신다26절. 이 말씀은 예수님이 지금 하나님 아버지의 뜻을 전하고 계시는 분이라는 뜻이다. 하지만 유대인들은 예수님이 하나님 아버지에 관하여 말씀하시고 있는 줄을 깨닫지 못한다27절. 그런데 이러한 유대인들의 오해는 독자들이 예수님의 말씀을 더욱 자세히 듣게 하는 역할을 한다요한의 오해 기법.

28절에서 예수님은 자신의 죽음과 부활을 암시적으로 말씀하신다. 예수님은 유대인들이 자신을 "든"휩소세테 후에야 그분이 어떤 분이신지를 알 것이며, 또한 예수님이 스스로 아무것도 하지 않으시고 오직 하나님 아버지께서 가르치신 대로 이런 것을 말씀하시는 줄도 알 것이라고 하신다. 여기에 사용된 헬라어 단어 '휩소세테'는 이중의미를 가지는데, 예수님이 십자가에 달리시는 것과 부활하시는 것과 승천하시는 것을 동시에 일컫는다.[98] 예수님은 십자가에서 '들려서' 못 박혀 죽으시지만 하나님이 그분을 다시 '일으키실' 것이다. 즉 예수님은 죽음을 통하여 존귀하게 되고 영화롭게 되실 것이다. 그리고 그 일을 통해 예수님의 정체가 드러날 것이다.

29절은 21~28절에 언급된 기독론적 진술의 요약이다. 예수님은 "나를 보내신 이가 나와 함께 하시도다 나는 항상 그가 기뻐하시는 일을 행하므로 나를 혼자 두지 아니하셨느니라"라고 말씀하신다. 이 말씀은 성부 하나님과 성자 예수님의 친밀함을 보여준다. 성부 하나님은 성자 예수님을 세상에 보내신 후에 그냥 내버려 두지 않으신다. 하나님은 언제나 예수님을 인도하시며 보호하신다. "나는 항상 그가 기뻐하시는 일을 행하므로"라는 문구는 예수님이 오직 하나님 아버지의 뜻프로그램대로 움직이시는 분이라는 사실을 보여준다.

요한은 예수님의 말씀을 듣고 많은 사람이 믿었다고 말한다30절. 기능적으로 이것은 이어지는 단락unit의 전환 문구 역할을 한다참고. 31절. 즉 8장 12~30절은 예수님의 자기 정체 선언과 유대인들의 오해불신앙가 맞물려 있는 단락이다. 예수님은 자신의 신적 정체를 반복해서 말씀하셨으나 유대인들은 이를 이해하지받아들이지 못한다. 그런 가운데 비관적으로 끝날 것 같았던 단락이 오히려 희망 있게 마무리된다. 요한은 많은 유대인이 예수님

98. Burge, 258.

을 믿지 않았음에도 불구하고, 예수님을 믿는 무리도 많았다고 언급한다. 이것은 완고한 유대인들 가운데에서도 복음이 여전히 위력을 발휘하고 있음을 보여준다. 그러나 이어지는 본문에서 보겠지만, 아직 유대인들의 믿음은 완전하지 않다참고. 37절: 그들은 여전히 예수님을 죽이려 한다.

(14) 자유를 주시는 예수님(8:31~47)

31 그러므로 예수께서 자기를 믿은 유대인들에게 이르시되 너희가 내 말에 거하면 참으로 내 제자가 되고 **32** 진리를 알지니 진리가 너희를 자유롭게 하리라 **33** 그들이 대답하되 우리가 아브라함의 자손이라 남의 종이 된 적이 없거늘 어찌하여 우리가 자유롭게 되리라 하느냐 **34** 예수께서 대답하시되 진실로 진실로 너희에게 이르노니 죄를 범하는 자마다 죄의 종이라 **35** 종은 영원히 집에 거하지 못하되 아들은 영원히 거하나니 **36** 그러므로 아들이 너희를 자유롭게 하면 너희가 참으로 자유로우리라 **37** 나도 너희가 아브라함의 자손인 줄 아노라 그러나 내 말이 너희 안에 있을 곳이 없으므로 나를 죽이려 하는도다 **38** 나는 내 아버지에게서 본 것을 말하고 너희는 너희 아비에게서 들은 것을 행하느니라 **39** 대답하여 이르되 우리 아버지는 아브라함이라 하니 예수께서 이르시되 너희가 아브라함의 자손이면 아브라함이 행한 일들을 할 것이거늘 **40** 지금 하나님께 들은 진리를 너희에게 말한 사람인 나를 죽이려 하는도다 아브라함은 이렇게 하지 아니하였느니라 **41** 너희는 너희 아비가 행한 일들을 하는도다 대답하되 우리가 음란한 데서 나지 아니하였고 아버지는 한 분뿐이시니 곧 하나님이시로다 **42** 예수께서 이르시되 하나님이 너희 아버지였으면 너희가 나를 사랑하였으리니 이는 내가 하나님께로부터 나와서 왔음이라 나는 스스로 온 것이 아니요 아버지께서 나를 보내신 것이니라 **43** 어찌하여 내 말을 깨닫지 못하느냐 이는 내 말을 들을 줄 알지 못함이로다 **44** 너희는 너희 아비 마귀에게서 났으니 너희 아비의 욕심대로 너희도 행하고자 하느니라 그는 처음부터 살인한 자요 진리가 그 속에 없으므로 진리에 서지 못하고 거짓을 말할 때마다 제 것으로 말하나니 이는 그가 거짓말쟁이요 거짓의 아비가 되었음이라 **45** 내가 진리를 말하므로 너희가 나를 믿지 아니하는도다 **46** 너희 중에 누가 나를 죄로 책잡겠느냐 내가 진리를 말하는데도 어찌하여 나를 믿지 아니하느냐 **47** 하나님께 속한 자는 하나님의 말씀을 듣나니 너희가 듣지 아니함은 하나님께 속하지 아니하였음이로다

1) 진리와 자유(8:31~33)

예수님은 "자기를 믿은 유대인들"에게 말씀하신다31a절. 그러나 이들은 아직 온전한 믿음에 도달하지 못했으며, 단지 예수님에 관하여 단순한 호감을 느끼고 있을 뿐이다. 예상대로 그들의 믿음은 이야기가 진행되는 과정에서 거짓으로 드러난다참고. 33~47절.[99] 예수님은 그들에게 "너희가 내 말에 거하면 참으로 내 제자가 되고 진리를 알지니 진리가 너희를 자유롭게 하리라"라고 말씀하신다31b~32절. 여기서 "말"로고스은 예수님의 말씀이면서 동시에 예수님 자신이다. 그러므로 예수님의 말에 거하는 것은 예수님의 말씀을 믿고 순종하는 것인 동시에 예수님과 연합하는 것이다. "진리" 역시 예수님의 말씀이면서 동시에 예수님 자신이다. 진리가 자유를 준다는 표현은 진리가 위의 세계를 이해하게 한다는 뜻이다. 이것은 오직 예수님을 통하여 하나님을 이해할 수 있음을 의미한다.

그러나 유대인들은 예수님의 말씀을 이해하지 못한다33절. 왜냐하면 그들은 아브라함의 자손이라는 자부심과 더불어 지금까지 남의 종이 된 적이 없다는 긍지를 가지고 있었기 때문이다.[100] 따라서 그들은 진리가 그들을 자유롭게 할 것이라는 말에 수긍하지 않는다. 이처럼 유대인들이 예수님의 말씀을 도무지 이해하지 못하는 것은 예수님께서 하늘의 영역spiritual level, 즉 진리의 세계에 계시지만, 그들이 땅의 영역physical level, 즉 거짓의 세계에 있기 때문이다. 그들은 하늘의 영역으로 이끌림을 받은 후에야, 즉 거듭남을 경험한 후에야 예수님의 말씀을 이해할 수 있을 것이다.

---

99. ESV Study Bible.
100. Kysar, 141.

2) 아들과 자유(8:34~38)

이제 진리가 아들로 바뀐다. 따라서 진리는 곧 아들이다. 예수님은 "죄를 범하는 자마다 죄의 종이라"라고 말씀하신다34절. 즉 예수님은 33절의 종 모티프를 가지고 와서 '죄의 종'이라는 개념을 언급하신다. 죄의 종은 자기 힘으로 죄에서 벗어날 수 없다. 그에게는 누군가의 도움이 필요하다. 그리고 종에게는 자유가 없다. 그러나 아들에게는 자유가 있다. 그런데 이러한 종과 아들의 은유는 당시에 존재하던 노예제도와 맞물려서 독자들이 더욱 생생하게 말씀의 의미를 이해할 수 있게 해 주었을 것이다. 특히 종의 신분을 가지고 자유롭지 못한 가운데 살고 있던 독자들은 이 말씀의 뜻을 더욱 잘 이해할 수 있었을 것이다.

예수님은 "종은 영원히 집에 거하지 못하되 아들은 영원히 거하나니"라고 말씀하신다35절. 따라서 내러티브는 종 모티프에서 자연스럽게 아들 모티프로 이동한다. 종은 가족의 구성원이 아니므로 집에 거하지 못하지만, 아들은 가족의 구성원이므로 집에 거할 수 있다가족 은유. 예수님은 하나님의 아들이시다. 예수님은 집의 장자이시고 그리스도인들은 그의 형제들이다. 큰아들이신 예수님은 사람들을 자유롭게 하신다36절; 참고. 갈3:26. 그분은 십자가에서 돌아가심으로써 인류의 노예 값을 모두 치르셨다. 따라서 이제 사람들은 그분을 믿음으로써 종의 신분을 버리고 아들의 신분이 되어서 아버지의 집에서 자유롭게 살 수 있게 되었다.[101]

예수님은 유대인들을 향해 "내 말이 너희 안에 있을 곳이 없으므로 나를 죽이려 하는도다"라고 비판하신다37절. 이 말씀에 따르면, 사람들이 예

---

101. 참고. B. C. Lategan, "The truth that sets man free. John 8:31-36," *Neotestamentica* 2 (1968): 70~80.

수님께 어떻게 반응하는지를 결정하는 것은 예수님의 설득력이나 말의 힘이 아니라 그들 자신의 마음 상태에 있다.[102] 예수님은 이어서 "나는 내 아버지에게서 본 것을 말하고 너희는 너희 아비에게서 들은 것을 행하느니라"라고 하신다38절. 이 말씀은 예수님이 하나님에게서 본 것을 말씀하시고 유대인들이 마귀에게서 들은 것을 행한다는 뜻이다. 따라서 예수님과 유대인들 사이에는 근본적인 간격이 있다.

3) 아브라함의 아들과 마귀의 아들(8:39~47)

유대인들이 자신들을 아브라함의 자손이라고 주장하자, 예수님은 아브라함의 자손이라면 "아브라함이 행한 일들"을 하라고 말씀하신다39절. "아브라함이 행한 일들"이란 무엇보다도 하나님을 믿는 것이었다참고. 창15:6; 롬4:3; 갈3:6; 약2:23. 따라서 아브라함의 자손이라고 자부하는 유대인들은 예수님을 믿어야 한다. 왜냐하면 예수님은 하나님에게서 나오셨으며 하나님의 말씀을 전하고 계시기 때문이다.[103] 그러면서 예수님은 그들이 하나님께 들은 진리를 말한 자신을 죽이려 하는 것은 아브라함이 한 일이 아니라고 말씀하신다40절. 따라서 예수님은 그들을 진정한 아브라함의 후손이라고 인정하지 않으신다.

나아가서 예수님은 "너희는 너희 아비가 행한 일들을 하는도다"라고 말씀하시는데41a절, 이것은 유대인들이 아브라함의 아들이 아니라 다른 아비를 가지고 있다는 뜻이며, 여기서 예수님이 말씀하시는 아비란 암시적으로 '마귀'이다참고. 44절.[104] 그러자 유대인들은 "우리가 음란한 데서 나지 아

---

102. ESV Study Bible.
103. ESV Study Bible.
104. "The climax of these implications is finally given in 8:44." Burge, 262.

니하였고 아버지는 한 분뿐이시니 곧 하나님이시로다"라고 대답한다41b절. 그러나 예수님은 유대인들이 예수님을 사랑하지 않고 예수님의 말씀을 깨닫지도 못하므로 하나님의 자녀가 아니라고 하신다42절. 예수님은 그들에게 어찌하여 자신의 말을 깨닫지 못하느냐고 하시면서, 그 이유가 그들이 자신의 말을 들을 줄 모르기 때문이라고 하신다43절. 결국 사람들은 예수님의 말씀을 들을 줄 모르기 때문에 그분의 말씀을 이해하지 못한다.

오히려 예수님은 "너희는 너희 아비 마귀에게서 났으니"라고 하심으로 그들을 마귀의 후손이라고 하신다44a절. 그러면서 예수님은 마귀에 관하여 "처음부터 살인한 자"라고 하시는데, 이는 마귀가 가인으로 하여금 아벨을 죽이게 한 사건 때문이다참고. 요일 3:15. 그리고 예수님은 마귀를 "거짓말쟁이요 거짓의 아비"라고 하시는데, 이는 마귀에게 진리가 전혀 없으며, 그가 오직 거짓을 말하기 때문이다. 결국 예수님은 진리이시나 마귀는 거짓이다. 그리고 유대인들은 마귀의 후손들이어서 예수님이 진리를 말씀하심으로 예수님을 믿지 않는다45~46절. 필시 하나님께 속한 자는 하나님의 말씀을 듣지만, 하나님께 속하지 않은 자는 하나님의 말씀을 듣지 않는다47절.

(15) 예수님의 신적 기원(8:48~59)

48 유대인들이 대답하여 이르되 우리가 너를 사마리아 사람이라 또는 귀신이 들렸다 하는 말이 옳지 아니하냐 **49** 예수께서 대답하시되 나는 귀신 들린 것이 아니라 오직 내 아버지를 공경함이거늘 너희가 나를 무시하는도다 **50** 나는 내 영광을 구하지 아니하나 구하고 판단하시는 이가 계시니라 **51** 진실로 진실로 너희에게 이르노니 사람이 내 말을 지키면 영원히 죽음을 보지 아니하리라 **52** 유대인들이 이르되 지금 네가 귀신 들린 줄을 아노라 아브라함과 선지자들도 죽었거늘 네 말은 사람이 내 말을 지키면 영원히 죽음을 맛보지 아니하리라 하니 **53** 너는 이미 죽은 우리 조상 아브라함보다 크냐 또 선지자들도 죽었거늘 너는 너를 누구라 하느냐 **54** 예수께서 대답하시되 내

가 내게 영광을 돌리면 내 영광이 아무것도 아니거니와 내게 영광을 돌리시는 이는 내 아버지시니 곧 너희가 너희 하나님이라 칭하는 그이시라 55 너희는 그를 알지 못하되 나는 아노니 만일 내가 알지 못한다 하면 나도 너희 같이 거짓말쟁이가 되리라 나는 그를 알고 또 그의 말씀을 지키노라 56 너희 조상 아브라함은 나의 때 볼 것을 즐거워하다가 보고 기뻐하였느니라 57 유대인들이 이르되 네가 아직 오십 세도 못되었는데 아브라함을 보았느냐 58 예수께서 이르시되 진실로 진실로 너희에게 이르노니 아브라함이 나기 전부터 내가 있느니라 하시니 59 그들이 돌을 들어 치려 하거늘 예수께서 숨어 성전에서 나가시니라

1) 하나님을 공경하시는 예수님(8:48~50)

유대인들은 예수님을 비난한다48절. 그들은 예수님을 향하여 "사마리아 사람"이라고 하는데, 이는 유대인들에게 있어서 사마리아 사람들이 정통 신앙을 계승하지 못한 자 혹은 이단자라는 인식이 있었기 때문이다. 또한 그들은 예수님을 향하여 "귀신이 들렸다"라고 하는데, 이는 앞에서 예수님이 유대인들을 마귀의 후손들이라고 말한 것과 대조를 이룬다참고. 7:20; 마 9:34; 막3:22; 눅11:15. 이에 예수님은 자신이 귀신들린 것이 아니라고 명확히 대답하시면서, 자신은 오직 아버지를 공경하며 아버지의 영광을 구하신다고 말씀하신다49절. 한편, 예수님의 대답은 당시 사람들의 인식 속에 '사마리아 사람'이라는 말과 '귀신들린 사람'이라는 말이 같은 의미로 사용되었음을 암시한다.

예수님은 이어서 "나는 내 영광을 구하지 아니하나 구하고 판단하시는 이가 계시니라"라고 말씀하신다50절. 여기서 "나는 내 영광을 구하지 아니하나"라는 말씀은 예수님이 십자가 위에서 부끄러움을 당하실 것을 전망한다. 장차 예수님은 모든 영광을 버리시고 십자가 위에서 처참히 못 박혀 돌아가실 것이다. 그리고 "구하고 판단하시는 이가 계시니라"라는 말씀은 하나님 아버지가 하시는 일을 설명한 것인데, 본문에는 하나님 아버지가

무엇을 구하시는지 구체적으로 언급되어 있지 않다. 하지만 요한복음에는 아버지 하나님이 아들 예수님을 영화롭게 하신다는 사실이 명시되어 있다참고. 8:54; 17:1. 따라서 예수님은 하나님의 영광을 구하시고 하나님은 예수님의 영광을 구하시는 '상호 영광 돌림'mutual glorification이라는 사상이 여기에 나온다.

2) 아브라함보다 먼저 계신 예수님(8:51~59)

예수님은 사람들이 자신의 말씀을 지키면 영원히 죽음을 보지 않는다고 하신다51절. 여기서 '지키다'라는 말은 문맥상 '듣는 것'hearing을 의미한다참고. 43, 47절. 그러나 유대인들은 예수님의 말씀을 전혀 이해하지 못한다. 오히려 그들은 아브라함과 선지자들이 죽었다는 사실을 들면서 영원한 생명에 관한 예수님의 말씀이 맞지 않는다고 생각한다52절. 이렇듯 그들은 땅에physical level 속해 있으므로 하늘에 속한spiritual level 개념을 깨닫지 못한다. 한편, '지키다'에 해당하는 헬라어 '테레오'는 요한이 자주 사용한 단어이다참고. 요: 18회, 요일: 7회, 계시록: 11회; 그 외의 신약에서는 사도행전에만 8회 나옴.

유대인들은 "너는 이미 죽은 우리 조상 아브라함보다 크냐"라고 묻는다53절. 이것은 앞에서 사마리아 사람들이 야곱을 자신들의 조상으로 생각하기 때문에 "당신이 야곱보다 더 크니이까"라고 물은 것과 같다참고. 4:12. 유대인들의 질문에 대해 예수님은 성부가 성자에게 영광을 돌리신다고 하신다54절; 참고. 50절. 이것은 예수님의 신적 정체를 성부께서 보증하신다는 뜻이다. 55절은 대단히 분명한 예수님의 자기 계시 선언이다. "너희는 그를 알지 못하되 나는 아노니"라는 말씀은 유대인들이 세상에 속한 마귀의 아들이지만, 예수님은 하늘에 속한 하나님의 아들이라는 뜻이다참고. 7:27~29. 그리고 "나는 그를 알고 또 그의 말씀을 지키노라"라는 말씀은 예수님이 하나님께 순종하는 아들이심을 강조한다. 또한 이 말은 앎과 순종이 같은 것임을 암시한다참고. 51절.

56절은 결론적인 말씀이다. 예수님은 "너희 조상 아브라함은 나의 때 볼 것을 즐거워하다가 보고 기뻐하였느니라"라고 말씀하신다. 아브라함이 예수님의 때 볼 것을 즐거워하다가 보고 기뻐하였다는 말씀은 아브라함이 자신의 생애 가운데 일어난 어떤 특정한 사건들을 경험하면서 메시아를 보고 기뻐했다는 의미일 뿐만 아니라예. 창12:1~3; 17:17, 20; 22:8, 13~18; 참고. 롬4:13~21, 또한 그가 생애 전체에서 하나님의 언약이 실현되는 것을 보면서 언약의 주인공이신 메시아를 보고 즐거워했다는 뜻이다. 그리고 궁극적으로 이 말씀은 아브라함이 예수님의 증인이 된다는 뜻이다.

그러나 유대인들은 예수님의 말씀을 이해하지 못한다. 그들은 "네가 아직 오십 세도 못 되었는데 아브라함을 보았느냐"라고 묻는다57절. 이에 예수님은 "아브라함이 나기 전부터 내가 있느니라"라고 대답하신다58절. 아브라함이 있었던 시기는 예수님 당시보다 약 2,000년 전이었다. 따라서 예수님의 말씀은 예수님의 선재성을 드러내는 것으로, 이미 1장 1절에서 언급되었다. 예수님은 현재 시제의 '나는 … 이다''에고 에이미'; NRSV: before Abraham was, I am 어구를 사용하시는데, 이것은 구약성경70인 역에서 하나님이 모세에게 자신을 계시하실 때 사용하신 것으로참고. 출3:14, 요한복음에서 예수님이 자신의 신적 권위를 드러내실 때 종종 사용하셨다참고. 6:35; 9:5; 11:25.[105]

---

105. "This is an absolute claim to preexistence anchored in the absolute 'I am' (Gk. ego eimi) language we have already seen in this Gospel (cf. 4:26). 'I am' possesses no predicate (as in "I am the bread of life," 6:35) and so stands alone, no doubt echoing the Greek translation of God's divine name given in Exodus 3:14. To exist before

예수님의 말씀을 듣고 유대인들이 격분하여 돌로 치려 하자 예수님은 몸을 숨겨 성전에서 나가신다59절. 돌로 치는 것은 하나님의 신성을 모독한 자에 대한 형벌이다참고. 레24:13~16; 신13:6~11; 요10:31~33, 11:8; 행7:58. 구약시대에 이 형벌은 군중들의 충동적인 벌이 아니라 올바른 판단의 결과에 따른 것이었다. 하지만 지금 유대인들의 행동은 진지한 판결이 없는 우발적인 것이다참고. 신17:2~7. 따라서 예수님을 돌로 치려는 그들의 행동은 옳지 않다. 예수님은 아직 자신의 때가 이르지 않았기 때문에 일단 박해를 피하신다. 그분은 언젠가 자신의 때가 이르면 당당히 죽음을 맞이하실 것이다.

(16) 맹인을 고치심(9:1~7)

1 예수께서 길을 가실 때에 날 때부터 맹인 된 사람을 보신지라 2 제자들이 물어 이르되 랍비여 이 사람이 맹인으로 난 것이 누구의 죄로 인함이니이까 자기니이까 그의 부모니이까 3 예수께서 대답하시되 이 사람이나 그 부모의 죄로 인한 것이 아니라 그에게서 하나님이 하시는 일을 나타내고자 하심이라 4 때가 아직 낮이매 나를 보내신 이의 일을 우리가 하여야 하리라 밤이 오리니 그 때는 아무도 일할 수 없느니라 5 내가 세상에 있는 동안에는 세상의 빛이로라 6 이 말씀을 하시고 땅에 침을 뱉어 진흙을 이겨 그의 눈에 바르시고 7 이르시되 실로암 못에 가서 씻으라 하시니 (실로암은 번역하면 보냄을 받았다는 뜻이라) 이에 가서 씻고 밝은 눈으로 왔더라

7~8장에 언급된 초막절이 계속되고 있다. 따라서 9장을 초막절의 문맥에서 이해해야 한다.[106] 앞에서 언급했다시피, 초막절은 물과 빛을 소재로

---

the birth of Abraham-and yet to stand here today-is the boldest claim Jesus has yet made. It recalls the affirmation of the prologue that the Word existed even at the beginning of time. His existence has been continuous since his life is completely drawn from God's eternal life." Burge, 263.

106. Culpepper, 1998, 148.

한다. 그러므로 9장에서 맹인이 실로암 연못에서 씻은 후 눈을 뜬 사건을 초막절의 두 요소인 물과 빛의 문맥에서 이해할 수 있다.

<9장 1~41절의 구조>

9:1~7 맹인을 고치시는 이적

9:8~34 심문

- 9:8~12 유대인들의 심문
- 9:13~17 바리새인들의 심문
- 9:18~23 바리새인들이 맹인이었던 자의 부모를 심문함
- 9:24~34 바리새인들의 재심문

9:35~41 예수님과 고침 받은 맹인/바리새인의 만남

1) 맹인 된 사람의 등장(9:1~5)

사건의 대상자인 태어날 때부터 맹인 된 사람이 등장한다1절. 제자들은 맹인을 보면서 "이 사람이 맹인으로 난 것이 누구의 죄로 인함이니이까 자기니이까 그의 부모니이까"라고 예수님에게 묻는다2절. 이러한 질문은 고난이란 본인의 죄나 조상의 죄로 말미암아 오는 것이라는 유대인들의 전통적인 생각에서 비롯되었다참고. 출20:5; 눅13:1~5. 물론 고난은 죄 때문에 생길 수 있다참고. 요일5:16. 하지만 신약성경은 고난을 죄의 결과라고만 보는 견해를 분명히 반대한다참고. 눅13:2~3a; 고후12:7; 갈4:13; 요12:28, 37~41; 17:1, 5.[107] 만일 모든 고난이 죄의 결과라면, 예수님과 그분의 제자들이 당한 고난을 어떻게 이해할 것인가?

---

107. ESV Study Bible.

예수님은 이 사람이 맹인된 것은 이 사람이나 그의 부모의 죄로 인한 것이 아니라고 하시면서, 오히려 그에게서 하나님이 하시는 일을 나타내고자 하심이라고 말씀하신다3절; 참고. 5:14. 이 말씀은 이 사건을 통하여 예수님이 메시아이심을 드러내시겠다는 뜻이다. 물론 그렇다고 해서 이 사람이 예수님의 때를 위하여 지금까지 고통을 받고 있었던 것은 아니다. 다만 예수님은 이 사람을 통해서 자신의 신적 정체를 드러내고자 하시는 것이다. 따라서 이 사람이 고침을 받는 것은 한 능력자를 통하여 한 사람이 행복하게 된다는 사실을 보여주는 것이 아니라 세상의 구주께서 이 세상에 오셔서 모든 사람을 행복하게 해 주신다는 사실을 예시해 준다.

4~5절에서 예수님은 낮과 밤의 이미지를 사용하신다. 이것은 비유적으로figuratively 이해해야 한다. 낮과 밤은 각각 예수님이 계시는 때와 예수님이 떠나는 때예수님이 십자가에서 돌아가시는 때를 가리킨다. 왜냐하면 예수님은 세상의 빛이시기 때문이다참고. 1:4~5; 8:12. 예수님은 "우리가 하여야 하리라"라고 말씀하시는데, 이것은 교회"우리"가 사역을 감당해야 한다는 사실을 의미한다. 따라서 시기의 관점에서 볼 때, 이것은 예수님이 계시는 기간에서 교회가 예수님의 일을 계승할 수 있는 기간으로 확장된다. 즉 교회의 복음전파 사역이 지속하는 때가 결국 낮이다. 예수님이 재림하시면 밤이 되어서 더 교회가 복음을 전파할 수 없게 된다. 그때는 심판의 때이다.

2) 예수님의 맹인 치유(9:6~7)

예수님은 말씀을 마치시고 맹인을 치유하신다. 그런데 예수님의 치료 방법이 특이하다. 예수님은 땅에 침을 뱉어 진흙을 이겨 그의 눈에 바르시고참고. 막7:33, 8:23 실로암 못에 가서 씻으라고 말씀하신다6~7절. 이러한 예수님의 치료행위는 극적 효과를 가진다. 즉 예수님은 의미를 담은 극적인 행동을 통하여 당사자는 물론이거니와 주위에 있는 사람들에게 교훈을 주신다. 먼저, 고대에는 영웅적인 사람의 침에 능력이 있다는 인식이 있었다. 따라서 예수님은 침을 뱉으심으로써 당시 사람들의 일반적 인식을 사용하신다. 하지만 그렇다고 해서 예수님이 당시의 그러한 미신적 수단을 인정하셨다는 뜻은 아니다. 다음으로, 진흙을 이기는 것은 하나님의 인간 창조 장면을 반영한다참고. 창2:7. 따라서 예수님은 자신의 신적인 행위가 곧 하나님의 행위라는 사실을 드러내시고자 이러한 의도적인 행위를 하신다.

그런데 2~12장의 '표적' 내러티브에서 표적들은 '창조' 모티프를 대단히 풍부하게 담고 있다. 예수님이 행하신 첫 번째 표적인 가나 혼인 잔치 사건은 예수님이 물無로 포도주有를 만드심으로 창조 사역을 수행하신 일을 보여준다2:1~11. 예수님이 행하신 두 번째 표적은 왕의 신하의 아들을 살리신 일인데, 이 일은 예수님이 생명을 창조하시는 분임을 알려준다요4:46~54. 또한 예수님이 안식일에 병을 고쳐주신 표적에서5장, 예수님이 "내 아버지께서 이제까지 일하시니 나도 일한다"5:17라고 말씀하신 것은 예수님이 성부 하나님의 창조 사역을 수행하시는 분임을 암시한다. 예수님이 적은 음식으로 많은 사람을 먹이신 사건6장은 '출애굽' 모티프를 강하게 함의한다. 이사야 43장 14~21절에는 창조자이신 하나님께서 출애굽출바벨론의 역사를 일으키셨다고 말함으로 창조와 출애굽을 연관시킨다. 예수님이 태어날 때부터 시각장애인이었던 사람의 눈을 뜨게 해 주신 표적에서 예수님은 '흙'을 사용하여 시각장애인의 눈을 뜨게 하시는데9:6, 이는 하나님이 '흙'으로 사람을 만드신 일을 떠올리게 한다창2:7. 또한 이것은 예수님이 십자가에서 죽으셨다가 부활하신 후 제자들에게 '숨을 내쉬면서 성령을 받아라'라고 하신 일에서도 드러난다20:22. 마지막 표적은 예수님이 베다니에서 죽은 나사로를 다시 살리신 일인데, 이때 예수님이 자신을 '부활이요 생명'이

라고 선언하신 일은 그분이 생명과 사망을 주관하시는 분임을 가르쳐준다 11~12장.[108]

요한은 이방인 독자들을 위하여 못의 이름인 실로암의 뜻에 관해 설명해 준다7절. 실로암이란 '보냄을 받다'아페스탈메노스, sent라는 뜻이다참고. 사8:6. 왜냐하면 이 못은 인공 수로를 만들어서 물을 보내어 생겨난 것이기 때문이다. 예루살렘에 있는 두 개의 못은 베데스다와 실로암인데, 실로암 못은 주전 8세기 말에 히스기야가 만들었다. 그는 앗시리아의 왕 산헤립의 포위 공격에 대비하여 예루살렘 성 안에 충분한 물을 확보하기 위해 인공 연못을 만들었다. 이때 그는 기혼Gihon: '처녀의 샘'이라는 뜻에서부터 530m의 암반 터널을 파서 성에 물을 공급하였다참고. 대하32:30. 그렇지만 궁극적으로 이 내러티브에서 실로암이라는 이름은 하나님으로부터 보냄을 받으신 예수님을 가리킨다. 요한복음에서 예수님은 줄곧 '보냄을 받으신 분'으로 묘사된다참고. 8:42; 10:36; 17:18. 따라서 맹인이 실로암 못에서 고침을 받은 것은 인간이 예수님을 통해서 전인적인 치료를 받는 것을 상징한다.[109]

(17) 심문(9:8~34)

8 이웃 사람들과 전에 그가 걸인인 것을 보았던 사람들이 이르되 이는 앉아서 구걸하던 자가 아니냐 **9** 어떤 사람은 그 사람이라 하며 어떤 사람은 아니라 그와 비슷하다 하거늘 자기 말은 내가 그라 하니 **10** 그들이 묻되 그러면 네 눈이 어떻게 떠졌느냐 **11** 대답하되 예수라 하는 그 사람이 진흙을 이겨 내 눈에 바르고 나더러 실로암에 가서 씻으라 하기에 가서 씻었더니 보게 되었노라 **12** 그들이 이르되 그가 어디 있느냐 이르되 알지 못하노라 하니라 **13** 그들이 전에 맹인이었던 사람을 데리고 바리새인들에게 갔더라 **14** 예수께서 진흙을 이겨 눈을 뜨게 하신 날은 안식일이라 **15** 그러

108. 황원하, "신약성경에 나타난 창조", 『그말씀』 379 (2021): 100~115(특히 105).

109. Beasley-Murray, 156.

므로 바리새인들도 그가 어떻게 보게 되었는지를 물으니 이르되 그 사람이 진흙을 내 눈에 바르매 내가 씻고 보나이다 하니 **16** 바리새인 중에 어떤 사람은 말하되 이 사람이 안식일을 지키지 아니하니 하나님께로부터 온 자가 아니라 하며 어떤 사람은 말하되 죄인으로서 어떻게 이러한 표적을 행하겠느냐 하여 그들 중에 분쟁이 있었더니 **17** 이에 맹인되었던 자에게 다시 묻되 그 사람이 네 눈을 뜨게 하였으니 너는 그를 어떠한 사람이라 하느냐 대답하되 선지자니이다 하니 **18** 유대인들이 그가 맹인으로 있다가 보게 된 것을 믿지 아니하고 그 부모를 불러 묻되 **19** 이는 너희 말에 맹인으로 났다 하는 너희 아들이냐 그러면 지금은 어떻게 해서 보느냐 **20** 그 부모가 대답하여 이르되 이 사람이 우리 아들인 것과 맹인으로 난 것을 아나이다 **21** 그러나 지금 어떻게 해서 보는지 또는 누가 그 눈을 뜨게 하였는지 우리는 알지 못하나이다 그에게 물어 보소서 그가 장성하였으니 자기 일을 말하리이다 **22** 그 부모가 이렇게 말한 것은 이미 유대인들이 누구든지 예수를 그리스도로 시인하는 자는 출교하기로 결의하였으므로 그들을 무서워함이러라 **23** 이러므로 그 부모가 말하기를 그가 장성하였으니 그에게 물어 보소서 하였더라 **24** 이에 그들이 맹인이었던 사람을 두 번째 불러 이르되 너는 하나님께 영광을 돌리라 우리는 이 사람이 죄인인 줄 아노라 **25** 대답하되 그가 죄인인지 내가 알지 못하나 한 가지 아는 것은 내가 맹인으로 있다가 지금 보는 그것이니이다 **26** 그들이 이르되 그 사람이 네게 무엇을 하였느냐 어떻게 네 눈을 뜨게 하였느냐 **27** 대답하되 내가 이미 일렀어도 듣지 아니하고 어찌하여 다시 듣고자 하나이까 당신들도 그의 제자가 되려 하나이까 **28** 그들이 욕하여 이르되 너는 그의 제자이나 우리는 모세의 제자라 **29** 하나님이 모세에게는 말씀하신 줄을 우리가 알거니와 이 사람은 어디서 왔는지 알지 못하노라 **30** 그 사람이 대답하여 이르되 이상하다 이 사람이 내 눈을 뜨게 하였으되 당신들은 그가 어디서 왔는지 알지 못하는도다 **31** 하나님이 죄인의 말을 듣지 아니하시고 경건하여 그의 뜻대로 행하는 자의 말은 들으시는 줄을 우리가 아나이다 **32** 창세 이후로 맹인으로 난 자의 눈을 뜨게 하였다 함을 듣지 못하였으니 **33** 이 사람이 하나님께로부터 오지 아니하였으면 아무 일도 할 수 없으리이다 **34** 그들이 대답하여 이르되 네가 온전히 죄 가운데서 나서 우리를 가르치느냐 하고 이에 쫓아내어 보내니라

1) 유대인들의 심문(9:8~12)

사람들은 맹인이었다가 고침을 받은 사람의 정체에 대해서 혼란스러워한다8절. 이에 사람들은 고침을 받은 맹인에게 그의 정체에 관하여 질문하고, 고침을 받은 맹인은 자신이 바로 그 사람이라고 대답한다9절. 그러자 사람들은 그에게 "그러면 네 눈이 어떻게 떠졌느냐"라고 묻는다10절. 이에

그는 "예수라 하는 그 사람이 진흙을 이겨 내 눈에 바르고 나더러 실로암에 가서 씻으라 하기에 가서 씻었더니 보게 되었노라"라며 자신이 경험했던 것을 그대로 말한다11절. 그러자 사람들은 그를 고친 예수님이 어디 있느냐고 다시 묻는다12절.

그러므로 맹인이었다가 고침을 받은 사람에 대한 유대인들의 심문 대화를 통해서 드러난 세 가지 사실은 다음과 같다. 첫째, 고침을 받은 사람은 자신이 맹인이었다가 고침을 받은 것이 사실이라고 확인해 준다. 둘째, 고침을 받은 사람은 자신이 어떻게 눈을 뜨게 되었는지를 경험했던 그대로 진술함으로써 이적이 사실인 것을 입증해 준다. 셋째, 사람들은 예수님이 어디 있느냐고 묻는데, 이로써 맹인의 정체에 대한 질문은 예수님의 정체에 대한 질문으로 전환되며, 이 질문은 앞으로 거론될 예수님의 정체에 대한 대답을 연결하는 기능을 가진다.

2) 바리새인들의 심문(9:13~17)

유대인들은 전에 맹인이었던 사람을 데리고 바리새인들에게 간다13절. 이때 요한은 "예수께서 진흙을 이겨 눈을 뜨게 하신 날은 안식일이라"라는 설명을 붙인다14절.[110] 이 설명은 논쟁을 예고하는 장치가 된다. 즉 5장에서 예수님이 안식일에 병을 고치심으로 일어났던 논쟁을 상기시켜 준다. 그리고 이 설명은 예수님이 여기서 다시 의도적으로 안식일에 병을 고치심으로 논쟁을 일으키시려 했다는 점을 알려준다. 바리새인들은 앞에서의 일반 유대인들과 마찬가지로 고침을 받은 사람에게 어떻게 앞을 보게 되

110. 참고. J. L. Staley, "Stumbling in the Dark, Reaching for the Light: Reading Characters in John 5 and 9," *Semeia* 53 (1991): 55~80.

었는지를 묻고, 고침을 받은 사람은 "그 사람이 진흙을 내 눈에 바르매 내가 씻고 보나이다"라고 함으로 앞에서 한 말을 반복한다15절.

그러자 바리새인들 가운데 분쟁이 일어난다. 어떤 사람들은 예수님이 안식일을 어겼으므로 하나님으로부터 온 자가 아니라고 주장한다. 그러나 어떤 사람들은 죄인으로서 어떻게 이러한 표적을 행하겠느냐고 말하는데, 이는 예수님이 하나님으로부터 오신 분임을 암시하는 것이다16절. 그런데 바리새인들은 특이하게도 이적 자체에 관해서 관심을 가지지 않는다. 그들은 오로지 예수님이 안식일 규정을 어긴 것에만 관심을 가진다. 이는 그들의 눈이 어두워져 있어서 예수님의 행위를 통해 드러난 의미예수님의 신적 정체를 깨닫지 못하기 때문이다. 한편, 유대인들의 미쉬나Mishnah에는 안식일에 반죽하지 말고Shabbath 24:3, 침을 바르지 말라Shabbath 14:14d, 17, 18는 규정이 있다.

이에 그들은 맹인 되었던 사람에게 "그 사람이 네 눈을 뜨게 하였으니 너는 그를 어떠한 사람이라 하느냐"라고 묻고, 맹인 되었던 사람은 "선지자니이다"라고 대답한다17절. 여기서 "선지자"란 하나님으로부터 특별한 사명을 받은 사람을 가리킨다. 따라서 이 사람은 아직 예수님을 메시아로까지 인식하지 못한다. 하지만 내러티브는 그의 예수님 인식의 발전을 묘사한다. 그는 처음에 예수님을 특별한 사람 정도로 이해했지만, 여기서는 특별한 사명을 받은 선지자로 이해한다. 이후에 내러티브가 전개되면서 그는 더욱 발전된 신앙고백을 할 것이다.

3) 바리새인들이 맹인이었던 자의 부모를 심문함(9:18~23)

유대인들은 이 사람이 맹인으로 있다가 보게 된 것을 믿지 않는다18a절. 그들은 완악해서 이적이 일어난 것이 너무나도 자명하지만 받아들이지 않는다. 그래서 그들은 고침을 받은 사람의 부모를 불러서 묻는다18b절. 유대인들은 이 사람이 맹인으로 태어났다고 그들이 말하는 그 아들이냐고 묻고, 그러면 어떻게 그가 지금 보게 되었느냐고 묻는다19절. 이에 그의 부모는 눈을 뜬 사람이 자신들의 아들이며 맹인으로 태어난 것을 그들이 안다고 대답한다20절. 그러나 지금 그가 어떻게 해서 보게 되었는지 그들이 모르고, 또 누가 그의 눈을 뜨게 했는지도 모른다고 말하면서, 그가 장성했으니 그에게 물어보면 그가 자신에 관하여 말할 것이라고 대답한다21절. 한편, 당시 유대 사회에서는 13세 이상을 장성한 자로 간주하였다.

그런데 요한은 여기서 특별한 설명을 덧붙인다22~23절. 곧 그의 부모가 이렇게 말한 것은 유대인들을 두려워했기 때문인데, 당시 유대인들은 누구든지 그분을 그리스도로 시인하면 "출교하기로 결의"했다는 것이다22절. 여기서 "출교"에 해당하는 '아포쉬나고고스'는 문자적으로 '회당에서 좇아내는'이라는 뜻이다참고. 12:42; 16:2.[111] 그러므로 그의 부모가 "그가 장성했으니 그에게 물어 보소서"라고 말했다는 것이다23절. 말하자면, 부모가 유대인들의 '출교'를 두려워하여 대답을 회피했다는 것이다. '아포쉬나고고스'는 예수님 당시의 출교를 가리키는 것이지만, 특별히 주후 90년대 얌니아 회의에서 사용된 전문용어일 가능성이 크다참고. 서론. 즉 이것은 예수님 당시에주후 30년대 유대인들이 그리스도인들을 좇아낸 것을 가리키면서 동시에 요한복음이 기록될 당시에주후 90년대 행해진 본격적인 박해를 가리키는 것으로 추정된다. 따라서 요한복음의 1차 독자들요한 공동체은 이 이야기를 읽으면서 예수님 당시의 이야기를 자신들의 현실과 연관 지어서 이해했을

---

111. 이 단어와 관련된 역사적 배경을 위하여, J. L. Martyn, *History and Theology in the Fourth Gospel*, 3rd ed. (Louisville: Westminster John Knox, 2003)(특히 35~66, 148~67)을 보라.

것이다.[112]

4) 바리새인들의 재심문(9:24~34)

바리새인들은 맹인이었던 사람을 다시 불러서 심문한다24절. 그들은 고침을 받은 사람에게 "너는 하나님께 영광을 돌리라"라고 말하는데, 이것은 그가 고침을 받은 근거를 예수님이 아닌 하나님께 두라는 명령이 아니라, 증언에 앞서서 공식적인 맹세를 하라는 관용어구이다참고. 수 7:19; 1 Esdra 9:8.[113] 그들은 이어서 "우리는 이 사람이 죄인인 줄 아노라"라고 말하는데, 이는 예수님이 안식일에 병을 고치신 일 때문이다. 그러자 고침을 받은 사람은 "그가 죄인인지 내가 알지 못하나 한 가지 아는 것은 내가 맹인으로 있다가 지금 보는 그것이니이다"라고 대답함으로써 자신의 바뀐 상태를 분명히 말한다25절.

바리새인들은 "그 사람이 네게 무엇을 하였느냐 어떻게 네 눈을 뜨게 하였느냐"라고 묻는다26절. 이것은 예수님에게서 어떤 혐의를 잡으려는 바리새인들의 의도가 담긴 질문이다. 하지만 고침을 받은 사람은 이 질문에 대답하지 않고 오히려 역질문을 한다. "내가 이미 일렀어도 듣지 아니하고 어찌하여 다시 듣고자 하나이까 당신들도 그의 제자가 되려 하나이까"

---

112. Michaels는 '출교'에 대한 주제를 다음과 같이 설명한다. "The term 'out of synagogue' occurs here and in two other places in John's Gospel (12:42 and 16:2), but (aside from patristic references to those three texts) nowhere else in ancient Greek literature. It may have been the Gospel writer's own coinage, and as such its meaning would have been readily understood. Synagogue discipline, involving temporary excommunication (for varying lengths of time and for a variety of reasons), was common enough in early Judaism." Michaels, 554.

113. Kysar, 153.

27절. 이것은 고침을 받은 사람이 예수님의 제자가 되었다는 사실을 시사한다. 더욱이 고침을 받은 사람의 질문은 마치 예수님의 질문처럼 보인다. 그리하여 이제 바리새인들이 대답해야 할 처지가 된다. 그들은 예수님의 제자가 되고자 하는지 그렇지 않고자 하는지 대답해야 한다.

그러자 바리새인들은 욕을 하면서 "너는 그의 제자이나 우리는 모세의 제자라"라고 대답한다28절. 그러면서 "하나님이 모세에게는 말씀하신 줄을 우리가 알거니와 이 사람은 어디서 왔는지 알지 못하노라"라고 말한다29절. 그런데 유대의 종교지도자들은 7장 28절에서 "우리는 이 사람이 어디서 왔는지 아노라"라고 말한 적이 있다. 그들은 예수님의 인간적인 배경을 이미 알고 있었다. 하지만 여기서는 반대로 말하는데, 이는 예수님의 신적인 기원, 곧 예수님이 하나님 아버지에게서 오신 사실을 부정하는 것이다.[114]

고침을 받은 사람은 더욱 담대해진다. 그는 "이상하다 이 사람이 내 눈을 뜨게 하였으되 당신들은 그가 어디서 왔는지 알지 못하는도다"라고 말한다30절. 이 문구에서 "이상하다"에 해당하는 헬라어 단어 '타우마스토스'는 상당히 많이 놀라는 것을 의미한다. 더욱이 이 구절에는 고침을 받은 사람의 더욱 진전된 신앙고백이 담겨 있다. 그는 자신을 고치신 예수님이 하늘로부터 오셨다는 것을 안다는 전제하에 유대의 종교지도자들이 예수님의 기원을 모른다고 하는 것을 직접적으로 비난한다. 따라서 고침을 받은 사람은 예수님 인식에 있어서 "예수라 하는 그 사람"11절에서 "선지자"17절로 발전하며, 이후 '예수님의 제자'27절에서 '예수님의 신적 기원을 아는 상태'30절로 발전한다.

이제 고침을 받은 사람은 바리새인들 앞에서 가르치는 위치를 취한다.

---

114. Kysar, 154.

그는 하나님께서 죄인의 말을 듣지 않으시고 경건하여 그분의 뜻대로 행하는 자의 말을 들으신다고 말한다31절. 구약성경 여러 곳에는 하나님께서 죄인들의 기도를 듣지 않으신다는 말씀이 있다참고. 시34:15; 66:18; 109:7; 145:19.[115] 따라서 고침을 받은 맹인의 말은 하나님께서 죄인들의 말을 듣지 않으시는 것을 고려할 때 예수님이 의인임에 틀림없다는 사실을 내포한다. 그리고 고침을 받은 사람은 창세 이후로 맹인으로 태어난 사람의 눈을 누가 뜨게 해 주었다는 말을 들어보지 못했으니 예수님이 하나님으로부터 오시지 않았으면 아무것도 하실 수 없었을 것이라고 말한다32~33절. 실제로 구약성경에는 맹인이 눈을 뜬 경우가 나오지 않는다. 따라서 고침을 받은 사람의 말에는 예수님이 하나님께서 보내신 분이 확실하다는 주장이 담겨 있다.

그러나 유대의 종교지도자들은 고침을 받은 사람이 맹인으로 태어난 것이 "온전히"전적으로 죄 때문이라고 정죄하면서 그를 쫓아낸다34절. 그들은 2절에서 보인 대로 유대인들의 전형적인 사고에 빠져 있다. 그런데 예수님 당시에 분노한 종교지도자들이 예수님의 제자들을 쫓아낸 것은 공식적인 결의사항이 아니라 단순한 충동적인 행동이었다. 하지만 요한복음의 1차 독자들은 이것을 자신들의 시대 상황회당으로부터의 출교 상황에 적용하면서 고침을 받은 사람이 담대히 예수님을 증언하는 모습을 제자도의 모범으로 삼았을 것이다. 당시에 유대 사회에서 출교란 종교적 축출과 사회적 고립을 모두 의미하는 것이었기 때문에 제자들의 공포심은 매우 컸다.

115. ESV Study Bible.

<9장 8~34절의 내러티브 구조>

9:8~12 대화: 사람의 정체

9:13~14 설명을 통한 정보

9:15~17 대화: 예수님의 정체(분열)

9:18~21 대화: 사람의 정체

9:22~23 설명을 통한 정보

9:24~34 대화: 예수님의 정체(분열)

이 내러티브는 네 개의 대화와 그들 가운데에 있는 두 개의 설명 형태로 구성되어 있다. 내러티브는 사람의 정체에서 예수님의 정체로 발전된다. 곧 맹인이었던 사람이 누구냐에 대한 논의에서 예수님이 누구냐에 대한 논의로 발전된다.

(18) 예수님과 고침 받은 맹인/바리새인의 만남(9:35~41)

35 예수께서 그들이 그 사람을 쫓아냈다 하는 말을 들으셨더니 그를 만나사 이르시되 네가 인자를 믿느냐 **36** 대답하여 이르되 주여 그가 누구시오니이까 내가 믿고자 하나이다 **37** 예수께서 이르시되 네가 그를 보았거니와 지금 너와 말하는 자가 그이니라 **38** 이르되 주여 내가 믿나이다 하고 절하는지라 **39** 예수께서 이르시되 내가 심판하러 이 세상에 왔으니 보지 못하는 자들은 보게 하고 보는 자들은 맹인이 되게 하려 함이라 하시니 **40** 바리새인 중에 예수와 함께 있던 자들이 이 말씀을 듣고 이르되 우리도 맹인인가 **41** 예수께서 이르시되 너희가 맹인이 되었더라면 죄가 없으려니와 본다고 하니 너희 죄가 그대로 있느니라

1) 예수님과 고침 받은 맹인의 만남(9:35~38)

예수님은 바리새인들이 맹인이었던 사람을 쫓아냈다는 말을 들으셨는

데 다시 그를 만나셔서 "네가 인자를 믿느냐"라고 그에게 물으신다35절. 여기서 "인자"the Son of Man는 신적인 존재를 가리킨다참고. 단7:13~14. 예수님은 평소에 하늘의 초월적 존재인 '인자' 칭호를 자신에게 적용하셔서 자신의 신적 정체를 드러내셨다. 예수님의 이러한 질문에 고침을 받은 사람은 "주여 그가 누구시오니이까 내가 믿고자 하나이다"라고 대답한다36절. 이 사람은 인자를 믿겠다고 하면서도, 아직 예수님이 누구이신 줄 모른다.[116]

이에 예수님은 "네가 그를 보았거니와 지금 너와 말하는 자가 그이니라"라고 말씀하심으로써 자신의 정체를 드러내신다37절. 그러자 이 사람은 "주여 내가 믿나이다"라고 하면서 예수님께 절한다38절. 따라서 이 사람은 예수님이 어떤 분이신가에 대한 계시에 계속해서 반응을 보인다.[117] 즉 그는 예수님에 대한 인식에 있어서 지속적인 성장과 진보를 보인다. 이것은 제자도의 전형이 된다. 이를 통하여, 요한복음을 읽는 독자들은 예수님이 누구이신 줄 더욱 깊이 알아가야 하며, 그 사실을 사람들 앞에서 공적으로 말할 수 있어야 한다는 요청을 받는다. 결국 육적인 눈을 뜬 사람은 영적인 눈도 뜨게 된다. 또한 유대 공동체에서 출교된 사람은 예수님의 공동체에 들어온다.

2) 예수님과 바리새인의 만남(9:39~41)

예수님은 자신이 심판하러 이 세상에 오셨다고 말씀하신다39절. 이는 예수님께서 누가 볼 수 있는 자의인이며, 누가 볼 수 없는 자죄인인지 확연히 드러내신다는 뜻이다. "보지 못하는 자들은 보게 하고 보는 자들은 맹인이

---

116. 예수님을 가리키는 '인자'라는 칭호는 요한복음에 13번 나온다(예. 1:51; 3:13, 14; 5:27; 6:27, 53, 62; 8:28; 9:35; 12:23, 34c, 34d; 13:31f).

117. ESV Study Bible.

되게 하려 함이라"라는 말씀은 예수님이 이 세상에 오셔서 죄인으로 취급받던 맹인들을 구원하시고, 죄가 없다고 생각하는 자들의 죄를 책망하신다는 뜻이다. 따라서 여기서 죄와 맹인의 모티프가 발전된다. 예수님의 계시에 대한 인간의 반응에 따라 맹인인지 맹인이 아닌지가 드러난다. 맹인이었던 자는 점점 믿음이 성장하지만, 바리새인들은 믿음이 없는 자임이 밝혀진다. 따라서 진정한 맹인은 바리새인들이다. 그들은 자신들의 죄 때문에 맹인이 되었다. 즉 그들은 예수님을 거부함으로써 눈이 어두워졌다.

바리새인 중에 예수님과 함께 있던 자들이 이 말씀을 듣고 "우리도 맹인인가"라고 묻는다40절. 이에 예수님은 "너희가 맹인이 되었더라면 죄가 없으려니와 본다고 하니 너희 죄가 그대로 있느니라"라고 말씀하신다41절. 만일 유대의 종교지도자들이 하나님의 말씀이나 율법에 대해서 몰랐더라면, 예수님과 제자들이 전하는 교훈을 반대하는 것이 그들에게 죄가 되지 않았을 것이다. 물론 이것이 그들의 원죄를 없애 주는 것은 아니지만 말이다. 그러나 그들은 이미 하나님의 말씀과 율법에 대해서 알고 있었으며, 예수님의 복음이 구약의 율법과 일맥상통한다는 사실을 알고 있었으면서도, 그것을 거부함으로써 죄가 있게 되었다. 한편, 바울은 로마서 1장 18절~3장 20절에서 이와 비슷한 주장을 편다. 그는 모든 사람이 하나님에 대해서 조금이라도 알고 있으므로 핑계를 댈 수 없다고 말한다참고. 롬1:18~20, 32; 2:14~15.[118]

118. ESV Study Bible.

(19) 목자 강화(10:1~21)

1 내가 진실로 진실로 너희에게 이르노니 문을 통하여 양의 우리에 들어가지 아니하고 다른 데로 넘어가는 자는 절도며 강도요 2 문으로 들어가는 이는 양의 목자라 3 문지기는 그를 위하여 문을 열고 양은 그의 음성을 듣나니 그가 자기 양의 이름을 각각 불러 인도하여 내느니라 4 자기 양을 다 내놓은 후에 앞서 가면 양들이 그의 음성을 아는 고로 따라오되 5 타인의 음성은 알지 못하는 고로 타인을 따르지 아니하고 도리어 도망하느니라 6 예수께서 이 비유로 그들에게 말씀하셨으나 그들은 그가 하신 말씀이 무엇인지 알지 못하니라 7 그러므로 예수께서 다시 이르시되 내가 진실로 진실로 너희에게 말하노니 나는 양의 문이라 8 나보다 먼저 온 자는 다 절도요 강도니 양들이 듣지 아니하였느니라 9 내가 문이니 누구든지 나로 말미암아 들어가면 구원을 받고 또는 들어가며 나오며 꼴을 얻으리라 10 도둑이 오는 것은 도둑질하고 죽이고 멸망시키려는 것뿐이요 내가 온 것은 양으로 생명을 얻게 하고 더 풍성히 얻게 하려는 것이라 11 나는 선한 목자라 선한 목자는 양들을 위하여 목숨을 버리거니와 12 삯꾼은 목자가 아니요 양도 제 양이 아니라 이리가 오는 것을 보면 양을 버리고 달아나나니 이리가 양을 물어 가고 또 헤치느니라 13 달아나는 것은 그가 삯꾼인 까닭에 양을 돌보지 아니함이나 14 나는 선한 목자라 나는 내 양을 알고 양도 나를 아는 것이 15 아버지께서 나를 아시고 내가 아버지를 아는 것 같으니 나는 양을 위하여 목숨을 버리노라 16 또 이 우리에 들지 아니한 다른 양들이 내게 있어 내가 인도하여야 할 터이니 그들도 내 음성을 듣고 한 무리가 되어 한 목자에게 있으리라 17 내가 내 목숨을 버리는 것은 그것을 내가 다시 얻기 위함이니 이로 말미암아 아버지께서 나를 사랑하시느니라 18 이를 내게서 빼앗는 자가 있는 것이 아니라 내가 스스로 버리노라 나는 버릴 권세도 있고 다시 얻을 권세도 있으니 이 계명은 내 아버지에게서 받았노라 하시니라 19 이 말씀으로 말미암아 유대인 중에 다시 분쟁이 일어나니 20 그 중에 많은 사람이 말하되 그가 귀신 들려 미쳤거늘 어찌하여 그 말을 듣느냐 하며 21 어떤 사람은 말하되 이 말은 귀신 들린 자의 말이 아니라 귀신이 맹인의 눈을 뜨게 할 수 있느냐 하더라

이 강화는 9장에서 이어진 것이다. 구약성경은 이스라엘과 하나님을 양과 목자의 은유로 자주 표현했다참고. 창48:15; 49:24; 삼하5:2; 왕상22:17; 시23:1; 80:1; 전12:11; 사40:11; 53:6; 렘31:10; 겔34장; 슥10:2 등. 따라서 이 강화의 소재는 유대인들에게 매우 친숙하다.

<구조>

10:1~5 예수님의 비유: 문과 목자

10:6 요한의 설명: 유대인들이 이해하지 못함

10:7~10 예수님의 비유 설명 1: 문이신 예수님

10:11~18 예수님의 비유 설명 2: 목자이신 예수님

10:19~21 요한의 설명: 유대인들이 분열됨

1) 예수님의 비유: 문과 목자(10:1~5)

예수님은 목자와 강도를 구분하신다. 구분의 기준은 단순하다. 목자는 양 우리에 들어갈 때 문을 통해서 들어가지만, 강도는 문으로 들어가지 않고 다른 데로 넘어간다1~2절. 주후 1세기 이스라엘의 양 우리'아울레', sheepfold는 대개 집 근처에 있었으며 주로 돌담으로 둘러싸여 있었다. 그리고 한 가족이나 여러 가족이 그곳에서 그들의 양을 키웠다. 그러한 양 우리에는 정식 문이 있을 수도 있고 없을 수도 있는데, 보통 돈을 받고 고용된 문지기들이 양 우리의 입구를 지키고 서서 도둑이나 야수로부터 양들을 보호했다.[119] 이 때문에 양을 훔쳐가려고 침입한 도둑들은 문으로 들어가지 않고 담을 넘어서 들어갔다.

예수님은 문지기가 목자를 위하여 문을 열고 양은 목자의 음성을 듣는데, 목자가 자기 양의 이름을 각각 불러 인도하여 낸다고 말씀하신다3절; 참고. 8, 16, 27절. 이것은 목자가 모든 양의 이름을 알고 있다는 뜻이며, 또한 양이 목자의 음성을 알고 있다는 뜻이다. 예수님은 이어서 목자가 자기 양을 다 내놓은 후에 앞서가면 양들이 그의 음성을 아는 고로 따라오지만, 타인

---

119. ESV Study Bible.

강도의 음성은 알지 못하기 때문에 그를 따르지 않고 도리어 도망한다고 말씀하신다4~5절. 여기서 목자는 예수님이다. 그분은 양들과 좋은 관계를 맺고 계신다. 하지만 강도는 유대의 종교지도자들이다. 그들은 양들과 좋지 않은 관계를 맺고 있다. 따라서 이 비유는 예수님이 인간을 개별적으로 아시고, 또한 인간과 개별적으로 친밀한 관계를 맺고 계신다는 사실을 가르쳐준다.

그런데 목자가 양의 이름을 부르고 양이 목자의 음성을 알고 따라가는 것은 요한복음에서 매우 중요한 주제이다. 즉 예수님의 비유는 예수님께서 선택된 자녀들을 모두 아시며, 하나님의 선택된 자녀들이 예수님의 말씀을 듣고 예수님께 나아온다는 요한복음의 두드러진 주제를 반영한다참고. 5:46~47; 8:37, 45, 47. 그리고 이것은 구약적 배경을 가진다. 하나님은 인간 지도자를 그분의 양들의 목자로 세우시며참고. 민27:15~23; 사63:11; 겔34:1~24, 이스라엘의 출애굽은 목자에 의해서 양 무리가 이끌려 나온 것으로 묘사되고참고. 시77:20; 78:52; 사63:11, 14, 구약 선지서는 종말에 하나님의 백성들의 이끌림을 언급한다참고. 미2:12~13.[120]

2) 요한의 설명: 유대인들이 이해하지 못함(10:6)

예수님께서 이 비유로 사람들에게 말씀하셨으나, 사람들은 그분이 하신 말씀이 무슨 뜻인지 알지 못한다6절. 여기서 "비유"파로이미아란 1~5절의 강화를 가리킨다. 그리고 사람들이 알지 못하는 것은 그들이 맹인이기 때문이다참고. 9:41. 사람들이 무지하여 알지 못하기에 예수님은 비유를 설명해 주신다. 즉 이어지는 내용7~18절은 1~5절의 비유에 대한 설명이다. 문예적

---

120. ESV Study Bible.

인 측면에서, 사람들이 예수님의 말씀을 이해하지 못하는 것을 '오해' 모티프misunderstanding motif라고 한다. 요한복음에는 이런 '오해' 모티프가 많이 있는데, 이것은 이 복음서를 읽는 독자들에게 더 많은 내용을 가르쳐 주는 문예적 장치literary device가 된다.

3) 예수님의 비유 설명 1: 문이신 예수님(10:7~10)

이제 비유에 대한 예수님의 설명이 제시된다. 예수님의 설명은 두 부분으로 되어 있는데7~10절과 11~18절, 이 설명들에서 예수님은 '나는 … 이다' 어구'I am' statement를 통하여 자신의 신적 정체를 선언하신다. 예수님은 "나는 양의 문이라"라고 말씀하신다7절. 앞에서 말했듯이, 당시 이스라엘의 양 우리에는 별도로 양문이 없어서 주로 주인이나 목자에 의해서 고용된 일꾼이 입구에서 양을 지키는 경우가 많았다.[121] 따라서 예수님이 자신을 양의 문에 비유하시는 것은 적절하다. 그런데 이것은 더욱 깊은 기독론적 메시지를 가지는데, 곧 예수님께서 하나님께로 나아가는 유일한 문구원의 길이 된다는 사실을 전달한다참고. 시118:20.

예수님은 "나보다 먼저 온 자는 다 절도요 강도니 양들이 듣지 아니하였느니라"라고 말씀하신다8절. '예수님보다 먼저 온 자'는 사람들을 미혹하여 잘못된 길로 들어서게 한 거짓 메시아들, 유대의 종교지도자들, 그리고 잘못된 종교 규례들 등이다. 예수님은 "내가 문이니 누구든지 나로 말미암아 들어가면 구원을 받고 또는 들어가며 나오며 꼴을 얻으리라"라고 말씀하신다9절. 또한 예수님은 자신을 통해서 구원을 받을 수 있다고 단언하신다. 그리고 예수님은 '구원을 얻는 것'을 '꼴을 얻는 것'에 비유하시는데참

121. 참고. Michaels, 577.

고. 시23:2; 사49:9~10, 양들이 꼴을 먹음으로써 생명을 얻는 것과 마찬가지로 사람들이 생명의 떡이시며 생명의 물이신 예수님을 먹고 마심으로써 영생을 얻는다는 사실을 알려준다.[122]

예수님은 도둑이 오는 것은 도둑질하고 죽이고 멸망하게 할 뿐이라고 하신다10a절. 도둑질과 살인과 멸망을 같이 말하는 것은 강조하기 위해서이다. 이에 반해 예수님이 오신 것은 양으로 생명을 얻게 하고 더 풍성히 얻게 하려는 것이라고 하신다10b절. 생명을 얻고 더 풍성히 얻는다는 표현은 점층법이다. 이것은 예수님을 통한 구원의 풍성함을 강조한다참고. 겔34:12~15, 25~31. 앞에서 예수님은 물로 포도주를 만드신 이적2:1~11과 오병이어 이적6:1~15을 통하여 풍성히 공급하시는 분으로 묘사되었다. 그러므로 예수님과 유대의 종교지도자들 사이에 극명한 대조가 이루어진다. 한편, 본문은 에스겔 34장과 간본문성intertextuality을 가진다. 에스겔 34장 1~10절에는 이스라엘의 왕이 나쁜 목자로 제시되어 있고, 에스겔 34장 11~31절에는 하나님이 선한 목자로 제시되어 있다.

4) 예수님의 비유 설명 2: 목자이신 예수님(10:11~18)

이제 비유에 대한 예수님의 두 번째 설명이 나온다. 여기서는 목자이신 예수님에 대한 언급이 제시된다. 예수님은 “나는 선한 목자라”라고 말씀하신다11a절.[123] 구약에서 하나님은 양들의 목자로 묘사된다참고. 시23편; 사40:11; 렘23:1~4; 겔34장; 슥11:4~17. 그리고 하나님의 종 모세 역시 목자로 진술된다참고. 시63:11; 77:20. 또한 다윗 혹은 다윗 혈통의 메시아도 목자로 그려진다참고. 삼하

---

122. 신약성경은 종종 하나님의 나라에 들어갈 때 문을 통과하는 것을 말한다(참고. 마7:7, 13; 18:8~9; 25:10; 행14:22). ESV Study Bible.

123. 참고. Burge, 290~91.

5:2; 시78:70~72; 겔37:24; 미5:4. 그런데 이제 신약에서 예수님은 하나님, 모세, 다윗에게서 예표 된 메시아의 완전한 성취자가 되신다.[124]

예수님은 선한 목자가 양들을 위하여 목숨을 버린다고 말씀하신다11b절. 실제로 예수님은 선한 목자로서 양들을 위하여 생명을 버리실 것이다. 예수님이 목자로서 양을 위하여 생명을 버리신다는 것은 이후에 그가 인간들을 위하여 십자가에 못 박혀 돌아가시는 것을 뜻한다참고. 15절. 그러나 삯꾼은 목자가 아니며 양도 자기 양이 아니어서 이리가 오는 것을 보면위험한 순간이 오면 양을 버리고 도망한다12~13절. 당시 이스라엘에는 거짓 선지자들, 거짓 종교지도자들, 거짓 메시아들이 많이 있었다. 그들은 백성을 위하는 것처럼 행동했지만, 실상 자신들의 이익을 위하여 행동했다. 따라서 예수님은 그들을 목자가 아닌 삯꾼이라고 부르신다. 그런데 이러한 말씀은 나중에 제자들이 예수님을 버리고 달아나는 것과 관련하여 제자도에 대한 성찰을 준다. 만일 제자들조차 양들을 버리고 달아나버린다면 그들 역시 삯꾼에 불과하다.

예수님은 다시 자신을 "선한 목자"라고 하시면서, "나는 내 양을 알고 양도 나를 아는 것이 아버지께서 나를 아시고 내가 아버지를 아는 것 같으니 나는 양을 위하여 목숨을 버리노라"라고 말씀하신다14~15절. 따라서 예수님은 11절에서 하신 말씀을 14~15절에서 다시 하심으로 말씀의 병행parallel을 만드시는데, 15절에서 더욱 진전된 말씀을 하신다. 즉 예수님과 양의 관계가 성부와 성자의 관계와 같다고 하신다. 이것은 목자와 양의 관계가 매우 친밀하다는 점을 알려준다. 특히 요한복음에서 '아는 것'은 사랑의 관계를 시사하며, 나아가서 사랑하는 자를 위하여 목숨을 버리는 것을 뜻

124. ESV Study Bible.

한다15절. 예수님은 사람들을 사랑하시기 때문에 장차 사람들을 위하여 자신의 목숨을 버리실 것이다. 그러므로 주님의 십자가는 주님의 사랑을 상징한다.

예수님은 "이 우리에 들지 아니한 다른 양들"이 있다고 말씀하신다16a절. 이들은 이방인 그리스도인들을 가리키는 동시에참고. 사56:8, 요한 공동체 내의 상이한 그룹, 그리고 나아가서 미래의 그리스도인들을 가리킨다.[125] '우리에 들어 있는 양들'은 예수님께서 직접 담당하시지만, "우리에 들지 아니한 다른 양들"은 예수님의 제자들이 담당해야 한다. 예수님은 "그들도 내 음성을 듣고 한 무리가 되어 한 목자에게 있으리라"라고 말씀하신다16b절. 이것은 제자들이 예수님의 사역을 훼손하지 않고 잘 보존해야 한다는 사명을 일깨워준다. 예수님의 음성을 듣는 것은 예수님과 그의 말씀에 대한 신앙의 표식이 되며참고. 5:24; 10:27; 12:47, 그들이 예수님께 속해 있다는 증거가 된다. 그리고 "한 무리"와 "한 목자"라는 표현은 예수님이 모든 사람을 한 우리에 모으셔서 하나의 새 언약의 공동체를 창조하신다는 것을 뜻한다.

예수님은 양들을 위하여 목숨을 버리신다고 하신다. 그런데 예수님은 "내가 내 목숨을 버리는 것은 그것을 내가 다시 얻기 위함이니"라고 하시는데, 이것은 예수님의 부활을 암시한다17a절. 양들을 위하여 목숨을 버리는 것은 양들에 대한 사랑의 가장 극적인 표현이다참고. 13:1; 15:13. 그리고 이렇게 양들을 위하여 목숨을 버리시는 예수님을 하나님께서 사랑하신다17b

---

125. Michaels의 설명을 참고하라. "It would be easy and natural to move directly from verse 15 to verse 17, … This parenthetical comment looks beyond the 'courtyard' of Palestinian Judaism, and probably beyond Judaism itself to the Gentile world." Michaels, 588.

절. 필시 예수님은 유대인들에 의해서 어쩔 수 없이 죽임을 당하신 것이 아니라 인간들의 구원을 위하여 스스로 목숨을 버리신 것이다. 그러나 예수님은 목숨을 버릴 권세도 있지만, 그것을 다시 얻을 권세도 있다18절. 따라서 예수님은 죽으시지만 다시 살아나실 것이다. 결국 예수님은 자신의 죽음이 우리를 살리기 위한 것이라는 사실을 말씀하신다.

5) 요한의 설명: 유대인들이 분열됨(10:19~21)

6절에서는 유대인들이 예수님의 말씀을 이해하지 못했는데, 19절 이하에서는 예수님의 말씀을 들은 유대인들 간에 분쟁이 일어난다. 많은 유대인은 예수님이 귀신들려 미쳤다고 생각한다20절; 참고. 7:20; 8:48~49, 52. 그러나 다른 유대인들은 예수님이 맹인의 눈을 뜨게 하신 것을 보면서 하나님으로부터 보냄을 받은 자만이 이런 일을 할 수 있다고 주장한다21절; 참고. 9장과 10장의 연결. 결국 여기에 나오는 무리들은 여전히 예수님의 정확한 정체와 바른 믿음을 보여주는 일에 실패한다. 하지만 그들 앞에는 여전히 가능성이 열려 있다.[126]

(20) 신앙을 촉구하심(10:22~42)

22 예루살렘에 수전절이 이르니 때는 겨울이라 **23** 예수께서 성전 안 솔로몬 행각에서 거니시니 **24** 유대인들이 에워싸고 이르되 당신이 언제까지나 우리 마음을 의혹하게 하려 하나이까 그리스도이면 밝히 말씀하소서 하니 **25** 예수께서 대답하시되 내가 너희에게 말하였으되 믿지 아니하는도다 내가 내 아버지의 이름으로 행하는 일들이 나를 증거하는 것이거늘 **26** 너희가 내 양이 아니므로 믿지 아니하는도다 **27** 내 양은 내 음성을 들으며 나는 그들을 알며 그들은 나를 따르느니라

---

126. 참고. Burge, 294.

28 내가 그들에게 영생을 주노니 영원히 멸망하지 아니할 것이요 또 그들을 내 손에서 빼앗을 자가 없느니라 29 그들을 주신 내 아버지는 만물보다 크시매 아무도 아버지 손에서 빼앗을 수 없느니라 30 나와 아버지는 하나이니라 하신대 31 유대인들이 다시 돌을 들어 치려 하거늘 32 예수께서 대답하시되 내가 아버지로 말미암아 여러 가지 선한 일로 너희에게 보였거늘 그 중에 어떤 일로 나를 돌로 치려 하느냐 33 유대인들이 대답하되 선한 일로 말미암아 우리가 너를 돌로 치려는 것이 아니라 신성모독으로 인함이니 네가 사람이 되어 자칭 하나님이라 함이로라 34 예수께서 이르시되 너희 율법에 기록된 바 내가 너희를 신이라 하였노라 하지 아니하였느냐 35 성경은 폐하지 못하나니 하나님의 말씀을 받은 사람들을 신이라 하셨거든 36 하물며 아버지께서 거룩하게 하사 세상에 보내신 자가 나는 하나님의 아들이라 하는 것으로 너희가 어찌 신성모독이라 하느냐 37 만일 내가 내 아버지의 일을 행하지 아니하거든 나를 믿지 말려니와 38 내가 행하거든 나를 믿지 아니할지라도 그 일은 믿으라 그러면 너희가 아버지께서 내 안에 계시고 내가 아버지 안에 있음을 깨달아 알리라 하시니 39 그들이 다시 예수를 잡고자 하였으나 그 손에서 벗어나 나가시니라 40 다시 요단 강 저편 요한이 처음으로 세례 베풀던 곳에 가사 거기 거하시니 41 많은 사람이 왔다가 말하되 요한은 아무 표적도 행하지 아니하였으나 요한이 이 사람을 가리켜 말한 것은 다 참이라 하더라 42 그리하여 거기서 많은 사람이 예수를 믿으니라

<구조>

10:22~23	배경
10:24~30	첫 번째 신앙 촉구
10:31~39	두 번째 신앙 촉구
10:40~42	결론

1) 배경(10:22~23)

요한은 "예루살렘에 수전절이 이르니 때는 겨울이라"라는 배경적 언급을 한다22절. 이것은 유대의 절기와 관습을 잘 모르는 헬라세계에 사는 독자들을 위한 안내이다. '수전절'the Feast of Dedication, Hanukkah은 주전 165년경 유다 마카비 형제Judas Maccabaeus가 시리아의 안티오커스 에피파네스

Antiochus Epiphanes에 의해 더럽혀진 성전을 회복하여 다시 봉헌한 날을 기념하는 절기이다. 이 절기는 기슬레월the month of Chisleu, 양력 11~12월 25일에 시작하여 8일 동안 계속된다. 유대인들은 이 기간에 촛불을 밝히고, 할렐루야 시편을 부르며, 종려나무 가지를 흔들면서 행진했다.

요한은 "예수께서 성전 안 솔로몬 행각에서 거니시니"라고 말한다23절. 따라서 예수님께서 여전히 예루살렘에 계신다는 사실이 드러난다. 예수님이 맹인의 눈을 고치시고 목자 강화를 말씀하신 때는 가을이며초막절, 9~10월, 이 강화를 말씀하시는 때는 초겨울이다11~12월. 예수님은 다음 해 니산월3~4월에 죽임을 당하시게 된다. 따라서 예수님의 때가 거의 이르렀다. 예수님이 성전 안 솔로몬 행각에 거니신 것은 계절이 겨울이기 때문이다. 예수님은 추위를 피하시기 위하여 성전 바깥이 아니라 솔로몬 행각에서 가르치신다참고. 5:2.

2) 첫 번째 신앙 촉구(10:24~30)

유대인들은 예수님을 에워싸고 "당신이 언제까지나 우리 마음을 의혹하게 하려 하나이까 그리스도이면 밝히 말씀하소서"라고 말한다24절. 이것은 예수님에게 정체를 분명히 밝히라고 요청하는 것이다. 그들은 땅에 속한 자들로서 하늘에 속한 예수님의 말씀을 도무지 이해할 수 없었다. 그래서 그들은 예수님의 말씀이 무엇을 의미하는지를 묻는다. 하지만 그렇더라도 그들은 결코 예수님의 말씀을 이해하지 못할 것이다. 성령께서 말씀의 의미를 가르쳐 주시지 않으면 결코 이해할 수 없다. 한편, 이것은 요한복음에서 유대인들이 예수님께 직접 그리스도인지 아닌지를 묻는 유일한 경우이다.

예수님은 자신이 누구인지 분명히 밝혔으나, 그들이 믿지 않는다고 대답하신다25a절; 참고. 5:31~37; 8:28~29, 38; 10:14~16. 그러면서 자신이 아버지의 이름으로 행하는 이 일들이 자신에 대하여 증거하는 것이라고 말씀하신다 25b절. 이것은 예수님이 하나님의 말씀을 전한 일과 초자연적인 이적을 행한 일을 통해서 예수님이 하나님으로부터 오신 분임을 알 수 있다는 뜻이다. 예수님은 이어서 그들이 예수님의 양이 아니므로 믿지 않는다고 말씀하신다26절. 하나님께 속해서 예수님의 양인 자들은 예수님의 말씀을 믿지만, 그렇지 않은 자들은 예수님의 말씀을 믿지 않는다. 이는 하나님께서 택하신 자들에게 말씀을 듣고 믿을 수 있는 능력은혜을 주시기 때문이다. 이어서 예수님은 자신의 양이 자신의 음성을 들으며, 자신이 그들을 알고 그들이 자신을 따른다고 말씀하신다27절. 이것은 목자 강화에서 이미 말씀하신 것인데, 여기서 다시 말씀하심으로 강조하시는 것이다참고. 3~4, 14절.[127]

예수님은 자신이 그들에게 영생을 주신다고 하시면서 그들이 영원히 멸망하지 아니할 것이며, 또한 그들을 자신의 손에서 빼앗아 갈 수 없을 것이라고 하신다28절. 이것은 매우 선명하고 명확한 예수님의 신적 계시 선언 어구이다. 오직 하나님만이 영생을 주실 수 있는데, 여기서 예수님이 그것을 주신다는 것은 예수님이 곧 하나님이시라는 사실을 의미한다. 더욱이 예수님은 자신이 지키는 한 아무도 자신의 손에서 양들을 빼앗아 갈 수 없다고 말씀하심으로 자신을 신뢰할 것을 요청하신다. 예수님은 참된 목자로서 자신의 양들을 사랑하시며 전능하신 하나님으로서 그들을 끝까지 지키신다.

예수님은 아버지 하나님께서 만물보다 크다고 하시면서 아무도 아버지의 손에서 그들을 빼앗을 수 없다고 하신다29절. 이것은 하나님이 세상에서

127. Michaels, 598.

가장 강하신 분이시므로 아무도 그분의 양들을 빼앗아 갈 수 없다는 뜻이다. 예수님은 이어서 "나와 아버지는 하나이니라"라고 말씀하신다30절. 30절은 10장에서 매우 중요한 요점이 된다. 헬라어 본문에서 "하나"에 남성 '헤이스'가 아닌 중성 '헨'이 붙었는데, 이것은 하나님과 예수님이 인격에 있어서 하나가 아니라 목적과 사역에 있어서 하나라는 뜻이다.[128] 하나님의 일과 예수님의 일은 구분될 수 없다. 왜냐하면 예수님은 하나님의 일을 이루시기 위하여 이 땅에 오셨기 때문이다. 그러므로 29~30절은 아버지와 예수님의 연합 사역으로 양들이 보호를 받는다는 사실을 의미한다.

3) 두 번째 신앙 촉구(10:31~39)

유대인들은 돌을 들어 예수님을 치려 한다31절; 참고. 5:18; 8:59; 행7:58. 구약성경에는 하나님의 신성을 모독한 자에 대한 형벌로서 죄인을 돌로 치는 석형제도가 있었다참고. 레24:13~16; 신13:6~11; 요10:31; 행7:58. 그러나 지금 유대인들이 예수님을 돌로 치려는 데에는 아무런 이유가 없다. 예수님은 하나님의 신성을 모독하지 않으셨다. 오히려 유대인들이 예수님을 모독함으로써 하나님의 신성을 모독하고 있다. 그러므로 돌로 쳐서 죽임을 당해야 할 자들은 오히려 유대인들이다. 예수님은 "내가 아버지로 말미암아 여러 가지

---

128. Burge는 이를 다음과 같이 설명한다. "The astounding affirmation given in 10:30 serves as a high point in the chapter. Jesus' unity with the Father is the basis of the Father's participation in the preservation of the sheep. But we must be clear about what Jesus is saying. Earlier he spoke about his working in cooperation with the Father (5:17, 19) and in accordance with the Father's will (6:38; 8:26, 28; 10:18). The sheep here belong both to the Father and the Son (17:10) and enjoy fellowship with both simultaneously (14:23; 17:21-23, 26). 'One' in Greek is neuter and does not refer to 'one person.' Therefore, Jesus is affirming a unity of purpose and will. The protection of the sheep results from the joint work of Father and Son." Burge, 296.

선한 일로 너희에게 보였거늘 그중에 어떤 일로 나를 돌로 치려 하느냐"라고 물으신다32절. 그러자 유대인들은 예수님을 향해 "네가 사람이 되어 자칭 하나님이라"고 한다면서 비판한다33절.

예수님은 시편 82편 6절을 인용하시면서, 율법에 하나님의 말씀을 받은 사람들을 신들이라[129] 한 사실을 근거로 들어, 아버지께서 거룩하게 하사 세상에 보내신 자가 하나님의 아들이라 하는 것은 신성모독이 아니라고 주장하신다34~36절. 시편 82편 2~4절에는 인간 재판관들을 신들이라고 부르는 경우가 나오는데, 이는 당시에 인간 재판관들이 하나님을 대변하는 역할을 했기 때문이다. 그러므로 예수님의 말씀은 만일 인간 재판관들이 어떤 의미에서 신들이라고 불린다면, 진정한 하나님의 아들이신 예수님이 신하나님으로 불리는 것은 당연하다는 뜻이다. 즉 예수님은 하나님의 아들로서 아버지께서 세상에서 하라고 명령하신 것을 수행하고 계시기 때문에 유대의 종교지도자들이 예수님에게 신성모독죄를 적용하는 것은 옳지 않다는 것이다.[130]

예수님은 유대인들에게 믿을 것을 요청하신다37~38절.[131] 이 부분은 24~30절에서 언급한 것과 같다병행. 예수님은 그분의 일의 증거에 호소하신다참고. 5:36. 즉 예수님은 자신의 행적표적과 말씀이 자신이 하나님으로부터 보냄을 받은 분이라는 사실을 입증한다고 주장하신다. 그러면서 사람들이

---

129. 헬라어 원문의 복수형 '테오이'(gods)를 한글성경 개역개정은 단수형 '신'으로 번역했다.
130. 이에 대한 논의를 위하여, 권해생, 364~66을 보라.
131. Michaels의 설명을 참고하라. "These are Jesus' last words in the Gospel to 'the Jews,' and it is striking that after all the recrimination that has gone on through five chapters, he can still end with an open invitation to believe - plus the hope "that you might learn and know that the Father is in me and I in the Father" (v. 38b)." Michaels, 606.

예수님을 믿으면, 예수님이 아버지 안에 계시고, 아버지가 예수님 안에 계신다는 사실을 깨달아 알 수 있다고 하신다. 이 말씀은 예수님과 하나님이 하나라는 사실을 이해할 수 있다는 뜻이다참고. 10:30. 그러나 유대인들의 불신앙은 해소되지 않는다. 그들은 예수님을 다시 잡으려고 한다39절. 하지만 예수님은 잡히지 않으신다. 이는 하나님이 허락하신 때가 아직 이르지 않았기 때문이다참고. 8:20.

4) 결론(10:40~42)

예수님은 세례 요한이 세례를 베풀던 요단강 건너편으로 가셔서 거하신다40절. 이때 세례 요한이 언급되면서 예수님에 대한 세례 요한의 증언은 모두 참사실이라는 사람들의 말이 나온다41절. 이러한 정황적 진술은 예수님이 하나님의 아들이시며 동시에 그리스도이심을 보여주는 수단이 된다. 한편, 이곳은 요한복음에서 세례 요한을 마지막으로 언급한 곳인데, 요한복음에서 세례 요한은 처음부터 끝까지 메시아를 증언하는 인물로 묘사된다. 요한은 "거기서 많은 사람이 예수를 믿으니라"라는 말로 단화를 끝맺는다42절. 이것은 예수님의 사역에 대한 희망적인 전망을 하게 한다.

3. 절정표적(11:1~12:50)

요한복음의 거시구조macro-context에서 표적의 책인 2~12장은 2~4장, 5~10장, 그리고 11~12장으로 나누어진다. 그리고 11~12장은 하나의 단위unit로 묶이는데, 이 두 장은 요한복음의 전환점 역할transitional role을 한다. 즉 지금까지의 표적 내러티브를 종결하면서11장 앞으로 있을 수난 내러티브를 알리는12장 역할을 한다. 따라서 이 부분을 '표적의 책의 결론'the conclusion of the Book of Signs이면서 동시에 '영광의 책의 전주'the prelude of the Book of Glory라고 말할 수 있다.[132]

먼저, 11장에는 예수님께서 죽은 나사로를 살리시는 표적이 기록되어 있는데, 이를 '절정표적'The Climactic Sign이라고 부른다. 이 이야기는 신약성경에서 가장 스펙터클하다. 물론 공관복음에도 예수님이 죽은 자를 살리신 이적을 소개하지만 여기서만큼 세밀하고 웅대하게 묘사하지는 않는다. 다음으로, 12장에는 마리아가 예수님의 장례를 준비한 일과 예수님이 고난을 당하시기 위하여 예루살렘에 들어가시는 일이 기록되어 있다. 따라서 요한복음의 독자들paradigmatic readers은 11~12장을 읽으면서 예수님의 죽음에 관한 이야기를 준비하게 된다. 이제 예수님이 영광을 얻으실 때가 되었다.

(1) 예수님이 나사로에게 가심(11:1~16)

1 어떤 병자가 있으니 이는 마리아와 그 자매 마르다의 마을 베다니에 사는 나사로라 **2** 이 마리아는 향유를 주께 붓고 머리털로 주의 발을 닦던 자요 병든 나사로는 그의 오라버니더라 **3** 이에 그 누이들이 예수께 사람을 보내어 이르되 주여 보시옵소서 사랑하시는 자가 병들었나이다 하니 **4**

---

132. 참고. Brown, 1966, 413~15; Carson, 403.

예수께서 들으시고 이르시되 이 병은 죽을 병이 아니라 하나님의 영광을 위함이요 하나님의 아들이 이로 말미암아 영광을 받게 하려 함이라 하시더라 **5** 예수께서 본래 마르다와 그 동생과 나사로를 사랑하시더니 **6** 나사로가 병들었다 함을 들으시고 그 계시던 곳에 이틀을 더 유하시고 **7** 그 후에 제자들에게 이르시되 유대로 다시 가자 하시니 **8** 제자들이 말하되 랍비여 방금도 유대인들이 돌로 치려 하였는데 또 그리로 가시려 하나이까 **9** 예수께서 대답하시되 낮이 열두 시간이 아니냐 사람이 낮에 다니면 이 세상의 빛을 보므로 실족하지 아니하고 **10** 밤에 다니면 빛이 그 사람 안에 없는 고로 실족하느니라 **11** 이 말씀을 하신 후에 또 이르시되 우리 친구 나사로가 잠들었도다 그러나 내가 깨우러 가노라 **12** 제자들이 이르되 주여 잠들었으면 낫겠나이다 하더라 **13** 예수는 그의 죽음을 가리켜 말씀하신 것이나 그들은 잠들어 쉬는 것을 가리켜 말씀하심인 줄 생각하는지라 **14** 이에 예수께서 밝히 이르시되 나사로가 죽었느니라 **15** 내가 거기 있지 아니한 것을 너희를 위하여 기뻐하노니 이는 너희로 믿게 하려 함이라 그러나 그에게로 가자 하시니 **16** 디두모라고도 하는 도마가 다른 제자들에게 말하되 우리도 주와 함께 죽으러 가자 하니라

1) 예수님이 나사로의 소식을 들으심(11:1~4)

요한은 "어떤 병자가 있으니 이는 마리아와 그 자매 마르다의 마을 베다니에 사는 나사로라"라는 말로 이야기를 시작한다1절. 그리고 "이 마리아는 향유를 주께 붓고 머리털로 주의 발을 닦던 자요 병든 나사로는 그의 오라버니더라"라는 설명을 붙인다2절. 여기서 요한이 '나사로', '마리아', '마르다'라는 이름을 말하고, '베다니'라는 장소를 언급하며, 마리아에 대한 설명을 덧붙이는 것은 사건의 역사적 신빙성historical reliability을 드러내기 위해서이다. 이는 나사로가 살아난 사건이 워낙 엄청난 일이어서 믿기지 않을 수 있었기 때문이다.

마리아와 마르다는 누가복음 10장 38~42절에도 등장한다. 요한은 마리아에 대해 향유를 예수님의 발에 부은 여인이라고 소개하는데, 이는 이 이야기를 12장의 이야기와 연결하기 위한 것이다. 비록 마리아가 예수님의 발에 향유를 부은 일이 12장에 나오지만, 여기서 이것을 말하는 것은

요한복음의 기록 시점이 훗날이기 때문이다. 즉 이 복음서가 회고적 관점retrospective perspective에서 기록되었기 때문에 뒤에 일어날 일을 미리 말하는 것이다. 마리아와 마르다 중에서 누가 언니인지는 불확실하다. 그러나 마리아가 매우 비싼 기름을 예수님에게 부은 것은 그녀가 가정의 재산권을 가지고 있다는 뜻이 될 수 있기에 그녀가 언니일 가능성이 크다.

이 사건이 일어난 베다니는 예루살렘과 가까운 곳으로참고. 18절; 마21:17; 막11:1, 11~12; 눅19:29, 예루살렘으로부터 약 3㎞ 떨어져 있었다. 이곳은 감람산 동쪽 비탈에 있었는데, 아마도 나사로의 이름을 떠올리게 하는 아랍어 지명인 오늘날의 엘 아자리예El-Azariyeh일 것이다. 예수님은 예루살렘에 입성하신 후에 낮에 주로 예루살렘에 계시다가 저녁이 되면 이곳에 오셔서 주무셨는데, 아마도 이곳을 편안하게 이용하셨던 것 같다참고. 마21:17.[133] 한편, 이곳은 1장 28절에 나오는 베다니와 다르다참고. 1:28의 주해.

마리아와 마르다는 예수님께 사람을 보내어 “주여 보시옵소서 사랑하시는 자가 병들었나이다”라고 하면서 빨리 와서 고쳐 달라는 메시지를 보낸다3절. 어떤 학자들은 여기서 나사로가 “사랑하시는 자”라고 묘사되어 있으므로 요한복음의 ‘사랑하시는 제자’가 나사로를 가리킨다고 주장한다. 그러나 그것은 억측에 불과하다. 그렇게 볼 근거가 거의 없다. 나사로에 대해서 “사랑하시는 자”라고 표기된 것은 그저 일반적이다. 오히려 전통적인 견해에 따라 ‘사랑하시는 자’를 ‘사도 요한’으로 보는 것이 옳다참고. <특주1> 요한복음의 저자는 누구인가?.

그러나 예수님은 “이 병은 죽을 병이 아니라 하나님의 영광을 위함이요 하나님의 아들이 이로 말미암아 영광을 받게 하려 함이라”라고 말씀하신

---

133. 참고. Brown, 1966, 431; Carson, 405; Kysar, 173.

다4절. 이 말씀은 이중의미를 가진다. 곧 한편으로는 예수님이 나사로를 다시 살리심으로써 예수님의 권능이 드러나는 것을 뜻하지만, 다른 한편으로는 이 사건으로 말미암아 예수님이 죽임을 당하시게 된다는 것을 뜻한다. 다시 말해서 예수님은 나사로를 살리심으로써 많은 사람으로부터 신적인 존재로 추앙되시지만, 12장에서 보듯이 종교지도자들은 예수님이 나사로를 살리신 일로 말미암아 예수님을 더욱 증오하여 그분을 죽이려고 한다.

2) 예수님이 나사로에게 가자고 하심(11:5~10)

예수님은 본래 마르다와 그 동생과 나사로를 사랑하셨지만, 나사로가 병들었다는 소식을 들으셨어도 곧장 가시지 않고 그 계시던 곳에서 이틀을 더 머무신다5~6절. 이것은 예수님께서 나사로가 완전히 죽을 때까지 기다리고 계시는 것을 의미한다. 예수님은 나사로가 죽은 후에 그를 다시 살리심으로써 하나님의 영광과 자신의 영광을 드러내시려고 한다. 그런데 여기서 예수님이 사람의 요청을 들어주시지 않는 것은, 다시금 예수님이 사람의 계획이나 요청으로 움직이시는 분이 아니라, 하나님의 계획이나 요청에 따라 움직이시는 분이라는 사실을 드러낸다참고. 2:4; 7:9~10. 즉 예수님은 오로지 하나님의 프로그램에 따라 일하시는 분이다.

그 후에 예수님은 제자들에게 유대로 다시 가자고 말씀하신다7절. 유대는 예수님과 제자들이 돌에 맞을 뻔했던 지역이다참고. 10:31. 그런데도 예수님이 죽음의 위험을 감수하시면서까지 유대로 가시는 것은 그분의 죽음이 결코 유대 종교지도자들에 의한 것이 아니라 자의에 의한 것임을 보여준다. 즉 예수님은 스스로 죽음을 택하시는 것이다참고. 10:17~18. 그러나 제자들은 "랍비여 방금도 유대인들이 돌로 치려 하였는데 또 그리로 가시려 하나이까"라고 하면서 유대는 매우 위험한 곳이니 가지 말아야 한다고 예수님을 만류한다8절.

유대로 가는 것을 꺼리는 제자들에게 예수님은 빛과 어둠을 소재로 사용하여 말씀하신다. 예수님은 "낮이 열두 시간이 아니냐"라고 하시는데, 이것은 '낮은 열두 시간이나 되지 않느냐?'라는 뜻이다9a절. 이어서 예수님은 누군가가 낮에 다니면 이 세상의 빛을 보기 때문에 실족하지 않고, 밤에 다니면 빛이 없으므로 실족한다고 하신다9b~10절. 이것은 당시 사람들에게 현실적인 말씀이었다. 왜냐하면 당시에 밤에는 가로등 같은 빛이 없었고 등불이 있었지만, 매우 약한데다가 기름을 사야 하는 부담 때문에 사람들이 낮에만 활동하고 밤에는 활동하지 않았기 때문이다.

그러나 예수님의 이 말씀은 또한 은유적으로 이해해야 한다. 요한복음에서 빛과 어둠의 은유는 매우 중요한데, 빛은 예수님과 믿음과 구원과 선함 등을 뜻하며, 어둠은 사탄과 불신과 악함과 무지 등을 의미한다참고. 1:4~5; 8:12; 9:4; 12:35~36. 따라서 이 문맥에서 예수님의 말씀은 일차적으로 예수님이 땅에 계시는 시간이 충분하지 않기 때문에 지금 가서 일나사로를 살리시는 일을 해야 한다는 뜻이다. 그러나 이 말씀은 이차적으로 예수님께서 자신의 정체를 드러내시는 것을 시사하며세상의 빛, 또한 자신을 통하여 나사로가 살아날 것빛이 있어야 실족하지 않음을 의미한다.

3) 예수님이 나사로의 죽음을 말씀하심(11:11~16)

예수님은 "우리 친구 나사로가 잠들었도다 그러나 내가 깨우러 가노라" 라고 말씀하신다11절. 예수님이 나사로를 "친구"필로스라고 표현하신 것은 예수님이 나사로를 사랑하신다는 증거가 된다. 그러나 제자들은 예수님의 말씀을 이해하지 못하여 나사로가 진짜 잠들어 있다고 생각하여 "주여 잠들었으면 낫겠나이다"라고 말한다12절. 예수님이 '죽음'을 '잠'이라고 표현하신 것은 완곡어법euphemism이다. 구약성경에는 종종 죽음을 잠든 것으로 표현한다예. 왕상2:10 등. 그리고 신약성경에도 성도의 죽음을 잠든 것으로 표현한 곳이 많다예. 막5:39; 행7:60; 고전15:6 등. 이는 언젠가 성도가 다시 깨어날 것이기 때문이다.

제자들이 오해하자 예수님은 나사로가 죽었다고 분명히 말씀하신다13~14절. 예수님은 전지하신 분이시므로 나사로가 이미 죽었다는 것을 알고 계셨다. 그러나 예수님은 의도적으로 나사로에게 일찍 가지 않으시고 그가 완전히 죽은 후에 가신다. 그래서 예수님은 "내가 거기 있지 아니한 것을 너희를 위하여 기뻐하노니 이는 너희로 믿게 하려 함이라. 그러나 그에게로 가자"라고 하신다15절. 즉 예수님은 제자들이 믿게 하시려고 일부러 나사로에게 가지 않으신 것이다참고. 20:30~31. 이 목적대로 나사로의 죽음을 목격한 제자들은 장차 예수님이 죽음을 이기신 분임을 믿고 예수님의 증인이 될 것이다. 이처럼 표적의 목적은 예수님의 영광을 드러내시고 사람들의 믿음을 유발하는 것에 있다.[134]

그런데 예수님이 나사로에게로 가자고 하시자, 느닷없이 디두모라고도 하는 도마가 다른 제자들에게 "우리도 주와 함께 죽으러 가자"라고 말한다16절. 도마는 당시의 관례에 따라 헬라식 이름인 '도마'와 히브리식 이름인 '디두모'라는 이름을 가지고 있었는데, 두 이름의 뜻은 모두 '쌍둥이'이다참고. 20:24. 도마가 주님과 함께 죽으러 가자고 말한 이유는 유대가 예수님과 제자들에게 위험한 지역이었기 때문이다. 더욱이 도마가 이렇게 말한 것은 다른 제자들과 마찬가지로 그가 예수님의 말씀을 충분히 이해하지 못

134. Beasley-Murray, 187.

했기 때문이다. 그런데 이 말은 나사로의 살아남이 예수님의 죽음과 연결된다는 암시성을 가진다.

(2) 예수님이 나사로의 무덤에 가심(11:17~37)

17 예수께서 와서 보시니 나사로가 무덤에 있은 지 이미 나흘이라 **18** 베다니는 예루살렘에서 가깝기가 한 오 리쯤 되매 **19** 많은 유대인이 마르다와 마리아에게 그 오라비의 일로 위문하러 왔더니 **20** 마르다는 예수께서 오신다는 말을 듣고 곧 나가 맞이하되 마리아는 집에 앉았더라 **21** 마르다가 예수께 여짜오되 주께서 여기 계셨더라면 내 오라버니가 죽지 아니하였겠나이다 **22** 그러나 나는 이제라도 주께서 무엇이든지 하나님께 구하시는 것을 하나님이 주실 줄을 아나이다 **23** 예수께서 이르시되 네 오라비가 다시 살아나리라 **24** 마르다가 이르되 마지막 날 부활 때에는 다시 살아날 줄을 내가 아나이다 **25** 예수께서 이르시되 나는 부활이요 생명이니 나를 믿는 자는 죽어도 살겠고 **26** 무릇 살아서 나를 믿는 자는 영원히 죽지 아니하리니 이것을 네가 믿느냐 **27** 이르되 주여 그러하외다 주는 그리스도시요 세상에 오시는 하나님의 아들이신 줄 내가 믿나이다 **28** 이 말을 하고 돌아가서 가만히 그 자매 마리아를 불러 말하되 선생님이 오셔서 너를 부르신다 하니 **29** 마리아가 이 말을 듣고 급히 일어나 예수께 나아가매 **30** 예수는 아직 마을로 들어오지 아니하시고 마르다가 맞이했던 곳에 그대로 계시더라 **31** 마리아와 함께 집에 있어 위로하던 유대인들은 그가 급히 일어나 나가는 것을 보고 곡하러 무덤에 가는 줄로 생각하고 따라가더니 **32** 마리아가 예수 계신 곳에 가서 뵈옵고 그 발 앞에 엎드리어 이르되 주께서 여기 계셨더라면 내 오라버니가 죽지 아니하였겠나이다 하더라 **33** 예수께서 그가 우는 것과 또 함께 온 유대인들이 우는 것을 보시고 심령에 비통히 여기시고 불쌍히 여기사 **34** 이르시되 그를 어디 두었느냐 이르되 주여 와서 보옵소서 하니 **35** 예수께서 눈물을 흘리시더라 **36** 이에 유대인들이 말하되 보라 그를 얼마나 사랑하셨는가 하며 **37** 그 중 어떤 이는 말하되 맹인의 눈을 뜨게 한 이 사람이 그 사람은 죽지 않게 할 수 없었더냐 하더라

1) 예수님이 나사로를 살리시겠다고 하심(11:17~22)

예수님이 베다니에 도착하셨지만, 이미 나사로가 무덤에 있은 지 이미 나흘이 되었다17절. 당시 유대인들은 사람이 죽으면 즉시 장례를 치렀기 때

문에 이 표현은 나사로의 시신이 무덤에 있은 지 나흘이 되었다는 뜻이다. 더욱이 당시 유대인들 가운데는 사람이 죽으면 영혼이 육체 주위에 3일 동안 머물다가 스올sheol에 들어가기 때문에 4일이 되기 전에는 다시 살아날 가능성이 있다는 관념이 있었다.[135] 따라서 나사로가 죽은 지 나흘이 되었다는 말에는 나사로가 확실히 죽었으며, 다시 살아날 가능성이 전혀 없다는 뜻을 내재한다. 즉 이것은 '38년 된 병자'참고. 5:5와 '날 때부터 맹인'참고. 9:1 등과 같은 의미로 이해할 수 있다.

요한은 "베다니는 예루살렘에서 가깝기가 한 오 리쯤 되매"라고 설명한다18절. 이렇게 요한이 베다니의 위치를 밝히는 것은 이적의 사실성을 입증하기 위해서이다. 요한은 또한 많은 유대인이 마르다와 마리아에게 그 오라비의 일로 위문하러 왔다는 사실을 말한다19절. 여기에서 '유대인'은 일반적인 유대인이다. 즉 예수님의 적대자들종교지도자들이 아니다. 많은 유대인들이 마르다와 마리아를 찾아 온 것은 이 집안이 사람들에게 잘 알려진 집안임을 의미한다. 그런데 이렇게 많은 사람의 목격은 나사로를 살리는 이적의 사실성을 드러내는 증거가 된다.

예수님께서 오신다는 말을 듣고 마르다는 곧 나가 예수님을 맞이했으나 마리아는 집 안에 머물러 있다20절. 마리아가 집에 머문 이유는 조문객들을 맞이하기 위해서일 수도 있고 예수님이 늦게 오신 것에 대한 원망 때문일 수도 있다. 마르다는 예수님을 보자 "주께서 여기 계셨더라면 내 오라버니가 죽지 아니하였겠나이다"라고 말한다21절. 이것은 마르다가 늦게 오신 예수님을 원망하는 것이다32절에 있는 마리아의 말과 같음. 마르다는 예수님이 무엇이든지 하실 수 있음을 안다고 말한다22절. 그러나 이 말에는 그분

135. 참고. Brown, 1966, 424; Ridderbos, 1992, 393.

이 지금 당장 나사로를 살리실 것으로 생각하지는 않는다는 뜻이 내포되어 있다. 그녀는 예수님이 나사로를 살리신다고 하더라도 마지막 날에 살리실 것으로 생각한다참고. 24절.

2) 예수님이 자신을 계시하심(11:23~27)

예수님은 마르다에게 "네 오라비가 다시 살아나리라"라고 말씀하신다 23절. 하지만 마르다는 "마지막 날 부활 때에는 다시 살아날 줄을 내가 아나이다"라고 대답한다24절. 이러한 부활에 대한 미래 종말론적 사고는 바리새인들과 대다수 유대인의 전형적인 이해였다참고. 단12:2; 행23:8.[136] 유대인들은 세상의 마지막 날에 부활이 있을 것이라고 믿었다. 물론 요한복음에서 예수님은 마지막 때의 부활에 대해서 말씀하셨다참고. 5:21, 25~29; 6:39~44, 54. 하지만 여기서 예수님이 마르다에게 하시는 말씀은 '지금' 나사로가 살아날 것이라는 뜻이다.

예수님은 마르다와의 대화를 계기로 삼아 매우 의미심장한 기독론적 선언을 하신다.[137] "나는 부활이요 생명이니 나를 믿는 자는 죽어도 살겠고 무릇 살아서 나를 믿는 자는 영원히 죽지 아니하리니"25~26절. 이 문구에서 '부활'은 종말의 미래적인 측면으로 '죽어도physical death 사는 것'에 연결되고, '생명'은 종말의 현재적인 측면으로 '살아서 믿는 자가 영원히 죽지spiritual death 않는 것'에 연결된다. 이것을 다음과 같이 표시할 수 있다.

---

136. ESV Study Bible; 참고. Moloney, 1998, 328.
137. 참고. Michaels, 632.

미래: 부활resurrection → 육체적 죽음physical death에서 살아남

현재: 생명life → 영적인 죽음spiritual death을 맞지 않음

믿는 자는 영원한 생명을 가지고 있기에 죽어도 죽는 것이 아니다. 즉 믿는 자가 육체적으로 죽는 것은 영원한 죽음의 상태에 들어간 것이 아니라 잠시 잠들어 있는 것이다. 믿는 자는 마지막 날에 다시 일어나서 그리스도와 연합한다. 그리하여 주님과 함께 영원히 산다.

마르다는 예수님의 말씀을 듣고 신앙을 고백한다27절; 참고. 6:69; 20:29. "주여 그러하외다 주는 그리스도시요 세상에 오시는 하나님의 아들이신 줄 내가 믿나이다". 여기서 '그리스도'와 '하나님의 아들'은 전통적으로 메시아적 신앙과 관련된 칭호들이다참고. 시118:26. 따라서 마르다는 유대의 전통에 충실해 있다. 하지만 그녀는 여전히 나사로가 다시 살아날 것이라는 믿음은 가지고 있지 않다. 그녀는 조금 후에 나사로가 살아나는 것을 보고서야 메시아적 칭호의 진정한 의미를 이해하고, 그 결과인 믿음을 얻게 될 것이다.

3) 예수님이 비통히 여기시고 눈물을 흘리심(11:28~37)

마르다는 예수님을 향한 신앙을 고백한 후에 집으로 돌아가서 가만히 마리아를 불러서 말하기를 "선생님이 오셔서 너를 부르신다"라고 한다28절. 본문에 기록되어 있지는 않지만 아마도 예수님께서 마르다에게 마리아를 불러오라고 하신 것 같다. 마리아는 이 말을 듣고 "급히 일어나" 예수님께 나아간다29절. 예수님이 마리아를 부르시자 마리아가 "급히 일어나" 예수님께 가는 것은 목자가 양의 이름을 부르자 양이 목자에게 가는 것을 연상하게 한다참고. 10:3, 16. 더욱이 이러한 모습은 독자들에게 예수님과 자신

의 관계를 돌아보게 만든다.

요한은 예수님이 아직 마을로 들어오지 않으시고 마르다가 맞이했던 곳에 그대로 계신다고 설명한다30절. 따라서 예수님은 여전히 죽은 나사로를 살리는 일에 전혀 관여하지 않으신다. 즉 예수님은 나사로의 육체와 거리를 두신다. 마리아와 함께 집에서 그녀를 위로하던 유대인들은 그녀가 급히 일어나 나가는 것을 보고 그녀가 무덤에 울기 위해 가는 줄로 생각하고 따라간다31절. 마리아는 예수님이 계신 곳에 가서 뵈옵고 그분의 발 앞에 엎드려 "주께서 여기 계셨더라면 내 오라버니가 죽지 아니하였겠나이다"라고 함으로 마르다와 같은 말을 한다32절; 참고. 21~22절. 마리아가 이렇게 말한 것은 예수님에 대한 섭섭한 마음을 반영한다.

예수님은 마리아가 우는 것과 또 함께 온 유대인들이 우는 것을 보시고 "심령에 비통히 여기시고", "불쌍히 여기사" 말씀하신다33절.[138] "심령에 비통히 여기시고"에 해당하는 헬라어 단어 '에네브리메사토'는 '화내다' 혹은 '경고하다'라는 뜻이다참고. 마9:30; 막1:43; 14:5. 그리고 "불쌍히 여기사"에 해당하는 헬라어 단어 '에타락센'은 '괴로워하다'라는 뜻이다. 따라서 한글 성경 개역개정의 "불쌍히 여기사"라는 번역은 오역이다. 예수님께서 곧 다시 살리실 나사로에 대해서 불쌍히 여기실 이유가 전혀 없다. 예수님께서 나사로를 어디 두었느냐고 물으시자, 사람들이 그가 있는 곳을 가리켜준다34절. 이에 예수님은 눈물을 흘리신다35절. 이처럼 예수님은 신성을 가지신 분이지만 또한 인성을 가지신 분이시다.

이때 유대인들은 "보라 그를 얼마나 사랑하셨는가"라며 예수님이 우시는 이유를 설명한다36절. 그들은 예수님이 나사로를 사랑하셨고 그의 죽음

---

138. Michaels, 636~37.

을 슬퍼하셨기에 우신다고 생각한다. 더군다나 그들은 죽은 자를 살리시는 예수님의 능력을 믿지 않는다37절. 그러나 앞에서 말했듯이, 잠시 후에 나사로를 살리실 예수님이 그가 죽은 것을 불쌍히 여기신다는 것은 이해하기가 어렵다. 게다가 여기에 사용된 헬라어 동사들에 반영된 예수님의 감정은 동정적이 아니다. 곧 예수님의 감정에 사용된 헬라어 동사들이 사용된 용례를 고려할 때 이것은 예수님의 분노와 안타까움을 표시한다.[139]

즉 예수님이 나사로의 시신 앞에서 비통히 여기시며 불쌍히 여기시고 눈물을 흘리신 이유는 나사로가 죽은 것이 불쌍해서가 아니라, 지금까지 말씀을 통하여 예수님이 누구신지 들었고 예수님이 행하신 표적을 통하여 그분이 가지신 능력을 보았음에도 불구하고, 여전히 믿지 않는 사람들의 완악하고 무지한 상태가 안타까워서이다. 또한 이것은 죽음이 인간에게 불행을 가져오는 것에 관하여 예수님께서 분노를 표출하신 것으로 생각할 수 있다참고. 고전15:26; 계21:4. 결국, 독자들은 나사로를 죽음에서 살리시는 예수님의 모습과 그분이 십자가에서 죽으시는 모습을 예수님의 감정을 통하여 연결한다.

(3) 예수님이 나사로를 살리심(11:38~44)

38 이에 예수께서 다시 속으로 비통히 여기시며 무덤에 가시니 무덤이 굴이라 돌로 막았거늘 **39** 예수께서 이르시되 돌을 옮겨 놓으라 하시니 그 죽은 자의 누이 마르다가 이르되 주여 죽은 지가 나흘이 되었으매 벌써 냄새가 나나이다 **40** 예수께서 이르시되 내 말이 네가 믿으면 하나님의 영광을 보리라 하지 아니하였느냐 하시니 **41** 돌을 옮겨 놓으니 예수께서 눈을 들어 우러러 보시고 이르시되 아버지여 내 말을 들으신 것을 감사하나이다 **42** 항상 내 말을 들으시는 줄을 내가 알았

---

139. Beasley-Murray, 193.

나이다 그러나 이 말씀 하옵는 것은 둘러선 무리를 위함이니 곧 아버지께서 나를 보내신 것을 그들로 믿게 하려 함이니이다 43 이 말씀을 하시고 큰 소리로 나사로야 나오라 부르시니 44 죽은 자가 수족을 베로 동인 채로 나오는데 그 얼굴은 수건에 싸였더라 예수께서 이르시되 풀어 놓아 다니게 하라 하시니라

1) 나사로의 죽음의 의미(11:38~40)

예수님은 다시 "속으로 비통히 여기시며" 무덤에 가시는데, 유대의 관습에 따라 무덤은 굴로 되어 있었고, 입구가 돌로 막혀 있었다38절. 예수님이 다시 속으로 비통히 여기신 이유는 유대인들의 불신앙이 개선되지 않은 여전한 현실을 반영한다. 예수님이 돌을 옮겨 놓으라고 하시자 마르다는 "주여 죽은 지가 나흘이 되었으매 벌써 냄새가 나나이다"라고 대답한다39절. 앞의 17절에는 "나사로가 무덤에 있은 지 이미 나흘이라"라는 언급이 있는데, 여기서 마르다가 다시 나사로가 죽은 지 나흘이라고 말하는 것은 나사로의 죽음이 확실하다는 것을 입증한다.

그러자 예수님은 "내 말이 네가 믿으면 하나님의 영광을 보리라 하지 아니하였느냐"라고 말씀하신다40절. 이것은 예수님이 4절에서 하신 말씀을 반영한다. 그런데 이러한 예수님의 말씀은 마르다와 독자들에게 이적이 가지는 계시적 중요성을 상기시킨다. 요한복음에서 '영광'은 예수님의 죽음과 부활을 가리킨다. 즉 예수님이 나사로를 살리시는 것은 예수님이 부활을 가능하게 하시는 전능하신 분인 것을 보여준다. 그리고 이것은 장차 예수님이 십자가에서 죽으심으로 하나님께 영광을 돌리시면 하나님이 예수님을 다시 살리심으로 예수님을 영화롭게 하시는 '상호 영광 돌림' mutual glorification을 예견하게 한다.

2) 나사로가 살아남(11:41~44)

사람들이 무덤 입구에 있는 돌을 옮겨 놓자 예수님은 눈을 들어 우러러 보시고 하나님께 기도하신다41절.[140] 예수님이 하나님께 기도하시는 것은 예수님이 말씀하시고 행하시는 모든 것이 하나님으로부터 주어진 것이라는 사실을 알려준다참고. 5:19~20; 10:32~39. "아버지여 내 말을 들으신 것을 감사하나이다"라는 어구는 예수님과 하나님의 친밀한 관계를 보여준다. 나아가서 이 어구는 우리가 예수님의 이름으로 기도하면 하나님께서 예수님을 보시고 우리의 기도를 들어주신다는 믿음을 가지게 한다. 예수님은 기도를 통하여 표적의 목적이 무엇인지를 가르쳐 주시는데, 그것은 하나님께서 예수님을 보내신 것을 사람들이 믿게 하려 함이었다42절; 참고. 4, 15, 25~26절.

예수님께서 이 말씀을 하신 후에 큰 소리로 "나사로야 나오라"라고 부르시자 죽은 나사로가 무덤에서 살아서 나온다43절.[141] 나사로는 수족을 베로 동인 채로 나오는데, 그 얼굴이 수건에 싸여 있었기에 예수님은 그것을 풀어 주어서 다니게 하라고 말씀하신다44절. 그런데 요한은 이 이야기에서 죽음에서 살아난 나사로의 반응보다 그를 죽음에서 살리시는 예수님께 초점을 맞춤으로써 사람들의 관심을 예수님의 능력 쪽으로 이끈다. 예수님의 "큰 소리"는 죽음의 권세를 깨뜨리시는 예수님의 절대적인 주권과 신적인 능력을 보여준다참고. 5:25~29. 그리고 나사로의 이름을 부르시는 것은 목자가 양의 이름을 부른다는 가르침을 떠 올리게 한다참고. 10:3. 한편, 나사

---

140. 참고. Max Wilcox, "The 'Prayer' of Jesus in John XI.41b-42," *NTS* 24 (1977~1978): 128~32.
141. 참고. M. W. G. Stibbe, "A Tomb with a View: John 11:11-44 in Narrative-Critical Perspective," *NTS* 40 (1994): 38~54.

로가 무덤에서 걸어 나오는 모습은 유대의 관습을 반영하는데참고. 19:40~41; 20:6~7, 사람들에게 그가 분명히 죽었던 자임을 확인시켜 준다.[142]

(4) 예수님을 죽이려는 음모(11:45~57)

45 마리아에게 와서 예수께서 하신 일을 본 많은 유대인이 그를 믿었으나 **46** 그 중에 어떤 자는 바리새인들에게 가서 예수께서 하신 일을 알리니라 **47** 이에 대제사장들과 바리새인들이 공회를 모으고 이르되 이 사람이 많은 표적을 행하니 우리가 어떻게 하겠느냐 **48** 만일 그를 이대로 두면 모든 사람이 그를 믿을 것이요 그리고 로마인들이 와서 우리 땅과 민족을 빼앗아 가리라 하니 **49** 그 중의 한 사람 그 해의 대제사장인 가야바가 그들에게 말하되 너희가 아무것도 알지 못하는도다 **50** 한 사람이 백성을 위하여 죽어서 온 민족이 망하지 않게 되는 것이 너희에게 유익한 줄을 생각하지 아니하는도다 하였으니 **51** 이 말은 스스로 함이 아니요 그 해의 대제사장이므로 예수께서 그 민족을 위하시고 **52** 또 그 민족만 위할 뿐 아니라 흩어진 하나님의 자녀를 모아 하나가 되게 하기 위하여 죽으실 것을 미리 말함이러라 **53** 이 날부터는 그들이 예수를 죽이려고 모의하니라 **54** 그러므로 예수께서 다시 유대인 가운데 드러나게 다니지 아니하시고 거기를 떠나 빈 들 가까운 곳인 에브라임이라는 동네에 가서 제자들과 함께 거기 머무르시니라 **55** 유대인의 유월절이 가까우매 많은 사람이 자기를 성결하게 하기 위하여 유월절 전에 시골에서 예루살렘으로 올라갔더니 **56** 그들이 예수를 찾으며 성전에 서서 서로 말하되 너희 생각에는 어떠하냐 그가 명절에 오지 아니하겠느냐 하니 **57** 이는 대제사장들과 바리새인들이 누구든지 예수 있는 곳을 알거든 신고하여 잡게 하라 명령하였음이러라

1) 나사로가 살아난 것을 본 사람들의 반응(11:45~54)

마리아에게 와서 예수님이 하신 일을 본 많은 유대인은 예수님을 믿는다45절. 그들은 예수님이 전하신 부활에 관한 말씀과 예수님이 죽은 사람을 실제로 살리신 이적을 통해서 믿음을 가진다. 하지만 어떤 유대인들은 바

---

142. 참고. Moloney, 1998, 341; C. L. Blomberg, *The Historical Reliability of John's Gospel: Issues & Commentary* (Downers Grove: Inter Varsity Press, 2001), 170.

리새인들에게 가서 예수님이 하신 일을 알린다46절. 따라서 이들은 바리새인들이 예수님을 죽이도록 모의하는 데 정보를 제공한다. 이렇듯 말씀을 듣고 이적을 본 사람들은 각기 다른 반응을 보인다. 요한복음에는 이렇게 예수님의 말씀과 이적을 접한 사람들이 보이는 상반되는 반응이 자주 언급되어 있다참고. 2:9~10; 5:10~18; 9:8~12.

이에 대제사장들과 바리새인들은 공회를 모으고 "이 사람이 많은 표적을 행하니 우리가 어떻게 하겠느냐"라며 대책을 논의한다47절. '공회'산헤드린는 대제사장과 장로들과 서기관들로 구성된 유대의 최고 의결기관이다참고. 7:45~52. 그들은 만일 예수님을 이대로 두면 모든 사람이 그를 믿을 것이며, 로마인들이 와서 자신들의 땅과 민족을 빼앗아 갈 것이라고 말한다48절. 여기서 '땅'토포스은 성전을 가리킨다참고. 행6:13~14; 21:28. 따라서 이 말은 로마인들이 이스라엘을 침략하여 성전을 무너뜨리고 나라를 빼앗을 것이라는 뜻이다. 그런데 아이러니하게도 이스라엘은 주후 70년에 로마에 의해서 멸망하고 성전은 완전히 파괴된다.

이때 "그 해의 대제사장인 가야바"가 말한다49절. 여기서 "그 해"that year란 예수님을 죽인 바로 '그 유명한 해'annus mirabilis란 뜻이다. 가야바는 주후 18~36년 사이에 대제사장으로 재임했기 때문에참고. 18:13, 14, 24, 28 주후 1세기에 상당히 오래 재임한 편이었다. 그는 "너희가 아무것도 알지 못하는도다 한 사람이 백성을 위하여 죽어서 온 민족이 망하지 않게 되는 것이 너희에게 유익한 줄을 생각하지 아니하는도다"라고 말한다50절. 이것은 예수님 한 사람을 죽여야 이스라엘이 망하지 않을 것이라는 뜻이다. 그런데 이것 역시 아이러니이다. 왜냐하면 예수님의 죽음으로 사람들이 망하지 않고 구원을 받게 되었기 때문이다.

51~52절은 가야바의 말에 대한 요한의 설명이다. 요한에 따르면, 가야

바의 말은 아이러니하게도 사실이 된다. 비록 가야바는 전혀 의도하지 않았지만, 그는 부지중에 예수님의 죽음의 의미를 말해 버린다. 따라서 그의 말은 요한복음에 자주 등장하는 '전형적인 이중의미'typical Johannine double meaning를 가진다참고. 3:14; 4:10; 8:24; 19:19. 예수님의 죽음은 하나님의 나라를 건설하는 종말론적인 사건이다. 그분이 죽으시는 것은 "그 민족", 즉 이스라엘 민족을 위할 뿐만 아니라 "흩어진 하나님의 자녀", 즉 이방인참고. 1:12; 사43:5; 56:6~8을 모아서 하나가 되게 하여 새로운 언약 공동체적 민족을 창조하는 일이다참고. 10:15~18; 12:32. 결국, 예수님이 나사로를 살리신 일은 유대인들이 예수님을 죽이려고 모의하는 계기가 된다53절. 예수님은 나사로를 살리심으로써 오히려 죽음의 위기를 맞으신다.[143]

유대의 종교지도자들이 예수님을 죽이려고 모의를 꾸미자, 예수님은 다시 유대인 가운데 드러나게 다니지 않으시고 거기를 떠나 빈 들광야 가까운 곳인 에브라임이라는 동네에 가서 제자들과 함께 머무신다54절. 지금 예수님이 적대자들을 피하시는 것은 그들이 무서워서가 아니라 아직 자신이 영광을 받으실 때죽으실 때가 이르지 않았기 때문이다. 즉 예수님은 하나님이 정해 놓으신 때를 맞추시기 위하여 잠시 피하신다. 이렇게 해서 예수님은 대중들을 대상으로 하는 사역을 거의 마쳐 가신다. 12장에서 보듯이, 잠시 후에 예수님은 예루살렘에 입성하셔서 마지막 주간을 보내실 것이고, 십자가 위에서 돌아가시기 전날부터는 오직 제자들과 함께하시면서 제자들에게 말씀을 주실 것이다.

---

143. 참고. Johannes Beutler, "Two Ways of Gathering: The Plot to Kill Jesus in John 11:47-53," *NTS* 40 (1994): 399~406.

2) 전환 구절(11:55~57)

요한은 "유대인의 유월절이 가까우매 많은 사람이 자기를 성결하게 하기 위하여 유월절 전에 시골에서 예루살렘으로 올라갔더니"라고 언급한다 55절. 여기에 나오는 유월절은 요한복음에서 세 번째이자 마지막 유월절이다참고. 2:13; 6:4. 당시에 유대인들은 일반적으로 유월절 일주일 전에 예루살렘에 올라가서 자기를 성결하게 하였다. 마침 대제사장들과 바리새인들이 예수님을 잡기 위하여 누구든지 예수님이 있는 곳을 알거든 신고하라는 명령을 내려 두었기 때문에 유대인들은 예수님이 명절에 성전에 오지 않겠느냐고 서로 말한다56~57절. 이제 예수님이 십자가에 달려서 돌아가실 때가 거의 이르렀다.

(5) 마리아의 기름 부음 - 예수님의 죽음을 준비함(12:1~8)

1 유월절 엿새 전에 예수께서 베다니에 이르시니 이 곳은 예수께서 죽은 자 가운데서 살리신 나사로가 있는 곳이라 2 거기서 예수를 위하여 잔치할새 마르다는 일을 하고 나사로는 예수와 함께 앉은 자 중에 있더라 3 마리아는 지극히 비싼 향유 곧 순전한 나드 한 근을 가져다가 예수의 발에 붓고 자기 머리털로 그의 발을 닦으니 향유 냄새가 집에 가득하더라 4 제자 중 하나로서 예수를 잡아 줄 가룟 유다가 말하되 5 이 향유를 어찌하여 삼백 데나리온에 팔아 가난한 자들에게 주지 아니하였느냐 하니 6 이렇게 말함은 가난한 자들을 생각함이 아니요 그는 도둑이라 돈궤를 맡고 거기 넣는 것을 훔쳐 감이러라 7 예수께서 이르시되 그를 가만 두어 나의 장례할 날을 위하여 그것을 간직하게 하라 8 가난한 자들은 항상 너희와 함께 있거니와 나는 항상 있지 아니하리라 하시니라

이 단락은 마리아가 예수님의 발에 기름을 붓는 이야기를 담고 있다. 공관복음에도 한 여인이 예수님에게 기름을 붓는 이야기가 나온다. 그러나 내용은 조금씩 다르다. 마태복음 26장 1~13절과 마가복음 14장 3~9절에서는 한 여자가 유월절 이틀 전에 베다니 나병환자 시몬의 집에서 예수님의 머리에 기름을 붓지만, 누가복음 7장 36~50절에서는 한 바리새인의 집에서 죄를 지은 한 여자가 예수님의 발에 기름을 붓는다. 여러 정황을 고려할 때, 즉 다른 여인, 다른 장소, 예수님의 다른 반응, 그리고 무엇보다도 다른 시간을 고려할 때, 마태와 마가와 요한의 기사는 같은 사건을 다룬 것이고, 누가의 기사는 다른 사건을 다룬 것이라고 볼 수 있다.[144]

1) 마리아가 기름을 부음(12:1~3)

요한은 "유월절 엿새 전에" 예수님께서 베다니에 이르신 일을 언급하면서, 이곳은 "예수께서 죽은 자 가운데서 살리신 나사로가 있는 곳이라"라고 말한다1절. "유월절 엿새 전에"라는 언급은 이 이야기를 예수님의 죽음과 연결하는 역할을 한다. 이제 유월절이 가까이 이르렀으므로 예수님의 죽음도 얼마 남지 않았다.[145] 그리고 "예수께서 죽은 자 가운데서 살리신 나사로가 있는 곳이라"라는 표현은 나사로를 죽음에서 살리신 일이 예수님을 죽음에 이르게 하는 결정적 계기가 되었기에 예수님의 임박한 죽음

---

144. 찬송가(211장)의 "값비싼 향유를 주께 드린 막달라 마리아 본받아서"라는 가사에는 문제가 있다. 왜냐하면 요한복음에 나오는 마리아는 막달라 마리아와 전혀 다른 인물이며, 누가복음에 나오는 여인을 막달라 마리아로 볼 수 있는 근거도 없기 때문이다. 비록 누가복음의 여인이 막달라 마리아라고 하더라도 현재 우리의 지식으로는 그 사실을 알 수가 없다.

145. Michaels는 '엿새'라는 단어의 의미에 대해서 다음과 같이 말한다. "Symbolic explanations of the 'six days' have been proposed, but not very convincingly. The point is rather that the Passover is drawing ever closer, from the generalization that it was 'near' (11:55), to the more specific 'six days before' (12:1), to ' the next day' (12:12), to the very threshold of the festival (13:1). The time reference conflicts with the accounts of Jesus' anointing at Bethany in Mark and Matthew just 'two days' (at most) before the Passover (see Mk 14:1; Mt 26:2), and (in contrast to John's Gospel) well after his triumphal entry into the city." Michaels, 663.

을 강하게 시사한다참고. 11:53. 실제로 7절에서 예수님은 자신의 장례에 대해서 직접 언급하신다.

예수님은 베다니에 오셔서 자신을 위해 마련된 잔치에 참여하신다2절. 이 잔치는 아마도 나사로를 살려 주신 것에 대한 감사 잔치일 것이다. 그때 마리아가 "지극히 비싼 향유 곧 순전한 나드 한 근"을 가져다가 예수님의 발에 붓고 자기 머리털로 예수님의 발을 닦아 드렸다3a절. 여기서 "지극히 비싼 향유 곧 순전한 나드"에 해당하는 헬라어 '뮈루 나르두 피스티케스'를 직역하면 '순전한 나드로 만든 향유'ESV: 'ointment made from pure nard'이다. '나드'Nard는 인도산 나드 식물의 뿌리에서 채취한 고급 향유이다. 그리고 '한 근'에서 '근'이란 로마의 무게 단위Roman pound인 '리트라'로서 1리트라는 325g이다. 이는 제법 많은 양이다. 이는 '옥합'alabaster을 깨뜨렸을 때 1회 사용할 수 있도록 제작된 것이다. 당시에 나드 한 근의 가격은 300데나리온으로 노동자의 300일 품삯의 가치를 가진다참고. 5절. 아마도 마리아는 나사로를 살려 주신 것에 감사하기 위하여 이렇게 했을 것이다.

그런데 요한복음에는 마리아가 기름을 예수님의 발에 부었다고 기록되어 있지만, 마태복음과 마가복음에는 그녀가 기름을 예수님의 머리에 부었다고 기록되어 있다. 이러한 차이가 발생한 것은 전승이 다르기 때문이 아니며 복음서의 저자들이 잘못 기록했기 때문도 아니다. 아마도 마리아는 예수님의 머리에도 기름을 부었고, 예수님의 발에도 기름을 부었을 것이다. 한 근은 많은 양이기 때문에 그렇게 붓고도 남는다. 요한은 마리아가 예수님의 발에 기름을 부은 일을 다음 장에 나오는 예수님이 제자들의 발을 닦아 주신 일과 연관시키려고 한 것으로 보인다.

유대인 여자들은 대개 자신의 머리를 남들에게 공개하지 않는다. 따라서 마리아가 자신의 머리털로 예수님의 발을 닦은 것은 극도의 존경심을 뜻한다. 더욱이 여기에 사용된 '닦다'에크마쏘, wipe라는 단어는 예수님이 제자들의 발을 씻어주시고 닦으실 때 사용된 단어와 같다참고. 13:5. 따라서 이 단어 역시 이 사건과 세족 사건을 연결한다. 곧 예수님께서 제자들에 대한 사랑의 표시로 제자들의 발을 닦아 주시듯이, 마리아는 예수님에 대한 사랑의 표시로 예수님의 발을 닦아준 것이다. 따라서 마리아의 행동은 제자도의 귀감이 된다. 마리아가 향유를 예수님의 발에 붓고 발을 닦아드리자 그 집에 향유 냄새가 가득해졌다3b절. 이 말은 실제로 향유 냄새가 가득했음을 묘사하지만, 나아가서 제자도의 아름다움을 암시한다.

2) 가룟 유다의 비난과 예수님의 반응(12:4~8)

그러나 제자 중 하나인 가룟 유다는 마리아의 이런 행동을 비난한다4절. 그는 그 향유를 팔아서 가난한 자들에게 주어야 했다고 말한다5절. 따라서 이 에피소드에서 가룟 유다는 마리아와 반대되는 인물counterexample로 그려진다. 가룟 유다의 말은 일견 옳은 말처럼 보인다. 그는 가난한 사람을 극진히 생각하는 사람인 것처럼 자신을 비친다. 하지만 요한은 가룟 유다를 옳게 평가하지 않는다. 요한은 "이렇게 말함은 가난한 자들을 생각함이 아니요 그는 도둑이라 돈궤를 맡고 거기 넣는 것을 훔쳐 감이러라"라고 말한다6절. 즉 가룟 유다는 가난한 사람들을 생각했기 때문이 아니라 돈에 대한 욕심 때문에 이렇게 말한 것이다.

예수님은 마리아를 그대로 내버려 두어 남은 향유를 자신의 장례 할 날을 위하여 간직하게 하라고 하신다7절. 일반적으로 기름을 붓는 것은 축제의 의미를 지닌다. 그러나 예수님은 이 행위를 장례를 준비하는 것과 연관지으신다. 따라서 비록 마리아는 전혀 깨닫지 못했지만, 그녀가 예수님의 발에 기름을 부은 것은 예수님의 죽음을 준비하는 아이러니한 일이 된다.

요한복음에는 이러한 아이러니가 종종 등장하는데, 예수님의 대적자인 대제사장 가야바가 예수님의 죽음의 의미를 미리 말한 것 등이다참고. 11:49~50. 결국, 마리아의 행동은 하나님의 섭리 가운데 예수님의 죽음을 준비한 것이 되었다. 이어서 예수님은 다음과 같이 말씀하신다. "가난한 자들은 너희와 항상 함께 있지만, 나는 너희와 항상 함께 있는 것이 아니다."8절, 헬라 원문 직역. 이것은 예수님의 죽음이 임박했음을 암시한다. 이제 제자들은 예수님과 함께 있을 시간이 별로 없다. 그들은 예수님의 죽음과 그 이후를 대비해야 한다.

(6) 전환 구절(12:9~11)

9 유대인의 큰 무리가 예수께서 여기 계신 줄을 알고 오니 이는 예수만 보기 위함이 아니요 죽은 자 가운데서 살리신 나사로도 보려 함이러라 10 대제사장들이 나사로까지 죽이려고 모의하니 11 나사로 때문에 많은 유대인이 가서 예수를 믿음이러라

많은 사람이 나사로를 살리신 예수님과 죽음에서 살아난 나사로를 보기 위하여 마리아의 집에 찾아온다9절. 나사로를 죽음에서 살린 일은 엄청난 이적이었기 때문에 많은 사람이 몰려오는 것은 당연하다. 그러나 대제사장들은 전혀 다른 생각을 하고 있다. 그들은 이미 예수님을 죽이려고 계획했는데참고. 11:46~53, 이제 나사로 때문에 사람들이 예수님을 믿으려 하자 나사로까지 죽이려고 모의한다10절. 이러한 그들의 행동은 도무지 이해하기가 어렵다. 사람이 살아난 이적을 목격하고도 조금도 풀어지지 않은 그들의 완고함을 어떻게 받아들여야 하겠는가? 실로 죄는 이해하기 어려운 행동을 가능하게 한다.

요한은 “나사로 때문에 많은 유대인이 가서 예수를 믿음이러라”라고 말한다11절. 이것은 요한이 희망적인 문구를 제시한 것이다. 예수님이 행하신 이적과 그에 따른 말씀은 단지 부정적인 결과모의만 발생시킨 것이 아니었다. 오히려 예수님이 나사로 때문에 죽음의 위기에 처하는 가운데에서도 긍정적인 결과믿음가 생겼다. 예수님의 말씀과 이적은 언제나 사람들을 나누는데, 여기서도 그러하다참고. 1:10~12; 7:43; 10:19. 즉 어떤 사람들은 예수님에 대한 믿음을 가지게 되었으나, 어떤 사람들은 예수님을 죽이려는 마음을 가지게 되었다. 그러므로 주님의 복음이 전파되는 곳에서 비록 결실이 없는 것처럼 보일지라도 실망하지 말아야 한다는 교훈을 얻는다. 주님의 복음은 선택받은 사람들을 믿게 하는 매개체가 되기 때문에 결과에 연연하지 말고 그리스도인들은 언제 어디서나 부지런히 복음을 전해야 한다.

(7) 예루살렘 입성(12:12~19)

12 그 이튿날에는 명절에 온 큰 무리가 예수께서 예루살렘으로 오신다는 것을 듣고 **13** 종려나무 가지를 가지고 맞으러 나가 외치되 호산나 찬송하리로다 주의 이름으로 오시는 이 곧 이스라엘의 왕이시여 하더라 **14** 예수는 한 어린 나귀를 보고 타시니 **15** 이는 기록된 바 시온 딸아 두려워하지 말라 보라 너의 왕이 나귀 새끼를 타고 오신다 함과 같더라 **16** 제자들은 처음에 이 일을 깨닫지 못하였다가 예수께서 영광을 얻으신 후에야 이것이 예수께 대하여 기록된 것임과 사람들이 예수께 이같이 한 것임이 생각났더라 **17** 나사로를 무덤에서 불러내어 죽은 자 가운데서 살리실 때에 함께 있던 무리가 증언한지라 **18** 이에 무리가 예수를 맞음은 이 표적 행하심을 들었음이러라 **19** 바리새인들이 서로 말하되 볼지어다 너희 하는 일이 쓸 데 없다 보라 온 세상이 그를 따르는도다 하니라

1) 무리들의 환영(12:12~13)

큰 무리가 명절유월절을 지키기 위하여 예루살렘에 모여 있었는데, 마침

예수님이 예루살렘으로 오신다는 소식을 듣고 예수님을 맞이하러 나간다 12절; 마21:1~11; 막11:1~11; 눅19:28~40.[146] 당시에 유대인들은 유월절과 오순절과 초막절에 예루살렘을 방문하여 성전에서 제사를 지냈는데, 지금은 유월절이라 많은 사람이 예루살렘에 모여 있다. 예수님은 그동안 수많은 이적과 탁월한 교훈들로 사람들을 놀라게 하셨고, 그 소문이 유대 땅 전역에 널리 퍼져 있었다. 따라서 유대인들 가운데 예수님을 만나고 싶어 하는 이들이 많았다. 더군다나 그들은 예수님이 나사로를 살리신 일을 들었기에 그분을 열렬히 맞이한다참고. 17~18절.

무리는 종려나무palm 가지를 가지고 예수님을 맞이하며, "호산나 찬송하리로다 주의 이름으로 오시는 이 곧 이스라엘의 왕이시여"라고 외친다 13절. 예수님이 예루살렘에 입성하시는 장면을 기록한 복음서 기사들에서 '종려나무'에 대한 언급은 요한복음에만 나온다. 반면에 요한복음에는 나귀 새끼를 끌고 오게 된 과정이 언급되어 있지 않다. 유대에서 종려나무 가지는 국가의 승리를 상징했다. 유대인들은 왕이 입성할 때 종려나무 가지를 흔들거나 길에 폈는데, 이것은 신구약 중간기에 마카비 형제가 독립 전쟁에서 승리한 후에 벌인 환영 행사에서 유래했다참고. 1 Macc 13:51; 2 Macc 10:7. '호산나'는 아람어로 '구원하소서'라는 뜻을 가진 신적 구원을 호소하는 어구로서 왕이 입성할 때 외치기에 적합했다. "찬송하리로다 주의 이름으로 오시는 이 곧 이스라엘의 왕이시여"라는 노래는 시편 118편 25~26절을 인용한 것인데, 원래 이 노래는 찬양 시편들104~106편; 111~118편; 135편; 146~150편과 함께 유대인들이 절기 행사 때마다 사용한 것이다.

유대인들이 예수님을 향하여 "이스라엘의 왕"이라고 말한 것은 선명한

---

146. 이들의 정체에 대해서, Michaels, 674~76을 보라.

정치적 함의를 가진다. 그들은 자기 나라를 강력한 나라로 회복시켜줄 정치적/군사적 메시아에 대한 기대감을 가지고 있었는데참고. 습3:14~15, 이제 예수님이 엄청난 능력을 사용하셔서 이스라엘을 로마에서 해방하시고 강력한 다윗의 왕국을 재건하실 것으로 생각한다. 그러나 예수님은 그들의 기대와는 전혀 다른 메시아시다. 그분은 고난을 받는 종이 되셔서 온 인류를 죄와 사망으로부터 해방해 주실 영적 메시아로 드러나실 것이다. 이로 인하여 예수님을 열렬히 환영했던 바로 그 사람들은 불과 며칠 후에 예수님을 십자가에 못 박으라고 소리 지를 것이다.

한편, 고대의 역사가 요세푸스는 당시 유월절에 270만 명이 예루살렘에 모였다고 주장한다. 그러나 요세푸스는 숫자에 있어서 과장이 심하기에 그의 주장을 그대로 받아들일 수 없다. 현대 신학자 요아킴 예레미아스 Joachim Jeremias는 당시 유월절에 예루살렘에 15만 명이 모였을 것으로 추정한다. 일반적으로 학자들은 예수님 당시 예루살렘 인구를 6만 명에서 12만 명 사이로 보는데, 그렇다면 아마도 명절에는 이보다 2~3배 많은 20~30만 명 정도가 모였을 것이다. 그들은 예수님을 열렬히 환영했다가, 갑자기 배신하는 변덕을 드러낸다.

2) 예수님이 어린 나귀를 타심(12:14~19)

예수님은 어린 나귀를 타고 예루살렘에 입성하신다14절. 당시에 예루살렘을 순례하는 일반인들은 대개 걸어서 들어갔으며, 왕의 경우에는 크고 멋진 말을 타고 들어갔다. 하지만 예수님은 나귀 새끼를 타고 들어가시는데, 이는 스가랴 9장 9절에 기록된 예언의 성취로서, 예수님의 왕적 성격을 보여주는 동시에 그분의 겸손을 상징한다15절; 참고. 민19:2; 신21:3; 삼상6:7. 즉 예수님은 큰 말을 탄 용감한 왕이 아니라 어린 나귀를 타신 겸손한 왕이시다. 이제 겸손한 왕이신 예수님은 전쟁을 멈추게 하시고 화평을 전하실 것이다참고. 슥9:10.

그런데 제자들은 처음에 이 일을 깨닫지 못하다가 "예수께서 영광을 얻으신 후에야" 이 일의 의미를 깨닫는다16절; 참고. 2:22. 이것은 예수님이 부활하시고 승천하시고 성령께서 오신 후에야 제자들이 이 일의 의미를 깨달았다는 뜻이다. 이는 보혜사 성령의 역할이 깨닫게 하시고 기억나게 하시는 것이기 때문이다참고. 14장. 이렇듯 제자들은 당시에 예수님의 행적을 깨닫지 못하다가 후에 성령께서 오신 후에야 비로소 예수님의 행적의 의미를 이해하게 되며 예수님이 어떤 왕이신지를 알게 된다. 그러므로 성령의 오심은 필수적이며 필연적이다. 만일 성령이 오시지 않으면, 예수님의 말씀과 행적은 깨닫지 못하는 일이 되고 만다.

예수님이 나사로를 살리실 때 함께 있던 무리가 많았는데, 그들은 수많은 사람에게 나사로를 살린 일을 증언했다17절. 이에 많은 사람은 놀라운 이적을 행하신 예수님을 만나고 싶어 했다18절. 그러자 바리새인들은 "볼지어다. 너희 하는 일이 쓸 데 없다. 보라. 온 세상이 그를 따르는도다"라고 서로 말한다19절. 이것은 불평이며 비난이다. 그들은 예수님이 사람들의 관심을 독차지하는 것을 시기하고 질투해서 이렇게 말한다. 하지만 그들의 말은 아이러니를 이룬다. 그들은 자신들도 모르는 사이에 옳은 말을 해 버린다. 필시 그들의 말과 같이 많은 사람이 예수님을 따르고 있으며 또한 계속해서 따를 것이다.

(8) 예수님의 때가 이름(12:20~36)

20 명절에 예배하러 올라온 사람 중에 헬라인 몇이 있는데 **21** 그들이 갈릴리 벳새다 사람 빌립에게 가서 청하여 이르되 선생이여 우리가 예수를 뵈옵고자 하나이다 하니 **22** 빌립이 안드레에게 가서 말하고 안드레와 빌립이 예수께 가서 여쭈니 **23** 예수께서 대답하여 이르시되 인자가 영광을 얻을 때가 왔도다 **24** 내가 진실로 진실로 너희에게 이르노니 한 알의 밀이 땅에 떨어져 죽지 아니하면 한 알 그대로 있고 죽으면 많은 열매를 맺느니라 **25** 자기의 생명을 사랑하는 자는 잃어버릴 것이요 이 세상에서 자기의 생명을 미워하는 자는 영생하도록 보전하리라 **26** 사람이 나를 섬기려면 나를 따르라 나 있는 곳에 나를 섬기는 자도 거기 있으리니 사람이 나를 섬기면 내 아버지께서 그를 귀히 여기시리라 **27** 지금 내 마음이 괴로우니 무슨 말을 하리요 아버지여 나를 구원하여 이 때를 면하게 하여 주옵소서 그러나 내가 이를 위하여 이 때에 왔나이다 **28** 아버지여, 아버지의 이름을 영광스럽게 하옵소서 하시니 이에 하늘에서 소리가 나서 이르되 내가 이미 영광스럽게 하였고 또다시 영광스럽게 하리라 하시니 **29** 곁에 서서 들은 무리는 천둥이 울었다고도 하며 또 어떤 이들은 천사가 그에게 말하였다고도 하니 **30** 예수께서 대답하여 이르시되 이 소리가 난 것은 나를 위한 것이 아니요 너희를 위한 것이니라 **31** 이제 이 세상에 대한 심판이 이르렀으니 이 세상의 임금이 쫓겨나리라 **32** 내가 땅에서 들리면 모든 사람을 내게로 이끌겠노라 하시니 **33** 이렇게 말씀하심은 자기가 어떠한 죽음으로 죽을 것을 보이심이러라 **34** 이에 무리가 대답하되 우리는 율법에서 그리스도가 영원히 계신다 함을 들었거늘 너는 어찌하여 인자가 들려야 하리라 하느냐 이 인자는 누구냐 **35** 예수께서 이르시되 아직 잠시 동안 빛이 너희 중에 있으니 빛이 있을 동안에 다녀 어둠에 붙잡히지 않게 하라 어둠에 다니는 자는 그 가는 곳을 알지 못하느니라 **36** 너희에게 아직 빛이 있을 동안에 빛을 믿으라 그리하면 빛의 아들이 되리라 예수께서 이 말씀을 하시고 그들을 떠나가서 숨으시니라

1) 헬라인들의 면담 요청(12:20~22)

명절에 예배하러 올라온 자들 가운데에는 헬라인 몇 명이 있었다20절. 이들은 헬라 지역에서 온 사람들이다. 이들의 정체는 다음의 3가지 중 하나이다. 곧 이들은 '헬라어를 말하는 유대인들'Greek-speaking Jews이거나, '개종자들'proselytes이거나, 아니면 '하나님을 경외하는 자들'God-fearers이다.

‘헬라어를 말하는 유대인들’은 헬라 지역에 사는 이민자들을 뜻하고, ‘개종자들’은 유대교에 입교하여 할례를 받은 이방인들로서 유대인과 같은 대우를 받은 자들을 가리키고, ‘하나님을 경외하는 자들’은 유대의 하나님을 믿기는 하지만 할례를 받지 않은 이방인들을 가리킨다. 본문에는 이들의 정체가 무엇인지 정확하게 나와 있지 않다. 그러나 이들의 방문은 예수님의 구원 범위가 유대에서 이방으로 넓혀졌음을 뜻한다.

한편, 당시에 할례를 받는 것은 육체적으로나 정신적으로 매우 고통스러운 일이었다. 특히 헬라인들에게 신체를 훼손하는 것은 야만적 행위라는 인식이 있었다. 따라서 헬라인들 중에는 하나님을 믿고 할례를 받은 사람들개종자들이 있었지만, 하나님을 믿기는 하되 할례를 받지 않은 사람들하나님을 경외하는 자들이 많았다참고. 행10:2; 13:43; 17:17. 이들 중에서 ‘하나님을 경외하는 자들’은 유대인들과 동족들 모두와 사이가 좋지 않았다. 그들은 유대인들로부터 유대의 규례를 완전히 따르지 않는다는 이유로 이방인 취급을 받았으며, 동족들로부터는 유대인들과 어울린다는 이유로 따돌림을 받았다.

헬라인들은 갈릴리 벳새대 사람 빌립에게 가서 예수님을 뵙게 해 달라고 부탁한다21절. 아마도 빌립이 헬라식 이름이기 때문에 그에게 친근감을 느껴서 접근했을 것이다. 더군다나 요한이 빌립에 관하여 “갈릴리 벳새다 사람”이라는 표현을 붙인 것으로 보아 이 헬라인들은 갈릴리 북쪽 이방 지역에서 온 사람들로서 빌립이 그 지역 사투리를 쓰기에 친근하게 여겼을 것이다. 헬라인들이 빌립에게 요청을 하자 빌립은 자신의 단짝인 안드레에게 이 사실을 말한다22절. 안드레는 빌립과 같은 마을 출신으로 복음서에서 이들은 늘 같이 나온다참고. 1:44. 당시에 많은 사람이 예수님을 만나고 싶어 했기에 제자들이 사람들을 선별하여 예수님을 만나게 해 주었던 것 같다.

2) 한 알의 밀알(12:23~26)

헬라인들의 면담 요청 소식을 들은 예수님은 예상하지 못했던 말씀을 하신다23절. 즉 예수님은 헬라인들을 만나겠다거나 만나지 않겠다는 말씀을 하지 않으시고 말씀을 주시는데, 이것은 헬라인들의 방문이 가지는 특별한 의의를 가르치시기 위한 것이다. 예수님은 인자가 영광죽음-부활을 얻을 때가 왔다고 말씀하신다. 예수님은 지금까지 '아직 때가 이르지 않았다'고 하셨는데참고. 2:4; 7:6, 8, 30; 8:20, 이제 처음으로 '때가 이르렀다'라고 하신다. 이제 온 세상은 성자 예수 그리스도의 영광을 볼 때가 되었다. 즉 유대인과 헬라인을 포괄하는 우주적 구원이 성취될 때가 이르렀다. 이것은 11장 52절에 언급된 "또 그 민족만 위할 뿐 아니라 흩어진 하나님의 자녀를 모아 하나가 되게 하기 위하여 죽으실 것을 미리 말함이러라"의 성취를 뜻한다.

예수님은 자기 죽음의 결과에 관하여 말씀하신다. "한 알의 밀이 땅에 떨어져 죽지 아니하면 한 알 그대로 있고 죽으면 많은 열매를 맺느니라"24절; 참고. 마10:39; 16:25; 막10:39; 눅9:24; 17:33. 이것은 예수님의 십자가 사역의 필요성에 대한 언급이다. 예수님은 자신이 반드시 죽으셔야 한다고 하신다. 그리고 자신의 죽음으로 많은 사람유대인들과 이방인들을 포함한이 구원을 얻을 것이라고 하신다. 따라서 예수님은 죽음의 고통이 다가온 것을 아시는 가운데 자신의 죽음이 필요하다는 사실을 피력하신다.[147]

24절에서 예수님의 기독론적이고 구원론적인 죽음에 초점이 맞추어져 있다면, 25~26절에서는 제자들의 죽음으로 그 초점이 옮겨진다.[148] 이제 예

---

147. 참고. Burge, 344.
148. 권해생, 417.

수님은 자기 목숨을 사랑하는 자는 잃을 것이고, 이 세상에서 자기 목숨을 미워하는 자는 영생에 이르도록 보존할 것이라고 하신다25절. 자기 목숨을 사랑한다는 것은 자기중심의 삶을 가리키는데, 그들은 생명을 얻으려고 노력하겠지만 결국 생명을 잃어버릴 것이다. 반면에 자기 목숨을 미워한다는 것은 주님을 위해서 모든 것을 버리는 것을 뜻하는데, 그들은 생명을 잃은 것 같지만 실상은 영원한 생명을 보존할 것이다.[149] 그러므로 자기 목숨을 미워하는 것이 미련한 것 같으나 지혜로운 것이다.

예수님은 "나를 섬기려면 나를 따르라"라고 하심으로 제자의 삶에 대해서 말씀하신다26a절. 따라서 예수님의 말씀은 기독론에서 제자도로 이어진다. 예수님의 제자들은 예수님처럼 살아야 한다참고. 마10:38; 막8:34; 눅14:27. "나 있는 곳에 나를 섬기는 자도 거기 있으리니"라는 말씀은 예수님이 계시는 그 나라에 그분을 섬긴 제자들도 같이 있을 것이라는 뜻이고, "사람이 나를 섬기면 내 아버지께서 그를 귀히 여기시리라"라는 말씀은 예수님을 섬기는 것이 너무나도 값어치 있고 하나님의 사랑을 받을 만한 일이라는 뜻이다26b절. 결국 예수님의 희생은 제자들에게 생명을 가져다줄 것이다. 그리고 제자들이 예수님의 희생을 따름으로써 또 다른 사람들이 생명을 얻을 것이다. 그리하여 생명의 역사가 지속할 것이다. 실로 제자들은 주님의 희생을 보면서 자신들이 해야 할 일이 무엇인지를 깨닫는다. 그들은 주님을 따라서 담대히 목숨을 내놓아야 한다.

---

149. Burge는 예수님의 사역과 제자들의 사역 차이점에 대해서 다음과 같이 설명한다. "But we should note that the results of this sacrifice are different for Jesus and for the disciples. Jesus' sacrifice brings about life for others, but his disciples must practice this discipline so that they can procure life for themselves." Burge, 344.

3) 하늘에서 소리가 들림(12:27~30)

27~28a절에는 예수님의 인간적인 심경이 고스란히 표현되어 있다.[150] 이 구절은 다음과 같이 번역해야 옳다. "지금 내 마음이 괴로우니, 내가 무슨 말을 하겠느냐? '아버지여, 나를 이때로부터 구하여 주십시오.'라고 하겠느냐? 그러나 내가 이것을 위하여 이때 왔다." 여기서 "지금 내 마음이 괴로우니, 내가 무슨 말을 하겠느냐?"라는 문구는 예수님이 가진 극심한 근심에 대한 토로이다. 예수님은 우리와 같은 인간이시기 때문에 다가오는 죽음의 고통 앞에서 괴로워하신다. 그리고 "'아버지여, 나를 이때로부터 구하여 주십시오.'라고 하겠느냐? 그러나 내가 이것을 위하여 이때 왔다."라는 문구는 예수님이 지금 너무나 괴롭고 고통스럽지만 자신의 사명을 아신다는 사실을 시사한다. 예수님은 이어서 "아버지여 아버지의 이름을 영광스럽게 하옵소서"라고 하신다28a절. 이는 자신에게 주어진 사명을 이루시겠다는 적극적인 의지를 표명하시는 것이다. 이렇게 예수님의 마음은 근심에서 순종으로 변환된다참고. 막14:32~42.

그러자 하늘에서 다음과 같은 소리가 들린다. "내가 이미 영광스럽게 하였고 또다시 영광스럽게 하리라"28b절. 여기서 "내가 이미 영광스럽게 하였고"라는 말은 예수님이 이 땅에 태어나셔서 지금까지 하신 일을 통해서 하나님이 예수님의 영광을 드러내신 것을 가리킨다. 그리고 "또다시 영광스럽게 하리라"라는 말은 앞으로 있을 예수님의 죽음과 부활을 통해서 하나님이 또다시 예수님의 영광을 드러내실 것이라는 뜻이다. 요한복음에서 예수님은 말씀과 이적으로 하나님의 영광을 드러내시고, 하나님은 예수님의 영광을 드러내신다. 이것을 '상호 영광 돌림'mutual glorification이라고 하는

150. 참고. Michaels, 692~94.

데, 예수님의 죽음과 부활에서 절정을 이룬다.

그러나 예수님 곁에 서 있던 사람들은 하늘에서 난 소리의 의미를 알지 못한다. 어떤 이들은 천둥이 울었다고 하며, 또 어떤 이들은 천사가 그분에게 말했다고 한다29절. 이렇게 그들이 하늘의 음성을 분별하지 못하는 것은 그들이 이 세상에 속해 있으며 영적인 맹인이기 때문이다. 땅의 영역physical realm에 속해 있는 자들은 하늘의 영역spiritual realm에서 일어나는 일을 알지 못한다. 이에 예수님은 하늘에서 소리가 난 것이 자신을 위한 것이 아니라 곁에 선 사람들을 위한 것이라고 말씀하신다30절. 이 말씀은 예수님을 위해서 하늘의 소리가 필요한 것이 아니라 사람들을 위해서 하늘의 소리가 필요하다는 뜻이다. 즉 사람들이 무슨 뜻인지 이해하지는 못할지라도 하늘로부터 신비한 소리가 남으로써 예수님이 하나님의 아들이심을 입증해준다는 것이다.

4) 예수님의 죽음과 부활의 결과(12:31~36)

예수님은 자신의 죽음과 부활로 일어날 결과를 말씀하신다. 예수님은 "이제 이 세상에 대한 심판이 이르렀으니 이 세상의 임금이 쫓겨나리라"라고 하신다31절. 여기서 "이 세상의 임금"은 사탄을 가리킨다참고. 14:30; 16:11; 요일5:19; 마4:8~9; 고후4:4; 엡2:2; 6:12. 그리고 "이제"라는 단어는 사탄의 패배가 임박했음을 시사한다. 예수님께서 십자가 위에서 죽임을 당하셨으나 사흘 후에 부활하심으로써 사탄을 이기시는 것은 그분의 종국적인 완전한 승리의 기초가 된다참고. 눅10:18; 골2:14~15; 히2:14~15; 계20:10. 실제로 예수님이 십자가 사역을 이루신 후에 사탄의 힘은 현저히 줄어들었다.[151]

---

151. 참고. J. L. Kovacs, "'Now Shall the Ruler of This World Be Driven Out': Jesus' Death

이어서 예수님은 "내가 땅에서 들리면 모든 사람을 내게로 이끌겠노라" 라고 하신다32절. "땅에서 들리면"이란 표현은 예수님이 십자가 위에 달리셨다가 사흘 만에 살아나시고 이후에 하늘로 올라가신 일련의 구속사적 행적을 의미한다. 그리고 "모든 사람"이라는 표현은 예수님을 믿는 모든 유대인과 헬라인을 가리킨다. 물론 이 구절은 모든 사람이 구원을 받을 수 있다는 뜻이 아니다. 여기서 "모든 사람"이란 하나님이 택하신 모든 사람을 일컫는다. 그들은 구원에 있어서 어떠한 차별이나 구별이 없이 오직 주 예수님을 믿음으로 구원을 얻을 수 있다참고. 3:16; 10:16; 11:52. 결국, 예수님의 죽음과 부활과 승천으로 사탄은 쫓겨날 것이고 사람들은 구원을 받을 것이다33절.

그러나 예수님의 말씀을 들은 사람들은 율법구약성경에서 다윗의 후손인 메시아가 영원히 계신다고 들었기 때문에 예수님의 말씀을 이해하지 못하고 그분의 정체를 묻는다34절; 삼하7:13; 시61:6~7; 89:3~4, 35~37; 사9:7; 단7:13~14; 1 Enoch 49:1; 62:14; Psams of Solomon 17:4.[152] 따라서 사람들은 어둠에 속해 있으므로 율법의 바른 뜻을 이해하지 못하며 예수님의 말씀도 깨닫지 못한다. 즉 그들은 잘못된 메시아관을 가지고 있기에 예수님의 죽음이 무엇을 의미하는지를 이해하지 못한다. 메시아가 영원히 계신다는 말씀은 예수님이 죽으신다는 사실과 충돌하지 않는다. 즉 예수님의 영원성은 어떤 일로도 훼손되지 않는다. 예수님은 죽으셨으나, 곧 부활하시고 승천하심으로 영원히 계실 것이다.

사람들의 의문에 관하여 예수님은 빛과 어둠의 은유를 사용하셔서 대

---

as Cosmic Battle in John 12:20-36," *JBL* 114 (1995): 228~240.

152. 참고. W. C. van Unnik, "The Quotation from the Old Testament in John 12,34," *NT* 3 (1959): 174~79.

답하신다35~36a절; 참고. 3:19~21; 8:12; 9:5; 11:9~10. 요한복음에서 빛은 예수님을 가리키고, 어둠은 불신과 무지와 죄악을 상징한다. 따라서 "아직 잠시 동안 빛이 너희 중에 있으니"라는 말씀은 예수님의 죽음이 얼마 남지 않았다는 뜻이며, "빛이 있을 동안에 다녀 어둠에 붙잡히지 않게 하라 어둠에 다니는 자는 그 가는 곳을 알지 못하느니라"라는 말씀은 예수님에 대한 분명한 믿음을 가지고 그에 걸맞은 삶을 살라는 뜻이다. 그리고 "너희에게 아직 빛이 있을 동안에 빛을 믿으라 그리하면 빛의 아들이 되리라"라는 말씀은 예수님이 그들과 함께 있을 시간이 얼마 남지 않았으니 속히 결단하라는 요청이다. 아직 시간이 남아 있다. 그들에게 신앙을 선택할 기회가 있다. 기회가 있을 때 믿어야 한다. 그렇지 않으면 기회를 놓치고 후회하게 될 것이다.

요한은 "예수께서 이 말씀을 하시고 그들을 떠나가서 숨으시니라"라는 말로 단락을 마친다36b절. 이것은 실제 행동이지만 특히 상징 언어이다. 곧 예수님의 숨으심은 하나님의 임박한 심판을 상징하는 동시에 이스라엘 백성들을 향한 예수님의 계시 사역이 완성되었음을 상징한다. 이제 예수님은 일반 대중들을 향한 사역을 마치신다. 즉 예수님은 더 이상 일반 대중들에게 말씀하지도 않으시고 그들을 위한 이적을 일으키지도 않으신다. 그리고 이어지는 13~17장에서 예수님은 오로지 제자들에게만 말씀하신다. 한편, 예수님이 이렇게 자신의 죽음과 그 의미를 미리 말씀하시는 것은 예수님의 죽음이 단순히 유대인 박해자들에 의해 저질러지는 것이 아니라, 하나님의 계획에 따라 치밀하게 준비되어 온 것임을 알려 준다.

(9) 요약 1: 사람들의 반응(12:37~43)

37 이렇게 많은 표적을 그들 앞에서 행하셨으나 그를 믿지 아니하니 **38** 이는 선지자 이사야의 말씀을 이루려 하심이라 이르되 주여 우리에게서 들은 바를 누가 믿었으며 주의 팔이 누구에게 나타났나이까 하였더라 **39** 그들이 능히 믿지 못한 것은 이 때문이니 곧 이사야가 다시 일렀으되 **40** 그들의 눈을 멀게 하시고 그들의 마음을 완고하게 하셨으니 이는 그들로 하여금 눈으로 보고 마음으로 깨닫고 돌이켜 내게 고침을 받지 못하게 하려 함이라 하였음이더라 **41** 이사야가 이렇게 말한 것은 주의 영광을 보고 주를 가리켜 말한 것이라 **42** 그러나 관리 중에도 그를 믿는 자가 많되 바리새인들 때문에 드러나게 말하지 못하니 이는 출교를 당할까 두려워함이라 **43** 그들은 사람의 영광을 하나님의 영광보다 더 사랑하였더라

1) 완고한 사람들(12:37~41)

이 부분은 2~12장표적의 책에서 드러난 사람들의 반응을 요약한 것이다. 예수님께서 많은 표적을 사람들 앞에서 행하셨으나, 사람들은 그분을 믿지 않았다37절. 표적은 그 자체로 사람들을 믿음에 이르게 하지 않는다. 하지만 표적은 사람들로 하여금 예수님의 신적인 정체와 그분의 말씀이 사실임을 확인시켜 주는 역할을 한다. 그러나 사람들은 사탄의 노예가 되어서 마음이 닫혀 있으므로 예수님의 권세 있는 말씀을 들어도 믿지 않으며 엄청난 표적들을 수없이 목격해도 놀라지 않는다. 그들의 마음은 완고하며, 그들의 정신은 완악하다.

이에 요한은 이사야서의 두 구절을 인용하면서사53:1; 6:10 사람들의 불신앙을 예언의 성취로 해석한다38~40절. "우리에게서 들은바"는 말씀을 가리키고, "주의 팔"은 능력을 가리킨다. 따라서 이사야 시대에 사람들이 말씀을 들어도 믿지 않고 능력을 보아도 믿지 않은 것처럼, 예수님 시대에 사람들은 동일한 것을 목격했으나 믿지 않는다. 그렇다면 그들이 믿지 않는 이

유는 무엇인가? 그것은 하나님께서 그들의 눈을 멀게 하시고 그들의 마음을 완고하게 하셨기 때문이다. 즉 하나님의 주권에 근거한 유기에 의하여 그들이 믿음을 가지지 못하게 되었기 때문이다. 이것은 유대인들의 완고한 마음에 대한 하나님의 심판을 반영한다.

"이사야가 이렇게 말한 것은 주의 영광을 보고 주를 가리켜 말한 것이라"라는 말씀은 이사야가 오실 주님의 영광을 미리 보았다는 뜻이다41절.[153] 이는 아브라함과 모세가 오실 예수님을 미리 보고 즐거워했던 것과 마찬가지이다참고. 5:46; 8:16. 신약시대의 사람들은 물론이거니와 구약시대의 사람들도 예수 그리스도를 믿음으로 말미암아 구원을 받았다. 그들은 장차 다윗의 후손으로 오실 예수 그리스도를 희미하게나마 알았고, 그분의 공로만이 구원의 역사를 이룰 수 있다는 사실을 믿었다. 따라서 우리는 모든 시대의 모든 사람을 위한 구원의 방법은 단 하나, 즉 예수 그리스도밖에 없다는 사실을 명심해야 한다.

2) 믿는 사람들이 많았음(12:42~43)

요한은 비관적으로 단원을 끝내지 않는다. 그는 유대인 관리 중에도 예수님을 믿는 자들이 많았다고 말한다42a절. 많은 사람이 믿음을 거부한 가운데에서 일부 사람들이 예수님을 믿었으며, 더욱이 유대인 관리 중에서도 예수님을 믿는 자들이 많았다는 말은 기독교 신앙에 대한 희망적인 전망을 하게 한다. 즉 예수님의 사역이 결코 비관적이거나 절망적으로 끝나지 않았다는 사실을 알려준다. 요한은 이어서 다만 그들이 출교를 당할까 두려워하여 드러나게 말하지 못했다고 말한다42b절; 참고. 니고데모, 7:50~51; 19:39.

---

153. Michaels, 710.

예수님 당시에 출교는 종교적 축출을 의미하는 것만이 아니라 나아가서 사회적 고립을 뜻하는 것이기도 했다. 즉 출교는 유대인 공동체로부터 완전히 추방되는 것을 뜻했다. 따라서 사람들은 출교를 매우 두려워했다.

또한 요한은 "그들은 사람의 영광을 하나님의 영광보다 더 사랑하였더라"라고 말한다43절. 이 문구는 문맥을 고려할 때 공개적으로 신앙을 고백하지 못하는 사람들의 상태를 반영한다. 유대인 관리들 중에서 믿는 자들은 출교를 두려워하여 자신이 믿는 자임을 밝히지 못하고 숨어서 지냈다. 따라서 요한은 예수님 당시의 출교와 요한 당시의 출교를 모두 반영하여 이 문구를 넣었으며, 궁극적으로 그가 이 문구를 넣은 이유는 요한복음의 독자들이 담대히 신앙을 고백함으로써 사람의 영광보다 하나님의 영광을 더 사랑하기를 바랐기 때문이다.

한편, 요한복음을 특정 집단의 작품이라고 주장하는 이들은 여기에 나오는 '출교'를 요한복음이 기록될 당시주후 1세기 중후반의 상황을 투영한 것이라고 주장한다. 즉 요한복음의 저자가 자신의 시대에 일어났던 출교를 예수님 당시에 일어났던 일로 묘사했다는 것이다. 그러나 여기서 출교는 우선 예수님 당시에 일어났던 일이다. 예수님 당시에 예수님을 따르던 사람들은 상당한 어려움을 감수했다. 그리고 출교는 주후 1세기 중후반에도 일어났던 일이다. 사실 기독교 역사에서 출교는 언제 어디서나 일어났던 일이며, 언제 어디서나 일어날 수 있는 일이었다.

(10) 요약 2: 예수님의 신적 정체 계시(12:44~50)

44 예수께서 외쳐 이르시되 나를 믿는 자는 나를 믿는 것이 아니요 나를 보내신 이를 믿는 것이며 45 나를 보는 자는 나를 보내신 이를 보는 것이니라 46 나는 빛으로 세상에 왔나니 무릇 나를 믿는

자로 어둠에 거하지 않게 하려 함이로라 47 사람이 내 말을 듣고 지키지 아니할지라도 내가 그를 심판하지 아니하노라 내가 온 것은 세상을 심판하려 함이 아니요 세상을 구원하려 함이로라 48 나를 저버리고 내 말을 받지 아니하는 자를 심판할 이가 있으니 곧 내가 한 그 말이 마지막 날에 그를 심판하리라 49 내가 내 자의로 말한 것이 아니요 나를 보내신 아버지께서 내가 말할 것과 이를 것을 친히 명령하여 주셨으니 50 나는 그의 명령이 영생인 줄 아노라 그러므로 내가 이르는 것은 내 아버지께서 내게 말씀하신 그대로니라 하시니라

이 부분은 2~12장표적의 책에서 드러난 예수님의 메시지를 요약한 것이다. 예수님의 메시지는 다음의 세 가지인데, 모두 예수님과 하나님의 친밀한 관계를 드러낸다.[154]

1) 유일한 길(12:44~45)

예수님은 오직 자신을 통해서만 하나님께로 나아갈 수 있다고 말씀하신다44~45절. 예수님은 자신을 보내신 분이 하나님이시라는 사실을 전제하시면서, 자신을 믿는 사람은 곧 하나님을 믿는 사람이며, 자신을 보는 사람은 곧 하나님을 보는 사람이라고 말씀하신다. 이것은 하나님 아버지와 아들 예수님이 하나이시다는 메시지와 연결된다참고. 12:44~45; 5:19, 30; 10:30; 14:8~11; 17:4, 7~8. 즉 예수님의 중보자적 사역은 하나님과 예수님의 관계를 보

154. Burge는 이 단락을 다음과 같이 설명한다. “The Book of Signs closes with Jesus' making a final plea for belief, probably in the precincts of the temple. For John this is no doubt a final theological summary, comprising the main motifs that have been publicly revealed in the ministry of Jesus. Many of its themes are now familiar: Jesus has been sent by the Father (12:44, 49); the Father is the sole authority in his ministry (12:45, 49); and he is light shining in darkness (12:46), trying to bring salvation (12:47) and eternal life (12:50) to those who will show faith (12:44, 46).” Burge, 349. 참고. Peder Borgen, “The Use of Tradition in John 12:44-50,” *NTS* 26 (1979~1980): 18~35.

여준다.

2) 세상에 오신 빛(12:46~48)

예수님은 자신이 빛으로 세상에 오셨다고 말씀하신다46~48절. 빛은 어둠을 물리치고 어둠 속에 있는 사람들을 구원한다참고. 빛의 은유: 1:5; 3:19~21; 8:12; 9:5; 11:9~10. "내가 온 것은 세상을 심판하려 함이 아니요 세상을 구원하려 함이로라"라는 말씀은 예수님의 초림이 세상을 심판하시기 위한 것이 아니라 세상을 구원하시기 위함이라는 뜻이다. 예수님은 마지막 날에 재림하심으로 세상을 심판하실 것이다참고. 5:22, 27~30. 예수님은 세상을 구원하시기 위해 오셨으나 하나님은 예수님을 거부한 자들을 심판하실 것이다.

3) 아버지의 뜻대로 말씀하심(12:49~50)

예수님은 자의로 말하지 않고 자신을 보내신 하나님 아버지의 뜻대로 말한다고 하신다49~50절. 표적의 책에서 예수님은 줄곧 하나님으로부터 보내심을 받으신 분으로 드러나며, 하나님의 말씀과 하나님의 행동을 보여주신 분으로 묘사된다. 즉 예수님은 하나님의 프로그램대로 말씀하시고 움직이신 분이시다. 그러나 하나님과 예수님은 신성에 있어서 동일하시다. 예수님은 보내심을 받으셨으나 근본 하나님의 본체이시다. 예수님은 이어서 하나님의 명령이 영생이라고 하신다. 이것은 예수님의 말씀과 행적을 믿는 자가 영생을 얻을 것이라는 뜻이다.

단원 III

영광의 책:
예수님이 영광을 받으심(13:1~20:31)

the Book of Glory: Jesus receives Glory

단원의 요지

요한복음의 세 번째 단원은 '영광의 책'the Book of Glory이라고 불린다. 이 단원은 예수님의 고별강화, 예수님의 고난과 죽음, 그리고 예수님의 부활로 구성되어 있다. 요한복음에서 예수님의 '영광'이란 그분의 '죽음과 부활과 승천'을 가리키기 때문에 이 단원을 일반적으로 '영광의 책'이라고 부른다. '표적의 책'2~12장은 약 2~3년간의 긴 기간을 다루는 데 반하여, '영광의 책'13~20장은 같은 분량으로 약 2~3일간의 짧은 기간을 다룬다.

단원의 구조

고별강화	13:1~17:26
고난과 죽음	18:1~19:42
부활	20:1~31

1. 고별강화(13:1~17:26)

예수님은 십자가에서 죽임을 당하시기 전에 제자들에게 '고별강화'farewell discourse를 말씀하신다. 예수님의 고별강화는 고대 고별강화의 문학적 장르를 사용하여 서술된다. 고대의 고별강화에는 유대의 유언구약에 나오는 인물들(야곱, 모세 등)의 유언, 열두 족장의 유언 등과 그리스-로마의 유언 문학 등이 있다. 그러나 일반적인 고대의 고별강화들과 요한복음에 나오는 예수님의 고별강화 사이에는 분명한 차이가 있다. 일반적인 고대의 고별강화에는 선생영웅의 '떠남'absence과 당부의 말이 주를 이룬다. 그리고 그를 떠나보내는 제자들은 슬픔과 두려움과 걱정에 휩싸여 있다. 하지만 예수님의 고별강화에는 예수님의 '계심'presence에 대한 약속이 기록되어 있다.[1] 그리고 그분의 제자들은 기쁨과 안심과 평안을 가진다.

<고별강화의 구조>

13:1~30	고별강화의 배경
13:31~14:31	첫 번째 고별강화
15:1~16:33	두 번째 고별강화
17:1~26	예수님의 기도

1. 고별강화와 예수님의 계심에 대한 주제를 다룬 매우 훌륭하면서도 비평적인 저작은 다음의 책이다. G. L. Parsenios, *Departure and Consolation: The Johannine Farewell Discourses in Light of Greco-Roman Literature* (Brill: Leiden, 2005).

(1) 고별강화의 배경(13:1~30)

1 유월절 전에 예수께서 자기가 세상을 떠나 아버지께로 돌아가실 때가 이른 줄 아시고 세상에 있는 자기 사람들을 사랑하시되 끝까지 사랑하시니라 2 마귀가 벌써 시몬의 아들 가룟 유다의 마음에 예수를 팔려는 생각을 넣었더라 3 저녁 먹는 중 예수는 아버지께서 모든 것을 자기 손에 맡기신 것과 또 자기가 하나님께로부터 오셨다가 하나님께로 돌아가실 것을 아시고 4 저녁 잡수시던 자리에서 일어나 겉옷을 벗고 수건을 가져다가 허리에 두르시고 5 이에 대야에 물을 떠서 제자들의 발을 씻으시고 그 두르신 수건으로 닦기를 시작하여 6 시몬 베드로에게 이르시니 베드로가 이르되 주여 주께서 내 발을 씻으시나이까 7 예수께서 대답하여 이르시되 내가 하는 것을 네가 지금은 알지 못하나 이 후에는 알리라 8 베드로가 이르되 내 발을 절대로 씻지 못하시리이다 예수께서 대답하시되 내가 너를 씻어 주지 아니하면 네가 나와 상관이 없느니라 9 시몬 베드로가 이르되 주여 내 발뿐 아니라 손과 머리도 씻어 주옵소서 10 예수께서 이르시되 이미 목욕한 자는 발밖에 씻을 필요가 없느니라 온 몸이 깨끗하니라 너희가 깨끗하나 다는 아니니라 하시니 11 이는 자기를 팔 자가 누구인지 아심이라 그러므로 다는 깨끗하지 아니하다 하시니라 12 그들의 발을 씻으신 후에 옷을 입으시고 다시 앉아 그들에게 이르시되 내가 너희에게 행한 것을 너희가 아느냐 13 너희가 나를 선생이라 또는 주라 하니 너희 말이 옳도다 내가 그러하다 14 내가 주와 또는 선생이 되어 너희 발을 씻었으니 너희도 서로 발을 씻어 주는 것이 옳으니라 15 내가 너희에게 행한 것 같이 너희도 행하게 하려 하여 본을 보였노라 16 내가 진실로 진실로 너희에게 이르노니 종이 주인보다 크지 못하고 보냄을 받은 자가 보낸 자보다 크지 못하나니 17 너희가 이것을 알고 행하면 복이 있으리라 18 내가 너희 모두를 가리켜 말하는 것이 아니니라 나는 내가 택한 자들이 누구인지 앎이라 그러나 내 떡을 먹는 자가 내게 발꿈치를 들었다 한 성경을 응하게 하려는 것이니라 19 지금부터 일이 일어나기 전에 미리 너희에게 일러 둠은 일이 일어날 때에 내가 그인 줄 너희가 믿게 하려 함이로라 20 내가 진실로 진실로 너희에게 이르노니 내가 보낸 자를 영접하는 자는 나를 영접하는 것이요 나를 영접하는 자는 나를 보내신 이를 영접하는 것이니라 21 예수께서 이 말씀을 하시고 심령이 괴로워 증언하여 이르시되 내가 진실로 진실로 너희에게 이르노니 너희 중 하나가 나를 팔리라 하시니 22 제자들이 서로 보며 누구에게 대하여 말씀하시는지 의심하더라 23 예수의 제자 중 하나 곧 그가 사랑하시는 자가 예수의 품에 의지하여 누웠는지라 24 시몬 베드로가 머릿짓을 하여 말하되 말씀하신 자가 누구인지 말하라 하니 25 그가 예수의 가슴에 그대로 의지하여 말하되 주여 누구니이까 26 예수께서 대답하시되 내가 떡 한 조각을 적셔다 주는 자가 그니라 하시고 곧 한 조각을 적셔서 가룟 시몬의 아들 유다에게 주시니 27 조각을 받은 후 곧 사탄이 그 속에

들어간지라 이에 예수께서 유다에게 이르시되 네가 하는 일을 속히 하라 하시니 **28** 이 말씀을 무슨 뜻으로 하셨는지 그 앉은 자 중에 아는 자가 없고 **29** 어떤 이들은 유다가 돈궤를 맡았으므로 명절에 우리가 쓸 물건을 사라 하시는지 혹은 가난한 자들에게 무엇을 주라 하시는 줄로 생각하더라 **30** 유다가 그 조각을 받고 곧 나가니 밤이러라

1) 예수님의 사랑(13:1~5)

예수님의 죽음이 임박했다1절. "유월절 전에"라는 표현은 예수님의 죽음을 유월절의 관점에서 이해하게 만든다. 즉 예수님이 유월절의 성취자가 되신다는 점을 가르쳐준다. 요한은 "예수께서 자기가 세상을 떠나 아버지께로 돌아가실 때가 이른 줄 아시고"라고 말하는데, 요한복음에서 '때'라는 단어는 예수님의 영광의 때, 곧 예수님의 죽음과 부활과 승천의 때를 가리킨다참고. 2:4; 7:30; 8:20. 요한은 그의 복음서에서 예수님께서 자신이 죽으실 때가 되었음을 이미 알고 계셨고, 그것에 관해서 제자들에게 여러 차례 말씀하신 일을 기록했다. 그런데 이제 그 '때'가 이르렀다.

요한은 예수님이 "세상에 있는 자기 사람들을 사랑하시되 끝까지 사랑하시니라"라고 말한다. 여기서 "자기 사람들"his own이란 친근한 표현으로 '열두 제자'를 가리킨다. 이들은 예수님의 새로운 메시아 공동체를 대표한다. "끝까지"에 해당하는 헬라어 단어 '에이스 텔로스'는 '온전히'wholly 혹은 '철저히'entirely 등으로도 번역될 수 있다이중의미. 그러므로 고별강화는 제자들을 향한 예수님의 사랑으로 인해 주어진 것이다. 즉 예수님은 자신의 떠남으로 인하여 사랑하는 제자들이 두려워할 것을 아시고 그들을 안심시켜 주시기 위하여 이 강화를 주신다.

마귀가 시몬의 아들 가룟 유다의 마음에 예수님을 팔려는 생각을 넣는다2절. 따라서 예수님의 사랑과 대조되는 제자의 배신 모티프가 초반부터 나온다. 예수님은 가룟 유다가 자신을 팔 것을 이미 아셨다참고. 6:70~71. 그

런데 이제 때가 이르자 가룟 유다가 행동을 취하려고 한다. 이때 예수님과 제자들은 마지막 식사를 함께하게 된다3절; 마26:17~29; 막14:19~25; 눅22:7~38; 요13:1~30.[2] 이 자리에서 예수님은 제자들의 발을 씻기시는데, 요한은 이런 예수님의 모습을 매우 구체적이고 생생하게 묘사한다4~5절.[3] 당시에 발은 신체의 가장 더러운 부분이었다. 따라서 예수님이 발을 씻어 주시는 행동은 헌신적인 섬김의 본이 된다. 게다가 지금 예수님이 발을 씻어 주시는 것은 죽음 직전에 하시는 행동이므로 굉장히 중요한 의미를 가진다. 세족이 가지는 이러한 의미는 이어지는 예수님과 베드로의 대화에서 나타난다.

2) 세족의 구원론적 의미(13:6~11)

예수님께서 제자들의 발을 씻으시고 수건으로 닦기 시작하여 시몬 베드로에게 이르시자 시몬 베드로는 "주여 주께서 내 발을 씻으시나이까"라며 예수님이 자신의 발을 씻기시는 것을 받아들이지 못한다6절. 그러자 예수님은 "내가 하는 것을 네가 지금은 알지 못하나 이 후에는 알리라"라고 말씀하심으로 그가 이후에 그 의미를 알 것이라고 말씀하신다7절. 이것은 예수님이 부활하시고 승천하신 후에 보혜사 성령께서 오시면 제자들이 예수님의 말씀과 행적의 진정한 의미를 깨달을 수 있을 것이라는 뜻이다참고. 2:17, 22; 7:39; 12:16; 14:26 등.

---

2. 참고. H. A. Lombard and W. H. Oliver, "A Working Supper in Jerusalem: John 13:1-38 Introduces Jesus' Farewell Discourses," *Neotestamentica* 25 (1991): 357~78.
3. 참고. Sandra M. Schneiders, "The Footwashing (John 13:1-20): An Experiment in Hermeneutics," *CBQ* 43 (1981): 76~92; Fernando F. Segovia, "John 13:1-20. The Footwashing in the Johannine Tradition," *ZNW* 73 (1982): 31~51; John Christopher Thomas, *Footwashing in John 13 and the Johannine Community*, JSNT.SS 61. (Sheffield: JSOT Press, 1991).

그런데도 베드로는 "내 발을 절대로 씻지 못하시리이다"라며 완강하게 거부하고, 이에 예수님은 발을 씻는 행동이 가지는 상징적 의미를 설명하신다. 예수님은 "내가 너를 씻어 주지 아니하면 네가 나와 상관이 없느니라"라고 하신다8절. 이것은 구원에 관한 언급이다. 예수님이 씻어 주신다는 표현은 예수님을 통하여 새로운 사람으로 거듭나는 것을 의미한다. 그리고 예수님과 상관이 없다는 표현은 예수님께 속하지 않는다는 뜻이다. 그러므로 발을 씻는 것은 죄를 씻는 것을 의미하며, 이 일로 말미암아 예수님께 속한 자가 된다는 것이다.

그러자 베드로는 예수님의 말씀을 이해하지 못한 채 그렇다면 자신의 온몸을 씻어 달라고 요청한다9절. 이에 예수님은 "이미 목욕한 자는 발밖에 씻을 필요가 없느니라"라고 말씀하신다10a절. 이것은 예수님의 죽음을 통해 죄의 씻김을 경험하고 구원을 받은 사람이라도 계속해서 죄를 용서받아야 할 필요가 있다는 사실을 의미한다. 본문에서 목욕과 발 씻음을 분명하게 구별하기란 어렵다. 이것들은 메시지를 전달하는 상징적인 소재로서 이미 구원을 받은 자가 계속해서 구원을 이루어나가야 한다는 메시지를 전달할 뿐이다. 결국 깨끗해지는 것은 물과 관련된 것이 아니라 예수님과의 관계와 관련된 것이다.

예수님은 베드로와 대화하시는 중에 자신을 팔 배신자를 예고하신다. 필시 "너희가 깨끗하나 다는 아니니라"라는 말씀은 제자들에게 큰 충격을 주었을 것이다10b절. 그들은 도대체 누가 깨끗하지 않다는 말이냐며 서로 수군거렸을 것이다. 그런데 이것은 예수님이 가룟 유다에게 회개할 기회를 주시는 것이면서 동시에 제자들에게 자신을 떠나지 말 것을 경고하시는 것이다. 예수님은 유다의 발도 씻어 주셨음이 틀림없다. 그러나 유다는 베드로와 달리 온몸이 깨끗하지 않았다. 즉 그는 구원을 받지 않았다. 요한은 "이는 자기를 팔 자가 누구인지 아심이라"라고 함으로 예수님의 전지성을 드러낸다11절. 예수님은 유다가 자신을 팔 것을 아시면서도 그의 발을 씻어 주시면서 사랑을 표현하신다.

3) 세족의 윤리적 의미(13:12~17)

앞에서 베드로와의 대화를 통하여 세족의 구원론적 의미를 말씀하신 예수님은 이제 제자들에게 주시는 강화를 통해서 세족의 윤리적 의미를 말씀하신다. 예수님은 제자들의 발을 씻으신 후에 옷을 입으시고 다시 앉아서 "내가 너희에게 행한 것을 너희가 아느냐"라고 물으신다12절. 이것은 자신의 행동이 주는 교훈이 무엇인지 아느냐는 뜻이다. 예수님은 자신이 선생이며 주라고 일컬음을 받지만, 자신이 주와 또는 선생이 되어 제자들의 발을 씻었으니 제자들도 서로 발을 씻어 주는 것이 옳다고 말씀하신다13~14절.

예수님은 "내가 너희에게 행한 것 같이 너희도 행하게 하려 하여 본을 보였노라"라고 말씀하심으로 자신의 행동을 제자들이 그대로 따라 행할 것을 요청하신다15절. 이 구절은 예수님이 제자들의 발을 씻어 주신 행동이 가지는 의미를 명확하게 알려준다. 예수님은 이어서 "종이 주인보다 크지 못하고 보냄을 받은 자가 보낸 자보다 크지 못하나니"라고 하시는데, 이것은 주인이신 예수님이 이렇게 하셨다면 제자들이 마땅히 이렇게 해야 한다는 뜻이다16절. 그리고 예수님은 "너희가 이것을 알고 행하면 복이 있으리라"라고 하시는데, 이것은 이렇게 남을 섬기는 사람에게 하나님이 복을 주신다는 뜻이다17절.

제자들은 예수님이 하신 일을 따라 행해야 한다. 그리스도인들이 서로의 발을 씻어주는 것은 공동체의 결속력을 강화해주고, 다른 사람을 섬기는 삶을 실천하게 해 준다. 하지만 본문에 세족에 대한 성례전적인 암시는 없으므로 세족을 의식적인 차원으로 이해할 필요가 없다. 바울은 디모데전서 5장 10절에서 "성도들의 발을 씻으며"라는 언급을 하는데, 이것도 예수님의 세족과 어떤 관련성을 가지는지가 분명하지 않다. 초기 기독교회에서 세족을 종교적 의식으로 받아들여 시행했다는 증거는 없다.[4] 다만 본문은 세족이라는 상징적 행동이 전달하는 의미구원론적인 의미, 윤리적인 의미를 드러낼 뿐이다. 따라서 오늘날 서로 섬기는 일을 실천하려는 이들은 주후 1세기 지중해 연안에서 세족이 가졌던 의미를 이해하면서 자신들의 문화권에서 적합하다고 받아들여지는 상징적 행동을 시행할 수 있다.

4) 예수님의 죽음과 제자들의 사명(13:18~20)

10b~11절에서 배신자를 예고하신 예수님은 여기서 다시금 유다가 자신을 배신할 것을 예언하신다18절. 이것은 유다가 회개하도록 계속해서 기회를 주시는 것이다. 예수님은 "내 떡을 먹는 자가 내게 발꿈치를 들었다"라는 시편 41편 9절을 인용하시는데, 이 구절은 압살롬이 다윗을 배신하는 것과 관련된 내용이다. '떡을 나누어 먹은 자'라는 표현은 매우 가까운 사이를 가리키고, '발꿈치를 들다'라는 표현은 발뒤꿈치로 가격하는 조롱의 행동을 뜻한다참고. 삼하16:23. 따라서 이것은 매우 가까운 사람이 배신하는 것의 아픔을 묘사하는 것인 동시에 예수님의 죽음이 성경의 예언을 성취하는 것임을 알려준다.

예수님은 "지금부터 일이 일어나기 전에 미리 너희에게 일러 둠은 일이 일어날 때에 내가 그인 줄 너희가 믿게 하려 함이로라"라고 말씀하신다19

---

4. Kysar, 210.

절. 이처럼 예수님은 일어날 일을 미리 알고 계신다참고. 14:29; 16:1, 4, 32, 33. 그리고 이러한 예지력 혹은 전지성은 예수님의 신성을 입증하는 동시에 예수님의 죽음이 구원 계획에 따라 진행되는 것임을 알려준다. "내가 그인줄"이라는 말은 '나는 … 이다' 어구'에고 에이미', 'I am' statement, 참고. 8:24, 28, 58; 18:5, 6, 8 등로서 예수님의 신적인 정체가 그의 영광의 때에 완전히 드러날 것을 시사한다.[5]

예수님은 "내가 보낸 자를 영접하는 자는 나를 영접하는 것이요 나를 영접하는 자는 나를 보내신 이를 영접하는 것이니라"라고 말씀하신다20절. 이 말을 풀이하면 다음과 같다. "내가 보내는 자제자를 영접하는 자는 나예수님를 영접하는 것이고, 나예수님를 영접하는 자는 나를 보내신 분하나님을 영접하는 것이다." 이 구절에 보냄과 영접의 모티프가 같이 나온다. 보냄의 모티프는 16절과 연관된다. 예수님이 보내신 자는 열두 제자이지만, 나아가서 모든 세대의 모든 그리스도인이다. 그리스도인들은 다른 사람들에게 가서 그리스도의 복음을 전해야 한다. 영접의 모티프는 요한복음에서

---

5. Borchert는 18~19절에 담겨있는 주제들을 다음과 같이 제시한다. "Several important ideas are present in these verses. The theme that the facts involved in the coming of Jesus actually represent the fulfillment of Scripture is repeatedly expressed in Matthew (cf. Matt 1:22; 2:17, 23; etc.). That expression, however, is hardly used in Mark or Luke. In John it is not used in the first eleven chapters. But at the transition to the rejection of Jesus in the Centerpiece of the Gospel, this expression is introduced for the first time (12:38), and it is employed thereafter an additional five times in the Farewell Cycle and Death Story in reference to the fulfillment of an Old Testament text (13:18; 15:25; 17:12; 19:24, 36) and twice in reference to the fulfillment of Jesus' words (18:9, 32). John wanted his readers to understand that the death of Jesus was no accident and that the sacrifice of the Lamb of God was God's means for dealing with the sin of the world (1:29)." Gerald L. Borchert, *John 12-21*, The New American Commentary (Nashville: Broadman & Holman Publishers, 2002), 67.

빈번하게 발견된다참고. 1:12; 3:32-33; 5:43; 12:48.[6] 보냄을 받은 자들을 영접하는 것은 복음을 믿는 것이고 예수님을 신뢰하는 것이다.

13장 6~19절의 ABA′B′ 구조를 다음과 같이 설정할 수 있다.

13:6~10a 세족의 구원론적 의미(A)
  13:10b~11 배신자 예고(B)
13:12~17 세족의 윤리적 의미(A′)
  13:18~19 배신자 예고(B′)

이러한 ABA′B′ 구조가 가지는 함의는 다음과 같다. ① 세족은 이중의미, 즉 구원론적 의미와 윤리적 의미를 가진다. ② 모든 사람이 구원을 받는 것은 아니다. ③ 신자 공동체 내에 대적배신자이 있다.

5) 제자의 배신을 미리 아심(13:21~30)

예수님은 가룟 유다의 배신을 예언하시면서참고. 13:1; 13:10b~11; 13:18b 등, 제자 중 하나가 자신을 배신하는 것으로 인하여 심령이 괴로워하신다21절. 요한복음에서 “심령이 괴로워”에타라크테 토 프뉴마티라는 표현은 예수님께서 자신의 죽음을 가리키면서 사용하신 단어이다참고. 12:27; 시31:9~10; 38:10; 55:2~14. 실로 예수님은 죽음 때문에 괴로워하실 뿐만 아니라 사랑하는 제자의 배신 때문에도 괴로워하신다.[7]

예수님의 배신 이야기에 제자들은 서로를 보면서 이것이 누구에 관한

---

6. ESV Study Bible.
7. 참고. Burge, 372.

이야기인지를 의심한다22절. 이때 사랑하시는 제자가 예수님의 품에 의지하여 누워있었다23절. 요한복음에서 '사랑하시는 제자'Beloved Disciple라는 표현은 여기에 처음 나오는데, 이제부터 자주 나온다. 그가 구체적으로 누구인지에 관하여 다양한 제안이 있었다참고. 서론. 필시 이 복음서에 사랑하시는 제자의 이름이 언급되지 않은 것은 당시 이 복음서의 독자들에게 그가 잘 알려진 인물이었기 때문일 것이다. 더욱이 요한은 복음서에서 의도적으로 그의 이름을 말하기보다는 그와 주님의 관계를 이름 대신에 넣음으로써 독자들에게 특정한 메시지를 주고자 하였던 것으로 보인다. 즉 주님을 따르는 자는 필시 사랑하시는 제자가 되어야 한다는 점을 가르쳐 주고자 했던 것 같다.

시몬 베드로는 사랑하시는 제자에게 머릿짓을 하여 누가 배신할 자인지를 예수님께 물어보라고 한다24절; 참고. 베드로와 사랑하시는 제자의 우정과 경쟁 모티프: 18:15~16; 20:1~10; 21:1~7, 20~23. 이렇게 사랑하시는 제자가 중간에서 물어보는 것이 공관복음에는 나오지 않는다. 요한복음에는 사랑하시는 제자와의 밀접한 관련성 때문에 이 언급이 들어있는 것으로 보인다. 이에 사랑하시는 제자는 예수님의 가슴에 그대로 의지하여 "주여 누구니이까"라고 묻는다25절. 어쨌든 23절에서 사랑하시는 제자가 예수님의 품에 누워있는 것과 25절에서 그가 예수님의 가슴에 누워서 물어보는 것은 그와 예수님의 친밀한 관계를 상상하게 해준다.

제자의 질문에 예수님은 떡 한 조각을 가룟 유다에게 주심으로 배신자가 누구인지를 가르쳐 주신다26절. 떡을 떼어주는 것은 자신의 몸을 주는 것을 상징한다. 이것은 제자의 배신으로 인해 예수님이 돌아가실 것을 암시한다. 유다는 예수님이 주시는 사랑을 받았음에도 불구하고 그분을 배신하여 죽게 만든다. 떡 조각을 받은 후 사탄이 유다에게 들어가자 예수님은 유다에게 "네가 하는 일을 속히 하라"라고 말씀하신다27절. 그러나 제자들은 이 말씀의 의미를 전혀 이해하지 못한다28~29절. 요한은 2절에서 사탄이 벌써 유다의 마음에 예수님을 팔려는 생각을 넣었다고 말했는데, 여기서 다시 사탄이 그 속에 들어갔다고 말하는 것은 사탄이 더욱 강하게 유다의 마음을 자극했다는 뜻이다. 분명히 떡 조각을 받은 것이 사탄을 들어가게 한 원인이 되는 것은 아니다. 그것은 단지 일어난 일을 시간상으로 묘사한 것일 뿐이다.

요한은 "유다가 그 조각을 받고 곧 나가니 밤이러라"라고 말한다30절. 그리스-로마의 고별강화 문학에서 배신자의 '나감'exit은 고별강화를 시작하게 하는 출발점이 된다. 요한복음에서도 배신자의 나감은 고별강화의 시작을 알리는 시점이 된다. 그런데 그의 '나감'이라는 행동의 상징성과 '밤'이라는 시간의 상징성이 결합하여 악의 이미지가 강화된다참고. 요3:2; 9:7. 한편, 유다의 배신 원인이 공관복음에서는 돈 때문이라고 되어 있지만참고. 마26:15; 막14:11; 눅22:5; 행1:18; 마27:3~10, 요한복음에서는 사탄 때문이라고 되어 있는데참고. 요13:2, 27, 이것은 사탄이 더욱 근본적인 원인이며, 돈이 표면적인 원인이기 때문이다.

(2) 첫 번째 고별강화 1: 서론(13:31~38)

31 그가 나간 후에 예수께서 이르시되 지금 인자가 영광을 받았고 하나님도 인자로 말미암아 영광을 받으셨도다 **32** 만일 하나님이 그로 말미암아 영광을 받으셨으면 하나님도 자기로 말미암아 그에게 영광을 주시리니 곧 주시리라 **33** 작은 자들아 내가 아직 잠시 너희와 함께 있겠노라 너희가 나를 찾을 것이나 일찍이 내가 유대인들에게 너희는 내가 가는 곳에 올 수 없다고 말한 것과 같이 지금 너희에게도 이르노라 **34** 새 계명을 너희에게 주노니 서로 사랑하라 내가 너희를 사랑한 것 같이 너희도 서로 사랑하라 **35** 너희가 서로 사랑하면 이로써 모든 사람이 너희가 내 제자인 줄 알

리라 **36** 시몬 베드로가 이르되 주여 어디로 가시나이까 예수께서 대답하시되 내가 가는 곳에 네가 지금은 따라올 수 없으나 후에는 따라오리라 **37** 베드로가 이르되 주여 내가 지금은 어찌하여 따라갈 수 없나이까 주를 위하여 내 목숨을 버리겠나이다 **38** 예수께서 대답하시되 네가 나를 위하여 네 목숨을 버리겠느냐 내가 진실로 진실로 네게 이르노니 닭 울기 전에 네가 세 번 나를 부인하리라

<첫 번째 고별강화의 구조>

13:31~38 서론

14:1~14 예수님의 가심

14:15~24 예수님의 오심

14:25~31 결론

1) 새 계명(13:31~35)

요한은 다시금 "그가 나간 후에"라는 문구로 첫 번째 고별강화의 시작을 알린다31a절.[8] 배신자 가룟 유다가 공동체에서 나감으로 공동체에는 예수님과 참 제자들만 남게 되었다. 이제 예수님은 남겨진 참 제자들에게 말씀을 주신다. 예수님은 인자가 영광을 얻었고, 하나님도 인자로 말미암아 영광을 받으셨다고 말씀하신다31b절. 이것은 상호 간의 영광 돌림mutual glorification이다. 만일 하나님이 예수님으로 말미암아 영광을 받으셨으면, 하나님도 자기로 말미암아 예수님에게 영광을 주실 것이다32절. 이것은 예수님께서 죽음을 통하여 하나님께 영광을 돌리시면, 하나님께서 예수님을 살리심으로 예수님께 영광을 돌리신다는 뜻이다.[9]

8. 참고. C. S. Keener, *The Gospel of John* (Peabody: Hendrickson Publishers, 2003), 915~20.

9. Carson, 477; 참고. Keener, 902; Morris, 630.

예수님은 잠시 후에 제자들과 떨어질 것이라고 말씀하신다33절. 예수님은 제자들을 향하여 "작은 자들아"라고 하신다. 이것은 '자녀들아'라는 뜻으로 매우 친근한 표현이다. 예수님은 "내가 아직 잠시 너희와 함께 있겠노라"라고 하심으로 자신이 조금 후에 제자들과 헤어질 것이라고 말씀하신다. 예수님은 이어서 "내가 유대인들에게 너희는 내가 가는 곳에 올 수 없다고 말한 것과 같이 지금 너희에게도 이르노라"라고 하시는데, 이것은 예수님이 이전에 유대인들에게 말씀하신 것처럼 제자들도 자신이 가시는 곳에 갈 수 없다는 뜻이다. 그러나 유대인들과 제자들 사이에는 결정적인 차이점이 있다. 곧 유대인들은 예수님을 만나지 못하지만, 제자들은 다시 예수님을 만난다. 제자들은 예수님이 계시지 않을 때 다른 방식으로 예수님의 계심the presence of the risen Jesus in his absence을 볼 것이다.

제자들을 떠나겠다고 하시는 예수님이 제자들에게 가장 먼저 하신 말씀은 "서로 사랑하라"라는 권면이다. 예수님은 "새 계명을 너희에게 주노니 서로 사랑하라"라고 말씀하신다34a절. 사실 사랑은 새로운 계명이 아니다. 그것은 이미 구약성경에서 제시된 계명이다. 그런데 예수님께서 이를 새로운 계명이라고 하신 것은 그것이 새로운 메시아 공동체예수님의 공동체에 주시는 계명이기 때문이다.[10] 필시 새로운 메시아 공동체의 정체성은 사랑이다. 더군다나 예수님은 "내가 너희를 사랑한 것 같이 너희도 서로 사랑하라"라고 하신다34b절. 따라서 제자들은 예수님의 사랑을 기억회상하면서 그 사랑을 그대로 실천해야 한다.

예수님은 "너희가 서로 사랑하면 이로써 모든 사람이 너희가 내 제자인

---

10. 참고. Raymond F. Collins, "'A New Commandment I Give to You …' (Jn 13:34)," *LTP* 35 (1979): 235~61.

줄 알리라"라고 말씀하시는데, 이것은 제자들이 서로 사랑함으로써 제자됨의 표식을 드러낼 수 있다는 뜻이다35절. 사람들은 제자들이 서로 사랑하는 것을 봄으로써 제자들 가운데 예수님의 가르침이 남아 있는 것을 본다. 그리고 그것은 예수님의 현존presence을 의미한다. 하나님의 계명은 한 마디로 '사랑'이다. 그것은 하나님을 사랑하고 이웃을 사랑하는 것으로 요약된다참고. 레19:18; 민6:5; 막12:28~33. 신약시대에 예수님은 심지어 원수까지 사랑하라고 말씀하신다참고. 마5:43~48. 예수님은 자신의 생명을 내어 주심으로써 진정한 사랑의 모범을 보여주신다참고. 15:13. 그리고 이제 그러한 사랑의 실천이 제자들에게 요청된다.

2) 베드로가 부인할 것을 이르심(13:36~38)

이때 시몬 베드로가 "주여 어디로 가시나이까"라고 묻자, 예수님은 "내가 가는 곳에 네가 지금은 따라올 수 없으나 후에는 따라오리라"라고 말씀하신다36절. 이것은 베드로가 훗날에 예수님처럼 죽임을 당할 것을 예고하는 것이다. 이에 베드로는 "주여 내가 지금은 어찌하여 따라갈 수 없나이까 주를 위하여 내 목숨을 버리겠나이다"라고 말함으로 주님을 위하여 목숨을 걸겠다는 결연한 의지를 드러낸다37절. 그러나 예수님은 베드로가 자신을 부인할 것이라고 말씀하신다38절; 참고. 마26:34; 막14:30; 눅22:34. 따라서 예수님의 사랑과 제자들의 배신 모티프가 다시 나온다. 예수님이 베드로에게 이렇게 말씀하신 것은 경고의 역할을 한다.

(3) 첫 번째 고별강화 2: 예수님의 가심(14:1~14)

1 너희는 마음에 근심하지 말라 하나님을 믿으니 또 나를 믿으라 **2** 내 아버지 집에 거할 곳이 많도다 그렇지 않으면 너희에게 일렀으리라 내가 너희를 위하여 거처를 예비하러 가노니 **3** 가서 너희를 위하여 거처를 예비하면 내가 다시 와서 너희를 내게로 영접하여 나 있는 곳에 너희도 있게 하리라 **4** 내가 어디로 가는지 그 길을 너희가 아느니라 **5** 도마가 이르되 주여 주께서 어디로 가시는지 우리가 알지 못하거늘 그 길을 어찌 알겠사옵나이까 **6** 예수께서 이르시되 내가 곧 길이요 진리요 생명이니 나로 말미암지 않고는 아버지께로 올 자가 없느니라 **7** 너희가 나를 알았더라면 내 아버지도 알았으리로다 이제부터는 너희가 그를 알았고 또 보았느니라 **8** 빌립이 이르되 주여 아버지를 우리에게 보여 주옵소서 그리하면 족하겠나이다 **9** 예수께서 이르시되 빌립아 내가 이렇게 오래 너희와 함께 있으되 네가 나를 알지 못하느냐 나를 본 자는 아버지를 보았거늘 어찌하여 아버지를 보이라 하느냐 **10** 내가 아버지 안에 거하고 아버지는 내 안에 계신 것을 네가 믿지 아니하느냐 내가 너희에게 이르는 말은 스스로 하는 것이 아니라 아버지께서 내 안에 계셔서 그의 일을 하시는 것이라 **11** 내가 아버지 안에 거하고 아버지께서 내 안에 계심을 믿으라 그렇지 못하겠거든 행하는 그 일로 말미암아 나를 믿으라 **12** 내가 진실로 진실로 너희에게 이르노니 나를 믿는 자는 내가 하는 일을 그도 할 것이요 또한 그보다 큰 일도 하리니 이는 내가 아버지께로 감이라 **13** 너희가 내 이름으로 무엇을 구하든지 내가 행하리니 이는 아버지로 하여금 아들로 말미암아 영광을 받으시게 하려 함이라 **14** 내 이름으로 무엇이든지 내게 구하면 내가 행하리라

1) 내 아버지 집(14:1~3)

예수님은 "너희는 마음에 근심하지 말라 하나님을 믿으니 또 나를 믿으라"라고 말씀하신다1절.[11] 이 문장을 더 정확히 번역하자면 '너희 마음이 근심하지 않게 하라. 하나님을 믿고 또 나를 믿어라.'가 된다.[12] 이전에 '근심'타라쏘이란 단어는 예수님의 감정에 사용되었다참고. 11:33; 12:27; 13:21. 그런

11. Schnackenburg, 1982, 55.
12. ESV 역시 원문을 직역하여 다음과 같이 번역했다. "Let not your hearts be troubled. Believe in God; believe also in me."

데 이제 이 단어는 제자들에게 사용된다. 제자들이 근심한 이유는 예수님이 곧 떠날 것십자가 죽음이라고 하시고, 제자들의 대표인 베드로가 세 번이나 배신할 것이라고 하시며, 그들에게 큰 어려움이 닥칠 것이라고 하셨기 때문이다. 예수님은 "마음에 근심하지 말라"라는 말씀과 함께 "믿으라"라는 말씀을 하신다. 마음의 근심을 없애는 방법은 주님을 믿는 것이다. 주님을 믿으면 걱정과 근심이 저절로 사라진다. "하나님을 믿으니 또 나를 믿으라"라는 말은 '하나님에 대한 믿음의 바탕 위에서 예수님을 믿으라.'라는 뜻이다. 따라서 이것은 하나님과 예수님에 대한 '철저한 믿음' 혹은 '확실한 믿음'을 시사한다.

예수님은 떠나시는 목적을 알려준다. 예수님은 "내 아버지 집에 거할 곳이 많도다"라고 말씀하신다2a절. 여기서 "내 아버지 집"이란 '천국'을 의미한다. 이것은 '가정 은유'family metaphor인데, 요한복음에 이러한 '가정 은유'가 풍부하게 들어있다. 따라서 예수님은 천국에 "거할 곳"모네이 많다고 말씀하시는 것이다. 그렇다면 "거할 곳"이라는 용어를 어떻게 이해해야 하는가? 이 용어의 의미에 대해서 오래전부터 많은 논란이 있었다.[13] KJV는 이 단어를 'mansion'으로 번역했고, 이에 따라 사람들은 이것을 '집' 혹은 '방'으로 이해했다.[14] 그러나 이것을 장소로 이해하는 것은 어법상 그리고 문맥상 옳지 않다. 여기서 "거할 곳"을 "내 아버지 집"과 마찬가지로 '가정 은유'의 관점으로 이해해야 한다. 더욱이 14장 23절에서 예수님은 "사람이

13. 참고. Schnackenburg, 1982, 60~61.

14. Michaels는 이 단어의 의미에 대해서 다음과 같이 설명한다. "The traditional 'many mansions' (KJV) is based on the Latin Vulgate's *mansiones multae*, 'many stations' or 'stopping places,' from an ancient interpretation of the saying as referring to places of rest along the way on the soul's journey to heaven - a view that has few adherents today." Michaels, 767.

나를 사랑하면 내 말을 지키리니 내 아버지께서 그를 사랑하실 것이요 우리가 그에게 가서 거처를 그와 함께 하리라"라고 말씀하시는데, 14장 23절에 사용된 "거처"모네는 14장 2a절의 "거할 곳"모네과 같은 단어로서, 우리가 멀리 떨어져 있는 아버지 집으로 가야 하는 것이 하나님과 예수님이 우리에게 오셔서 우리와 함께 사실 것임을 시사한다. 그러므로 "거할 곳"을 '장소'place 개념이 아니라 '관계'relationship 개념으로 이해해야 한다. 그래서 "거할 곳이 많도다"라는 말을 예수님이 십자가에서 죽으심으로 우리가 하나님 나라에 넉넉히 들어갈 수 있게 되었다는 뜻으로 받아들여야 한다. 결국 예수님의 말씀은 그분의 떠나심이 삼위 하나님과 우리가 연합할 수 있는 근거가 됨을 보여준다. 그러므로 예수님의 떠나심은 반드시 필요하다.

예수님은 "그렇지 않으면 너희에게 일렀으리라 내가 너희를 위하여 거처를 예비하러 가노니"라고 말씀하신다2b절. 이 문장은 이해하기가 쉽지 않다. 비록 사본학적인 논쟁이 있으나, 이것을 의문문 형태로 보아 "그렇지 않으면 내가 너희에게 '내가 너희가 있을 곳을[15] 준비하러 간다.'라고 말했겠느냐?"라고 번역하는 것이 더 정확하다.[16] 그렇다면 예수님이 제자들에게 '내가 너희를 위하여 거처를 예비하러 간다.'라고 말씀하신 적이 있는가? 요한복음이나 다른 복음서에는 예수님이 명시적으로 그렇게 말씀하신 부분이 발견되지 않는다. 그렇지만 예수님은 이미 수차례 자신이 아버지께로 가신다는 말씀을 하셨으며, 아마도 그것을 말씀하시면서 아버지께로 가시는 목적거처를 예비함을 말씀하셨을 것이다.

---

15. 대격 명사 *τόπον*(토폰, place)을 개역개정은 '거처'라고 번역했다. 하지만 이것을 문자 그대로 '곳'이라고 번역하는 것이 좋다.

16. ESV는 "If it were not so, would I have told you that I go to prepare a place for you?"로 번역했고, NIV와 NRSV도 의문문으로 번역했다. 바른성경과 천주교 성경도 마찬가지이다.

예수님은 이어서 "가서 너희를 위하여 거처를 예비하면 내가 다시 와서 너희를 내게로 영접하여 나 있는 곳에 너희도 있게 하리라"라고 말씀하신다3절. 이 말씀은 예수님이 십자가를 지심으로 제자들을 위하여 '거처'를 마련하시면, 다시 와서 그들을 데려가실 것이라는 뜻이다. 여기서 '거처'란 단어 역시 가정 은유로 보아서 하나님과의 관계, 즉 하나님과의 교제로 이해해야 한다. 그렇게 되면 예수님께서 하나님과 우리의 교제를 마련하시기 위하여 십자가를 지신다는 의미가 된다. 그렇다면 여기서 예수님의 '다시 오심'이란 무엇을 의미하는가? 부활을 뜻하는지, 성령강림을 뜻하는지, 아니면 재림을 뜻하는지 등에 관하여 논란이 있다. 하지만 이것을 어떤 특정한 오심으로 보는 것은 바람직하지 않다. 만일 여기서 '거처'를 하나님과의 관계, 즉 하나님과의 교제로 이해해야 한다면, '다시 오심'을 미래적이면서 동시에 현재적으로 이해하여 예수님의 '다시 오심'의 모든 형태부활, 성령강림, 재림, 영원한 임재 등를 의미한다고 볼 수 있다.

정리하자면 1~3절에 있는 예수님의 말씀은 '가정 은유'의 관점에서 읽어야 한다. 여기에 나오는 '집', '거할 곳', '거처'를 장소로 이해하지 말아야 한다. 만약 이것을 장소로 이해하면 본문 이해에 큰 혼선이 생기고 잘못된 종말론 교리가 나온다. 하나님의 나라천국는 당연히 장소를 포함한다. 우리는 이를 추호도 의심하지 말아야 한다. 하지만 적어도 이 본문은 장소를 말하려는 것이 아니라, 예수님의 떠나심으로 하나님과 우리의 친밀한 관계가 형성된다는 사실을 말해 주려는 것이다. 예수님이 떠나심으로 우리는 하나님의 집에 거할 수 있다. 즉 예수님의 구속 사역의 성취로 우리는 하나님의 자녀가 되어서 하나님과 영원히 교제할 수 있다. 그러므로 예수님의 떠나심은 근심할 일이 아니라 안심할 일이다.

2) 아버지에게 이르는 길(14:4~7)

4절에서 대화 내용이 살짝 바뀐다. 예수님은 2~3절에서 떠나가시는 목적을 말씀하셨는데, 4절에서 떠나가시는 방법을 말씀하신다. "내가 어디로 가는지 그 길을 너희가 아느니라"라는 말씀은 '너희는 내가 갈 곳으로 가는 길을 안다.'라는 뜻이다. 이때 도마가 질문한다5절. 그는 예수님의 말씀을 확실히 알고 싶어 하는 실증주의자로서, 예수님이 말씀하시는 '길'을 '지리적인 길'로 오해한다. 그런데 이러한 도마의 오해는 요한의 문예적 장치이기도 한데, 그의 질문은 예수님의 말씀을 더욱 밝히 드러내는 수단이 된다. 이러한 문예 장치가 고별강화에 많이 등장한다참고. 8절의 빌립.

도마의 질문에 예수님은 "내가 곧 길이요 진리요 생명이니 나로 말미암지 않고는 아버지께로 올 자가 없느니라"라는 유명한 말씀을 하신다6절. 이 말씀은 여러 해석을 가능하게 한다. 대체로 세 가지의 해석이 유력하다. ① 예수님은 진리와 생명에 이르는 길이다. ② 예수님은 길인데, 진리이며 생명인 길이다. ③ 예수님은 생명이며 진리이므로 바른길이다. 이것 중에서 어느 것이 옳은지 판단하기가 쉽지 않다. 문맥을 고려할 때 여기에서 핵심을 '길'이라고 보는 것이 자연스럽다. 그리고 요한복음의 이원론적인 언어를 생각할 때, 진리와 생명은 거짓과 죽음의 반대로서 위의 세계, 즉 하나님의 영역을 뜻한다. 따라서 예수님의 말씀은 자신을 통하여길 하나님의 영역진리와 생명으로 갈 수 있다는 뜻으로 이해할 수 있다.

예수님은 "너희가 나를 알았더라면 내 아버지도 알았으리로다 이제부터는 너희가 그를 알았고 또 보았느니라"라고 말씀하신다7절. 하나님을 알고 보는 것은 진일보한 신앙이라 할 수 있다. 그런데 예수님은 하나님이시기 때문에 예수님을 알고 보는 것은 곧 하나님을 알고 보는 것이 된다. 오늘날 우리는 말씀을 통해서 예수님을 알고 그 예수님을 통해서 하나님을 보게 된다. 사도행전 4장 12절"다른 이로써는 구원을 받을 수 없나니 천하 사람 중에 구원을 받을 만한 다른 이름을 우리에게 주신 일이 없음이라 하였더라"에는 오직 예수님을 통해서만 구원을 받을 수 있다는 말씀이 있다. 주님의 제자들은 예수님 외에 하나님께 나아갈 수 있는 다른 길을 인정하지 않는다참고. 출26:33; 민17:5.

3) 아버지를 볼 수 있는 방법(14:8~11)

그런데 이번에는 빌립이 예수님의 말씀을 오해한다. 그는 "주여 아버지를 우리에게 보여 주옵소서 그리하면 족하겠나이다"라고 말한다8절. 즉 빌립은 예수님에게 하나님의 현현을 요구한다. 구약시대에 모세는 하나님의 영광을 구했고, 그 영광을 제한적으로 볼 수 있었다참고. 출 33:18. 그리고 이사야는 하나님에 대한 환상을 제한적으로나마 보았다참고. 사6:1.[17] 이에 빌립도 하나님을 직접 눈으로 보고 싶어 한다. 그러나 빌립은 예수님이 성육하신 하나님이시며 그분이 전하신 모든 말씀과 행하신 모든 일이 하나님을 보여주신 것임을 알지 못한다. 그리하여 다시금 예수님에게 하나님을 보여 달라고 요청한다. 그런데 이러한 빌립의 말은 도마의 말참고. 5절과 같이 독자들에게 예수님의 말씀을 더 깊이 드러내는 계기가 된다.

이에 예수님은 빌립에게 "빌립아 내가 이렇게 오래 너희와 함께 있으되 네가 나를 알지 못하느냐 나를 본 자는 아버지를 보았거늘 어찌하여 아버지를 보이라 하느냐"라고 반문하신다9절. 이것은 수사적 의문문으로서 예수님을 알면 당연히 하나님 아버지를 알 수 있다는 뜻이다. 사람은 하나님의 음성을 들을 수 없고 그분의 모습을 볼 수 없다참고. 5:37; 6:46. 그러나 예수님을 믿는 자들은 예수님을 통하여 하나님의 모습을 볼 수 있다.

---

17. ESV Study Bible.

10~11절은 9절에 대한 설명이다. 예수님은 아버지 안에 거하시고 아버지는 예수님 안에 계시기에 예수님이 하시는 말씀은 스스로 하시는 것이 아니라 아버지께서 그분 안에 계셔서 하시는 것이다10절. 사람들은 예수님이 아버지 안에 거하시고 아버지께서 예수님 안에 계시는 신비한 사실을 믿어야 한다11절. 결국 예수님은 하나님이 예수님과 동일하신 분이시지만, 동시에 예수님과 구별되시는 분이시라고 말씀하신다. 그리고 이는 성령님도 마찬가지이다참고. 마28:19; 고후13:14. 하나님은 세 인격으로 존재하시는 한 분 하나님이시다.

특히 11절 뒷부분의 "행하는 그 일로 말미암아 나를 믿으라"라는 말씀은 의미심장하다. 요한복음에서 '표적'세메이온과 '일'에르곤은 다르다. 표적은 예수님이 하나님의 아들이시며 메시아임을 드러내는 이적을 가리키지만, 일은 표적을 포함한 예수님의 말씀과 행적 등 그분의 모든 사역을 모두 가리킨다참고. 4:34; 5:36; 10:32; 17:4.[18] 따라서 이 말씀은 예수님의 말씀과 행적을 통해 하나님과 예수님의 관계를 이해하라는 뜻이다. 곧 예수님이 하시는 일이 그분 스스로 하시는 일이 아니라 그분 안에 계시는 하나님이 하시는 일임을 보라는 것이다.

4) 제자들의 사명(14:12~14)

예수님은 제자들이 자신보다 더 큰 일을 할 것이라고 말씀하신다12절. 물론 여기서 "그보다 큰 일"이란 당연히 '질적으로 더 큰 일'이 아니라 '양적으로 더 큰 일'이다. 십자가 위에서의 죽음과 부활과 승천은 오직 예수님만이 하실 수 있는 일이다. 이제 제자들은 예수님의 구속 사역을 널리 전하

---

18. 참고. Michaels, 778~79.

는 일을 할 수 있다. 제자들의 사역을 통하여 예수님이 말씀을 전하셨던 사람들보다 더 많은 사람과 나라들에 복음이 전파되며 그들이 주님께 돌아올 것이다. 필시 예수님께서는 아버지께로 가신 후에 보혜사 성령을 보내어주실 것이고, 보혜사 성령께서는 제자들이 더 큰 일을 하게 하실 것이다 참고. 16:7.

13~14절은 기도에 대한 말씀이다. 기도는 하나님의 뜻을 이루는 길이다. 즉 제자들은 기도를 통해서 예수님이 요청하신 더욱 큰일들을 수행할 수 있다.[19] 더욱이 제자들은 기도함으로 예수님과 지속해서 교제할 수 있다. 예수님은 "내 이름으로" 구하라고 하시는데, 고대에 이름은 단순한 명칭이 아니라 그의 전 인격과 존재를 뜻한다. 따라서 예수님의 이름으로 기도하는 것은 예수님의 인격과 뜻과 권위를 가지고 기도하는 것을 의미한다. 또한 이것은 모든 기도가 응답받을 수 있다는 것이 아니라 예수님의 뜻에 맞고 예수님이 기뻐하시는 기도만 응답받을 수 있다는 것을 의미한다. 게다가 "내 이름으로 무엇이든지 내게 구하면 내가 행하리라"라는 말씀은 기도를 들으시고 기도에 응답하시는 분이 예수님이시라는 점을 가르쳐준다. 따라서 이 말씀에서 예수님의 신적 권위가 매우 강하게 드러난다.

(4) 첫 번째 고별강화 3: 예수님의 오심(14:15~24)

15 너희가 나를 사랑하면 나의 계명을 지키리라 16 내가 아버지께 구하겠으니 그가 또 다른 보혜사를 너희에게 주사 영원토록 너희와 함께 있게 하리니 17 그는 진리의 영이라 세상은 능히 그를 받

---

19. Michaels는 이에 대해서 다음과 같이 설명한다. "He who carries out the Father's works in his ministry on earth will continue to perform 'greater' works from heaven in response to the prayers of the disciples he left behind." Michaels, 781.

지 못하나니 이는 그를 보지도 못하고 알지도 못함이라 그러나 너희는 그를 아나니 그는 너희와 함께 거하심이요 또 너희 속에 계시겠음이라 **18** 내가 너희를 고아와 같이 버려두지 아니하고 너희에게로 오리라 **19** 조금 있으면 세상은 다시 나를 보지 못할 것이로되 너희는 나를 보리니 이는 내가 살아 있고 너희도 살아 있겠음이라 **20** 그 날에는 내가 아버지 안에, 너희가 내 안에, 내가 너희 안에 있는 것을 너희가 알리라 **21** 나의 계명을 지키는 자라야 나를 사랑하는 자니 나를 사랑하는 자는 내 아버지께 사랑을 받을 것이요 나도 그를 사랑하여 그에게 나를 나타내리라 **22** 가룟인 아닌 유다가 이르되 주여 어찌하여 자기를 우리에게는 나타내시고 세상에는 아니하려 하시나이까 **23** 예수께서 대답하여 이르시되 사람이 나를 사랑하면 내 말을 지키리니 내 아버지께서 그를 사랑하실 것이요 우리가 그에게 가서 거처를 그와 함께 하리라 **24** 나를 사랑하지 아니하는 자는 내 말을 지키지 아니하나니 너희가 듣는 말은 내 말이 아니요 나를 보내신 아버지의 말씀이니라

1~14절에서는 예수님의 '가심'이 언급되었는데, 15~24에서는 예수님의 '오심'이 언급된다. 이 단락은 ABB'A'형의 구조를 통하여 예수님의 오심과 제자들의 윤리를 연결한다.

<구조>

14:15 제자들의 윤리(A)

14:16~17 보혜사의 오심(B)

14:18~20 예수님의 오심(B')

14:21~24 제자들의 윤리(A')

1) 제자들의 윤리와 보혜사의 오심(14:15~17)

15절은 제자들의 윤리를 보여준다. 예수님은 이러한 언약적 요구를 통하여 자신의 권위를 드러내신다참고. 신5:10; 6:5~6; 7:9; 10:12~13; 11:13, 22. 만일 제자들이 예수님을 사랑한다면 예수님의 계명을 지킬 것이다. 즉 주님의 계명을 지키는 것은 주님을 향한 사랑에 기초하는 것으로서 억지로 하는 것

이 아니라 자발적으로 하는 것이다. 실로 참된 사랑은 자발적인 순종을 통해서 구현된다. 그리고 제자들의 정체성은 사랑을 통해서 드러난다참고. 13:34~35.

16절에는 '보혜사'파라클레토스에 대한 언급이 나온다. 이것은 고별강화에 나오는 다섯 개의 보혜사 언급 중 첫 번째이다참고. 14:16~17; 14:26; 15:26~27; 16:7~11; 16:12~14.[20] "또 다른 보혜사"라는 표현이 암시하는 것은 예수님도 보혜사라는 것이다. 즉 예수님이 보혜사이시고, 또 다른 보혜사는 본질적으로 예수님과 같으나 구별되는 인격체이신 성령이시라는 것이다. 이는 예수님이 제자들 가운데 육체적으로 계시지 않으나 다른 형태성령로 계신다는 것을 뜻한다. 보혜사는 상담자, 인도자, 도우시는 분, 기억나게 하시는 분, 가르치는 선생 등을 의미한다. 보혜사는 영원토록 신자들과 함께 계시면서 그들을 도우실 것이다.

17절은 성령의 속성을 보여준다. 성령은 "진리의 영"으로서 거짓과 반대되시며, 예수님과 같은 속성진리을 가지신다. 세상은 거짓의 영인 사탄의 지배를 받는다. 그러나 교회는 진리의 영이신 성령의 지배를 받는다. "너희는 그를 아나니"라는 표현은 제자들이 성령의 내주하심에 대한 인식을 가진다는 뜻이다. 이것 역시 보혜사 성령의 사역인데, 성령은 제자들에게 알게 하시고 깨닫게 하신다. "그는 너희와 함께 거하심이요 또 너희 속에 계시겠음이라"라는 말씀은 성령께서 이미 창조 이전부터 세상에 계셨고, 구약시대에 계셨으며, 예수님 당시에도 계셨으나, 이제 예수님이 승천하신 후에 더욱 강하고 분명하게 계실 것이라는 뜻이다.

---

20. Kysar, 229.

2) 예수님의 오심과 제자들의 윤리(14:18~24)

18~20절은 예수님의 오심을 말한다. 18절의 "내가 너희를 고아와 같이 버려두지 아니하고 너희에게로 오리라"라는 말씀은 예수님이 제자들을 절대 떠나지 않으실 것을 약속하는 것이다. '고아'는 부모가 없는 사람이다. 특히 주후 1세기 지중해 연안에서 고아는 살아갈 길이 막막했다. 따라서 예수님은 이 단어를 사용하심으로 그분의 자녀들을 세상에 홀로 남겨두어 어려움을 겪게 하지 않을 것을 약속하신다. 더욱이 예수님은 "너희에게로 오리라"라고 하신다. 이것은 예수님이 죽으신 후에 부활하셔서 제자들에게 오실 것을 의미한다.

19절은 세상 사람들과 제자들의 차이점을 보여준다. 예수님은 죽음으로 끝내지 않으실 것이며, 반드시 다시 살아나실 것이다. 20절의 "그날에는 내가 아버지 안에, 너희가 내 안에, 내가 너희 안에 있는 것을 너희가 알리라"라는 말씀은 예수님의 구속 사역으로 인해 신자들이 부활하여 삼위 하나님의 교제에 참여한다는 것을 알려준다.

그런데 18~20절의 성자의 오심에 대한 약속은 16~17절의 성령의 오심에 대한 약속과 연결되어 예수님의 오심이 성령의 오심으로 드러날 것을 보여준다. 즉 예수님은 성령의 오심으로 영원히 제자들과 함께하실 것이다. 필시 성령의 오심은 예수님의 오심을 뜻하며, 성령의 사역은 예수님의 말씀과 행적을 이해하게 하시고 적용하게 하시는 일이다.

21~24절은 다시 15절의 주제제자들의 윤리=사랑를 다룬다. 예수님은 자신의 계명을 지키는 자라야 자신을 사랑하는 자라고 하시면서, 그런 자는 하나님 아버지께 사랑을 받을 것이며 자신도 그를 사랑하여 그에게 자신을 나타낼 것이라고 약속하신다21절. 사랑은 말로만 하는 것이 아니라 실제로 행해야 하는 것이다. 요한은 그의 서신에서 "자녀들아 우리가 말과 혀로만

사랑하지 말고 행함과 진실함으로 하자"라고 말했다요일3:8. 예수님은 공생애 기간에 제자들에게 많은 사랑을 쏟아 부어 주셨다. 그리고 그분의 가장 큰 사랑은 제자들을 위해서 자신의 목숨을 주시는 것이었다. 따라서 제자들은 그러한 사랑을 실천해야 할 요청을 받는다.

이때 '가룟인 아닌 유다'가 질문한다22절. 그는 아마도 누가복음 6장 16절과 사도행전 1장 13절에 언급된 야고보의 아들 유다일 것이며, 예수님의 형제 유다는 분명히 아니다참고. 마13:55; 막6:3.[21] 유다는 예수님에게 "어찌하여 자기를 우리에게는 나타내시고 세상에는 아니하려 하시나이까"라고 묻는데, 이것은 제자와 세상의 구별을 시사한다.

이에 23~24절에서 예수님은 심화된 계시를 주신다. 따라서 앞에서와 마찬가지로참고. 5, 8절, 여기에서 제자의 질문은 계시를 더욱 밝혀 주는 역할을 한다. 23a절의 "사람이 나를 사랑하면 내 말을 지키리니"와 24a절의 "나를 사랑하지 아니하는 자는 내 말을 지키지 아니하나니"는 21절의 사상을 반영한다. 그리고 23b절의 "우리가 그에게 가서 거처를 그와 함께 하리라"라는 말씀은 2절과 유사하다. 즉 2절에 사용된 "거처"모네가 여기에서 다시 사용된다. 앞에서 언급했듯이, 여기서 "거처"는 '장소'place가 아닌 '관계'relationship로 이해해야 한다. 앞에서의 언급이 다소 미래적이라면비록 현재적인 의미도 가지지만, 이곳의 언급은 비교적 현재적이다약간 미래적인 의미를 가짐. 따라서 예수님은 장차 성도들과 영원한 교제를 가지실 것이지만, 지금 여기서 그들과 교제를 가지실 것이다.

---

21. ESV Study Bible.

(5) 첫 번째 고별강화 4: 결론(14:25~31)

25 내가 아직 너희와 함께 있어서 이 말을 너희에게 하였거니와 **26** 보혜사 곧 아버지께서 내 이름으로 보내실 성령 그가 너희에게 모든 것을 가르치고 내가 너희에게 말한 모든 것을 생각나게 하리라 **27** 평안을 너희에게 끼치노니 곧 나의 평안을 너희에게 주노라 내가 너희에게 주는 것은 세상이 주는 것과 같지 아니하니라 너희는 마음에 근심하지도 말고 두려워하지도 말라 **28** 내가 갔다가 너희에게로 온다 하는 말을 너희가 들었나니 나를 사랑하였더라면 내가 아버지께로 감을 기뻐하였으리라 아버지는 나보다 크심이라 **29** 이제 일이 일어나기 전에 너희에게 말한 것은 일이 일어날 때에 너희로 믿게 하려 함이라 **30** 이 후에는 내가 너희와 말을 많이 하지 아니하리니 이 세상의 임금이 오겠음이라 그러나 그는 내게 관계할 것이 없으니 **31** 오직 내가 아버지를 사랑하는 것과 아버지께서 명하신 대로 행하는 것을 세상이 알게 하려 함이로라 일어나라 여기를 떠나자 하시니라

이 단화는 첫 번째 고별강화의 결론인데, 고별강화에서 다루어진 주제들이 반복, 요약, 강조된다.

1) 보혜사의 역할(14:25~26)

예수님은 성령에 대해서 다시 말씀하신다25~26절. 이는 고별강화에 있는 다섯 개의 보혜사 언급 중 두 번째이다참고. 14:16~17; 14:26; 15:26~27; 16:7~11; 16:12~14. 고별강화에서 가장 중요한 주제는 예수님의 계심presence이다. 예수님은 다양한 형태로 제자들 가운데 존재하시는데, 가장 대표적인 것이 '성령'이다. 따라서 예수님이 승천하신 후 제자들은 외로워할 필요가 없다. 주님이 여전히 그들과 함께하시기 때문이다. 성령은 예수님을 알게 하시고, 그분의 말씀을 생각나게 하시며, 깨닫게 하신다. 그런데 "그가 너희에게 모든 것을 가르치시고"에서 "그"에 해당하는 헬라어 단어는 남성 대명사 '에케이노스'he이다. 일반적으로 성령은 중성인 '에케이노'it로 표기되지만,

여기서 남성으로 표기되는 것은 성령이 예수님과 같은 분이라는 점을 강조하기 위한 것으로 보인다참고. 15:26; 16:13~14. "내가 너희에게 말한 모든 것을 생각나게 하시리라"라는 말씀은 성령께서 예수님이 하신 말씀을 기억나게 하고 깨닫게 하시는 것을 뜻하지만, 동시에 제자들이 후에 성경을 기록하는 것과도 연관된다.

2) 제자들의 평안(14:27~28)

27절의 "평안을 너희에게 끼치노니"라는 말씀은 1절의 "마음에 근심하지 말라"라는 말씀보다 더욱 강력하고 적극적이다.[22] 게다가 유대에서는 '샬롬'shalom이라는 단어 자체가 매우 강한 표현이다. 그것은 단지 소극적으로 염려하지 않는 것을 의미하는 것이 아니라, 더 나아가서 하나님의 복으로 말미암는 평화가 임하는 것을 의미한다참고. 민6:24~26; 시29:11. 제자들의 현재 상황은 절망과 근심이므로 평안은 제자들에게 가장 절실하다. 예수님이 주시는 평안은 세상이 주는 것과 같지 않다. 이러한 평안은 제자들이 받을 핍박의 시기에 큰 역할을 할 것이다.

예수님은 "내가 갔다가 너희에게로 온다 하는 말을 너희가 들었나니"라고 말씀하신다28절. 예수님은 지금까지 '가시는 것'departure과 '오시는 것'return을 말씀하셨다. 그런데 이것은 제자들에게 기쁨이다. 왜냐하면 예수님은 이제 영원히 그들과 함께 하실 것이기 때문이다. 예수님은 "아버지는 나보다 크심이라"라고 말씀하신다. 이것은 아버지와 아들의 관계에 있어서 역할보내는 자와 보냄을 받는 자의 문제이지, 예수님이 하나님보다 열등하다는 뜻이 아니다. 예수님은 그 인격과 본성에 있어서 하나님과 동등동일하시다.

22. Burge, 399.

오히려 예수님의 말씀의 초점은 자신이 아버지의 프로그램뜻에 따라 움직이신다는 것이다.

3) 제자들의 믿음(14:29~31)

예수님은 고별강화를 미리 말씀하시는 이유를 가르쳐주신다29절. 그것은 "일이 일어날 때에 너희로 믿게 하려 함이라"라는 말씀에 들어 있다. 믿음이란 1절에서 나온 주제이다. 제자들은 예수님의 떠남으로 근심할 수밖에 없지만, 예수님의 말씀을 통하여 믿음을 가지게 되어 안심할 수 있게 된다. 즉 그들은 고별강화를 들음으로 예수님의 현존을 믿게 된다.

예수님은 "이 세상의 임금"이 올 것이라고 말씀하신다30절. 이것은 '사탄'이 오는 것을 뜻한다참고. 12:31. 그러나 예수님은 사탄이 자신에게 '관계할 것'이 없다고 하신다. 이것은 사탄이 예수님에게 아무런 영향을 주지 못한다는 뜻이다. 예수님의 죽음은 사탄의 힘이 강하기 때문이 아니라 인류의 구속을 이루시기 위한 예수님의 순종 때문이다. 예수님은 오직 아버지를 사랑하셔서 아버지께서 명하신 대로 순종하신다31a절. 즉 예수님의 죽으심은 예수님이 하나님의 명령에 순종하시는 분임을 보여준다. 이처럼 예수님이 하나님을 사랑하셔서 하나님께 순종하시듯이 그리스도인들은 예수님을 사랑하여 예수님께 순종해야 한다참고. 21, 23절.

예수님은 "일어나라 여기를 떠나자"라고 말씀하심으로 첫 번째 고별강화를 마치신다31b절. 그런데 이 말씀의 의미에 대해서 많은 논란이 있다. 예수님의 말씀은 이후 18장 1절"예수께서 이 말씀을 하시고 ……"에 연결되는 것 같으며, 15~17장은 고별강화의 다른 판version인 것처럼 보인다. 즉 문학적으로 14장과 15장 이후 사이에 매끄럽지 않은 틈이 있어 보인다. 이것은 요한복음 연구에 있어서 대단히 풀기 어려운 문제이다.

이 구절의 의미에 대한 주요 견해들은 다음과 같다.

① 15~17장은 13장 31절 ~ 14장 31절첫 번째 고별강화의 다른 버전이다. 요한 공동체는 고별강화를 두 층 혹은 세 층으로 편집하였다 13:31~14:31; 15:1~16:33(혹은 15:1~16:4a; 16:4b~33). 가장 많은 학자가 이 견해를 따른다.

② 15~17장은 실제로 다락방을 떠나서 기드론 시내를 건너 겟세마네 동산으로 가는 도중에 말해진 것이다. 보수적인 학자들은 대체로 이 견해를 택한다.

③ "일어나라 여기를 떠나자"라는 말은 영적인 뜻을 전달한다C. H. Dodd. 이는 우리가 흔히 '화이팅!'이라고 외치는 것과 같다. 소수의 학자가 이 견해를 취한다.

④ 이것을 그리스-로마의 유언 문학 장르의 차원에서 생각할 수 있다. 그리스-로마 문학에서 떠남exit은 내러티브 전개의 발전에 있어서 분기점을 만든다예. 13:30: 유다의 떠남. 최근에 이 견해를 따르는 학자들이 늘고 있다.

(6) 두 번째 고별강화 1: 포도나무와 가지(15:1~17)

1 나는 참포도나무요 내 아버지는 농부라 2 무릇 내게 붙어 있어 열매를 맺지 아니하는 가지는 아버지께서 그것을 제거해 버리시고 무릇 열매를 맺는 가지는 더 열매를 맺게 하려 하여 그것을 깨끗하게 하시느니라 3 너희는 내가 일러준 말로 이미 깨끗하여졌으니 4 내 안에 거하라 나도 너희 안에 거하리라 가지가 포도나무에 붙어 있지 아니하면 스스로 열매를 맺을 수 없음 같이 너희도 내 안에 있지 아니하면 그러하리라 5 나는 포도나무요 너희는 가지라 그가 내 안에, 내가 그 안에 거하면 사람이 열매를 많이 맺나니 나를 떠나서는 너희가 아무것도 할 수 없음이라 6 사람이 내

안에 거하지 아니하면 가지처럼 밖에 버려져 마르나니 사람들이 그것을 모아다가 불에 던져 사르느니라 7 너희가 내 안에 거하고 내 말이 너희 안에 거하면 무엇이든지 원하는 대로 구하라 그리하면 이루리라 8 너희가 열매를 많이 맺으면 내 아버지께서 영광을 받으실 것이요 너희는 내 제자가 되리라 9 아버지께서 나를 사랑하신 것 같이 나도 너희를 사랑하였으니 나의 사랑 안에 거하라 10 내가 아버지의 계명을 지켜 그의 사랑 안에 거하는 것 같이 너희도 내 계명을 지키면 내 사랑 안에 거하리라 11 내가 이것을 너희에게 이름은 내 기쁨이 너희 안에 있어 너희 기쁨을 충만하게 하려 함이라 12 내 계명은 곧 내가 너희를 사랑한 것 같이 너희도 서로 사랑하라 하는 이것이니라 13 사람이 친구를 위하여 자기 목숨을 버리면 이보다 더 큰 사랑이 없나니 14 너희는 내가 명하는 대로 행하면 곧 나의 친구라 15 이제부터는 너희를 종이라 하지 아니하리니 종은 주인이 하는 것을 알지 못함이라 너희를 친구라 하였노니 내가 내 아버지께 들은 것을 다 너희에게 알게 하였음이라 16 너희가 나를 택한 것이 아니요 내가 너희를 택하여 세웠나니 이는 너희로 가서 열매를 맺게 하고 또 너희 열매가 항상 있게 하여 내 이름으로 아버지께 무엇을 구하든지 다 받게 하려 함이라 17 내가 이것을 너희에게 명함은 너희로 서로 사랑하게 하려 함이라

이 단락은 유명한 포도나무 비유를 담고 있다. 포도나무는 이스라엘에서 자주 발견되는 나무로서 구약성경과 고대 유대 문헌에 빈번하게 등장한다. 예수님은 포도나무 비유를 통하여 예수님이 어떤 분이신지를 드러내신다.

1) 포도나무 비유(15:1~8)

1~8절은 포도나무 비유이다. 비유의 전제는 예수님이 참 포도나무이시고 하나님이 농부이시라는 것이다1절. 여기에 사용된 '나는 … 이다''에고 에이미'라는 표현은 요한복음에 자주 나오는 신적 자기 계시 어구 중에서 마지막이다참고. 6:35, 51; 8:12; 10:7~14; 11:25; 14:6. 포도나무는 구약성경에서 자주 하나님의 언약의 백성들을 상징한다참고. 시80:8~18; 사5:1~7; 렘2:21; 12:10~11; 겔15:1~5; 17:1~6; 19:10~15; 호10:1~2. 그런데 예수님이 참 포도나무시라는 것은 예수님께서 종말론적인 참 이스라엘이시라는 뜻이다.

예수님은 포도나무 비유를 발전시키면서 교훈을 주신다2~4절. '열매를 맺다'라는 표현은 구약성경에서 이스라엘의 신실함을 뜻하는 일반적인 표현이다참고. 시1:3. 아버지께서는 열매를 맺지 못하는 가지를 잘라버리시고, 열매를 많이 맺는 가지는 더 열매를 많이 맺게 하려고 이를 깨끗하게 하신다. 여기서 '깨끗하게 하다'라는 것은 가지치기를 뜻한다.[23] 이는 열매를 더 많이 맺기 위한 필수 작업이다. 그리스도인들은 이미 예수님의 말씀으로 깨끗해진 자들로서칭의 계속해서 많은 열매를 맺어야 한다성화. 열매를 맺기 위해서는 예수님 안에 거해야 한다. 그리고 그렇게 하면 예수님도 우리 안에 거하실 것이다.

1~4절에서 말하고자 하는 중심사상이 5~8절에 있다.[24] 5~6절은 열매를 맺지 못하는 자들에 대해서 말한다. 예수님이 없으시면 아무것도 할 수 없다. 열매를 맺지 못하는 가지는 결국 잘려져서 버림받을 것이다. 7~8절은 열매를 맺는 자들에 대해서 말한다. 그가 예수님 안에 거하고 예수님의 말씀이 그의 안에 거하면 열매를 많이 맺을 수 있다. 예수님 안에 거하는 것은 예수님의 뜻과 바람에 일치하는 것을 뜻한다. 따라서 그러한 사람은 예수님의 뜻대로 기도하며, 그러한 기도는 확실히 응답을 받고, 하나님을 기쁘시게 할 것이다. 하나님은 신자들이 열매를 많이 맺을 때 영광을 받으신다. 그러므로 신자들은 열매를 많이 맺도록 노력해야 한다.

2) 비유의 적용(15:9~17)

9~17절에는 비유의 적용이 제시되어 있다. 제자들은 열매를 맺기 위하

---

23. 참고. Carson, 514~15.
24. 참고. Carson, 517.

여 예수님의 사랑 안에 거해야 한다9절. 예수님은 아버지의 계명을 지켜 아버지의 사랑 안에 거하셨다. 마찬가지로 제자들은 예수님의 계명을 지켜 예수님의 사랑 안에 거해야 한다10절. 예수님의 사랑 안에 거하는 방법은 예수님의 계명을 지키는 것이다. 예수님의 계명을 지킬 때 제자들은 기쁨이 충만할 것이다11절. 예수님의 계명을 지키는 것은 부담이 되거나 시험거리가 되지 않는다. 오히려 예수님의 계명을 지키면 기쁨이 온다.

예수님의 계명은 자신이 제자들을 사랑하신 것같이 제자들이 서로 사랑하는 것이다12절; 참고. 13:34~35.[25] 필시 예수님이 우리를 사랑하신 것 같이 우리도 서로 사랑해야 한다mutual love. 따라서 예수님의 제자들에 대한 사랑은 제자들의 서로 사랑으로 발전한다. 서로 사랑하는 것의 실례는 서로를 위하여 목숨을 버리는 것이다. 실로 가장 위대한 사랑은 친구를 위하여 목숨을 버리는 것이다13절. 예수님은 십자가 위에서 자신의 목숨을 버리심으로써 우리를 향한 그분의 사랑을 입증하셨다. 따라서 십자가는 사랑의 증거이다. 14~15절에서 예수님은 친구 모티프를 더욱 발전시키신다. 이제 예수님은 우리를 종이 아니라 친구로 대하신다. 그리고 예수님은 우리를 친구로 대하시기 때문에 아버지께 들은 것을 다 들려주신다. 따라서 우리는 예수님을 통하여 아버지를 만날 수 있다.

예수님은 우리가 예수님을 택한 것이 아니라 예수님께서 우리를 택하셨다고 말씀하신다16a절. 이것은 제자들이 모든 것을 버리고 예수님을 따른 것을 무시하는 것이 아니라, 그들이 제자의 영광스러운 자리에 나아오게 된 것이 예수님의 은혜임을 말하는 것이다. 예수님이 우리를 택하신 목적은 우리로 하여금 열매를 맺게 하고 또 우리의 열매가 항상 있게 하여 예

---

25. 참고. Burge, 419.

수님의 이름으로 아버지께 무엇을 구하든지 다 받게 하려 함이다16b절. 이것은 신자들의 능력의 원천을 보여준다. 신자들은 예수님을 믿어서 죄 용서함을 받고 구원을 받고 영생을 얻고 평안을 얻는 정도에서 그치지 말고 나아가서 적극적으로 제자의 삶을 살면서 열매를 맺어야 한다.

비유를 마치면서 예수님은 다시 사랑을 권면하신다17절. "내가 이것을 너희에게 명함은 너희로 서로 사랑하게 하려 함이라"라는 말씀은 고별강화의 목적이 서로 사랑하게 하려는 것이라는 뜻이다. 실로 고별강화에서 사랑은 대단히 중요한 주제이다. 예수님은 친구인 우리를 사랑하셔서 조금 후에 기꺼이 목숨을 주실 것이다. 따라서 우리 역시 친구들을 사랑한다면 그들을 위해 목숨을 주어야 한다. 우리는 십자가 사건을 보면서 우리를 향한 예수님의 사랑을 생각함과 더불어 이웃을 사랑해야 한다는 사명감을 생각한다. 결국 십자가는 사랑을 상징한다.

(7) 두 번째 고별강화 2: 세상이 제자들을 핍박함(15:18~16:4)

18 세상이 너희를 미워하면 너희보다 먼저 나를 미워한 줄을 알라 19 너희가 세상에 속하였으면 세상이 자기의 것을 사랑할 것이나 너희는 세상에 속한 자가 아니요 도리어 내가 너희를 세상에서 택하였기 때문에 세상이 너희를 미워하느니라 20 내가 너희에게 종이 주인보다 더 크지 못하다 한 말을 기억하라 사람들이 나를 박해하였은즉 너희도 박해할 것이요 내 말을 지켰은즉 너희 말도 지킬 것이라 21 그러나 사람들이 내 이름으로 말미암아 이 모든 일을 너희에게 하리니 이는 나를 보내신 이를 알지 못함이라 22 내가 와서 그들에게 말하지 아니하였더라면 죄가 없었으려니와 지금은 그 죄를 핑계할 수 없느니라 23 나를 미워하는 자는 또 내 아버지를 미워하느니라 24 내가 아무도 못한 일을 그들 중에서 하지 아니하였더라면 그들에게 죄가 없었으려니와 지금은 그들이 나와 내 아버지를 보았고 또 미워하였도다 25 그러나 이는 그들의 율법에 기록된 바 그들이 이유 없이 나를 미워하였다 한 말을 응하게 하려 함이라 26 내가 아버지께로부터 너희에게 보낼 보혜사 곧 아버지께로부터 나오시는 진리의 성령이 오실 때에 그가 나를 증언하실 것이요 27 너희

도 처음부터 나와 함께 있었으므로 증언하느니라 1 내가 이것을 너희에게 이름은 너희로 실족하지 않게 하려 함이니 2 사람들이 너희를 출교할 뿐 아니라 때가 이르면 무릇 너희를 죽이는 자가 생각하기를 이것이 하나님을 섬기는 일이라 하리라 3 그들이 이런 일을 할 것은 아버지와 나를 알지 못함이라 4 오직 너희에게 이 말을 한 것은 너희로 그 때를 당하면 내가 너희에게 말한 이것을 기억나게 하려 함이요 처음부터 이 말을 하지 아니한 것은 내가 너희와 함께 있었음이라

1) 제자들이 핍박을 당하는 이유(15:18~25)

예수님은 세상이 교회를 핍박하는 것에 대해서 말씀하신다.[26] 세상이 제자들을 미워하는 이유는 그들이 먼저 예수님을 미워하기 때문이다18절.[27] 만일 제자들이 세상에 속하였으면 세상이 자기의 것을 사랑할 것이지만 제자들은 세상에 속한 자가 아니며, 도리어 예수님이 제자들을 세상에서 선택하셨기 때문에 세상은 제자들을 미워한다19절.[28] 예수님은 "내가 너희에게 종이 주인보다 더 크지 못하다 한 말을 기억하라"라고 하신다20a절. 이것은 13장 16절의 "종이 주인보다 크지 못하고 보냄을 받은 자가 보낸 자보다 크지 못하나니"라는 말씀을 가리키는데, 예수님처럼 제자들이 고난당할 것을 의미한다. 사람들은 예수님을 박해했기 때문에 제자들도 박해할 것이지만, 모두가 그렇게 하는 것은 아니다. 예수님의 말씀을 지킨 사람들은 그분 제자들의 말도 지킬 것이다20b절.

그러나 세상은 어두움에 속해 있어서 예수님이 누구이신지를 모르기 때문에 그분의 제자들을 박해한다21절; 참고. 7:28~29. 만일 예수님이 오셔서

---

26. 참고. Fernando F. Segovia, "John 15:18-16:4a: A First Addition to the Original Farewell Discourse," *CBQ* 45 (1983): 210~30.
27. 요한복음에 있는 '세상'과 영지주의자들이 말하는 '세상'을 비교하기 위하여, Borchert, 2002, 123~24를 보라.
28. Michaels, 819.

그들에게 말씀하시지 않았더라면 그들이 예수님을 거부하는 일도 없었을 것이고 따라서 죄도 없었을 것이다. 하지만 이제 예수님이 오셨음에도 불구하고 그들이 계속해서 예수님을 거부하기 때문에 그들은 죄인이다22절. 예수님은 자신을 미워하는 것이 하나님을 미워하는 것이라고 하시는데, 이것은 자신과 하나님을 동일 선상에 놓는 말씀이다23절. 한편, 요한복음에서 죄는 도덕적 카테고리moral category에 속하는 것이 아니라 신학적 카테고리theological category에 속하는 것으로서, 예수님을 받아들이지 않는 것을 뜻한다.

세상이 교회를 핍박하는 이유는 예수님이 그들의 죄불신앙를 드러내셨기 때문이다24절. 예수님은 빛이시다. 예수님이 빛을 비추시자 어둠 속에 있던 죄가 드러났다. 예수님이 진리의 말씀을 전하시자 그들은 이제 더 이상 자신들의 죄를 핑계할 수 없게 되었다. 이제 그들의 죄는 분명히 드러났고 변명의 여지는 없어졌다. 따라서 그들은 예수님을 미워한다. 그런데 그것은 결국 아버지 하나님을 미워하는 것이 된다. 예수님은 그들에게 아버지를 보여주셨고, 아버지에게 이르는 올바른 길이 무엇인지 보여주셨다. 그러나 그들은 아버지를 미워하고 그 길을 거부했다. 참으로 그들은 이유 없이 예수님을 박해하는데, 그것은 성경시35:19; 69:4에 이미 그 선례가 있는 것들이다25절. 따라서 세상이 예수님을 미워하고 그분의 제자들을 핍박하는 것을 이상하게 생각해서는 안 된다.

2) 보혜사가 예수님을 증언하심(15:26~27)

26~27절에 보혜사에 대한 언급이 다시 나온다. 이것은 고별강화에서 보혜사를 언급하는 다섯 개의 본문 중 세 번째이다참고. 14:16~17; 14:26; 15:26~27;

16:7~11; 16:12~14.[29] 예수님은 "내가 아버지께로부터 너희에게 보낼 보혜사"라고 말씀하시는데, 이는 예수님께서 보혜사를 보내신다는 뜻이다26절. 그리고 이 보혜사는 "아버지께로부터 나오시는 진리의 성령"이시다. 이처럼 예수님이 보혜사를 보내시지만, 또한 아버지로부터 보혜사가 나오신다. 그러므로 아들 예수님과 아버지 하나님과 성령께서는 밀접한 관계를 맺고 계신다. 그분들은 함께 거하신다. 성령께서 하시는 일은 예수님을 증언하는 것이다.

그런데 제자들도 처음부터 예수님과 함께 있었기 때문에 예수님을 증언한다27절. 따라서 예수님의 증인들은 보혜사진리의 성령와 제자들이다. 즉 보혜사와 제자들이 예수님의 진리 계시 사역을 계승하는 것이다. 성령의 증언과 제자들의 증언 사이의 관계는 제자들이 그리스도의 복음을 전할 때 성령께서 그들 가운데 역사하셔서 예수님의 복음에 관하여 말할 수 있게 하시는 것이다. 그동안 요한복음에서 예수님의 증인은 세례 요한참고. 1:7, 19, 32, 34; 5:33, 사마리아 여인참고. 4:40, 예수님의 말씀과 일참고. 5:36; 8:14, 18; 10:25, 성경참고. 5:39, 하나님참고. 5:36이셨는데, 이제 성령이 증인으로 추가된다.

3) 고별강화를 하시는 이유(16:1~4)

예수님은 "내가 이것을 너희에게 이름은 너희로 실족하지 않게 하려 함이니"라고 말씀하신다1절. 이것은 예수님이 고별강화를 말씀하시는 이유가 앞으로 있을 핍박을 대비하게 하기 위해서라는 뜻이다. 예수님은 자신이 십자가에 못 박혀 죽으실 때 제자들이 실족해서 흩어지지 않기를 원하셔서 앞으로 일어날 일들을 미리 말씀하신다. 나아가서 예수님은 요한이 성

---

29. 참고. Borchert, 2002, 128~29.

경을 기록하게 하시고 미래의 제자들신자들이 성경을 읽음으로써 온갖 종류의 박해를 이겨낼 수 있게 하신다. 그리하여 요한복음의 독자들은 예수님께서 이미 자신들이 지금 당하고 있는 고난을 예언하셨으므로 잘 이겨낼 수 있다는 자신감을 가지게 된다.

2~3절에서 예수님은 제자들이 박해를 받을 것을 예고하시는데, 복음서들에는 이런 예고가 자주 발견된다참고. 막13:9~13. 사람들은 제자들을 출교할 뿐만 아니라 죽이기도 할 것이다. 여기서 '출교'란 종교적 고립과 사회적 고립을 뜻한다. 요한복음이 쓰일 당시에 그리스도인들에 대한 출교가 있었던 것으로 보인다참고. 서론. "이것이 하나님을 섬기는 일이라 하리라"라는 말은 핍박의 주체가 유대인들임을 암시해 준다. 이는 마치 사도 바울이 회심하기 전에 그리스도인들을 박해한 것을 하나님을 섬기는 일이라고 생각했던 것과 같다참고. 행8:1~3; 갈1:13~14.[30] 당시 유대인들은 그리스도인들을 핍박하는 것을 "하나님을 섬기는 일"이라고 생각했다. 그러나 이는 진리의 성령에 의한 것이 아니라 거짓의 아비인 사탄에 의한 것이었다. 그들이 이런 일을 한 것은 아버지와 예수님을 알지 못하기 때문이었다.

4절은 해석하기가 쉽지 않다.[31] "너희에게 이 말을 한 것은"이란 표현과 "처음부터 이 말을 하지 아니한 것은"이란 표현은 모순단절, 긴장처럼 보인다. 어떤 학자들은 고별강화가 편집되어서 여러 층layer이 존재한다고 보면서 4절을 두 개로 구분한다. 즉 "이 말을 한 것은"과 "이 말을 하지 아니한 것은" 사이에 단절이 있다고 본다. 그들은 여기서 첫 번째 고별강화의 세 번째 버전참고. 첫 번째 버전: 13:31~14:31; 두 번째 버전: 15:1~27; 세 번째 버전 16:1~33이 시작

30. ESV Study Bible.
31. Michaels, 829-31을 보라.

된다고 생각한다. 그러나 어떤 학자들은 예수님이 기드론 시내 쪽 겟세마네 동산으로 가시면서 이 말씀을 하셨다고 생각한다. 따라서 그들은 이 말씀을 강화의 자연스러운 흐름 속에 있는 것으로 본다. 즉 이전에는 예수님이 그들과 함께 계셨기 때문에 이 말고별강화을 하실 필요가 없었지만, 이제는 예수님이 계시지 않을 것이기physical absence 때문에 이 말고별강화을 하신다고 본다. 이 두 가지 주장 중에서 후자가 더 타당해 보인다.

(8) 두 번째 고별강화 3: 보혜사의 사역(16:5~15)

5 지금 내가 나를 보내신 이에게로 가는데 너희 중에서 나더러 어디로 가는지 묻는 자가 없고 **6** 도리어 내가 이 말을 하므로 너희 마음에 근심이 가득하였도다 **7** 그러나 내가 너희에게 실상을 말하노니 내가 떠나가는 것이 너희에게 유익이라 내가 떠나가지 아니하면 보혜사가 너희에게로 오시지 아니할 것이요 가면 내가 그를 너희에게로 보내리니 **8** 그가 와서 죄에 대하여, 의에 대하여, 심판에 대하여 세상을 책망하시리라 **9** 죄에 대하여라 함은 그들이 나를 믿지 아니함이요 **10** 의에 대하여라 함은 내가 아버지께로 가니 너희가 다시 나를 보지 못함이요 **11** 심판에 대하여라 함은 이 세상 임금이 심판을 받았음이라 **12** 내가 아직도 너희에게 이를 것이 많으나 지금은 너희가 감당하지 못하리라 **13** 그러나 진리의 성령이 오시면 그가 너희를 모든 진리 가운데로 인도하시리니 그가 스스로 말하지 않고 오직 들은 것을 말하며 장래 일을 너희에게 알리시리라 **14** 그가 내 영광을 나타내리니 내 것을 가지고 너희에게 알리시겠음이라 **15** 무릇 아버지께 있는 것은 다 내 것이라 그러므로 내가 말하기를 그가 내 것을 가지고 너희에게 알리시리라 하였노라

<구조>

16:5~7 제자들의 상태

16:8~11 보혜사의 세상을 향한 사역

16:12~15 보혜사의 교회를 향한 사역

1) 제자들의 상태(16:5~7)

예수님은 제자들 중에서 자신에게 어디로 가는지 묻는 자가 없다고 말씀하신다5절. 하지만 베드로는 이미 "주여 어디로 가시나이까"라고 물었으며참고. 13:36, 도마 역시 이에 대해서 말했다참고. 14:5. 그리하여 고별강화에서 편집의 층이 있다고 주장하는 학자들은 이 구절을 층이 존재한다는 유력한 증거 중 하나라고 생각하면서, 15장 1절 ~ 16장 33절을 독립된 단위로 취급하려고 한다. 그러나 이 말씀은 아마도 '지금 현재 너희 중에서 나에게 어디로 가는지 묻는 자가 없다.'라는 뜻일 것이다. 즉 지금 예수님이 말씀하시는 시점은 13장 36절 이후에 약간의 시간이 흐른 때이다.[32]

예수님은 자신의 말로 인해 제자들의 마음에 근심이 가득한 것을 아신다6절. 그래서 예수님은 자신이 떠나는 것이 제자들에게 유익이라고 말씀하신다7a절. 그 이유는 무엇인가? 만일 예수님이 육체적으로 계시면 그분은 제한된 곳에서 소수의 제자와 함께 계시게 될 것이다. 그러나 예수님이 떠나신 후에 보혜사 성령께서 오시면 예수님은 모든 시대에 모든 곳에서 모든 사람과 함께 계시게 될 것이다7b절. 즉 예수님이 떠나시지 않으면 보혜사가 오시지 않을 것이고 그분이 가시면 보혜사가 오시기 때문에, 그분이 가시는 것이 제자들에게 유익한 것이다. 따라서 예수님은 영원히 떠나는 것이 아니라 다른 방식으로 그들과 영원히 함께하시는 것이 된다. 예수님께서 십자가에서 죽으심으로 제자들과 영원히 함께하시기에 십자가에서의 죽음은 반드시 필요하다. 한편, 여기에 나오는 보혜사는 고별강화에 나오는 다섯 번의 보혜사 언급 중 네 번째이다참고. 14:16~17; 14:26; 15:26~27;

---

32. ESV Study Bible.

16:7~11; 16:12~14.[33]

2) 보혜사의 세상을 향한 사역(16:8~11)

보혜사는 죄에 대하여, 의에 대하여, 심판에 대하여 세상을 책망하실 것이다8절.[34] 첫째, 보혜사가 죄sin에 대하여 책망하시는 이유는 세상이 예수님을 믿지 않기 때문인데9절, 여기서 죄는 도덕적 개념이 아니라 신학적 개념으로 불신을 뜻한다. 둘째, 보혜사가 의righteousness에 대하여 책망하시는 이유는 예수님이 아버지께로 가서 제자들이 다시 그를 보지 못하기 때문인데10절, 여기서 의는 부정적으로 쓰여서 세상이 자기들의 의를 기준으로 삼아 예수님을 십자가에 못 박은 일을 시사한다. 셋째, 보혜사가 심판judgment에 대하여 책망하시는 이유는 이 세상 임금사탄이 심판을 받았기 때문인데11절, 여기서 심판 역시 부정적으로 쓰여서 세상이 예수님을 잘못 심판한 것을 뜻한다. 그러므로 보혜사 성령이 죄와 의와 심판에 대하여 세상을 책망하시는 것은 같은 것, 곧 세상이 '죄와 의와 심판'을 그릇되게 여긴 일을 심판하시는 것이다. 예수님이 이렇게 같은 내용을 조금 다르게 반복해서 말씀하신 것은 셈어적 표현방법으로 예수님의 구속 사역으로 유대인들이 유죄판결을 받고 이 세상 임금인 사탄의 세력이 무너진다는 것을 강조하기 위해서이다.

3) 보혜사의 교회를 향한 사역(16:12~15)

예수님은 아직도 제자들에게 말씀하실 것이 많으나 제자들이 다 이해

---

33. 참고. D. A. Carson, "The Function of the Paraclete in John 16:7-11," *JBL* 98 (1979): 547~66.

34. 참고. Burge, 438~39; Michaels, 833~35.

하지 못할 것이기 때문에 다 말씀하지 않으신다12절. 그러나 예수님은 "진리의 성령"이 오시면 그분이 모든 것을 알려 주실 것이라고 말씀하신다13a절. "진리의 성령"the Spirit of truth이란 표현은, 예수님께서 '진리'이시기 때문에 '성령'이 곧 '그리스도의 영'임을 암시한다. 진리의 성령은 스스로 말씀하지 않으시고 오직 들은 것을 말씀하시며, 장래 일을 제자들에게 알리실 것이다13b절. 여기서 성령의 역사는 특별히 제자들에게 적용되는데, 제자들이 신약성경을 기록하는 일과 그 과정을 감독하는 이후의 사역에서 구체적으로 성취된다참고. 14:26. 그리고 이 약속은 모든 세대의 모든 신자에게 더욱 광범위하게 적용된다참고. 롬8:14; 갈5:18.[35]

진리의 성령은 예수님의 영광을 나타내시는데, 예수님의 것을 가지고 제자들에게 알리신다14절. 즉 예수님이 하나님을 드러내시듯이, 성령은 예수님을 드러내신다. 예수님은 "무릇 아버지께 있는 것은 다 내 것이라 그러므로 내가 말하기를 그가 내 것을 가지고 너희에게 알리시리라"라고 말씀하신다15절. 이것은 삼위일체론적 진술이다. 성부가 가지고 계시는 것은 성자의 것이며, 성부 안에서 성자가 가지고 계시는 것을 성령께서 사람들에게 알리신다. 그러므로 제자들은 성령이 계시지 않으면 성부께 속한 성자의 것을 알 수 없다.

(9) 두 번째 고별강화 4: 예수님의 오심과 제자들의 기쁨(16:16~24)

16 조금 있으면 너희가 나를 보지 못하겠고 또 조금 있으면 나를 보리라 하시니 17 제자 중에서 서로 말하되 우리에게 말씀하신 바 조금 있으면 나를 보지 못하겠고 또 조금 있으면 나를 보리라 하시며 또 내가 아버지께로 감이라 하신 것이 무슨 말씀이냐 하고 18 또 말하되 조금 있으면이라 하

---

35. ESV Study Bible.

신 말씀이 무슨 말씀이냐 무엇을 말씀하시는지 알지 못하노라 하거늘 **19** 예수께서 그 묻고자 함을 아시고 이르시되 내 말이 조금 있으면 나를 보지 못하겠고 또 조금 있으면 나를 보리라 하므로 서로 문의하느냐 **20** 내가 진실로 진실로 너희에게 이르노니 너희는 곡하고 애통하겠으나 세상은 기뻐하리라 너희는 근심하겠으나 너희 근심이 도리어 기쁨이 되리라 **21** 여자가 해산하게 되면 그 때가 이르렀으므로 근심하나 아기를 낳으면 세상에 사람 난 기쁨으로 말미암아 그 고통을 다시 기억하지 아니하느니라 **22** 지금은 너희가 근심하나 내가 다시 너희를 보리니 너희 마음이 기쁠 것이요 너희 기쁨을 빼앗을 자가 없으리라 **23** 그 날에는 너희가 아무것도 내게 묻지 아니하리라 내가 진실로 진실로 너희에게 이르노니 너희가 무엇이든지 아버지께 구하는 것을 내 이름으로 주시리라 **24** 지금까지는 너희가 내 이름으로 아무것도 구하지 아니하였으나 구하라 그리하면 받으리니 너희 기쁨이 충만하리라

1) 제자들의 혼란(16:16~18)

예수님은 조금 있으면 자신을 보지 못하지만absence, 조금 있으면 자신을 볼 것이라고presence 말씀하신다16절.[36] 여기서 조금 있으면 예수님을 보지 못한다는 것absence은 예수님의 죽음과 부활 사이에 예수님께서 잠시 육체적으로 모습을 보이지 않을 것이라는 뜻이다. 그러나 조금 있으면 예수님을 보리라는 것은 예수님께서 부활하신 후에 제자들에게 자신의 육체적 모습을 보여주실 것이라는 뜻이며, 나아가서 성령이 오심으로 그분이 제자들 가운데 영원히 함께하실 것이라는 뜻이다참고. '조금 있으면': 7:33; 12:35; 13:33; 14:19. 그러나 제자들은 아직도 예수님의 말씀을 깨닫지 못한다17~18절.[37] 이것은 오해기법이다. 곧 제자들의 무지와 오해는 예수님이 설명을 계속하시게 하는 원인이 된다. 그러므로 요한복음의 독자들은 제자들의 오

---

36. 이 구절에 나오는 '조금 있으면'이라는 표현에 관하여 Borchert는 다음과 같이 설명한다. "The transitional double use of the 'little while' here undoubtedly refers to the events of the forthcoming death and resurrection of Jesus, the departure of which had been alluded to using similar words in 7:33; 12:35; 13:33." Borchert, 2002, 139.

37. 참고. Michaels, 841.

해와 무지를 통하여 오히려 유익을 얻는다.

2) 제자들의 기쁨(16:19~24)

결국 제자들의 오해로 인해 예수님의 설명이 이어진다19절.[38] 예수님이 계시지 않으면, 세상은 기뻐하나 제자들은 슬퍼할 것이다20절. 하지만 예수님이 계시면, 세상은 슬퍼하나 제자들은 기뻐할 것이다. 예수님은 자신의 계시지 않음과 계심을 해산하기 전의 근심과 해산한 후의 기쁨에 비유하신다21~22절. 제자들의 고통은 크지만 잠깐이며, 그들의 근심은 곧 기쁨으로 바뀔 것이고, 그들의 기쁨을 빼앗을 자가 없을 것이다. 23절의 "그날"that day이란 표현은 예수님의 부활 이후의 날을 가리킨다. "아무것도 내게 묻지 아니하리라"라는 표현은 예수님이 부활하신 후에 제자들이 더 이상 예수님의 죽음과 부활의 의미를 예수님께 묻지 않을 것이라는 뜻이다. 왜냐하면 성령이 오셔서 그들에게 그것의 의미를 가르쳐 주시기 때문이다.

예수님은 이제 기도에 대해서 말씀하신다24절. "지금까지는 너희가 내 이름으로 아무것도 구하지 아니하였으나"라는 말은 예수님께서 세상에 계시는 동안에 제자들이 예수님의 이름으로 하나님께 기도하지 않았다는 뜻이다. 하지만 이제 예수님께서 세상을 떠나신 뒤에는 예수님의 이름권위으로 하나님께 기도해야 한다. 여기서 기도하지 않음과 기도함의 관계를 이미 내주하시는 성령과 오순절에 오실 성령의 관계 속에서 이해할 수 있다. 즉 성령이 이미 계시지만 오순절에 강림하시는 것과 마찬가지로 제자들은 이미 기도했으나 아직 깊이 기도하지 않았다는 뜻이다. "구하라 그리하면 받으리니 너희 기쁨이 충만하리라"라는 말은 제자들이 기도를 통하여 예

---

38. 권해생, 538~39.

수님과 바른 관계를 맺게 됨을 뜻하며, 나아가서 그들이 예수님과 하나님의 완전한 관계 안에 참여함을 의미한다.

(10) 두 번째 고별강화 5: 결어(16:25~33)

25 이것을 비유로 너희에게 일렀거니와 때가 이르면 다시는 비유로 너희에게 이르지 않고 아버지에 대한 것을 밝히 이르리라 26 그 날에 너희가 내 이름으로 구할 것이요 내가 너희를 위하여 아버지께 구하겠다 하는 말이 아니니 27 이는 너희가 나를 사랑하고 또 내가 하나님께로부터 온 줄 믿었으므로 아버지께서 친히 너희를 사랑하심이라 28 내가 아버지에게서 나와 세상에 왔고 다시 세상을 떠나 아버지께로 가노라 하시니 29 제자들이 말하되 지금은 밝히 말씀하시고 아무 비유로도 하지 아니하시니 30 우리가 지금에야 주께서 모든 것을 아시고 또 사람의 물음을 기다리시지 않는 줄 아나이다 이로써 하나님께로부터 나오심을 우리가 믿사옵나이다 31 예수께서 대답하시되 이제는 너희가 믿느냐 32 보라 너희가 다 각각 제 곳으로 흩어지고 나를 혼자 둘 때가 오나니 벌써 왔도다 그러나 내가 혼자 있는 것이 아니라 아버지께서 나와 함께 계시느니라 33 이것을 너희에게 이르는 것은 너희로 내 안에서 평안을 누리게 하려 함이라 세상에서는 너희가 환난을 당하나 담대하라 내가 세상을 이기었노라

1) 제자들이 직접 하나님께 나아감(16:25~28)

예수님은 지금까지 여러 사실을 비유로 말씀하셨다25a절. '비유'파로이미아, figure of speech란 알아듣기 어려운 말이다. 따라서 예수님이 비유로 말씀하시는 것은 구원과 심판의 기능을 가진다. 곧 말씀을 깨닫는 자들에게는 구원이 있지만, 깨닫지 못하는 자들에게는 심판이 있다. 그런데 예수님은 때가 이르면 비유로 말씀하지 않으시고 아버지에 대한 것을 밝히 이른다고 하신다25b절. 이것은 성령께서 말씀을 이해할 수 있게 하시는 것을 뜻한다. 오순절 이후에 성령께서는 누구나 이해할 수 있게 말씀하시는데, 이것은 구원의 우주성과 관련되어 있다.

26절의 "그날에 너희가 내 이름으로 구할 것이요 내가 너희를 위하여 아버지께 구하겠다 하는 말이 아니니"라는 말은 언뜻 이해하기가 어려워 보인다. 이것은 마치 예수님이 제자들을 위한 중보기도를 하지 않으시겠다는 말처럼 보인다. 하지만 이 구절의 앞부분과 연관해 보면 이해가 쉬운데 여기서 "그날에"는 예수님의 구속 사역이 완성되는 날이며, 그때가 되면 제자들이 예수님의 이름으로 하나님께 직접 기도할 수 있으므로 예수님이 중간에서 기도해 주지 않아도 된다는 뜻이다. 따라서 이 구절은 예수님의 구속 사역을 통해 제자들과 하나님 사이의 관계가 열리게 된다는 사실을 의미한다.

제자들이 예수님의 이름으로 하나님께 직접 간구할 수 있는 근거는 제자들이 예수님을 사랑하고 또한 예수님이 하나님에게서 온 줄 믿었으므로 하나님 아버지께서 친히 그들을 사랑하시기 때문이다27절. 이 말은 하나님께서 제자들을 사랑하시는 것이 제자들이 예수님을 사랑하고 예수님의 정체를 믿었기 때문이라는 뜻이다. 따라서 사람이 하나님과 친밀한 관계를 맺기 위해서는 예수님을 믿어야 한다는 사실이 이 구절에 내재한다. 28절은 고별강화의 요약이다. 예수님은 "내가 아버지에게서 나와 세상에 왔고 다시 세상을 떠나 아버지께로 가노라 하시니"라고 하신다. 이것은 예수님의 신적인 기원을 보여주며, 세상에서 하나님을 드러내시는 사역을 알려주고, 이제 하나님께로 돌아가심으로 그분의 구속 사역을 완성하실 것임을 가르쳐준다.

2) 제자들의 미래 행보(16:29~33)

다른 곳과 달리 여기서는 제자들이 예수님의 말씀을 깨닫는다29절. 이는 그들로 하여금 오순절에 성령께서 깨닫게 하실 사역을 미리 맛보게 하신 것이다. 그리고 이러한 깨달음을 통해 신앙이 고백된다30절. 이어서 예수님은 제자들의 배신흩어짐에 관하여 예언하신다31~32절; 참고. 슥13:7. 즉 예수님께서 십자가에서 죽으신 후에 제자들이 예수님을 배신하여 흩어질 것이라는 말씀이다. 그런데 예수님이 이것을 미리 말씀하시는 이유는 제자들에게 경고하여 대비하게 하려 하심이다. 하지만 예수님은 아버지와 함께 계시므로 혼자 있는 것이 아니라고 말씀하신다. 그분은 절대 외롭지 않다.[39]

예수님은 평안과 승리에 대한 약속으로 고별강화를 끝맺으신다33절. 예수님은 고별강화를 말씀하시는 이유를 다음과 같이 언급하신다. "이것을 너희에게 이르는 것은 너희로 내 안에서 평안을 누리게 하려 함이라". 예수님은 이미 세상을 이기셨다참고. 12:31; 14:30~31.[40] 제자들은 십자가의 사역이 성공이며 승리라는 믿음을 가진 상태에서 예수님이 주시는 평안을 누릴 수 있다. 결국 고별강화가 주어진 목적은 두 가지이다. 첫째, 고별강화는 제자들이 어려울 때에 평안을 누리게 하려고 주어졌다. 둘째, 고별강화는 예수님께서 실패하신 분이 아니라 궁극적으로 세상을 이기신 분임을 제자들이 알게 하려고 주어졌다.

---

39. Burge는 예수님의 말씀에 대한 제자들의 반응에 관하여 다음과 같이 말한다. "The disciples immediately celebrate this 'plain speech' (16:29-30) and feel confident that in Jesus they have gained access to unsurpassed wisdom. But this is one more example of tragic misunderstanding, such as we have seen in every other discourse. This final discourse too must end on the same note. The time of complete understanding is coming with the hour of glorification, when the Spirit is given to them as a powerful and unique endowment. It is the Spirit who will give this insight and wisdom from Jesus, and this gift must await 'the hour.' It cannot happen now. So Jesus must abruptly censure their exuberance (16:31-32)." Burge, 443.
40. 참고. Gail R. O'Day, "'I Have Overcome the World' (John 16:33): Narrative Time in John 13-17," *Semeia* 53 (1991): 153~66.

(11) 예수님의 기도(17:1~26)

1 예수께서 이 말씀을 하시고 눈을 들어 하늘을 우러러 이르시되 아버지여 때가 이르렀사오니 아들을 영화롭게 하사 아들로 아버지를 영화롭게 하게 하옵소서 2 아버지께서 아들에게 주신 모든 사람에게 영생을 주게 하시려고 만민을 다스리는 권세를 아들에게 주셨음이로소이다 3 영생은 곧 유일하신 참 하나님과 그가 보내신 자 예수 그리스도를 아는 것이니이다 4 아버지께서 내게 하라고 주신 일을 내가 이루어 아버지를 이 세상에서 영화롭게 하였사오니 5 아버지여 창세 전에 내가 아버지와 함께 가졌던 영화로써 지금도 아버지와 함께 나를 영화롭게 하옵소서 6 세상 중에서 내게 주신 사람들에게 내가 아버지의 이름을 나타내었나이다 그들은 아버지의 것이었는데 내게 주셨으며 그들은 아버지의 말씀을 지키었나이다 7 지금 그들은 아버지께서 내게 주신 것이 다 아버지로부터 온 것인 줄 알았나이다 8 나는 아버지께서 내게 주신 말씀들을 그들에게 주었사오며 그들은 이것을 받고 내가 아버지께로부터 나온 줄을 참으로 아오며 아버지께서 나를 보내신 줄도 믿었사옵나이다 9 내가 그들을 위하여 비옵나니 내가 비옵는 것은 세상을 위함이 아니요 내게 주신 자들을 위함이니이다 그들은 아버지의 것이로소이다 10 내 것은 다 아버지의 것이요 아버지의 것은 내 것이온데 내가 그들로 말미암아 영광을 받았나이다 11 나는 세상에 더 있지 아니하오나 그들은 세상에 있사옵고 나는 아버지께로 가옵나니 거룩하신 아버지여 내게 주신 아버지의 이름으로 그들을 보전하사 우리와 같이 그들도 하나가 되게 하옵소서 12 내가 그들과 함께 있을 때에 내게 주신 아버지의 이름으로 그들을 보전하고 지키었나이다 그 중의 하나도 멸망하지 않고 다만 멸망의 자식뿐이오니 이는 성경을 응하게 함이니이다 13 지금 내가 아버지께로 가오니 내가 세상에서 이 말을 하옵는 것은 그들로 내 기쁨을 그들 안에 충만히 가지게 하려 함이니이다 14 내가 아버지의 말씀을 그들에게 주었사오매 세상이 그들을 미워하였사오니 이는 내가 세상에 속하지 아니함 같이 그들도 세상에 속하지 아니함으로 인함이니이다 15 내가 비옵는 것은 그들을 세상에서 데려가시기를 위함이 아니요 다만 악에 빠지지 않게 보전하시기를 위함이니이다 16 내가 세상에 속하지 아니함 같이 그들도 세상에 속하지 아니하였사옵나이다 17 그들을 진리로 거룩하게 하옵소서 아버지의 말씀은 진리니이다 18 아버지께서 나를 세상에 보내신 것 같이 나도 그들을 세상에 보내었고 19 또 그들을 위하여 내가 나를 거룩하게 하오니 이는 그들도 진리로 거룩함을 얻게 하려 함이니이다 20 내가 비옵는 것은 이 사람들만 위함이 아니요 또 그들의 말로 말미암아 나를 믿는 사람들도 위함이니 21 아버지여, 아버지께서 내 안에, 내가 아버지 안에 있는 것 같이 그들도 다 하나가 되어 우리 안에 있게 하사 세상으로 아버지께서 나를 보내신 것을 믿게 하옵소서 22 내게 주신 영광을 내가 그들에게 주었사오니 이는 우리가 하나가 된 것 같이 그들도 하나가 되게 하려 함이니이다 23 곧 내가 그들 안에 있고 아버지께서 내 안에 계시어 그들로 온전함을 이루어 하나

가 되게 하려 함은 아버지께서 나를 보내신 것과 또 나를 사랑하심 같이 그들도 사랑하신 것을 세상으로 알게 하려 함이로소이다 **24** 아버지여 내게 주신 자도 나 있는 곳에 나와 함께 있어 아버지께서 창세 전부터 나를 사랑하시므로 내게 주신 나의 영광을 그들로 보게 하시기를 원하옵나이다 **25** 의로우신 아버지여 세상이 아버지를 알지 못하여도 나는 아버지를 알았사옵고 그들도 아버지께서 나를 보내신 줄 알았사옵나이다 **26** 내가 아버지의 이름을 그들에게 알게 하였고 또 알게 하리니 이는 나를 사랑하신 사랑이 그들 안에 있고 나도 그들 안에 있게 하려 함이니이다

일반적으로 고별강화는 기도로 마쳐진다. 고별강화 후에 따르는 기도는 고별강화의 정점capstone이 된다. 예수님은 기도를 통하여 고별강화를 정리하시고 요약하신다.[41]

<구조>

17:1~5 예수님 자신을 위한 기도

17:6~19 제자들을 위한 기도

17:20~26 모든 신자를 위한 기도

---

41. 요한복음 17장의 구조에 대해서는 학자들 사이에 상당한 논란이 있다. 지금까지 많은 구조가 제안됐는데, 이는 17장의 내용이 매우 느슨하게 연결되어 있기 때문이다(유동적 문체). 예를 들어, Michaels는 17장을 다음과 같이 여섯 부분으로 나눈다. Michaels, 857. “Structurally, the prayer can be divided into six parts: first, Jesus prays to the Father for his own glorification on the basis of what he has accomplished in the world (vv. 1-5); second, he points to his disciples as trophies of his ministry in the world (vv. 6-8); third, he prays for their safety in the world, their unity, and their mission to the world (vv. 9-19); fourth, he prays for those who are not yet disciples, but “believe in me through their word," and for the unity of them all in the Father and the Son, so that even the world might believe and know what the Father has done (vv. 20-23); fifth, he states what he ‘wants’ finally for his disciples (v. 24); sixth and last, he summarizes once again both the results of his ministry and his intent for those who believe (vv. 25-26).”; 참고. Edward Malatesta, “The Literary Structure of John 17,” *Bib.* 52 (1971): 190~214.

1) 예수님 자신을 위한 기도(17:1~5)

예수님은 고별강화13:31~16:33를 마치시고 기도를 시작하신다1절. 예수님께서 "눈을 들어 하늘을 우러러" 보면서 기도하시는 것은 유대인들의 전형적인 기도 자세이다참고. 11:41; 시123:1; 막6:41; 눅18:13. 예수님은 하나님을 "아버지여"라고 부르시는데, 이것은 하나님과 예수님의 친근한 관계를 표시한다참고. 막14:36; 눅11:2. 그리고 예수님은 "때가 이르렀사오니"라고 하시는데, 이것은 예수님의 영광의 때가 이르렀음을 뜻한다참고. 2:4; 7:30; 12:23. 즉 예수님은 십자가에서 죽으시고 부활하시고 승천하실 때가 이른 것을 아시고 이렇게 기도하신다. "아들을 영화롭게 하사"라는 표현은 독특하다. 원래 구약성경에서 하나님은 그분의 영광을 다른 이들에게 주지 않으신다참고. 사42:8; 48:11. 그러므로 이 말씀은 예수님의 신적인 정체를 드러내 준다.[42] 아들은 십자가에서의 죽음을 통해서 아버지를 영화롭게 하시고 아버지는 아들을 살리심으로써 아들을 영화롭게 하신다. 이러한 상호 영광 돌림mutual glorification을 통하여 아버지와 아들이 세상에 가시적으로 드러난다revelation.

예수님은 "아버지께서 아들에게 주신 모든 사람에게 영생을 주게 하시려고 만민을 다스리는 권세를 아들에게 주셨음이로소이다"라고 고백하신다2절. 예수님이 아버지에게서 만민을 다스리는 권세를 받으셨다고 하시는 것은 예수님이 하나님 아버지로부터 전능하신 능력을 받으셨다는 뜻이다참고. 5:27.[43] 그렇다면 이 말은 아들 예수님의 죽음이 힘이 없어서 세상에 의해 당하는 죽음이 아니라 아들 스스로 선택한 죽음이라는 뜻이 된다. 여기에는 예수님이 십자가에서 죽으시는 목적이 사람들에게 영생을 주시기 위

---

42. ESV Study Bible.
43. 이것은 새로운 시대의 시작을 뜻한다(참고. 사9:6~7; 단7:13~14; 마11:27; 28:18). ESV Study Bible.

함이라는 사실이 명확히 나와 있다.

그러면 예수님의 죽음을 통해서 얻어지는 영생이란 무엇인가? 그것은 유일하신 참 하나님과 그분이 보내신 자 예수 그리스도를 아는 것이다3절. 요한복음에서 '알다'라는 단어와 '믿다'라는 단어는 동의어이다참고. 6:69; 8:31; 10:38; 17:8. 이것은 하나님을 단순히 지적으로 아는 것이 아니라 하나님과의 깊은 교제 안에서 그분과 함께 사는 것을 뜻한다. 게다가 요한복음에서의 영생은 미래에 천국에서 영원히 사는 것을 뜻할 뿐만 아니라 또한 이 세상에서 하나님을 알고 그분과 교제하는 것을 뜻한다참고. 3:15; 4:14; 6:27, 68; 10:10. "유일하신 참 하나님"이란 표현은 신명기 6장 4절을 반영한 것이다참고. 요5:44; 요일5:20. 그리고 "그가 보내신 자"란 표현은 "예수 그리스도"와 동격을 이루는데, 요한복음에서 예수님은 자주 하나님으로부터 보냄을 받으신 분으로 묘사된다참고. 1:14, 18; 3:16, 18. 예수님은 하나님의 일을 위하여 보내심을 받은 전권대사이시다.

예수님은 아버지께서 자신에게 하라고 주신 일을 자신이 이루어 아버지를 영화롭게 하였다고 하신다4절. "영화롭게 하였사오니"에 해당하는 헬라어 '에독사'는 아오리스트aorist로 되어 있어서 단호함과 강력함을 드러낸다. 이어서 예수님은 "창세 전에" 자신이 아버지와 함께 가졌던 영화로써 지금도 아버지와 함께 자신을 영화롭게 해 달라고 간구하신다5절. "창세 전에"before the world existed라는 단어는 예수님의 선재성을 보여준다. 하나님이 세상을 창조하셨는데, 그 창조 이전에 삼위 하나님이 영원 전부터 존재하셨으며, 그분들은 영원 전부터 함께 영화를 가지셨다. 결국, 이 기도로써 예수님의 신성이 충만하게 드러날 것이다.

2) 제자들을 위한 기도(17:6~19)

예수님은 이제 "세상 중에서 내게 주신 사람들", 즉 그분의 제자들을 위해 기도하신다6절. "내가 아버지의 이름을 나타내었나이다"라는 말은 예수님께서 말씀과 사역을 통하여 하나님이 어떤 분이신지를, 즉 하나님의 전인격을 제자들에게 나타내셨다는 뜻이다참고. 1:18; 8:19, 27; 10:38; 12:45; 14:9~11. 예수님은 제자들에게 아버지의 말씀을 전하셨고, 제자들은 아버지의 말씀을 믿었다. 그리하여 제자들은 아버지께서 예수님께 주신 것이 다 아버지로부터 온 것인 줄 알았다7절. 예수님은 아버지께서 주신 말씀들을 제자들에게 주셨다고 고백하며, 제자들이 이것을 받고 자신이 아버지께로부터 나온 줄을 알며, 아버지께서 자신을 보내신 것도 믿는다고 말씀하신다8절. 따라서 예수님은 제자들의 믿음을 인정하신다. 그런데 여기서 "내가 아버지께로부터 나온 줄을 참으로 아오며"라는 표현과 "아버지께서 나를 보내신 줄도 믿었사옵나이다"라는 표현은 강조를 위한 동의적 병행법synonymous parallelism이다.

9절의 "내게 주신 자들"이란 예수님을 믿는 자들로서 예수님의 제자들이다참고. 2, 6, 12절. 예수님은 세상을 위하여 기도하시지 않고 자신이 사랑하시는 제자들을 위하여 기도하신다. 예수님은 제자들이 아버지와 자신에게 함께 속해 있다고 하시며common ownership, 또한 자신이 그들로 말미암아 영광을 받으셨다고 하신다10절. 이는 제자들교회이 예수님의 사역을 계승하는 것과 연관된다. 제자들은 예수님의 말씀을 전함으로 예수님의 구속 사역이 지속되게 한다. 그리하여 예수님의 제자 공동체는 계속 유지될 것이며 점점 확장될 것이다.

11절에는 예수님이 제자들을 위하여 기도하시는 이유가 나온다. 그것은 이제 예수님이 그들을 떠나시기 때문이다. 예수님이 떠나시고 나면 제자들이 환난을 받을 것이다. 따라서 예수님은 아버지에게 그들을 지켜달라고 간구하신다. “우리와 같이 그들도 하나가 되게 하옵소서”란 표현은 강한 연합과 일치를 의미한다.[44] 하나님 아버지와 예수님 사이의 하나됨은 완전한 하나됨이며 최고의 친밀함이다. 그러한 하나됨의 연합은 제자들이 어려움을 이겨내며 복음을 더욱 널리 전파하여 새 언약 공동체의 확장을 가능하게 하는 원동력이 된다. 결국 제자들이 하나님과 예수님의 관계처럼 되게 해 달라는 간구는 제자 공동체의 정체성을 보여준다. 12절의 “멸망의 자식”이란 표현과 “성경을 응하게 함이니이다”라는 표현은 가룟 유다의 배신이 성경을 응하게 하는 것이라는 뜻이다. 이것은 시편 41편 9절이 요한복음 13장 18절에 적용된 것과 시편 69편 25절과 시편 109편 8절이 사도행전 1장 20절에 적용된 것과 같은 것이다.[45]

예수님의 말씀과 기도는 제자들에게 기쁨을 충만하게 가져다줄 것이다 13절; 참고. 15:11; 16:20~24. 하지만 세상은 예수님을 미워했듯이 제자들을 미워할 것인데, 이는 예수님이 세상에 속하지 않았듯이 제자들도 세상에 속하지 않았기 때문이다14절; 참고. 15:19. 예수님은 제자들을 거룩하게 해 달라고 간구하신다15절.[46] “악에 빠지지 않게 보전하시기를”이란 표현에서 ‘악’은 하나님과 반대되는 모든 것이다. 제자들은 이 세상에서 악 가운데 살 것이다. 하지만 그들은 악과 반대되는 하나님 편에서 살아야 한다. 예수님의 제자들은 예수님과 마찬가지로 세상에 속하지 않는다16절. 따라서 세상과 제자들은 완전히 다른 속성을 가지고 있다참고. 3:3~8. 즉 그들 서로는 다른 소망, 다른 목표, 다른 삶의 방식, 다른 하나님을 가지고 있다. 그러므로 세상

---

44. 참고. J. F. Randall, “The Theme of Unity in John 17,” *EThL* 41 (1965): 373~94.
45. ESV Study Bible.
46. 참고. Michaels, 871.

은 필연적으로 제자들을 세상과 같이 만들려고 한다악하게 함.

예수님은 제자들이 아버지의 진리의 말씀을 통하여 세상 속에서 거룩하게 되기를 간구하신다17절.[47] "아버지의 말씀은 진리니이다"라는 말씀에 해당하는 헬라어 본문에서 '진리'알레테이아는 부사형true이 아닌 명사형'알레테이아', truth으로 되어 있는데, 이는 진리를 강조하기 위해서이다ESV: 'your word is truth.'. 예수님은 "아버지께서 나를 세상에 보내신 것 같이 나도 그들을 세상에 보내었고"라고 말씀하신다18절. 이것은 예수님의 사역이 제자들을 통해서 계승되고 확장될 것임을 보여준다. 비록 예수님은 20장 21절에서 제자들을 보내신다고 공식적으로 선언하실 것이고 승천하실 때 그러한 분부를 반복하시겠지만참고. 마20:19~20, 여기서 그 사실을 미리 언급하심으로써 제자들의 파송을 준비하게 하신다.[48]

예수님은 제자들을 위한 기도를 마무리하시면서 자신의 사명과 제자들의 미래를 언급하신다19절. 예수님은 "그들을 위하여 내가 나를 거룩하게 하오니"라고 하시는데, 이것은 예수님이 스스로기꺼이 십자가를 지시고 십자가 위에서 죽으심으로 자신의 사명을 완수하시는 것을 가리킨다. 예수님은 이어서 자신이 십자가를 지시는 이유를 "이는 그들도 진리로 거룩함을 얻게 하려 함이니이다"라고 말씀하신다. 이것은 예수님이 하늘로 올라가신 후에 성령이 오셔서 제자들에게 진리를 깨닫게 하심으로 그들을 거룩하게 하시는 일을 의미한다. 결국 예수님은 자신이 십자가를 지셔야 제자들이 거룩해지기에 기꺼이 사명을 감당하려고 하신다.

---

47. 참고. Borchert, 2002, 164.
48. ESV Study Bible.

3) 모든 신자를 위한 기도(17:20~26)

예수님은 이제 "그들의 말로 말미암아 나를 믿는 사람들", 곧 제자들을 통하여 예수님을 믿을 모든 (미래의) 신자들을 위하여 기도하신다20절. 진리의 말씀으로 거룩하게 된 제자들은 많은 사람에게 나아가서 진리의 말씀을 전할 것이다. 그리하여 거룩한 사람들을 더욱 많이 얻을 것이다. 믿는 자들에게 주어진 과제는 연합과 일치이다21절. 왜냐하면 그리스도인의 공동체가 강하게 결속되어야 환난을 이길 수 있으며, 나아가서 더욱 효과적으로 전도할 수 있기 때문이다. 그러면 믿는 자들은 어떤 식으로 하나가 되어야 하는가? 그들은 하나님과 예수님이 하나가 되신 것처럼 하나가 되어야 한다. 그러므로 신자들의 하나됨은 세상 사람들의 하나됨과 종류나 차원이 다르다. 신자들의 하나됨은 신성하고 고귀하다.

22절의 "내게 주신 영광을 내가 그들에게 주었사오니"라는 표현은 의미심장하다. 왜냐하면 예수님은 아버지에게서 영광을 받으셨는데, 이제 신자 공동체에 그것을 주셨기 때문이다. 따라서 신자 공동체는 거룩할 뿐만 아니라 영광스럽기까지 하다. 결국 신자 공동체는 아들의 영광을 구현해야 한다presence of Jesus. 예수님은 "이는 우리가 하나가 된 것 같이 그들도 하나가 되게 하려 함이니이다"라고 하신다. 이는 예수님과 하나님이 하나이신 것처럼 신자들도 하나가 되게 해 달라는 간구이다. 즉 신자 공동체는 하나가 되어야 한다는 것이다. 23절은 15장 1~7절의 주제를 요약한 것으로, 사랑이 제자 공동체의 정체성을 규정함을 보여준다. 교회에는 사랑이 충만해야 한다. 교회는 하나님께서 예수님을 사랑하셨듯이 신자들도 사랑하신다는 사실을 세상으로 하여금 알게 해야 한다. 24~26절에는 예수님의 기도 내용이 요약되어 있다. 기도의 핵심은 아버지와 아들과 신자들의 종말론적인 관계이다. 예수님은 신자들이 아들의 영광을 보며, 아버지께서 아들을 세상에 보내신 것을 알고, 아버지의 사랑이 영원히 그들 안에 있게 해 달라고 간구하신다. 그러므로 기도는 하나님 아버지를 향한 간구이다.[49]

<특주7> 요한복음의 교회론

1. 서론: 요한복음에 교회론이 있는가?

요한복음을 연구하는 학자들 중에는 요한복음에 교회론이 없거나 매우 약하다고 주장하는 이들이 많다예. R. Bultmann, E. Schweizer. 이는 요한복음에 교회라는 용어가 나오지 않을 뿐만 아니라참고. 마 16:18; 18:17, 교회론적인 용어들, 즉 성례성찬과 세례, 직분사도, 선지자, 목사, 장로, 집사, 교사, 교회의 권세매고 푸는 권세, 권징 등에 대해서도 직접적인 언급이 없기 때문이다. 특히 요한복음이 다른 신약성경보다 비교적 늦은 시기에 기록되었다고 추정할 때, 이러한 교회론적 용어가 부재한 것은 주목할 만하다.

하지만 요한복음 본문을 상세히 연구한 상당수의 학자들은 비록 요한복음에 위와 같은 교회론적인 용어들이 직접 나오지 않음에도 불구하고 이 복음서가 매우 풍부한 교회론적 주제를 내포

49. Michaels는 예수님이 아버지를 부르시는 것에 대해서 다음과 설명한다. “The prayer so far has been punctuated with the address, ‘Father’ (vv. 1, 5), framing Jesus’ petitions for his own glorification, ‘Holy Father’ (v. 11), beginning a series of petitions for his disciples, and ‘Father’ again (v. 21), highlighting the last and arguably most important of his petitions. Now he uses it again: ‘Father, that which you have given me, I want them to be with me where I am’ (v. 24a). This time it introduces something more than a petition, a forthright declaration to the Father of what ‘I want’.” Michaels, 879.

하고 있다고 생각한다예. R. E. Brown, R. Schnackenburg, O. Cullmann, C. K. Barrett. 그러므로 이 글에서는 요한복음 본문 중에서 교회론적 주제를 담고 있는 대표적인 본문들을 주석함으로써 요한복음에 교회론이 있다는 주장에 동의하되 요한복음의 교회론이 어떤 성격을 가지는지를 살펴보고자 한다.

2. 본론: 본문주석

(1) 10장 1~21절: 목자 강화

본문은 흔히 '목자 강화'로 알려져 있는데, 다음과 같이 다섯 부분으로 나누어진다. ① 10장 1~5절 ② 10장 6절 ③ 10장 7~10절 ④ 10장 11~18절 ⑤ 10장 19~21절

1) 10장 1~5절: 예수님의 비유 - 목자와 강도

예수님은 양과 목자의 이미지를 사용하셔서 비유를 말씀하신다. 구약성경에는 이스라엘과 하나님의 관계를 양과 목자로 비유한 곳이 많다참고. 창48:15; 49:24; 삼하5:2; 왕상22:17; 시23:1; 80:1; 전12:11; 사40:11; 53:6; 렘31:10; 겔34; 슥10:2 등. 따라서 예수님의 이 비유는 청중들에게 매우 익숙했다. 이 비유의 초점은 강도와 목자의 구분이다. 예수님은 문을 통하여 양 우리에 들어가지 않고 다른 데로 넘어가는 자는 강도이나, 양의 문으로 들어가는 이는 목자라고 하신다1~2절. 문지기는 그목자를 위하여 문을 열고, 목자는 양의 이름을 알고 부른다3절. 그리고 양들은 목자의 음성을 알고 따라간다4절. 그러나 양들은 목자가 아닌 타인강도의 음성을 알지 못하기 때문에 타

인이 부르면 도리어 도망한다5절.

2) 10장 6절: 요한의 설명 - 유대인들이 이해하지 못함

6절에 나오는 '이 비유'파로이미아란 표현은 1~5절의 내용을 가리킨다. 요한은 사람들이 비유를 알아듣지 못한다고 말한다. 따라서 사람들에게 비유를 설명해 주어야 할 필요성이 제기된다요한의 문학적 장치. 그리하여 예수님은 비유를 설명하시는데7~18절, 이는 두 부분으로 나누어진다7~10절; 11~18절.

3) 10장 7~10절: 예수님의 비유 설명 1 - 문이신 예수님

예수님은 자신을 양의 문이라고 하신다7절. 당시 이스라엘에는 별도로 양문이 없었고 문지기나 목자가 문에서 잠을 자면서 양을 지켰다. 따라서 예수님이 자신을 양의 문이라고 말씀하시는 것은 적절하다. 그리고 예수님은 자신보다 먼저 온 자를 강도라고 하신다8절. 예수님보다 먼저 온 자는 유대 종교지도자들, 거짓 메시아들, 그리고 잘못된 종교 규례들 등이다. 예수님은 구원을 주신다9절. 그러나 강도는 멸망하게 한다10a절. 따라서 예수님과 유대교는 극명하게 대조된다. 오직 예수님을 통해서만 구원의 풍성함이 드러난다10b절: 점층법적 강조.

4) 10장 11~18절: 예수님의 비유 설명 2 - 목자이신 예수님

예수님은 자신을 선한 목자라고 하신다11~13절. 목자는 양을 위하여 생명을 버리나, 삯꾼은 위험할 때 양을 버리고 달아난다. 예

수님은 다시금 자신을 선한 목자라고 하신다14~15절. 예수님은 목자가 양을 알고 양도 목자를 아는 것이 마치 성부가 성자를 알고 성자도 성부를 아는 것과 같다고 하신다parallel. 여기서 서로 아는 것은 상호 간의 사랑의 관계를 암시하며, 나아가서 서로를 위하여 목숨을 버리는 관계를 의미한다. 그런데 예수님은 "우리에 들지 아니한 다른 양들"이 있다고 하신다16절. 이들은 광범위한 선교 대상을 가리킨다. 또한 예수님은 양들을 위하여 자신의 목숨을 스스로 버리신다고 하시며, 하나님께서 이렇게 양들을 위하여 목숨을 버리시는 예수님을 사랑하신다고 말씀하신다17~18절.

5) 10장 19~21절: 요한의 설명 - 유대인들이 분열됨

여기에는 7~10절과 11~18절의 설명을 들은 유대인들의 반응분쟁이 기록되어 있다. 6절에서는 유대인들이 예수님의 말씀을 전혀 이해하지 못했는데, 19~21절에서는 예수님의 말씀을 들은 유대인들 간에 분쟁이 일어난다. 어떤 유대인들은 예수님이 귀신들려 미쳤다고 생각한다20절. 그러나 어떤 유대인들은 예수님이 맹인의 눈을 뜨게 하신 것을 보면서 하나님으로부터 보냄을 받은 자만이 이런 일을 할 수 있다고 주장한다21절.

※ 교회론: 본문 석의를 통하여 드러난 교회론적 주제는 다음의 두 가지 성격을 가진다.

① 기독론적 교회론: 양들이라는 집단적 소재들은 분명히 교회 공동체의 모습을 대변한다. 예수님만이 교회의 목자이시며 다

른 존재들은 모두 절도요 강도이다. 예수님은 양들의 이름을 부르시고, 양들은 그의 음성을 듣고 따른다. 예수님은 양들에게 구원을 주시고 풍성한 생명을 주신다. 예수님은 양들을 알고 양들도 예수님을 안다. 이러한 앎의 관계는 사랑의 관계를 뜻한다. 게다가 예수님은 양들을 사랑하심으로 양들을 위하여 자신의 목숨을 기꺼이 내어 주신다. 그러나 강도로 대변되는 유대의 종교 시스템은 오히려 양들을 죽이고 멸망시킨다. 그러므로 인류는 '오직' 예수님을 통해서만 구원을 받으며 생명을 공급받는다는 것을 알 수 있다.

② 선교 사명: 예수님은 16절에서 "이 우리에 들지 아니한 다른 양들"이 자신에게 있다고 하셨다. 이들은 아마도 비유대인 그리스도인들이거나 요한 공동체 내의 상이한 그룹 혹은 2세대 그리스도인들일 것이다. 특히 11장 52절에는 예수님이 그 민족유대인뿐만 아니라 흩어진 하나님의 자녀이방인를 모아 하나가 되게 하시기 위하여 죽으실 것이라는 언급이 있다. 따라서 예수님께서 이방인 선교에 대한 사명을 분명히 가지고 계셨음을 알 수 있다. 그렇다면 이러한 선교 대상자들을 복음화하는 일은 필시 예수님의 제자들이 담당해야 할 몫이다.

(2) 15장 1~17절: 포도나무 비유

본문은 소위 '포도나무 비유'로 불리는 것인데, 15장 1~8절과 15장 9~17절로 나누어진다.

1) 15장 1~8절: 포도나무 비유

예수님은 "나는 참 포도나무요 내 아버지는 농부"라고 말씀하신다1절. 여기서 '나는 … 이다''에고 에이미'라는 어구가 사용되는데, 이는 요한복음에 자주 나오는 것으로 예수님의 신적 자기 계시 어구이다참고. 6:35, 51; 8:12; 10:7~14; 11:25; 14:6. 이 어구는 원래 구약성경70인 역에서 하나님이 스스로를 계시하실 때 사용하신 어구이다. 그리고 구약성경에서 포도나무는 하나님의 언약의 백성들을 상징한다참고. 시80:8-18; 사5:1~7; 렘2:21; 12:10~11; 겔15:1~5; 17:1~6; 19:10~15; 호10:1~2. 따라서 예수님께서 자신을 '참 포도나무'true vine라고 말씀하신 것은 자신이 종말론적인 참 이스라엘이라는 것을 의미한다.

예수님은 이어서 포도나무 비유를 발전시키면서 교훈을 주신다2~4절. 아버지하나님는 열매를 맺지 못하는 가지는 잘라버리시고 열매를 많이 맺는 가지는 더 열매를 많이 맺게 하려고 이를 깨끗하게 하신다. 여기서 깨끗하게 하신다는 것은 가지치기를 뜻하는데, 이는 열매를 더 많이 맺게 하기 위한 필수 작업이다. 우리는 이미 깨끗해진 자들구원받은 자들로서 계속해서 많은 열매를 맺어야 한다3절. 예수님은 이를 위하여 "내 안에 거하라 나도 너희 안에 거하리라"라고 하시는데, 이는 주님과 우리의 연합을 의미한다4절.

예수님은 비유의 마지막 부분에서 열매 맺지 못한 자들5~6절과 열매 맺는 자들7~8절을 구분하신다. 나무에 붙어 있지 않은 가지가 스스로 열매를 맺지 못하듯이, 예수님을 떠나는 자들은 아무것도 하지 못한다5절. 그리고 열매 맺지 못하는 가지가 잘려서 버려지듯이, 예수님의 사역을 하지 못하는 자들은 버림을 받는다6절. 그러나 우리가 예수님 안에 거하고 예수님의 말씀이 우리 안에 거하는, 즉 예수님과 우리가 밀접한 연합을 이루었을 때는 기도하는 것들이 모두 이루어진다7절. 게다가 우리가 열매를 많이 맺으면 하나님께서 영광을 받으실 것이고 우리는 예수님의 제자가 될 것이다8절.

2) 15장 9~17절: 비유의 적용

예수님은 이제 비유의 적용을 말씀하신다. 우리는 열매를 많이 맺기 위하여 예수님의 사랑 안에 거해야 한다9절. 그리고 우리가 예수님의 사랑 안에 거할 수 있는 근거는 예수님께서 우리를 사랑하셨다는 사실에 있으며, 이 사랑은 하나님 아버지께서 독생자 예수님을 사랑하신 그 사랑이다. 그렇다면 우리를 향한 예수님의 사랑은 얼마나 놀라운 것인가. 그런데 우리가 주님의 사랑 안에 거하는 방법은 주님의 계명을 지키는 것이다10절. 우리가 주님의 계명을 지킬 때 기쁨이 충만할 것이다11절. 주님의 계명은 사랑이다. 실로 예수님이 우리를 사랑한 것 같이 우리도 서로 사랑해야 한다12절. 따라서 예수님의 제자들에 대한 사랑은 제자들의 '서로 사랑' mutual love으로 발전한다.

예수님은 이어서 제자들의 '서로 사랑'에 관하여 더욱 구체적으로 말씀하신다13~15절. 예수님에 따르면, 가장 위대한 사랑은 친구를 위하여 목숨을 버리는 것이다. 그런데 예수님은 십자가에서 우리를 위하여 죽으심으로써 이 사랑을 실천하셨다. 따라서 우리에게 남겨진 사명은 우리가 다음 세대를 위하여 십자가 희생을 치르는 것이다. 이는 강한 제자도를 암시하는 것으로 교회의 사명을 뜻한다. 우리가 이를 행하면 예수님의 친구연합가 될 것이다14절. 그리하여 예수님은 우리를 종이 아니라 친구로 대하실 것이다15절. 예수님은 우리를 친구로 대하시기 때문에 아버지께 들은 것을 다 우리에게 알려 주신다. 따라서 우리는 열매를 많이 맺을 수 있고 예수님의 이름으로 아버지께 구하는 것을 다 받을 수 있다16절. 그러므로 우리는 서로 사랑해야 한다17절.

※ 교회론: 본문 석의를 통하여 드러난 교회론적 주제는 다음의 두 가지 성격을 가진다.

① 연합사상: 예수님은 포도나무이시며 우리는 가지이다. 가지가 나무에 붙어있지 않으면 열매를 맺을 수 없으며 심지어 살 수도 없듯이, 우리는 반드시 예수님과의 밀접한 연합을 이루어서 영양을 공급받아 살아야 한다. 한편, 더 나아가서 이 비유는 '한 나무에 붙어 있는 여러 가지들'이라는 전제 위에서 신자들의 공동체가 예수님에게 붙어 있어야 한다는 것과 신자들 상호 간의 단결과 역할분담의 중요성을 강조한다참고. 몸과 지체의 이미지, 고전12장.

② 사랑의 공동체: 예수님은 우리를 사랑하셔서 우리를 친구로 대하신다. 그리고 친구인 우리를 위하여 기꺼이 목숨을 바치신다. 그러한 예수님은 우리에게 서로 사랑하라고 말씀하신다. 이는 13장 35절에서 말씀하신 바, "너희가 서로 사랑하면 이로써 모든 사람이 너희가 내 제자인 줄 알리라"라는 말씀과 연결된다. 즉 우리가 서로 사랑할 때 제자 공동체교회의 정체성을 가진다는 것이다. 그런데 예수님에 따르면, 그러한 서로 사랑mutual love은 서로를 위

하여 목숨을 버리는 것을 뜻한다. 즉 교회의 정체성과 사명은 희생적인 사랑의 기초 위에서 세워진다.

(3) 17장 20~26절: 예수님의 기도

요한복음 13~17장에는 고별강화farewell discourse라는 독특한 부분장르이 있다. 지금까지 세상을 대상으로 사역하신 예수님은 이제 십자가를 지시기 직전에 여기서 제자들을 대상으로 긴 강화를 말씀하신다. 그러나 고대의 다른 고별강화들유대, 그리스, 로마의 고별강화과 달리 예수님은 이 강화에서 자신이 결코 그들을 떠나지 않고 그들과 영원히 함께하실 것이라고 약속하신다. 그리하여 예수님은 제자들을 위로하시고 그들의 공동체가 어떻게 유지되어야 할지를 말씀하신다. 이 고별강화에서 드러난 예수님의 '종말론적인 현존'eschatological presence은 보혜사 성령, 말씀, 제자들의 기억, 기도, 서로 사랑 등을 통해서 실현된다.

그런데 요한복음의 고별강화는 풍부한 교회론적 주제들을 담고 있다. 예를 들면, 예수님의 자기 사람들his own에 대한 사랑13:1, 서로 사랑을 통한 제자 공동체의 정체성 유지13:34~35, 포도나무와 가지 비유를 통한 연합결속에 대한 가르침15:1~17, 세상교회를 대적하는 집단과 제자들교회의 확연한 구분14:17, 19, 22 등, 선택 사상15:16 등이다. 그중에서도 특히 고별강화의 마지막17장에 나오는 기도는 매우 강한 교회론적인 주제를 포함한다. 즉 일반적으로 고별강화는 기도로 마치면서 정점capstone을 향하는데, 이러한 기도는 고별강화를 정리하고 요약하는 역할을 한다. 예수님은 17장에서 자신을 위한 기도1~5절, 제자들을 위한 기도6~19절, 그리고 미래의 신자들교회을 위한 기도20~26절를 하신다.

그러면 예수님께서 미래의 신자들교회을 위해서 기도하시는 부분을 더욱 자세히 살펴보자.

1) 17장 20~23절: 연합과 일치

예수님은 기도를 시작하시면서 "그들의 말로 말미암아 나를 믿는 사람들"이라는 표현을 사용하신다. 즉 예수님은 제자들을 통하여 예수님을 믿을 모든 (미래의) 신자들을 위하여 기도하신다. 진리의 말씀으로 거룩하게 된 제자들은 많은 사람에게 주님의 말씀을 전할 것이다. 그리하여 거룩한 사람들을 더욱 많이 얻을 것이다. 그런데 그들의 과제는 연합과 일치이다. 그리고 이러한 공동체의 결속이 필요한 이유는 그들이 겪는 환난을 이기기 위해서이다.

2) 17장 24~26절: 아버지와 아들과 신자들의 종말론적인 관계

예수님은 신자들이 아들의 영광을 보며, 아버지께서 아들을 세상에 보내신 것을 알고, 아버지의 사랑이 영원히 그들 안에 있게 해 달라고 간구하신다.

※ 교회론: 본문 석의를 통하여 드러난 교회론적 주제는 다음과 같다.

① 연합과 일치: 요한복음의 공동체독자들는 상당한 환난을 겪고 있었다. 이는 주로 유대인 공동체로부터의 출교 때문이었는데, 그

것은 누구든지 예수님을 구주로 시인하면 받게 되는 형벌이었다. 그러한 가운데 예수님은 자신의 육체적 부재physical absence로 인한 제자들의 분열을 막으시기 위하여 하나님께 기도하신다. 이 기도에 드러난 사상에 의하면, 교회는 예수님의 뜻에 따라 연합해야 하며 분열하지 말아야 한다.

② 예수님을 드러냄: 교회는 삼위 하나님의 영광을 드러내고 하나님이 예수님을 세상에 보내신 것을 선포하는 공동체이다. 예수님은 아버지께로부터 영광을 받으셨는데, 이제 신자 공동체에 그것을 주셨다. 따라서 신자 공동체는 거룩할 뿐만 아니라 영광스럽다. 즉 신자 공동체는 아들의 영광을 드러낸다.

(4) 20장 24~29절: 도마의 고백

본문에는 도마가 다시 살아나신 예수님을 보고서 그분의 신적 정체성을 극적으로climactic 고백하는 장면이 기록되어 있다. 본문은 20장 24~25절, 20장 26~28절, 그리고 20장 29절로 나누어진다.

1) 20장 24~25절: 도마의 불신앙

도마는 부활하신 예수님이 제자들에게 나타나셨을 때 그 자리에 없었다. 그리고 그는 다른 제자들이 부활하신 예수님을 보았다고 했을 때 믿지 않았다. 그는 실증주의자였기 때문에 예수님을 직접 목격하며 만져보기를 원했다. 그는 예수님이 '육체를 가진 인간'으로 부활하셨다는 사실을 의심한 것 같으며, 따라서 그의 동료들이 실제로 예수님을 보았다고 하자, 그에 대한 구체적인 증거가 없이는 믿지 않겠다고 한 것이다. 따라서 도마는 '증거'로서 예수님을 직접 만져보고 싶어 했다. 만약 그가 예수님을 직접 만질 수 있다면, 그것은 자신에게 다가오신 이가 진짜 육체를 가진 바로 그 예수님이시라는 확실한 증거가 될 것이다. 더욱이 만약 부활하신 예수님의 손과 옆구리에 여전히 표시가 있다면, 그것은 지금 이 육체가 십자가에서 죽으신 바로 그 육체라는 것을 확실히 증명할 것이다.

2) 20장 26~28절: 예수님이 도마에게 나타나심

여드레일주일를 지나서 제자들이 다시 집 안에 있었다. 이때 도마도 같이 있고 문들은 닫혀 있었다. 제자들은 유대 종교지도자들에 대한 두려움 때문에 이렇게 했다. 이때 부활하신 예수님께서 다시 제자들에게 나타나신다. 예수님은 도마가 한 말을 이미 알고 계셨기 때문에 그에게 자기 몸에 손을 대 보라고 말씀하신다. 그러면서 "믿음 없는 자가 되지 말고 믿는 자가 되라"고 말씀하신다. 비록 본문이 도마가 실제로 예수님의 몸을 만졌는지를 언급하지는 않지만, 이어지는 도마의 반응은 그가 예수님을 보게 된 것이 유령의 출현이나 마술사의 속임수와 같은 것으로 말미암지 않았음을 분명하게 한다. 예수님은 5장 19절 이하와 10장 17~18절 등에서 자신의 생명과 사망을 이기는 능력을 설명하시면서, 이를 통하여 사람들이 하나님께서 그의 아버지이시며 그가 하나님과 함께 하는 하나님의 아들이심을 알게 될 것이라고 말씀하셨다. 그리고 도마는 예수님의 이러한 말씀들이 사실이라는 것과 더 나아가 그분이 구체적으로 어떤 분이신지를 부활이라는 독특한 방식을 통해 깨닫게 되었다. 그리하여 도마는 예수님을 향하여 "나의 주님이시오 나의 하나님이시니이다"라는 위대한 신앙고백을 한다.

3) 20장 29절: 예수님의 말씀

이러한 도마의 반응에 관하여 예수님은 매우 의미심장한 말씀을 하신다. 도마의 고백에 대해 예수님은 새롭게 얻어진 신앙을 언급하시다가 강조점을 바꾸신다. 도마에 대한 예수님의 대답은 "너는 나를 본 고로 믿느냐"라는 수사적 의문의 형태를 띠는데 이것은 곧 "보지 못하고 믿는 자들은 복 되도다"라는 진술로 이어진다. 이 두 문구는 대조적 병행패턴antithetical parallel pattern을 이룬다. '보는 것'에 대한 강조는 '믿는 것'에 대한 강조와 대조를 이룬다. 어떤 특정한 방식에 있어서 사람들은 도마와 같지 않을 것이지만, 다른 방식으로는 같을 것이다. 미래의 사람들은 예수님이 살아나셨다는 것을 (개인적인 증거를 통해) 역사적으로 입증할 수 있도록 부활하신 예수님을 실제로 목격한 도마와 같은 특별한 위치에 있지 않을 것이다. 그러나 어떻게 해서든 그들은 이러한 결정적 증거의 도움 없이도 믿음에 이르게 될 것이고, 이로 인하여 복될 것이다. 요약하자면, 20장 29절의 초점은 '실제로 보고 믿는 것'으로부터 '보지 않음에도 불구하고 믿는 것'으로 옮겨진다.

※ 교회론: 본문과 이어지는 본문20:30~31: 요한복음의 기록 목적의 연관성을 통하여 드러난 교회론적 주제는 다음과 같다.

여기서 다음과 같은 의문이 생긴다. 무엇이 미래의 이 사람들을 도마와 같은 믿음에 이르게 할 것인가? 만약 이야기가 20장 29절에서 끝나 버린다면 이 질문에 대한 답을 찾을 수 없을 것이다. 그러나 20장 30~31절은 논리적으로 앞의 이야기를 계속 이어간다. 20장 30~31절에서의 접사의 사용은 이미 이러한 견해를 지지한다. 30절은 헬라어 '멘 운'으로 시작한다. '멘'은 31절의 '데'를 지시한다. 이 두 개의 단어는 확실히 30절과 31절을 구문론적으로 연결한다. '운'은 30절을 이전의 구절들에 이어준다. 따라서 다음과 같은 추론이 가능하다. 즉 사람들은 예수님을 육체적으로 보지 못하고 믿을 것이다. '그러므로'운 요한복음이 기록되었다. 요한복음을 통하여 사람들은 예수님을 육체적으로 보지 않고도 그분을 만나며 믿을 수 있을 것이다.

① 말씀을 전하는 교회: 만일 우리가 위의 논리를 받아들인다면 교회가 해야 할 일이 무엇인지가 분명해진다. 그것은 교회가 하나님의 말씀, 곧 성경을 전해야 한다는 것이다. 모든 인류는 성경을 통하여 믿음을 얻게 되고 성경을 통하여 영적으로 성장하게 된다. 교회는 성경을 전함으로써 예수님께서 지금도 우리 가운데 계신다는 것을 드러낼 수 있다.

3. 결론: 요한복음의 교회론

지금까지 요한복음에서 교회론을 담고 있는 대표적인 본문 몇 개를 살펴보았다. 사실 여기서 다룬 본문 외에도 요한복음에는 교회론적 주제를 다루는 본문이 더 있다. 예를 들면, 1장 12절하나님의 자녀들, 복수형과 3장 29절신랑이신 예수님과 신부인 교회 이미지 등이다. 그러나 위에서 드러난 몇 가지 본문의 석의 결과를 통해서 우리는 요한복음의 교회론을 어느 정도 정립할 수 있다. 이를 다음과 같이 종합 및 요약할 수 있다.

첫째, 예수님은 교회의 주인으로서 교회를 지키시고 교회에 생명을 공급해 주신다.

둘째, 신자들은 예수님을 중심으로 모든 신자와 더불어 한 몸 공동체를 이룬다.

셋째, 교회는 예수님과 연합해야 할 뿐 아니라 신자들 상호 간에도 결속해야 한다.

넷째, 신자들은 가족과 같아서 이 가족에 속한 이들이 사랑과 이해와 보호를 공유해야 한다.

다섯째, 교회는 거룩하며 영광스러운 공동체인데 이는 예수님을 세상에 드러내게 하기 위해서이다.

여섯째, 교회는 말씀을 전함으로 예수님께서 지금도 우리 가운데 계신다는 것을 드러내야 한다.

일곱째, 교회는 세상으로 나아가서 많은 사람에게 예수 그리스도의 복음을 전하여 더욱 많은 사람이 하나님의 가정에 들어오게 해야 한다.

2. 예수님의 고난과 죽음(18:1~19:42)

이 단화에는 예수님의 고난과 죽음이 기록되어 있다. 마침내 예수님은 로마의 관리들과 유대의 종교지도자들에게 잡히셔서 고난을 받으시고 끝내 죽임을 당하신다. 그러나 예수님은 무력하게 잡히셔서 죽임을 당하시는 것이 아니라, 온 세상의 왕으로서 사랑하는 인류를 위하여 스스로 고난을 받고 죽임을 맞이하신다. 이 단화는 예수님이 잡히시는 장면18:1~11, 예수님이 대제사장들에게 심문받으시는 장면18:12~27, 예수님이 빌라도에게 심문받으시는 장면18:28~19:16, 그리고 예수님의 죽음과 장례 장면19:17~42으로 구성되어 있다.[50]

(1) 예수님이 잡히심(18:1~11)

1 예수께서 이 말씀을 하시고 제자들과 함께 기드론 시내 건너편으로 나가시니 그 곳에 동산이 있는데 제자들과 함께 들어가시니라 **2** 그 곳은 가끔 예수께서 제자들과 모이시는 곳이므로 예수를 파는 유다도 그 곳을 알더라 **3** 유다가 군대와 대제사장들과 바리새인들에게서 얻은 아랫사람들을 데리고 등과 횃불과 무기를 가지고 그리로 오는지라 **4** 예수께서 그 당할 일을 다 아시고 나아가 이르시되 너희가 누구를 찾느냐 **5** 대답하되 나사렛 예수라 하거늘 이르시되 내가 그니라 하시니라 그를 파는 유다도 그들과 함께 섰더라 **6** 예수께서 그들에게 내가 그니라 하실 때에 그들이 물러가서 땅에 엎드러지는지라 **7** 이에 다시 누구를 찾느냐고 물으신대 그들이 말하되 나사렛 예수라 하거늘 **8** 예수께서 대답하시되 너희에게 내가 그니라 하였으니 나를 찾거든 이 사람들이 가는 것은 용납하라 하시니 **9** 이는 아버지께서 내게 주신 자 중에서 하나도 잃지 아니하였사옵나이다 하신 말씀을 응하게 하려 함이러라 **10** 이에 시몬 베드로가 칼을 가졌는데 그것을 빼어 대제사장의 종을 쳐서 오른편 귀를 베어버리니 그 종의 이름은 말고라 **11** 예수께서 베드로더러 이르시되 칼을 칼집에 꽂으라 아버지께서 주신 잔을 내가 마시지 아니하겠느냐 하시니라

---

50. 요한복음 18~19장의 구조와 그 의미를 위하여, Burge, 488~90을 참고하라.

1) 예수님이 제자들과 동산으로 가심(18:1~3)

예수님은 고별강화를 마치신 후에 제자들과 함께 기드론 시내 건너편에 있는 동산으로 가신다1절. 기드론 시내'투 케이마루 투 케드론', Kidron valley는 예루살렘 동쪽에 있으며 감람산과 같은 편에 있다. 이 시내는 겨울에만 물이 흐른다참고. 삼하15:23; 왕상15:13. 따라서 지금은 유월절 기간3~4월이기 때문에 예수님과 제자들이 이 시내를 건널 수 있다. 과거에 다윗은 압살롬의 반역으로 인해 이곳으로 물러간 적이 있었다참고. 삼하15:30~31. 그런데 이제는 예수님이 이곳에서 가룟 유다에 의해 배신을 당하신다. 예수님과 제자들이 들어간 '동산'케포스은 아마 곡식이나 꽃을 기르는 곳일 것이다. 본문에 "들어가시니라"라는 표현이 있는 것으로 보아 겟세마네 동산은 울타리가 둘러쳐진 곳으로 보인다. 공관복음에 따르면 이곳은 겟세마네 동산이며, 이곳에서 예수님은 간절히 기도하셨다. 하지만 요한복음에는 겟세마네 동산에서의 기도가 나오지 않는다참고. 마26:36~46; 막14:32~42; 눅22:39~46.

요한은 이 동산에 관하여 "그 곳은 가끔 예수께서 제자들과 모이시는 곳이므로 예수를 파는 유다도 그 곳을 알더라"라고 말한다2절; 참고. 눅22:39. 이 말은 예수님과 제자들이 예루살렘을 방문할 때 종종 이곳을 들렀기 때문에 가룟 유다도 이곳을 잘 알고 있다는 뜻이며, 따라서 예수님께서 죽음을 피하시기 위하여 이곳에 숨으신 것이 아니라 잡히시려고 일부러 이곳에 가신 것이라는 뜻이다.

유다가 사람들을 데리고 예수님을 잡으러 온다3절. 유다가 데리고 온 사람들은 "군대와 대제사장들과 바리새인들에게서 얻은 아랫사람들"인데, 이들은 로마 군대Roman soldiers와 성전관리자들temple guards이다. 따라서 예수님을 체포하는 데 로마 권력자들정부과 유대 권력자들종교이 힘을 합친 것이 드러난다. 그들이 가져온 도구들은 등과 횃불과 무기인데, 이것들은 어두운 곳에서 사는 자들의 도구이다. 병행본문인 마태복음 26장 47절에는 예수님을 잡으러 온 무리가 '검과 몽치'를 가지고 있다고 보도한다. '검과 몽치'swords and clubs, 칼과 곤봉는 중한 범죄자를 잡기 위한 무기들이다참고. 마 26:55. 따라서 로마 군대와 유대 종교지도자들은 예수님의 제자들이 극렬히 저항할 것이라고 예상했던 것 같다. 그러나 예수님은 죄 없으신 분이며 기꺼이 죽임을 맞이하실 것이다. 이제 유다와 무리는 죄 없으신 예수님을 잡아가려고 한다.

2) 예수님과 군대의 대화 1(18:4~6)

예수님은 전지하신 분이시므로 일어날 일들을 모두 알고 계신다4a절. 이는 예수님이 이미 여러 번 제자들에게 자신이 당할 일들을 말씀하신 데에서 드러난다참고. 13:1, 3; 2:25; 16:19. 따라서 예수님은 지금 군인들과 성전관리자들이 무기를 들고 자신을 잡으러 온 상황에서도 전혀 두려워하거나 당황해 하지 않으시고 상황을 의연하게 대처하신다참고. 7~8절. 결국, 요한은 예수님께서 권력자들에게 우발적으로 잡히시는 것이 아니라, 사랑하는 양들을 위하여 스스로 목숨을 내놓으신다는 사실을 강조한다참고. 10:18.

예수님과 그분을 잡으러 온 자들이 대화한다. 일반적으로는 죄인을 잡으러 온 자들이 대화를 주도하지만, 여기서는 반대로 예수님이 대화를 주도하신다. 그리고 공관복음에서는 가룟 유다가 예수님께 입을 맞춤으로써 예수님의 정체가 드러났지만참고. 마26:47~50; 막14:43~46; 눅22:47~48, 요한복음에서는 예수님이 적극적으로 자신의 정체를 밝히신다. 예수님은 그들을 향하여 "너희가 누구를 찾느냐"라고 물으신다4b절. 이에 그들은 "나사렛 예수"라고 대답하는데, 이는 예수님을 경멸하는 호칭이다5절. 예수님께서는 그들에게 "내가 그니라"'에고 에이미', LXX: 참고. 출3:14; 사45:5~7; 48:12라고 대답하시는데, 이렇게 하시자 군대가 물러가서 땅에 엎드러진다6절.[51] 군대가 땅에 엎드러지는 것은 성경에서 신현theophany, 즉 하나님의 나타나심에 대한 인간의 반응이다참고. 시56:9; 겔1:28; 44:4; 단2:46; 8:18; 10:9; 행9:4; 22:7; 26:14; 빌2:9~11; 계1:17; 19:10; 22:8. 따라서 예수님의 신적인 권위와 정체가 가시적으로 드러난다.

3) 예수님과 군대의 대화 2(18:7~9)

예수님께서 다시 그들에게 "누구를 찾느냐"라고 물으시자 그들은 "나사렛 예수"라고 대답한다7절. 이에 예수님은 "너희에게 내가 그니라 하였으니 나를 찾거든 이 사람들이 가는 것은 용납하라"라고 말씀하신다8절. 요한은 예수님이 이렇게 말씀하신 이유를 "이는 아버지께서 내게 주신 자 중에서 하나도 잃지 아니하였사옵나이다 하신 말씀을 응하게 하려 함이러라"라는 언급으로 설명한다9절. 예수님은 제자들을 보호하시기 위하여 이렇게 말씀하신 것이다. 즉 예수님은 자신에게 속한 자를 하나도 잃지 않으려고 하신다참고. 6:39; 17:12. 선한 목자이신 예수님은 양들을 위하여 자신의 생명을 기꺼이 버리신다참고. 10:11, 15, 17~18, 28.

4) 베드로의 저항과 예수님의 만류(18:10~11)

군대가 예수님을 잡으려 하자 베드로가 칼마카이라, 단검을 빼 대제사장의 종 말고의 오른편 귀오타이온, 곧 더욱 정확하게는 '귓불'earlobe을 베어 버린다10절. 이 단검은 크기가 작아서 옷 속에 감출 수 있었다참고. 눅22:38. 그런데 그것의 용도는 베는 것이 아니라 찌르는 것이었다. 따라서 베드로는 말고의 머리를 찌르려고 했으나 말고가 피하는 바람에 귓불을 자르게 되었다.

---

51. 참고. Michaels, 890~91.

베드로는 충동적인 성격을 가졌기 때문에 칼을 꺼내어 공격했다참고. 13:2. 이 장면에 대한 요한복음의 기록은 공관복음의 기록과 관점이 조금 다르다. 요한복음에는 이름베드로와 말고이 기록되어 있으나, 공관복음에는 이름이 기록되어 있지 않다. 그리고 누가복음에는 예수님이 말고의 귀를 치료해 주었다는 기록이 있지만참고. 눅22:51, 요한복음에는 그런 사실이 생략되어 있다. 한편, '말고'라는 이름의 뜻이 '왕'king이기 때문에 여기서 어떤 상징적인 의미를 찾으려는 시도가 있으나 본문의 문맥은 이를 지지하지 않는다.

예수님은 베드로에게 칼을 칼집에 꽂으라고 하시면서 자신이 아버지께서 주신 '잔'을 마셔야 한다고 말씀하신다11절. 유대 전통에서 '잔'포테리온은 죽음과 하나님의 진노를 상징한다참고. 시75:8; 사51:17, 22; 렘25:15~17, 28~29; 49:12; 계14:10; 16:19. 따라서 '아버지가 주신 잔을 마시다'라는 말은 '아버지가 주신 사명운명을 기꺼이 받아들이다'라는 뜻이다. 공관복음에서는 예수님께서 기도하시는 중에 이 잔이 지나가기를 기도하시다가 곧 그 잔을 마시겠다고 고백하신다참고. 마26:39; 막14:36; 눅22:42. 하지만 요한복음에는 예수님의 기도 장면이 기록되어 있지 않고 단지 제자들과 무리들 앞에서 하신 말씀만 기록되어 있으므로 이 잔을 마시겠다는 말씀만을 들을 수 있다. 이것은 예수님께서 수난에 관하여 적극적인 의지를 표명하셨다는 사실을 강조하기 위한 요한의 의도적인신학적인 구성이라 할 수 있다.

(2) 예수님이 대제사장에게 심문받으심(18:12~27)

12 이에 군대와 천부장과 유대인의 아랫사람들이 예수를 잡아 결박하여 **13** 먼저 안나스에게로 끌고 가니 안나스는 그 해의 대제사장인 가야바의 장인이라 **14** 가야바는 유대인들에게 한 사람이 백

성을 위하여 죽는 것이 유익하다고 권고하던 자러라 **15** 시몬 베드로와 또 다른 제자 한 사람이 예수를 따르니 이 제자는 대제사장과 아는 사람이라 예수와 함께 대제사장의 집 뜰에 들어가고 **16** 베드로는 문 밖에 서 있는지라 대제사장을 아는 그 다른 제자가 나가서 문 지키는 여자에게 말하여 베드로를 데리고 들어오니 **17** 문 지키는 여종이 베드로에게 말하되 너도 이 사람의 제자 중 하나가 아니냐 하니 그가 말하되 나는 아니라 하고 **18** 그 때가 추운 고로 종과 아랫사람들이 불을 피우고 서서 쬐니 베드로도 함께 서서 쬐더라 **19** 대제사장이 예수에게 그의 제자들과 그의 교훈에 대하여 물으니 **20** 예수께서 대답하시되 내가 드러내 놓고 세상에 말하였노라 모든 유대인들이 모이는 회당과 성전에서 항상 가르쳤고 은밀하게는 아무것도 말하지 아니하였거늘 **21** 어찌하여 내게 묻느냐 내가 무슨 말을 하였는지 들은 자들에게 물어 보라 그들이 내가 하던 말을 아느니라 **22** 이 말씀을 하시매 곁에 섰던 아랫사람 하나가 손으로 예수를 쳐 이르되 네가 대제사장에게 이같이 대답하느냐 하니 **23** 예수께서 대답하시되 내가 말을 잘못하였으면 그 잘못한 것을 증언하라 바른 말을 하였으면 네가 어찌하여 나를 치느냐 하시더라 **24** 안나스가 예수를 결박한 그대로 대제사장 가야바에게 보내니라 **25** 시몬 베드로가 서서 불을 쬐더니 사람들이 묻되 너도 그 제자 중 하나가 아니냐 베드로가 부인하여 이르되 나는 아니라 하니 **26** 대제사장의 종 하나는 베드로에게 귀를 잘린 사람의 친척이라 이르되 네가 그 사람과 함께 동산에 있는 것을 내가 보지 아니하였느냐 **27** 이에 베드로가 또 부인하니 곧 닭이 울더라

이 단락에서 요한은 독자들에게 예수님의 상황inside과 베드로의 상황outside을 번갈아 가며 보여준다. 이것은 마치 영화에서 장면을 바꾸면서 동시 상황을 보여주는 것과 같다.

1) 예수님이 안나스에게 끌려가심(18:12~14)

군인들이 예수님을 잡아 결박하여 안나스에게로 끌고 간다12절. 안나스는 주후 6~15년에 대제사장으로 봉직했으며, 주후 18~36년에 대제사장으로 봉직했던 가야바의 장인이었다. 원래 대제사장직은 종신직이었으나, 로마 정부는 어느 특정한 사람에게 권력이 집중되는 것을 막기 위하여 대제사장을 가끔 바꾸었다. 그런데 안나스는 대제사장직에서 물러난 후에도

자기 아들과 사위가 대제사장직을 맡았기 때문에 계속해서 실권자로 행세하였다. 따라서 예수님은 비록 대제사장은 아니지만 대제사장을 능가하는 실권자인 안나스에게 먼저 심문을 받으신다.

요한은 안나스에 관하여 "그 해의 대제사장인 가야바의 장인"이라고 소개한다13절; 참고. 11:49. 대제사장은 매년 선출되는 것이 아니었기 때문에 이 표현은 이해하기가 쉽지 않다. 여기에서 강조점은 '그 해'에 있다. 이것은 예수님이 우리를 위하여 죽임당하신 바로 '그 유명한 해'*annus mirabilis*를 의미한다. 요한은 가야바에 관하여 "유대인들에게 한 사람이 백성을 위하여 죽는 것이 유익하다고 권고하던 자러라"라는 말을 붙인다14절; 참고. 11:50. 이것은 아이러니 기법으로 독자들에게 예수님의 죽음의 의미를 생각하게 하는 역할을 한다.

2) 베드로의 첫 번째 부인(18:15~18)

요한은 베드로가 예수님을 부인하는 장면을 보여준다. 이 장면에서 독자들은 자연스럽게 예수님의 세 번의 '나는 … 이다''에고 에이미'; 5, 6, 8절에 대조되는 베드로의 세 번의 '나는 … 아니다''우크 에이미'; 17, 25, 27절를 보게 된다.

예수님이 잡혀가시자 "시몬 베드로와 또 다른 제자 한 사람"이 예수님을 따라간다15a절. 여기서 "다른 제자"another disciple는 전통적으로 예수님이 사랑하시는 제자를 가리킨다. 즉 이 복음서의 저자인 세베대의 아들 요한일 가능성이 대단히 높다참고. 20:2~3. 그런데 본문에는 이 다른 제자에 관해서 "이 제자는 대제사장과 아는 사람이라"라는 문구와 더불어 "예수와 함께 대제사장의 집 뜰에 들어가고"라는 문구가 들어 있다15b절. 갈릴리 바다의 어부에 불과했던 요한이 이스라엘의 최고 지도자인 대제사장과 아는 사이였다는 것은 세베대가 부자였음을 시사해 준다.

베드로는 문밖에 서 있었는데, 대제사장을 아는 그 다른 제자가 나가서 문 지키는 여자디로로스에게 말하여 베드로를 데리고 들어온다16절. 이때 문 지키는 여종이 베드로에게 "너도 이 사람의 제자 중 하나가 아니냐"라고 물으니 베드로가 "나는 아니라"라고 대답한다17절. 여기서 여종의 물음은 베드로를 고발하려는 의도를 가지고 있지 않다. 그녀는 '그 다른 제자'가 대제사장과 아는 사이인 것을 알고 있었으며, 따라서 그런 사람이 데리고 온 베드로에 대해서 함부로 대할 수 없었다. 단지 그녀는 베드로가 다른 제자와 마찬가지로 예수님의 제자일 것으로 여기고 물어본 것이다. 따라서 베드로는 위험에 처해 있지 않은 상황에서 예수님을 부인한다. 베드로는 예수님을 부인한 후에 아무 일도 없었다는 듯이 다른 사람들과 함께 숯불을 쬔다18절.[52] 이것은 그의 뻔뻔스러움을 보여준다.

3) 예수님이 대제사장에게 심문받으심(18:19~24)

장면이 바뀐다. 대제사장은 예수님께 그의 제자들과 그의 교훈에 관하여 묻는다19절. 여기에서 대제사장은 안나스이다참고. 13, 24절. 안나스가 예수님에게 제자들과 교훈에 관해서 묻는 것은 죄목을 찾기 위한 것이다.[53] 이에 예수님께서 대답하시는데, 자신의 교훈에 대해서는 자신이 지금까지 드러내 놓고 말했으며 은밀하게는 아무것도 말하지 않았다고 하시면서 자신의 말을 들은 자들에게 물어보라고 하신다20~21절; 참고. 7:13, 26; 10:24; 11:14; 16:29. 그리고 자신의 제자들에 관해서는 아무런 말씀을 하지 않으심으로

---

52. '안트라키아'는 '숯불'(charcoal fire)이다. 요한복음에서 이 단어는 이곳과 21장 9절에만 나온다. 개역개정은 이 단어를 이곳에서 '불'이라고 번역했지만, 21장 9절에서는 '숯불'이라고 번역했다.

53. Michaels, 902.

그들을 보호하신다.

그러자 대제사장의 부하가 손으로 예수님을 치면서 "네가 대제사장에게 이같이 대답하느냐"라고 말한다22절. 이 문구를 우리말 어감을 살려서 번역하면 "네가 대제사장에게 이따위로 대답하느냐?"이다.[54] 즉 부하는 예수님을 매우 함부로 대한다. 이에 예수님은 "내가 말을 잘못하였으면 그 잘못한 것을 증언하라 바른 말을 하였으면 네가 어찌하여 나를 치느냐"라고 말씀하신다23절. 이것은 대제사장이 예수님의 죄를 발견하지 못한 채, 그에게 적개심만 남아 있는 것을 꼬집는 말씀이다. 결국 안나스는 예수님을 결박한 그대로 대제사장 가야바에게 보낸다24절. 안나스는 예수님에게서 죄목을 발견할 수 없었다. 즉 아무런 성과도 내지 못한 것이다. 그래서 예수님을 대제사장 가야바에게로 보낸다. 이것은 대제사장 가야바가 주재하는 공회산헤드린로 보내는 것을 의미한다. 안나스는 현직 대제사장이 아니었기 때문에 그의 심문은 공식적인 심문이 아니었다. 다만 안나스가 당시에 실권자였기에 시행되었던 심문이었을 뿐이다. 따라서 예수님은 이제야 비로소 공식적인 심문을 받으시게 된다.

그런데 궁극적으로 이 장면은 인간 대제사장과 진정한 대제사장의 대조를 보여준다. 여기서 안나스가 대제사장이라고 되어 있고 또한 가야바가 대제사장으로 되어 있지만, 진정한 대제사장은 우리 주 예수님이시다. 이에 대해서 신약은 다음과 같이 말한다. "우리가 믿는 도리의 사도이시며 대제사장이신 예수를 깊이 생각하라"히3:1. "우리에게 큰 대제사장이 계시니 승천하신 이 곧 하나님의 아들 예수시라"히4:14. 어둠에 속한 자들은 진

54. 부사 '후토스'는 '이런 식으로'(in this manner)라는 뜻이다. 천주교 성경은 이 단어를 '이따위로'라고 번역했다.

정한 대제사장을 몰라보고 그분에게 무례하게 행한다. 그들은 대제사장이신 예수님을 죄인으로 여기려 했으나 성경은 분명히 말한다. "예수는 영원히 계시므로 그 제사장 직분도 갈리지 아니하느니라 …… 이러한 대제사장은 우리에게 합당하니 거룩하고 악이 없고 더러움이 없고 죄인에게서 떠나 계시고 하늘보다 높이 되신 이라"히7:24~26.

4) 베드로의 두 번째 부인과 세 번째 부인(18:25~27)

장면이 다시 바뀐다. 베드로가 서서 불을 쬐고 있는데, 함께 불을 쬐던 사람들이 "너도 그 제자 중 하나가 아니냐"라고 묻자, 베드로는 "나는 아니라"라고 하면서 부인한다25절. 이들의 물음은 앞에 있는 여종의 물음과 유사하다. 즉 그들에게는 어떤 위협적인 요소가 발견되지 않는다. 그러나 또 다시 베드로는 예수님을 부인한다. 그런데 여기에 있던 사람 중 하나는 베드로에게 귀를 잘린 사람말고의 친척이었는데, 그가 베드로에게 "네가 그 사람과 함께 동산에 있는 것을 내가 보지 아니하였느냐"라며 다그친다26절. 이에 베드로가 부인하니 곧 닭이 운다27절. 그리하여 베드로는 예수님의 예언대로 닭이 울기 전에 예수님을 세 번 부인한다참고. 13:36~38.

그렇다면 베드로는 왜 예수님을 부인했을까? 상당수 사람들은 베드로가 로마 관리들을 두려워해서 예수님을 부인했다고 생각한다. 하지만 요한복음에서 베드로는 용감하고 의리 있는 사람으로 묘사된다. 그리고 그는 불과 몇 시간 전에 겟세마네 동산에서 가슴에 칼을 품고 예수님을 지키려 했다. 더욱이 그가 목숨을 두려워했다면 예수님이 재판을 받으시는 현장에 따라오지 않고 도망했을 것이다. 따라서 베드로가 목숨을 잃을까 두려워해서 예수님을 부인한 것으로 보기는 어렵다. 오히려 여러 정황을 고려할 때 베드로는 로마 군인들에게 힘없이 잡혀가서 죄인으로 몰리고 있는 예수님에 대한 실망감 때문에 예수님을 부인한 것으로 보아야 한다. 즉 여타 유대인들처럼 베드로는 예수님을 정치적/물리적 메시아로 생각했는데, 지금 예수님이 힘으로 대응하지 않으시고 고난을 자처하시자 실망과 환멸을 느껴서 예수님을 부인하는 것이다.

(3) 예수님이 빌라도에게 심문받으심 1(18:28~40)

28 그들이 예수를 가야바에게서 관정으로 끌고 가니 새벽이라 그들은 더럽힘을 받지 아니하고 유월절 잔치를 먹고자 하여 관정에 들어가지 아니하더라 **29** 그러므로 빌라도가 밖으로 나가서 그들에게 말하되 너희가 무슨 일로 이 사람을 고발하느냐 **30** 대답하여 이르되 이 사람이 행악자가 아니었더라면 우리가 당신에게 넘기지 아니하였겠나이다 **31** 빌라도가 이르되 너희가 그를 데려다가 너희 법대로 재판하라 유대인들이 이르되 우리에게는 사람을 죽이는 권한이 없나이다 하니 **32** 이는 예수께서 자기가 어떠한 죽음으로 죽을 것을 가리켜 하신 말씀을 응하게 하려 함이러라 **33** 이에 빌라도가 다시 관정에 들어가 예수를 불러 이르되 네가 유대인의 왕이냐 **34** 예수께서 대답하시되 이는 네가 스스로 하는 말이냐 다른 사람들이 나에 대하여 네게 한 말이냐 **35** 빌라도가 대답하되 내가 유대인이냐 네 나라 사람과 대제사장들이 너를 내게 넘겼으니 네가 무엇을 하였느냐 **36** 예수께서 대답하시되 내 나라는 이 세상에 속한 것이 아니니라 만일 내 나라가 이 세상에 속한 것이었더라면 내 종들이 싸워 나로 유대인들에게 넘겨지지 않게 하였으리라 이제 내 나라는 여기에 속한 것이 아니니라 **37** 빌라도가 이르되 그러면 네가 왕이 아니냐 예수께서 대답하시되 네 말과 같이 내가 왕이니라 내가 이를 위하여 태어났으며 이를 위하여 세상에 왔나니 곧 진리에 대하여 증언하려 함이로라 무릇 진리에 속한 자는 내 음성을 듣느니라 하신대 **38** 빌라도가 이르되 진리가 무엇이냐 하더라 이 말을 하고 다시 유대인들에게 나가서 이르되 나는 그에게서 아무 죄도 찾지 못하였노라 **39** 유월절이면 내가 너희에게 한 사람을 놓아 주는 전례가 있으니 그러면 너희는 내가 유대인의 왕을 너희에게 놓아 주기를 원하느냐 하니 **40** 그들이 또 소리 질러 이르되 이 사람이 아니라 바라바라 하니 바라바는 강도였더라

앞 단락18:12~27에서와 같이 이 단락에서도 요한은 바깥쪽outside과 안쪽inside을 오가며 내러티브를 전개한다. 그리고 신학적으로 앞 단락은 예수님

이 대제사장에게 심문을 받으시는 모습을 보여주면서 진정한 대제사장은 예수님이시라는 메시지를 전달해 주었는데, 이 단락은 예수님이 로마의 왕으로 대변되는 총독에게서 심문을 받으시며 또한 '왕'에 관한 주제로 대화를 나누시면서 진정한 왕은 바로 예수님이라는 사실을 드러낸다.

1) 유대인들이 예수님을 죽이라고 요청함(18:28~32)

예수님은 가야바에게서 로마 총독 빌라도주후 26~36년에 총독으로 재임가 있는 관정으로 끌려가신다28a절. '관정'*praetorium*은 로마의 통치자가 머무는 곳이다.[55] 이곳은 아마도 안토니아 요새나 헤롯 궁전에 있었을 것이다. 당시에 로마의 통치자들은 주로 아름다운 해변도시 가이사랴에 머물렀지만, 유월절과 같은 큰 절기에는 혹시 일어날지도 모르는 폭동을 대비하여 예루살렘에 머물렀다. 예수님은 '새벽'프로이에 끌려가셨는데28b절, 여기서 '새벽'이란 아마도 새벽 3시에서 6시 사이일 것이다참고. 19:13~16. 당시 로마 관리들은 아침 일찍부터 업무를 시작했기 때문에 이른 시각에 심문이 진행될 수 있었다.

그런데 요한은 "더럽힘을 받지 아니하고 유월절 잔치를 먹고자 하여 관정에 들어가지 아니하더라"라는 말을 덧붙인다28c절. 유대인들은 유월절 기간에 이방인과 접촉하면 부정하게 된다고 여겼다. 그리고 이때 부정한 자들은 유월절 잔치를 먹을 수 없었다참고. 민9:9~11. 그래서 그들은 이방인이 머무는 관정에 들어가지 않았다. 단, 지붕이 없는 이방인들의 뜰에는 들어갈 수 있었으나, 지붕이 있는 이방인들의 건물이나 집에는 들어갈 수 없었다. 유대인들에게 정결은 대단히 중요한 것이었고, 더군다나 유월절은 일

55. Michaels, 915.

년 중 가장 중요한 날이었기 때문에 그들은 유월절 잔치 기간에7일간 계속 해서 정결을 유지하려고 애썼다.

그리하여 빌라도가 "밖으로 나와서" 무슨 일로 예수님을 고발하려느냐고 묻는다29절. 유대인들은 예수님에게서 특별한 죄목을 찾지 못했기 때문에 그냥 예수님을 "행악자"카콘 포이온, evildoer라고 부른다30절. 행악자는 정치적 반역자의 의미를 가지지 않는다. 따라서 빌라도는 그들에게 "너희가 그를 데려다가 너희 법대로 재판하라"라고 말한다31a절. 그러나 유대인들은 사형집행권을 가지고 있지 않았기에 "우리에게는 사람을 죽이는 권한이 없나이다"라고 대답한다31b절. 그러므로 지금 유대인들은 예수님을 정치범으로 몰아서 십자가에 못 박아 죽이고 싶어 했지만, 자신들에게 사형집행권이 없고, 더욱이 지금이 유월절 축제 기간이므로니산월 15일 아침 축제 기간에 사람을 죽일 수가 없기에, 로마인들의 힘을 빌리려고 한다.

유대인들의 이러한 요청이 함의하는 것에 대해서 요한은 다음과 같이 기술한다. "이는 예수께서 자기가 어떠한 죽음으로 죽을 것을 가리켜 하신 말씀을 응하게 하려 함이러라"32절. 따라서 예수님이 돌에 맞아서 죽지 않으시고 십자가에 못 박혀서 죽으시는 것은 성경의 예언을 응하게 하려 함이었다. 신명기 21장 23절에는 "나무에 달린 자는 하나님께 저주를 받았음이니라"라는 말씀이 있는데, 이것은 예수님의 십자가 죽음을 예언하는 것이었다. 그리고 요한복음에서 예수님은 자신에 관하여 "모세가 광야에서 뱀을 든 것 같이 인자도 들려야 하리니"라고 하셨고3:14, "너희가 인자를 든 후에 내가 그인 줄을 알고"라고 하셨다8:28. 그러므로 우리는 비록 유대인들과 로마인들이 예수님을 죽이는 방식에 대해서 모의를 하더라도 결국 예수님이 십자가에 못 박혀 돌아가시는 것은 하나님의 섭리와 예정 안에 있다는 것을 알게 된다.

2) 빌라도가 예수님의 왕권에 대해 물어봄(18:33~38a)

본문에는 빌라도와 예수님의 세 번에 걸친 질문과 답변이 기록되어 있다. 33~34절은 첫 번째 질문과 답변이다. 빌라도는 예수님에게 "네가 유대인의 왕이냐"라고 묻는다. 이것은 정치적인 측면에서 물은 것으로 예수님의 행적이 로마제국에 직접적으로 위협이 되거나 방해가 되는지를 확인하는 것이다. 이에 예수님은 직접적으로 대답하지 않으시고 "이는 네가 스스로 하는 말이냐 다른 사람들이 나에 대하여 네게 한 말이냐"라고 되물으신다. 이것은 '너의 고백인가진심, 아니면 다른 사람들이 나에 대하여 네게 한 말인가경멸?'라는 뜻이다.

35~36절은 두 번째 질문과 답변이다. 빌라도는 먼저 "내가 유대인이냐"라고 되묻는데, 이것은 예수님이 34절에서 말씀하신 내용 모두와 자신이 관련 없다는 메시지를 내포한다. 빌라도는 이어서 "네 나라 사람과 대제사장들이 너를 내게 넘겼으니 네가 무엇을 하였느냐"라고 묻는다. 빌라도가 '나라'라는 용어를 사용한 것은 33절에 언급된 '왕'이라는 단어에 연결되는데, 그가 예수님이 정치적인 반역자인지에 관심이 있었음을 보여준다. 이에 예수님은 "내 나라는 이 세상에 속한 것이 아니니라"라고 대답하심으로 자신이 정치적인 반역자가 아니라는 사실을 분명히 하신다.

37~38a절은 세 번째 질문과 답변이다. 빌라도는 "그러면 네가 왕이 아니냐"라고 다시 묻는다. 따라서 빌라도는 계속해서 '왕'과 '나라'에 대해서 물음으로 정치적인 함의를 가진 질문만 한다. 이에 예수님은 "네 말과 같이 내가 왕이니라 내가 이를 위하여 태어났으며 이를 위하여 세상에 왔나니 곧 진리에 대하여 증언하려 함이로라 무릇 진리에 속한 자는 내 음성을 듣느니라"라고 대답하신다참고. 10:16. 예수님이 자신을 '왕'이라고 말씀하시면서 '진리'를 말씀하시고 또한 진리에 속한 자가 자신의 음성을 듣는다고

말씀하시는 것은 자신이 빌라도가 처음에 물어 본 정치적인 함의를 가진 왕이라는 뜻이 아니다. 이 말에는 자신의 메시아직이 정치적/물리적이 아니라 영적/우주적이라는 의미가 내재하여 있다. 그리고 빌라도는 이것을 이해했다. 그래서 빌라도는 왕에 관한 말을 하지 않고 "진리가 무엇이냐"라고 물어본다. 하지만 요한은 예수님의 대답을 소개하지 않는다. 예수님이 대답을 하지 않으셨는지 아니면 요한이 기록하지 않았는지 정확히 모른다. 어쨌든 독자들은 예수님의 침묵을 통하여 자연스럽게 예수님이 바로 왕이시며 진리이시라는 사실을 생각하게 된다.

3) 빌라도가 예수님의 무죄를 선언함(18:38b~40)

빌라도는 예수님을 심문한 후에 밖으로 나가서 "나는 그에게서 아무 죄도 찾지 못하였노라"라고 말함으로 예수님의 무죄를 선언한다38b절. 요한복음에는 빌라도가 예수님의 무죄를 선언하는 모습이 여러 번 나온다참고. 19:4, 6. 그러나 그렇다고 해서 빌라도의 죄가 없어지지는 않는다. 빌라도는 모든 일의 책임자이다. 다만 빌라도의 무죄 선언은 예수님이 아무런 죄가 없었지만 죽임을 당했다는 사실을 객관적으로 입증해 주며, 나아가서 기독교가 로마제국에 아무런 해가 되지 않는다는 사실을 공적으로 보여주어서 기독교 선교의 합법적인 토대를 마련해 준다.

빌라도는 유대인 무리들에게 "유월절이면 내가 너희에게 한 사람을 놓아 주는 전례가 있으니 그러면 너희는 내가 유대인의 왕을 너희에게 놓아 주기를 원하느냐"라고 묻는다39절. 그러나 유대인들은 바라바를 놓아 주라고 소리 질러 말한다40절. 요한은 바라바를 '강도'라고 부연해서 말하는데, 바라바는 단순한 강도가 아니라 정치적인 반역자인 것처럼 보인다. 이는 마가가 바라바를 "민란을 꾸미고 그 민란 중에 살인하고 체포된 자"라고 말하기 때문이다막15:7. 게다가 그가 십자가 형벌을 받을 예정이었다고 한다면, 상당히 중한 죄를 지은 자였음에 틀림이 없다. '바라바'Barabbas라는 이름은 아람어로 '아버지의 아들'바르-아바스, son of the father이란 뜻이다. 그러나 여기서 예수님과 바라바 사이의 어떤 상징성을 찾을 수는 없다. 이 장면에서 유대인들은 악함을 드러낸다. 그렇지만 특이한 점은 빌라도가 예수님을 계속해서 왕이라고 부른다는 사실이다참고. 18:38b~19:16a. 이것은 예수님의 왕 모티프를 반영한다.

(4) 예수님이 빌라도에게 심문받으심 2(19:1~16)

1 이에 빌라도가 예수를 데려다가 채찍질하더라 2 군인들이 가시나무로 관을 엮어 그의 머리에 씌우고 자색 옷을 입히고 3 앞에 가서 이르되 유대인의 왕이여 평안할지어다 하며 손으로 때리더라 4 빌라도가 다시 밖에 나가 말하되 보라 이 사람을 데리고 너희에게 나오나니 이는 내가 그에게서 아무 죄도 찾지 못한 것을 너희로 알게 하려 함이로라 하더라 5 이에 예수께서 가시관을 쓰고 자색 옷을 입고 나오시니 빌라도가 그들에게 말하되 보라 이 사람이로다 하매 6 대제사장들과 아랫사람들이 예수를 보고 소리 질러 이르되 십자가에 못 박으소서 십자가에 못 박으소서 하는지라 빌라도가 이르되 너희가 친히 데려다가 십자가에 못 박으라 나는 그에게서 죄를 찾지 못하였노라 7 유대인들이 대답하되 우리에게 법이 있으니 그 법대로 하면 그가 당연히 죽을 것은 그가 자기를 하나님의 아들이라 함이니이다 8 빌라도가 이 말을 듣고 더욱 두려워하여 9 다시 관정에 들어가서 예수께 말하되 너는 어디로부터냐 하되 예수께서 대답하여 주지 아니하시는지라 10 빌라도가 이르되 내게 말하지 아니하느냐 내가 너를 놓을 권한도 있고 십자가에 못 박을 권한도 있는 줄 알지 못하느냐 11 예수께서 대답하시되 위에서 주지 아니하셨더라면 나를 해할 권한이 없었으리니 그러므로 나를 네게 넘겨 준 자의 죄는 더 크다 하시니라 12 이러하므로 빌라도가 예수를 놓으려고 힘썼으나 유대인들이 소리 질러 이르되 이 사람을 놓으면 가이사의 충신이 아니니이다 무릇 자기를 왕이라 하는 자는 가이사를 반역하는 것이니이다 13 빌라도가 이 말을 듣고 예수를 끌고 나가서 돌을 깐 뜰(히브리 말로 가바다)에 있는 재판석에 앉아 있더라 14 이 날은 유월절의 준비일이요 때는 제육시라 빌라도가 유대인들에게 이르되 보라 너희 왕이로다 15 그들이 소리 지르되 없이 하소서 없이 하소서 그를 십자가에 못 박게 하소서 빌라도가 이르되 내가 너희 왕을 십자가에

못 박으라 대제사장들이 대답하되 가이사 외에는 우리에게 왕이 없나이다 하니 16 이에 예수를 십자가에 못 박도록 그들에게 넘겨 주니라

1) 군인들이 예수님을 채찍질함(19:1~3)

빌라도는 예수님을 심문한 후에 채찍질한다1절. 빌라도가 예수님을 고문하는 것은 사형을 막기 위한 것으로 보인다. 그는 줄곧 예수님에게 죄가 없으므로 방면하기를 원했는데 유대인들이 반대하자 그들의 분노를 누그러뜨리려고 예수님을 채찍질했던 것 같다.[56]

로마 군인들은 가시나무로 관을 엮어서 예수님의 머리에 씌우고, 자색 옷을 입힌 후, "유대인의 왕이여 평안할지어다"라고 하면서 손으로 때린다 2~3절. 가시나무로 만든 관, 자색 옷, 유대인의 왕이라는 표현들은 예수님을 조롱하는 것이지만 궁극적으로 예수님의 왕 모티프를 드러낸다. 따라서 이것도 요한복음의 아이러니이다. 예수님은 비록 지금 인류를 위해서 고난을 당하고 계시지만, 분명히 온 우주의 왕이시며 만왕의 왕이시다.

---

56. 주석가들은 이에 대해서 다음과 같이 말한다. "Here in John's Gospel, it is evident that Pilate has not yet given in. He still has no intention of bending to the wishes of the chief priests (see vv. 4, 6, 12). Yet it is doubtful that he does this simply to conciliate 'the Jews,' for his action is closely linked to what immediately follows (vv. 2-3), an elaborate mockery of 'the Jews'." Michaels, 928; "The purpose of such a whipping would, according to John 19:4, here seem to have been not as a preparation for death but a means to attain the placation of the Jews and the justification for Jesus' release by Pilate. Accordingly, it would seem that the type of beating described here would not have been a verberatio. But soldiers may not have always been technical in the severity of their whippings." Borchert, 2002, 198~99.

2) 빌라도가 다시 예수님의 무죄를 선언함(19:4~7)

빌라도는 예수님을 밖으로 데리고 나와서 다시 예수님의 무죄를 선언한다4절. 그러면서 그는 예수님이 가시관을 쓰고 자색 옷을 입고 나오시게 하면서 "보라 이 사람이로다"라고 말한다5절. 이것은 예수님을 불쌍하게 보이게 해서 석방하게 하려는 의도를 가진 행동과 언어이다. 하지만 대제사장들과 그들의 부하들의 마음은 변하지 않는다. 그들은 "십자가에 못 박으소서 십자가에 못 박으소서"라고 소리를 지른다6a절; 참고. 마27:22~23; 막15:13~14; 눅23:18, 21, 23. 이에 빌라도는 "너희가 친히 데려다가 십자가에 못 박으라 나는 그에게서 죄를 찾지 못하였노라"라고 대답한다6b절. 이것은 유대인들에게 사형집행권이 없다는 사실을 염두에 두고 비꼬면서 하는 말이다.[57]

그러자 유대인들은 "우리에게 법이 있으니 그 법대로 하면 그가 당연히 죽을 것은 그가 자기를 하나님의 아들이라 함이니이다"라고 말한다7절. 이것은 레위기 24장 16절의 "여호와의 이름을 모독하면 그를 반드시 죽일지니 온 회중이 돌로 그를 칠 것이니라 거류민이든지 본토인이든지 여호와의 이름을 모독하면 그를 죽일지니라"라는 신성 모독자에 대한 사형집행에 관한 규정을 가리킨다. 따라서 이것은 빌라도를 압박하는 것이다. 그들은 빌라도가 로마의 법으로 예수님을 죽이지 않으면 자신들의 법으로 예수님을 죽이겠다고 말한다. 지금 그들의 감정은 무슨 일이든 저지를 듯이 격앙되어 있다.

3) 빌라도가 예수님의 기원을 물어봄(19:8~11)

빌라도는 유대인들의 말을 듣고 더욱 두려워한다8절. 이는 민란이 일어

---

57. ESV Study Bible.

날 것을 두려워하는 것이다. 그래서 빌라도는 다시 관정에 들어가서 예수님께 "너는 어디로부터냐"라고 물어본다9a절. 이 말은 '너는 어디서 왔느냐?'라는 뜻이다ESV: "where are you from?". 이것은 예수님의 기원에 관한 질문인데, 예수님의 기원은 예수님과 유대의 종교지도자들이 논쟁을 벌일 때 자주 쟁점이 되었다참고. 7:27~28; 8:14; 9:29~30.[58] 하지만 예수님은 아무런 대답도 주시지 않는다9b절. 이것은 이사야 53장 7절에 나오는 고난 받는 종의 침묵 예언이 성취되는 것이다. 하지만 이것은 또한 문학적 효과를 가지는데, 독자들은 예수님의 침묵을 통해 자연스럽게 예수님의 기원에 대한 묵상에 빠지게 된다.

예수님이 아무런 대답을 하시지 않자, 빌라도는 "내가 너를 놓을 권한도 있고 십자가에 못 박을 권한도 있는 줄 알지 못하느냐"라고 말하면서 자신이 지닌 강력한 힘을 언급한다10절. 그러나 이것은 아이러니이다. 오히려 예수님이 절대적인 힘을 가지신 우주의 왕이시기 때문이다. 예수님의 생명은 빌라도에게 달려 있지 않고 예수님 자신에게 달려 있다참고. 10:17~18. 예수님은 하나님께서 허락하셨기에 자신이 죽는다고 말씀하신다11절. 이는 예수님의 죽음이 빌라도의 힘에 의한 것이 아니라는 뜻이다. 예수님은 아버지의 뜻에 순종하여 죽는다는 것을 분명히 하신다. 따라서 빌라도가 예수님을 죽이는 것은 하나님께서 그를 도구로 사용하신 것일 뿐이다. 예수님은 "나를 네게 넘겨 준 자의 죄는 더 크다"라고 하시는데, 이는 가룟 유다12:4, 가야바18:28, 그리고 유대 종교지도자들18:30의 죄가 더욱 크다는 뜻이다.[59]

---

58. ESV Study Bible.
59. Burge는 19장 11절의 '더 큰 죄'에 대해서 다음과 같이 말한다. "The 'greater sin' of 19:11b is difficult. The most obvious candidate who 'handed over' (Gk. paradidomi) Jesus

4) 빌라도가 예수님을 십자가에 못 박도록 넘겨줌(19:12~16)

빌라도는 예수님과 많은 대화를 나눈 결과 그에게 아무런 죄가 없음을 알았다. 그래서 그는 예수님을 놓으려고 힘썼다12a절. 하지만 유대인들은 소리 질러 말하기를 "이 사람을 놓으면 가이사의 충신이 아니니이다 무릇 자기를 왕이라 하는 자는 가이사를 반역하는 것이니이다"라고 한다12b절. "가이사의 충신"은 '가이사의 친구'필로스 투 카이사로스, friend of Caesar로 번역되어야 한다. 그리고 '친구'에 해당하는 헬라어 단어 '필로스'는 로마 정부의 공식직함technical and honorific title이다. 따라서 유대인들은 빌라도가 자신들의 말을 들어주지 않으면 로마 정부에 일러바칠 수도 있다는 식으로 협박하는 것이다.

결국 빌라도는 유대인들의 요구를 수용하여 예수님을 데리고 나가서 "돌을 깐 뜰"리토스트로토스, the Stone Pavement에 있는 재판석베마에 앉는다13절. 요한은 "돌을 깐 뜰"을 히브리 말로 '가바다'라고 한다는 말을 덧붙이는데, '가바다'Gabbatha는 '집의 언덕'the hill of the house이란 뜻으로 높은 곳에 있는 관정*praetorium*을 가리키는 것 같지만 확실하지가 않다. 어쨌든 빌라도는 최종 판결을 내리려고 한다. 이제 빌라도는 예수님에게서 아무런 죄를 찾지 못했음에도 불구하고 자신의 지위를 견고히 하기 위하여 예수님을 죽음의 자리에 내어놓으려고 한다.

요한은 "이날은 유월절의 준비일이요 때는 제육시라"라고 말한다14a절.

---

to prosecution is Judas, the 'betrayer' (which uses this same Gk. verb), but he has disappeared from the story since the arrest (18:5). In 18:30 the Jewish leadership corporately 'hand over' Jesus and the responsibility may rest here. But Jesus seems to point to a person ('the one who handed me over to you,' italics added), and the best solution is to see this in the high priest Caiaphas. He was the catalyst for Jesus' arrest and formulated a rationale for Jesus' death (11:49-53)." Burge, 505.

그런데 "유월절의 준비일"이라는 표현과 "제육시"라는 표현은 해석하기가 쉽지 않다. 우선 "유월절의 준비일"에 대해서는 밑에 있는 "<특주8> '유월절의 준비일'은 언제인가?"에서 다루겠다. 다음으로 "제육시"에 대해서는 요한의 시간 기술 방식과 연관해서 이해해야 한다. 즉 요한복음의 시간 기술 방식이 유대시를 따르는지 아니면 로마시를 따르는지에 따라서 해석이 달라진다.

만일 여기에서 제6시를 유대시로 본다면, 낮 12시정오가 된다. 유대시에 따르면, 해가 뜨는 시간이 0시이다. 그런데 계절에 따라 다르지만 대개 오전 6시가 0시가 된다. 그렇다면 예수님은 제6시, 즉 낮 12시에 재판을 받으셨다는 뜻이 된다. 하지만 공관복음은 예수님이 제3시오전 9시에 십자가에 달리셨다고 말한다. 즉 마가복음 15장 25절에 따르면, 예수님은 '새벽'에 심문과 조롱을 받으신 후 '제3시'오전 9시에 십자가에 달리셨다. 따라서 오전 9시에 십자가에 달리신 예수님이 낮 12시에 재판을 받으신다는 것은 말이 되지 않는다.

이 문제를 어떻게 이해해야 할까? 학자들은 공관복음과 요한복음의 기록 차이에 관해 각 복음서의 역사성 논쟁을 비롯해서 원자료에 대한 논쟁으로 확장하며, 양자의 차이가 신학적 의도의 차이에서 비롯된 것이라는 주장을 펼치기도 한다. 하지만 복음서들 사이에 연대기 자체가 달라지는 것은 심각한 문제이다. 오늘날 상당수의 학자는 요한복음의 저자가 정확한 시간 기술에 관심이 없었고 대충 진술했으며, 더욱이 유대인들은 유월절 양을 유월절 전날 정오목요일 정오에 잡아서 저녁에 먹었는데참고. 출12:6, 요한이 예수님의 죽음을 유월절 양의 죽음으로 해석하려고 일부러 시간을 변경시켜서 기술했다고 주장한다. 즉 요한이 예수님의 죽음을 유월절 양의 죽음과 일치시키려 했기 때문에 이런 차이가 생겼다는 것이다.

그러나 요한복음의 시간을 로마시로마시에 따르면 자정이 0시이다로 본다면 문제가 간단히 해결된다. 이 책에서 여러 번 언급했듯이, 요한복음은 로마시를 따르며, 여기에 나오는 시간 역시 로마시로 본다면 아무런 문제가 생기지 않는다. 로마시에 따르면, 예수님이 재판을 받으신 제6시는 오전 6시이거나 오후 6시가 된다. 비록 본문의 제6시를 오후 6시로 볼 수도 있지만, 본문의 정황상 사건의 시점은 새벽이다. 이는 18장 27절에서 예수님이 재판을 받으시는 동안에 베드로가 예수님을 부인했는데, 이때가 닭이 울기 전이었기 때문이다. 그러므로 이 시간을 오전 6시로 본다면, 예수님께서 오전 6시에 재판을 받으시고, 오전 9시에 십자가에 달리신 것이 되어서 요한복음의 시간 기록과 공관복음의 시간 기록이 일치하게 된다.

빌라도가 유대인들에게 "보라 너희 왕이로다"라며 예수님을 보여주자 14b절, 유대인들은 빌라도에게 "없이 하소서 없이 하소서 그를 십자가에 못 박게 하소서"라며 소리 지른다15a절. 이에 빌라도는 "내가 너희 왕을 십자가에 못 박으랴"라며 되묻는다15b절. 이는 유대인들의 행동을 도무지 이해할 수 없다는 경멸의 의중이 담긴 말이다. 그런데 누구보다도 민족적 자존심이 강했던 대제사장들은 "가이사 외에는 우리에게 왕이 없나이다"라고 대답한다15c절. 유대인들의 전통에 따르면, 그들에게는 여호와 외에 다른 왕이 없어야 한다참고. 삿8:23; 삼상8:7; 사26:13. 따라서 여기에 나오는 대제사장들의 말은 오히려 그들이 신성 모독죄를 범하고 있음을 보여준다. 결국 빌라도는 예수님을 십자가에 못 박도록 넘겨준다16절.

(5) 예수님의 죽음과 장례(19:17~42)

17 그들이 예수를 맡으매 예수께서 자기의 십자가를 지시고 해골(히브리 말로 골고다)이라 하는 곳에 나가시니 18 그들이 거기서 예수를 십자가에 못 박을새 다른 두 사람도 그와 함께 좌우편에 못 박으니 예수는 가운데 있더라 19 빌라도가 패를 써서 십자가 위에 붙이니 나사렛 예수 유대인의 왕이라 기록되었더라 20 예수께서 못 박히신 곳이 성에서 가까운 고로 많은 유대인이 이 패를 읽는데 히브리와 로마와 헬라 말로 기록되었더라 21 유대인의 대제사장들이 빌라도에게 이르되 유대인의 왕이라 쓰지 말고 자칭 유대인의 왕이라 쓰라 하니 22 빌라도가 대답하되 내가 쓸 것을 썼다 하니라 23 군인들이 예수를 십자가에 못 박고 그의 옷을 취하여 네 깃에 나눠 각각 한 깃씩 얻고 속옷도 취하니 이 속옷은 호지 아니하고 위에서부터 통으로 짠 것이라 24 군인들이 서로 말하되 이것을 찢지 말고 누가 얻나 제비 뽑자 하니 이는 성경에 그들이 내 옷을 나누고 내 옷을 제비 뽑나이다 한 것을 응하게 하려 함이러라 군인들은 이런 일을 하고 25 예수의 십자가 곁에는 그 어머니와 이모와 글로바의 아내 마리아와 막달라 마리아가 섰는지라 26 예수께서 자기의 어머니와 사랑하시는 제자가 곁에 서 있는 것을 보시고 자기 어머니께 말씀하시되 여자여 보소서 아들이니이다 하시고 27 또 그 제자에게 이르시되 보라 네 어머니라 하신대 그 때부터 그 제자가 자기 집에 모시니라 28 그 후에 예수께서 모든 일이 이미 이루어진 줄 아시고 성경을 응하게 하려 하사 이르시되 내가 목마르다 하시니 29 거기 신 포도주가 가득히 담긴 그릇이 있는지라 사람들이 신 포도주를 적신 해면을 우슬초에 매어 예수의 입에 대니 30 예수께서 신 포도주를 받으신 후에 이르시되 다 이루었다 하시고 머리를 숙이니 영혼이 떠나가시니라 31 이 날은 준비일이라 유대인들은 그 안식일이 큰 날이므로 그 안식일에 시체들을 십자가에 두지 아니하려 하여 빌라도에게 그들의 다리를 꺾어 시체를 치워 달라 하니 32 군인들이 가서 예수와 함께 못 박힌 첫째 사람과 또 그 다른 사람의 다리를 꺾고 33 예수께 이르러서는 이미 죽으신 것을 보고 다리를 꺾지 아니하고 34 그 중 한 군인이 창으로 옆구리를 찌르니 곧 피와 물이 나오더라 35 이를 본 자가 증언하였으니 그 증언이 참이라 그가 자기의 말하는 것이 참인 줄 알고 너희로 믿게 하려 함이니라 36 이 일이 일어난 것은 그 뼈가 하나도 꺾이지 아니하리라 한 성경을 응하게 하려 함이라 37 또 다른 성경에 그들이 그 찌른 자를 보리라 하였느니라 38 아리마대 사람 요셉은 예수의 제자이나 유대인이 두려워 그것을 숨기더니 이 일 후에 빌라도에게 예수의 시체를 가져가기를 구하매 빌라도가 허락하는지라 이에 가서 예수의 시체를 가져가니라 39 일찍이 예수께 밤에 찾아왔던 니고데모도 몰약과 침향 섞은 것을 백 리트라쯤 가지고 온지라 40 이에 예수의 시체를 가져다가 유대인의 장례 법대로 그 향품과 함께 세마포로 쌌더라 41 예수께서 십자가에 못 박히신 곳에 동산이 있고 동산 안에

아직 사람을 장사한 일이 없는 새 무덤이 있는지라 42 이 날은 유대인의 준비일이요 또 무덤이 가까운 고로 예수를 거기 두니라

1) 예수님이 십자가에 달리심(19:17~22)

예수님은 십자가를 지시고 '해골'아람어로 '골고다'이라는 곳에 가신다17절. 이곳에 '해골'골고다이라는 명칭이 붙은 이유는 확실하지 않다. 어떤 사람들은 처형이 자주 이루어져서 해골이 많은 곳이기 때문에 이런 이름이 붙여진 것이라 주장하고, 다른 사람들은 아담의 해골이 묻혀 있는 곳이라는 전설 때문에 이런 이름이 붙여졌다고 생각하지만, 심지어 일부 사람들은 그 곳의 모양이 해골 같다고 해서 이런 이름이 붙여졌다고 추정한다. 한편, '해골'은 라틴어로 '갈보리'Calvary라고 한다. 라틴어 성경 벌게이트Vulgate가 골고다를 '갈보리'로 번역한 이후 많은 사람이 이 명칭을 사용하고 있다.

군인들은 골고다에서 예수님을 십자가에 못 박는데, 다른 두 사람을 예수님과 함께 좌우편에 못 박고 예수님을 가운데에 둔다18절. 군인들이 예수님을 가운데에 두는 것은 예수님이 가장 중한 죄인이라는 사실을 알리는 것이다. 그런데 이것은 또한 시편 22편 16절"악한 무리가 나를 둘러"과 이사야 53장 12절"범죄자 중 하나로 헤아림을 받았음이니라"의 성취이다.[60] 그리고 요한이 십자가에 못 박힌 다른 두 죄인에 대해서 전혀 언급하지 않는 것은 예수님께 초점을 맞추기 위해서이다. 예수님 좌우에 못 박힌 자들은 십자가 형벌이 아무에게나 적용되지 않고 중요한 정치범들에게 적용된 것을 고려할 때 로마제국에 대항한 자들로 추정된다.

빌라도는 패를 써서 십자가 위에 붙이는데, 이렇게 하는 이유는 죄목을

---

60. ESV Study Bible.

명시함으로써 다른 사람들이 같은 죄를 짓지 않게 하기 위해서이다19절. 이 패의 문구는 "나사렛 예수 유대인의 왕"인데, 이것은 히브리어아람어: 종교와 로마어라틴어: 제국와 헬라어그리스어: 문화의 3개 언어로 기록되었다20절. 이 언어들은 당시에 팔레스타인에서 함께 사용되던 것들이다. 따라서 빌라도는 모든 사람이 읽을 수 있는 언어를 사용하고 또한 모든 상황에 해당하는 언어를 사용하여 앞으로 누구든지 같은 죄를 짓지 않게 하려고 하였다. 하지만 아이러니하게도 이것은 예수님이 '온 세상의 왕'임을 모든 세대의 모든 민족에게 알리는 수단이 되었다참고. 3:14; 4:10; 8:24; 11:50~51.[61]

그러나 유대인의 대제사장들은 빌라도에게 '유대인의 왕'이라 쓰지 말고 '자칭 유대인의 왕'이라 쓰라고 요청한다21절. 이것은 대제사장들이 예수님을 '유대인의 왕'으로 인정하지 않겠다는 생각을 전달한 것이다. 그들은 예수님을 죽이는 것으로 모자라서 예수님의 명예를 심각하게 훼손하려고 한다. 하지만 빌라도는 "나의 쓸 것을 썼다"라고 대답한다22절. 이 말을 우리말 어감에 맞게 번역하면, '나는 한번 썼으면 그만이다.'가 된다NRSV: "What I have written I have written.". 이것은 대제사장들의 요청에 대한 빌라도의 단호한 거절을 암시한다. 그리고 이것은 빌라도가 예수님을 유대인의 왕으로 인정한다는 사실을 시사한다. 더욱이 이것은 구속사적인 기능을 가지는데, 예수님이 진정한 유대인의 왕이라는 사실을 알려준다.

2) 군인들이 한 일: 성경의 예언을 성취함(19:23~24)

군인들은 예수님을 십자가에 못 박은 후, 예수님의 겉옷히마티온을 가져

---

61. 각 복음서에 나오는 패의 문구를 살펴보면, 마태복음은 '유대인의 왕 예수', 마가복음은 '유대인의 왕', 누가복음은 '유대인의 왕', 그리고 요한복음은 '나사렛 예수 유대인의 왕'(로마어: *Iesus Nazarenus Rex Iudaeorum*)이다.

다가 네 부분메로스, part으로 나누어서 각각 한 부분씩 가진다23a절.[62] 당시 십자가 처형을 당하는 사람의 물건을 나누어 가지는 것은 하나의 관례였다. 군인들은 이어서 예수님의 속옷을 취하는데, 이 속옷은 "호지 않은" seamless, 즉 이은 데가 없는 옷이었고, 위에서부터 통으로 짠 것이었다23b절.[63] 군인들은 이것을 찢지 말고 제비를 뽑아서 나누어 가지자고 말한다24절. 그런데 그들이 무의식중에 한 일이 결국 성경의 예언시22:18(시21:19 LXX와 정확히 일치)을 성취했다. 즉 그들은 자신들도 모르는 사이에 하나님의 구속 계획에 참여하고 있었다.

3) 예수님이 사랑하시는 제자에게 어머니를 부탁함(19:25~27)

예수님이 달리신 십자가 곁에는 네 명의 여인이 서 있는데, 그들은 예수님의 어머니와 예수님의 이모와 글로바의 아내 마리아와 막달라 마리아이다25절. 이 기록은 공관복음의 것과 조금 다른데, 예를 들어, 마가복음 15장 40~41절에는 막달라 마리아일곱 귀신에게서 해방된 여인, 막16:9; 눅8:2와 작은 야고보와 요세요셉을 줄인 말의 어머니 마리아아마도 글로바의 아내 마리아이며 예수님의 이모와 살로메세베대의 아내이며 사도 야고보와 사도 요한의 어머니, 마27:56와 그 외에 많은 여인이 서 있었다고 기록되어 있다. 이러한 기록의 차이는 기록 목적에 따른 차이 때문에 발생한다. 즉 요한은 이 복음서의 기록 목적과 독자 공동체의 상황을 고려하여 이렇게 기록한 것이다.[64]

---

62. 공관복음은 이 장면을 짧게 다루는 데 반해(참고. 막15:24 등), 요한복음은 비교적 상세히 기술한다.
63. 이것은 예수님이 십자가 위에서 아무것도 입지 않으셨음을 암시한다. 하지만 예수님의 몸에 어떤 천 같은 것이 걸쳐졌을 가능성을 배제할 수는 없다.
64. 참고. Borchert, 2002, 217~18.

예수님은 자기의 어머니와 사랑하시는 제자가 곁에 서 있는 것을 보시고 자기의 어머니에게 "여자여 보소서 아들이니이다"라고 말씀하신다26절. 즉 예수님은 마리아에게 요한을 아들로 여기라고 당부하신다. 그리고 이때 예수님은 마리아를 "여자여"라고 부르시는데, 이는 요한복음에서 예수님이 마리아를 객관화시킬 때 사용하신 표현이다참고. 2:4. 이어서 예수님은 사랑하시는 제자에게 "보라 네 어머니라"라고 하시고, 그때부터 그 제자는 마리아를 자신의 집에 모시게 된다27절. 즉 예수님은 사랑하시는 제자에게 어머니를 모시라고 부탁하신다.

그런데 이 장면은 요한복음에만 나온다. 그러면 왜 예수님은 사랑하시는 제자에게 자신의 어머니를 부탁하셨을까? 일차적으로는 예수님의 효심에서 우러나온 것으로 볼 수 있다반면에 어떤 사람들은 오히려 요한을 훈련하시려는 예수님의 배려라고 주장하기도 한다. 그러나 궁극적으로는 예수님이 하나님의 새로운 가정을 창설하시는 것이라고 보아야 한다. 예수님이 하나님께로 돌아가신 후 제자 공동체는 새 언약의 공동체로서 하나님 아버지 중심의 가족 공동체를 이루게 된다. 그러므로 예수님의 어머니는 이제 요한의 어머니이며, 그들은 진정한 한 가족이다.

4) 예수님이 돌아가심(19:28~30)

예수님은 모든 일이 이미 이루어진텔레스타이 줄을 아신다28a절; 참고. 17:4. 예수님은 모든 일을 완성하신 후에 장렬히 죽음을 맞이하신다. 이때 예수님은 "내가 목마르다"라고 하시는데, 이것은 시편 69편 21절"그들이 쓸개를 나의 음식물로 주며 목마를 때에는 초를 마시게 하였사오니"을 성취하시는 것이다28b절.[65] 예

---

65. 참고. L. T. Witkamp, "Jesus' Thirst in John 19:28-30: Literal or Figurative?" *JBL* 115

수님은 우리에게 영원히 목마르지 않은 생수를 주시기 위하여 자신이 십자가 위에서 목마르신다"누구든지 목마르거든 내게로 와서 마시라", 7:37. 즉 예수님은 우리에게 생명을 주시기 위하여 자신이 죽으신다.

거기에 신 포도주가 가득히 담긴 그릇이 있었는데, 사람들이 신 포도주를 적신 해면을 우슬초에 매어 예수님의 입에 대니 예수님이 신 포도주를 받으신다29절. 예수님은 십자가에 못 박히시기 전에 쓸개 혹은 몰약을 탄 포도주를 마시기를 거부하셨다참고. 마27:34; 막15:22, 23. 그러나 이제 십자가에서 죽으시기 전에는 신 포도주를 드시는데참고. 마 27:48; 막 15:36, 이것은 목이 심히 마르셨던 예수님께서 "다 이루었다"라는 마지막 승리의 선언을 하시기 위하여 목을 적시려 했던 것으로 보인다참고. 18:11.[66]

그런데 어떤 사람들은 군인들이 예수님의 고통을 덜어 주려고 몰약을 탄 포도주를 주었다고 생각한다. 그러나 당시 유대 전통에서는 처형당하러 가는 자에게 몰약을 탄 포도주가 아니라 유향을 탄 포도주를 주었다. 당시에 몰약은 매우 비쌌고, 부자들이 포도주에 몰약을 타서 마시곤 했는데, 굳이 로마 군인들이 예수님의 고통을 줄여 주려는 마음으로 이러한 일을 할 리가 없다. 따라서 그들이 예수님에게 '몰약을 탄 포도주'라고 말하며 준 것은 '쓸개 탄 포도주'마27:34 혹은 '신 포도주'눅23:36였는데, '유대인의 왕'이신 예수님을 희롱하기 위하여 '몰약을 탄 포도주'라고 거짓으로 말한 것이다.

결국 예수님은 "다 이루었다"라는 말씀을 하신 후에 "영혼이 떠나가신다"30절. 여기서 "다 이루었다"라는 말은 하나님이 계획하신 구속의 사역

(1996): 489~510.

66. ESV Study Bible.

이 성취되었음을 의미한다참고. 히1:3. 그리고 "영혼이 떠나가시다"라는 표현에 해당하는 헬라어 '파레도켄 토 프뉴마'는 직역하면 'gave up his spirit'이지만, 이것은 '죽음을 맞이한다'to die라는 뜻의 관용어이다. 여기서 동사가 능동태인데, 이는 예수님이 자발적으로 죽음을 받아들였다는 사실을 암시한다. 즉 예수님은 힘이 없어서 군인들에게 죽임을 당하신 것이 아니라 인류의 구원을 위하여 스스로 목숨을 버리신 것이다. 참으로 예수님은 목숨을 버리실 권세도 가지고 계시고 목숨을 다시 얻으실 권세도 가지고 계신다참고. 10:17~18. 이렇듯 예수님은 십자가에서 주체적으로기꺼이 죽으심으로써 하나님께서 그분에게 부여하신 구속의 사명을 모두 이루신다참고. 4:34; 9:4.

5) 예수님의 죽음이 가지는 의미(19:31~37)

이날은 '준비일'금요일이며 다음날은 '특별한 안식일'a special Sabbath로서 유월절 주간의 안식일이기에 유대인들은 안식일에 시체들을 십자가에 두지 않으려고 빌라도에게 그들의 다리를 꺾어 시체를 치워 달라고 요청한다31절; 참고. 신21:22~23. 고대에 일반적으로 로마인들은 죄인을 십자가에 못 박은 후에 오랫동안 매달아 두었다. 그래서 십자가에 못 박히는 형벌은 엄청난 고통을 가져왔다. 그러나 특별한 날예. 황제의 생일에는 시체를 일찍 내렸으며, 이때 그들은 다리를 꺾음으로써 사람이 살아 있을지도 모를 가능성을 완전히 없애 버리거나 혹은 아직 목숨이 붙어 있는 죄인이 십자가에서 내려졌을 때 도망하지 못하게 했다.

군인들은 예수님과 함께 못 박힌 두 사람의 다리를 꺾는다32절. 하지만 예수님께 이르러서는 이미 죽으신 것을 보고 다리를 꺾지 않는다33절. 즉 군인들은 예수님의 완전한 죽음을 확인했다. 그래서 한 군인이 창으로 예수님의 옆구리를 찌르니 피와 물이 나온다34절. 옆구리에서 피와 물이 나오는 것은 완전히 죽었다는 증거가 된다. 군인들이 사용한 '창'라틴어로 '하스타'은 약 1.8m 정도의 길이로 가벼운 나무에 날카로운 철이 박혀 있었다.[67] 요한이 군인들의 이러한 행동을 기록한 이유는 예수님의 확실한 죽음을 강조하기 위한 것이다. 즉 이러한 기록은 예수님의 죽음의 사실성신빙성을 드러낸다.

한편, 어떤 사람들은 예수님께서 이전에 그 배속에서 생수의 강이 흘러나리라고 말씀하신 것을 이 순간에 적용하려고 한다참고. 7:37~39. 그러나 그 배에서 생수의 강이 흘러나는 것은 성령께서 사람들에게 오신다는 뜻이다. 따라서 여기서 그 말씀이 성취되는 것으로 보는 것에는 무리가 있다. 이것은 단지 예수님의 죽음이 사실이라는 증거의 역할을 할 뿐이다.

35절에는 "이를 본 자가 증언하였으니 그 증언이 참이라 그가 자기의 말하는 것이 참인 줄 알고 너희로 믿게 하려 함이니라"라는 말이 있다. 이 구절을 더 정확히 번역하면, '이것을 본 자가 증언하였으니, 그의 증언은 참되다. 그는 자신이 진실을 말하고 있음을 알았으니, 이는 그의 증언을 너희도 믿게 하려는 것이다.'가 된다. "이를 본 자"는 사랑하시는 제자를 가리킨다. 따라서 이는 사랑하시는 제자가 예수님이 십자가에서 죽으신 것을 분명히 목격했다는 뜻이다. 즉 예수님이 십자가에서 죽으신 사실을 강조하는 것이다. 그리고 "너희로 믿게 하려 함이니라"라는 표현은 독자들의 믿음을 촉구한다. 독자들은 요한의 기록을 신뢰해야 하며, 따라서 예수님이 실제로 십자가에서 죽으셨다는 사실을 받아들여야 한다.

궁극적으로 예수님이 죽으시는 순간에 군인들이 한 행동은 성경의 예

67. ESV Study Bible.

언을 성취하는 것이었다. 우선, "그 뼈가 하나도 꺾이지 아니하리라"라는 것은 유월절 양의 뼈가 꺾이지 않은 것과 예수님의 뼈가 꺾이지 않은 것에 연관된다36절; 참고. 출12:46; 민9:12; 시34:20. 예수님의 다리는 꺾이지 않으셨으며, 모든 뼈가 보존되었다. 그리고 "그들이 그 찌른 자를 보리라"라는 말을 정확히 번역하면, '그들은 자기들이 찌른 자를 볼 것이다.'가 되는데, 이는 군인들이 예수님을 보고서 그분의 죽음을 확인했다는 뜻이다37절; 참고. 슥12:10. 결국, 요한은 예수님이 성경의 예언대로 완전히 죽으셨다는 점을 여러 문예적 장치를 동원하여 강조하고 있다.

6) 예수님의 장례(19:38~42)

여기에 아리마대 사람 요셉이 나온다38절. 그는 사복음서에서 오직 이 순간에만 나오고 다른 곳에서는 나오지 않는다참고. 막15:43; 마27:57; 눅23:50. 그는 예수님의 제자이지만 유대인들을 두려워하여 예수님을 비밀리에 믿는 사람a secret believer이다참고. 12:42. 그는 예수님이 십자가에서 돌아가시자 빌라도에게 나아가 예수님의 시체를 가져가기를 담대하게 구한다. 그는 높은 지위에 있었기 때문에 빌라도에게 부탁할 수 있었을 것이다. 이에 빌라도는 허락하는데, 이는 예수님이 이미 죽은 사람인 데다, 예수님을 추종하는 사람들이 선생의 장례조차 치르지 못하게 하면 소요가 일어날 수도 있었기 때문이다.

이때 일찍이 예수님께 밤에 찾아왔던 니고데모가 온다39절. 니고데모의 행동은 요한복음에만 기록되어 있다참고. 3:1; 7:50. 그는 아리마대 사람 요셉처럼 비밀 신자a secret believer이다. 니고데모는 요한복음에서 점점 발전하는 인물로 묘사된다. 즉 3장에서 중생에 대해서 이해하지 못하는 사람으로 나오고, 7장에서 예수님을 변호하는 사람으로 나오는데, 이곳에서 예수님의 장례를 치르려는 사람으로 나온다. 니고데모는 몰약과 침향 섞은 것mixture of myrrh and aloes을 백 리트라약 33㎏쯤 가져오는데, 이는 매우 많은 양이다. 일반적으로 왕을 장사지낼 때 이 정도의 양을 사용했다참고. 대하16:14. 따라서 니고데모의 행동은 예수님의 장례가 왕적인 성격을 지녔음을 시사해 준다.

예수님은 유대인들의 장례 관습대로 장사되신다40절. 유대인들은 예수님의 장례를 방해하지 않는다. 이는 아마도 그들이 안식일유월절 준비로 분주했을 것이며, 아리마대 사람 요셉과 니고데모가 가지고 있는 높은 위치를 생각하지 않을 수 없었을 것이고, 스승을 잃은 제자들의 거친 저항에 대한 두려움을 가졌을 것이며, 예수님이 이미 죽은 마당에 굳이 장례까지 방해하고 싶지는 않았기 때문이었을 것이다. 예수님은 다른 사람이 사용하지 않은 새 무덤에 장사되신다41절. 따라서 예수님의 시신은 다른 시신들과 섞이지 않는다. 그날은 유대인들의 준비일이었고, 또 무덤이 가까이 있었으므로, 예수님을 거기에 두었다42절.

결국 예수님은 아버지의 뜻에 순종하여 당당히 죽음을 맞이하셨다. 예수님이 죽음을 맞이하신 것은 사람들에게 영생을 주시기 위함이었다. 예수님의 죽음은 이미 예고된 것이었다. 그것은 하나님의 구원계획에 들어 있던 것인데, 이제 때가 차매 이루어졌다. 그러나 사흘 후에 예수님은 살아나실 것이다. 그리하여 예수님은 신자들과 함께 영원히 계실 것이다종말론적인 현존. 따라서 예수님의 죽음은 끝이 아니라 새로운 시작이다. 즉 예수님의 죽음은 영광이다. 그리고 이것은 요한복음에서 발견되는 가장 큰 아이러니이다.

<특주8> '유월절의 준비일'은 언제인가?

1. 문제점

'유월절'은 '무교절'the Feast of Unleavened Bread이라고도 하는데, 유월절 축제 기간은 아빕월니산월 15~21일이다Josephus, *Antiquities*, 3.10.5:249. 그리고 유월절의 준비일은 아빕월 14일이다. 즉 유월절의 준비일은 아빕월 14일목요일이고, 유월절은 아빕월니산월 15일금요일인 것이다. 유대인들은 유월절의 준비일에 집안에서 유교병들을 없애고, 집을 깨끗하게 청소하며, 유월절 양을 잡고, 저녁에는 유월절 양으로 만찬을 벌인다. 따라서 유월절의 준비일인 14일을 유월절 축제 기간에 포함하기도 한다Josephus, *Antiquities*, 2.15.1:317; 레23:5; 스6:19.

그런데 요한은 19장 14절에서 '유월절의 준비일'에 예수님이 재판을 받으시고, 곧 십자가에 돌아가신 것으로 기술한다. 그렇다면 예수님이 돌아가신 날은 공관복음에 따르면 금요일이지만 요한복음에 따르면 목요일이 된다. 따라서 만일 이런 식으로 본다면, 예수님이 돌아가신 날에 대해서 공관복음의 기록과 요한복음의 기록이 다르게 된다. 즉 하루의 차이가 발생한다. 이 문제는 성경의 절대권위와 정확무오성을 믿는 사람들에게 큰 난관이 된다. 예수님이 죽으신 날에 대해서 공관복음과 요한복음의 기록이 다르다는 것은 받아들이기가 쉽지 않다.

2. 제안들

이것을 해결하기 위하여 여러 학설이 제안되었다. 많은 현대 신학자들은 요한이 일부러 날짜를 변경했다고 생각한다. 즉 이러한 요일 차이가 요한의 신학적 의도에 따른 것이라고 주장한다. 그들은 요한이 시간을 정확하게 기술하는 일에 별로 관심을 가지지 않았다고 전제하면서, 유대인들이 유월절 규례에 따라 유월절 양을 유월절 전날 정오목요일 정오에 잡아 저녁에 먹었는데참고. 출12:6, 요한이 예수님의 죽음을 유월절 양의 죽음으로 이해일치시키려고 이렇게 일부러 시간을 바꾸었다고 말한다. 하지만 복음서들 사이에서 예수님이 십자가에 달려 돌아가신 날짜가 다르다는 것은 큰 문제가 된다. 즉 이것은 성경의 무오성에 대한 심각한 도전이 된다. 이 때문에 일부 신학자들은 요한이 다른 달력을 가지고예. 에센파가 사용한 달력 계산했다고 말하거나, 요한이 당시의 관습에 따라 시간을 정확하게 기술하지 않고 대략 기술했다고 주장한다. 그러나 이렇게 볼만한 근거가 없다.

3. 올바른 해석

'준비일'에 해당하는 헬라어 '파라스큐에'는 '준비일'이라는 뜻과 함께 '금요일' 혹은 '일주일의 여섯째 날'이라는 뜻을 가진다현대 헬라어에서도 '파라스큐에'는 '금요일'이다. 그리고 공관복음에서도 '파라스큐에'는 안식일 전날금요일을 뜻한다. 즉 마태복음 27장 62절의 "그 이튿날은 준비일 다음 날이라"라는 표현은 예수님이 십자가에 달리신 다음 날준비일의 다음 날이 안식일이라는 뜻이다. 또한 마가복음

15장 42절의 “이 날은 준비일 곧 안식일 전날이므로”라는 말은 준비일이 안식일 전날임을 의미한다. 그리고 누가복음 23장 54절에 “이날은 준비일이요 안식일이 거의 되었더라”라고 말한 것도 준비일이 안식일 전날임을 암시한다. 따라서 요한복음 19장 14절의 “유월절의 준비일”을 ‘유월절 주간의 금요일’로 이해하는 것이 바람직하다. 그렇게 이해한다면, 예수님은 요한복음에서도 금요일에 돌아가신 것이 된다.

3. 예수님의 부활(20:1~31)

이 단화에는 예수님의 부활이 기록되어 있다. 예수님은 십자가에서 죽임을 당하셨으나 사흘 만에 다시 살아나셨다. 예수님의 부활은 죽음에 대한 승리, 죄에 대한 승리, 사탄에 대한 승리를 의미한다. 이 단화는 예수님의 부활20:1~10, 예수님이 막달라 마리아에게 나타나심20:11~18, 예수님이 제자들에게 나타나심20:19~23, 예수님이 도마에게 나타나심20:24~29, 그리고 요한복음의 기록 목적20:30~31으로 구성되어 있다.

(1) 예수님의 부활(20:1~10)

1 안식 후 첫날 일찍이 아직 어두울 때에 막달라 마리아가 무덤에 와서 돌이 무덤에서 옮겨진 것을 보고 2 시몬 베드로와 예수께서 사랑하시던 그 다른 제자에게 달려가서 말하되 사람들이 주님을

무덤에서 가져다가 어디 두었는지 우리가 알지 못하겠다 하니 3 베드로와 그 다른 제자가 나가서 무덤으로 갈새 4 둘이 같이 달음질하더니 그 다른 제자가 베드로보다 더 빨리 달려가서 먼저 무덤에 이르러 5 구부려 세마포 놓인 것을 보았으나 들어가지는 아니하였더니 6 시몬 베드로는 따라와서 무덤에 들어가 보니 세마포가 놓였고 7 또 머리를 쌌던 수건은 세마포와 함께 놓이지 않고 딴 곳에 쌌던 대로 놓여 있더라 8 그 때에야 무덤에 먼저 갔던 그 다른 제자도 들어가 보고 믿더라 9 (그들은 성경에 그가 죽은 자 가운데서 다시 살아나야 하리라 하신 말씀을 아직 알지 못하더라) 10 이에 두 제자가 자기들의 집으로 돌아가니라

20장에서는 고별강화13~17장에서 예수님이 약속하신 것들이 모두 성취된다.

1) 마리아가 빈 무덤을 봄(20:1~2)

"안식 후 첫날 일찍이 아직 어두울 때", 즉 일요일 새벽에 막달라 마리아가 예수님이 누우신 무덤에 온다1a절. 공관복음서들은 안식 후 첫날 이른 아침에 여러 여인이 예수님의 무덤에 갔다고 기록하나, 요한복음은 오직 막달라 마리아만이 무덤에 왔다고 말한다참고. 마28:1; 막16:1; 눅24:10. 이는 여러 여인이 무덤에 왔지만, 그중에서 막달라 마리아만을 언급한 것이다. 특이하게도 사복음서에는 예수님의 무덤에 찾아온 여인들의 이름이 모두 다르게 언급되어 있지만, 막달라 마리아만큼은 모두 포함하고 있다. 이것은 막달라 마리아가 예수님에 대한 깊은 충성심을 가지고 있었음을 반영한다.

막달라 마리아는 돌이 무덤에서 치워진 것을 보았다1b절. 그녀는 예수님의 부활을 전혀 예상하지 못했다. 공관복음에 따르면, 그녀는 단지 예수님의 몸에 향품을 바르기 위해서 무덤에 갔을 뿐이다참고. 막16:1; 눅24:1. 막달라 마리아는 누군가가 예수님의 시체를 가져간 것으로 생각한다참고. 마27:63~66; 28:11~14. 그래서 그녀는 시몬 베드로와 예수님이 사랑하시던 그 다

른 제자에게 달려가서 말하기를 "사람들이 주님을 무덤에서 가져다가 어디 두었는지 우리가 알지 못하겠다"라고 한다2절; 참고. 막16:1~8; 마28:1~10; 눅24:1~11.

2) 베드로와 요한이 무덤에 도착함(20:3~5)

마리아의 말을 들은 베드로와 사랑하시는 제자가 함께 무덤으로 달려간다3절. 이들은 요한복음에서 자주 같이 나온다예. 13:23~26; 18:15~16; 21:7, 20~23: 마지막 만찬, 예수님의 심문받는 현장, 21장의 고기 잡는 장면 등. 그런데 사랑하시는 제자가 더 빨리 달려가서 베드로보다 먼저 무덤에 도착한다4절. 사랑하시는 제자가 베드로보다 먼저 무덤에 도착한 것은 그가 베드로보다 젊었기 때문일 수 있다. 하지만 여기에는 신학적 암시가 들어있다. 즉 이것은 베드로 중심의 정통 기독교인 예루살렘 교회와 이방 지역에서 시작된 요한 공동체의 정체성 대결에서 요한 공동체가 우위성을 가지거나 대등한 지위를 가진다는 사실을 함의한다.

그런데 사랑하시는 제자는 무덤에 도착하여 구부려 세마포가 놓인 것을 보았으나 안으로 들어가지 않는다5절. 이것은 요한이 베드로에게 먼저 무덤에 들어가도록 양보한 것을 뜻한다. 아마도 베드로가 선임자요 연장자였기에 요한이 양보했을 것이다. 하지만 이 행동 역시 신학적인 함의를 가진다. 즉 이것은 요한 중심의 이방 교회가 베드로 중심의 예루살렘 교회를 인정하면서 나름대로 정통성을 가진다는 사실을 보여준다. 말하자면, 요한 공동체가 비록 복음을 정확하게 보존하고 있고 탁월한 공동체를 이루고 있다 하더라도 복음이 예루살렘에서 시작되어 이방으로 전파되었기에 예루살렘 교회를 존중한다는 생각을 반영하는 것이다.

3) 무덤 안의 상황(20:6~10)

베드로가 무덤에 들어간다6절. 그는 세마포가 놓여 있는 것을 보았고, 또 예수님의 머리를 쌌던 수건도 보았는데, 그것은 세마포와 함께 놓여 있지 않고 따로 한 곳에 쌌던 대로 놓여 있었다7절. 이것은 수건이 예수님의 머리를 쌌던 그대로의 형태를 유지하고 있다는 뜻일 것이다.[68] 그리고 무엇보다도 이것은 예수님의 시신이 없어졌음을 의미한다. 그런데 예수님의 시신을 쌌던 세마포와 수건이 그대로 남아 있는 것은 누군가가 예수님의 시신을 가져가지 않았다는 뜻이다. 왜냐하면 시신을 가져갔다면 세마포를 두른 채로 가져갔을 것이기 때문이다. 그리고 수건이 쌌던 그대로 있는 것은 사람이 인위적으로 시신을 끄집어낸 것이 아님을 보여준다. 그렇다면 예수님의 시신은 어떻게 되었는가? 정황상으로 추정할 때, 예수님은 일어나시면서 수건이 그대로 남아있었고, 세마포는 정리하신 것으로 보인다.

요한은 "그때에야 무덤에 먼저 갔던 그 다른 제자도 들어가 보고 믿더라"라고 말한다8절. 여기서 사랑하시는 제자의 믿음은 부활에 대한 믿음인가 아니면 마리아가 2절에서 말한 내용시신이 옮겨짐에 대한 믿음인가? 만일 저자가 요한 공동체의 정체성 부각을 위한 의도를 가지고 있었다면, 그의 믿음을 부활에 대한 믿음으로 볼 수 있다. 그러나 본문의 문맥상9~10절을 참고할 때 그의 믿음은 마리아의 말에 대한 동의로도 볼 수 있다. 어느 것이 옳은지를 결정하기가 쉽지 않다. 요한은 "그들은 성경에 그가 죽은 자 가운데서 다시 살아나야 하리라 하신 말씀을 아직 알지 못하더라"라는 말을 첨가한다9절. 이것은 제자들이 보혜사 성령이 오신 후에야 비로소 예수님의 부활의 의미를 믿을 수 있었음을 시사한다참고. 2:22; 12:16; 20:9. 이에 두 제자

---

68. 권해생, 656.

가 집으로 돌아가는데, 그들이 집으로 돌아가는 장면은 너무나 씁쓸하다10절. 자신들의 선생이 죽임을 당했고 그 시체마저 없어져 버렸기 때문이다.

(2) 예수님이 막달라 마리아에게 나타나심(20:11~18)

11 마리아는 무덤 밖에 서서 울고 있더니 울면서 구부려 무덤 안을 들여다보니 12 흰 옷 입은 두 천사가 예수의 시체 뉘었던 곳에 하나는 머리 편에, 하나는 발 편에 앉았더라 13 천사들이 이르되 여자여 어찌하여 우느냐 이르되 사람들이 내 주님을 옮겨다가 어디 두었는지 내가 알지 못함이니이다 14 이 말을 하고 뒤로 돌이켜 예수께서 서 계신 것을 보았으나 예수이신 줄은 알지 못하더라 15 예수께서 이르시되 여자여 어찌하여 울며 누구를 찾느냐 하시니 마리아는 그가 동산지기인 줄 알고 이르되 주여 당신이 옮겼거든 어디 두었는지 내게 이르소서 그리하면 내가 가져가리이다 16 예수께서 마리아야 하시거늘 마리아가 돌이켜 히브리 말로 랍오니 하니 (이는 선생님이라는 말이라) 17 예수께서 이르시되 나를 붙들지 말라 내가 아직 아버지께로 올라가지 아니하였노라 너는 내 형제들에게 가서 이르되 내가 내 아버지 곧 너희 아버지, 내 하나님 곧 너희 하나님께로 올라간다 하라 하시니 18 막달라 마리아가 가서 제자들에게 내가 주를 보았다 하고 또 주께서 자기에게 이렇게 말씀하셨다 이르니라

1) 마리아가 예수님을 알아보지 못함(20:11~15)

사랑하시는 제자와 베드로는 집으로 돌아갔으나 막달라 마리아는 무덤 밖에 서서 울고 있다가 몸을 굽혀 무덤 안을 들여다본다11절. 마리아는 예수님의 시신이 없어진 것을 크게 슬퍼하면서 빈 무덤을 다시 한 번 본다. 그런데 마리아가 무덤 안을 굽혀 들여다보니 그 안에 흰 옷을 입은 두 천사가 예수님의 시체 뉘었던 곳에 하나는 머리 편에, 하나는 발 편에 앉아 있다12절. 성경에서 천사들은 종종 두 명씩 나타나며참고. 행1:10, 주로 흰 옷을 입고 있다참고. 겔9:2; 단10:5~6; 계15:6. 그런데 이 장면에 대한 기록은 공관복음의 것과 조금 다르다. 공관복음에는 '젊은이'참고. 막16:5, '천사'참고. 마28:2~6,

'빛나는 옷을 입은 두 사람'참고. 눅24:4이라고 기록되어 있지만, 요한복음에는 '흰 옷 입은 두 천사'라고 기록되어 있다. 그리고 공관복음에서는 천사들이 부활의 소식을 전해 주지만, 요한복음에는 그런 선언이 없다. 이러한 차이는 보는 관점과 신학적 의도에 따른 차이 때문에 발생했다.

천사들이 막달라 마리아에게 왜 우느냐고 묻자, 막달라 마리아는 사람들이 예수님을 어디로 옮겼는지 알지 못하기 때문이라고 대답한다13절. 막달라 마리아는 자신에게 물어본 사람들을 천사로 인식하지 못하고 있는 것이 분명하다. 그녀는 그들을 무덤에서 일하는 사람들이라고 생각하는 것 같다. 막달라 마리아는 이 말을 하고 뒤로 돌이켰는데, 예수님이 서 계신 것을 보았지만, 그분이 예수님이신 줄을 알지 못한다14절. 예수님이 막달라 마리아에게 "여자여 어찌하여 울며 누구를 찾느냐"라고 물으시자 막달라 마리아는 예수님을 동산지기인 줄 알고 "주여 당신이 옮겼거든 어디 두었는지 내게 이르소서 그리하면 내가 가져가리이다"라고 대답한다15절. 막달라 마리아가 예수님을 알지 못하는 것은 부활한 몸의 불연속성 때문이거나 아니면 아직 날이 밝지 않아서 그분의 얼굴을 제대로 알아보지 못했거나 아니면 부활이 전혀 예상하지 못한 일이었기 때문이다. 아마도 이 모든 요인들이 다 작용했을 것이다.

2) 예수님이 마리아의 이름을 부르심(20:16~18)

이때 예수님께서 마리아의 이름을 부르시자, 비로소 마리아는 예수님을 알아본다16절. 이는 목자가 양의 이름을 부르고 양이 목자의 음성을 듣고 알아본다는 말씀을 기억나게 한다참고. 10:3~4. 즉 예수님은 목자이시기 때문에 마리아의 이름을 부르시고, 마리아는 예수님의 양이기 때문에 그의 음성을 듣고 그를 아는 것이다참고. 10:16, 24. 따라서 부활하신 예수님은 '목자와 양'의 은유가 자신과 제자에게 그대로 적용된다는 것을 보여주신다.

예수님은 마리아에게 "나를 붙들지 말라 내가 아직 아버지께로 올라가지 아니하였노라"라고 말씀하신다17a절. 여기서 "나를 붙들지 말라"에 해당하는 '메 무 합투'가 현재 명령형인 것은 마리아가 예수님을 꼭 붙들고서 놓아 주려고 하지 않음을 암시한다. 한편, 과거 한글성경 개역판은 이 부분을 "나를 만지지 말라"라고 번역하여 신비주의적 해석의 여지를 열어 놓았지만, 오늘날 한글성경 개역개정은 이 부분을 "나를 붙들지 말라"라고 바로 번역하여 바른 이해를 가능하게 하였다. 참고로 주요 현대 영어성경들도 개역개정과 같은 뜻으로 번역했다ESV: "do not cling to Me."; NIV: "do not hold on to me.". 그리고 "내가 아직 아버지께로 올라가지 아니하였노라"는 이유를 나타내는 절causal clause로 보아서, '이는 내가 아직 아버지께 올라가지 않았기 때문이다.'라고 번역해야 한다.

이어서 예수님은 "너는 내 형제들에게 가서 이르되 내가 내 아버지 곧 너희 아버지, 내 하나님 곧 너희 하나님께로 올라간다"라고 말씀하신다17b절. 이를 정확히 번역하면, "너는 내 형제들에게 가서 '내가 내 아버지 곧 너희 아버지, 내 하나님 곧 너희 하나님께 올라간다.'라고 말하라."가 된다. "내 형제들"과 "내 아버지"라는 표현은 예수님의 구속 사역으로 하나님의 가정the family of God이 창설되었다는 뜻이다. 예수님은 신자들을 향하여 "내 형제들"이라고 하심으로 친근감을 표시하시고, 하나님을 향하여 "내 아버지 곧 너희 아버지"라고 하여 예수님과 우리가 하나님의 가정 공동체의 구성원이라는 사실을 드러내신다. 그리고 "내가 …… 하나님께로 올라간다"라는 표현은 부활하신 예수님이 하늘로 올라가셔야 영원한 종말론적 현존eschatological presence이 가능해진다는 사실을 함의한다.

막달라 마리아는 제자들에게 가서 자신이 주를 보았다고 말하고 또한 예수님이 자신에게 하신 말씀을 전달한다18절. 따라서 다른 성경에서는 베드로가 부활의 첫 증인의 영광을 차지하지만참고. 눅24:34; 고전15:5, 요한복음에서는 막달라 마리아가 부활의 첫 번째 증인이 된다. 즉 요한복음은 막달라 마리아를 높이 평가한다. 요한복음에서 막달라 마리아는 예수님의 십자가를 따라간 네 여인 중 한 명이며참고. 19:25, 빈 무덤을 처음 본 사람이고참고. 20:1~2, 다른 두 제자가 집으로 돌아간 후에도 빈 무덤을 지킨 사람이며참고. 20:10~11, 부활하신 예수님을 처음 만난 사람이고참고. 20:16, 예수님의 부활을 처음 목격한 사람이다참고. 20:18.

(3) 예수님이 제자들에게 나타나심(20:19~23)

19 이 날 곧 안식 후 첫날 저녁 때에 제자들이 유대인들을 두려워하여 모인 곳의 문들을 닫았더니 예수께서 오사 가운데 서서 이르시되 너희에게 평강이 있을지어다 20 이 말씀을 하시고 손과 옆구리를 보이시니 제자들이 주를 보고 기뻐하더라 21 예수께서 또 이르시되 너희에게 평강이 있을지어다 아버지께서 나를 보내신 것 같이 나도 너희를 보내노라 22 이 말씀을 하시고 그들을 향하사 숨을 내쉬며 이르시되 성령을 받으라 23 너희가 누구의 죄든지 사하면 사하여질 것이요 누구의 죄든지 그대로 두면 그대로 있으리라 하시니라

1) 예수님이 제자들에게 평강을 주심(20:19~20)

부활하신 예수님이 제자들에게 나타나신다19a절. 제자들이 “안식 후 첫날” 저녁 때 모인 것은 이때 기독교인들이 이미 7일 주기일요일로 모였다는 사실을 알려준다. 당시에는 일요일이 공휴일이 아니었기 때문에, 기독교인들은 일요일 저녁에 모였으며, 점차 사람들은 이날을 ‘주일’이라고 불렀다. 요한은 제자들이 유대인들을 두려워하여 모인 곳의 문들을 닫았다고 말하는데, 이는 예수님 당시에 그리스도인들이 유대인들을 두려워한 것을 뜻하지만, 동시에 요한복음이 기록될 때 기독교인들특히 요한 공동체이 유대인들을 두려워했던 것을 반영한다. 제자들은 모인 곳의 문들을 닫았으나 부활하신 예수님은 들어가셨는데, 이는 부활하신 몸의 초자연적인 성격을 보여준다. 하지만 예수님이 어떤 식으로 안으로 들어가셨는지는 알 수 없다.

예수님은 제자들을 향하여 "너희에게 평강이 있을지어다"라고 말씀하신다19b절. '평강'샬롬은 유대인들의 전형적인 인사이다참고. 출4:18; 삿6:23; 19:20; 삼상25:6. 그들은 사람을 만나면 언제나 평강이라고 인사한다. 그러나 여기에서 평강은 특별한 의미를 가진다. 이것은 예수님께서 제자들에게 평안을 주시겠다는 고별강화에서의 약속을 성취하시는 것을 뜻한다참고. 14:27~28; 16:33. 예수님은 선생을 떠나보낸 후 큰 실망과 좌절을 겪고 있던 제자들에게 그리고 이제 유대인들에게 잡혀갈 것을 두려워하여 문을 잠그고 숨어 있던 제자들에게 오셔서 '평강'을 선물로 주신다. 지금 제자들에게 가장 요긴했던 것은 다름 아닌 '평강'이었는데, 그 평강을 '평강의 왕'으로 이 땅에 오신 예수님이 주신다참고. 사9:6.

예수님은 제자들에게 자신의 손과 옆구리를 보여주신다20절. 예수님이 이렇게 하시는 이유는 자신이 십자가에 못 박혀 죽었던 분임을 눈으로 확인시켜 주시기 위해서이다. 제자들은 예수님을 확인한 후에 기뻐한다. 결국 고별강화에서 예수님이 약속하신 것들이 성취된다. 고별강화에서 예수님은 제자들에게 돌아오실 것이고참고. 14:18, 제자들은 그를 볼 것이며참고. 14:19, 그들의 슬픔은 변하여 기쁨이 될 것이라고참고. 15:11; 16:20~24 약속하셨다. 따라서 그러한 약속들이 이제 모두 성취된다. 그런데 이제 하늘로 올라가셔서 하나님 우편에 앉아 계시는 주님은 모든 세대의 모든 그리스도인들에게 더욱 큰 은총을 주실 것이다. 주님을 영접한 모든 그리스도인들은 주님과 늘 함께 있을 것이며 기쁨과 평강을 가득히 누릴 것이다.

2) 예수님이 제자들에게 사명을 주심(20:21~23)

예수님은 다시 제자들에게 "너희에게 평강이 있을지어다"라고 말씀하신다21a절. 이는 그들이 여전히 두려워서 떨고 있었기 때문이다. 이어서 예수님은 "아버지께서 나를 보내신 것 같이 나도 너희를 보내노라"라고 말씀하심으로 제자들을 파송하신다21b절. 요한복음에서 예수님은 하나님 아버지로부터 '보냄을 받으신 분'Sent One으로 줄곧 등장하신다참고. 10:36. 그런데 이제 예수님은 제자들을 '보내시는 분'Sender이 되신다. 이것은 17장 18절에 있는 기도와 같은데, 예수님은 "아버지께서 나를 세상에 보내신 것 같이 나도 그들을 세상에 보내었고"라고 하셨다. 이제 보냄을 받은 제자들은 예수님이 하셨던 일을 그대로 행해야 한다.

예수님은 제자들을 향하여 "숨을 내쉬며 성령을 받으라"라고 하신다22절. 여기서 "숨을 내쉬며"에 해당하는 '에네퓌세센'원형: '엠퓌사오'이 무엇을 의미하는지 이해하기가 쉽지 않다. 어떤 학자들은 이 단어가 그냥 '숨을 쉬는' 것이지 '내 쉬는' 것이 아니라고 보면서 별 의미가 없다고 생각한다. 이럴 경우, 예수님이 숨을 쉬는 것은 살아 있는 분으로서 자연스러운 일이 된다. 그러나 어떤 학자들은 이 단어가 신약에서 여기에만 나오고*hapax legomenon*, 70인 역LXX에서 창세기 2장 7절과 에스겔 37장 9절또한, *Wisdom* 15:11에만 나온다는 사실에 주목한다. 그들은 이 단어가 거기서 각각 성부와 성령의 창조 사역을 묘사하는 데 사용되었기 때문에, 요한복음에서도 이 단어가 성자의 창조 사역과 연관된다고 생각한다.

그렇다면 예수님이 숨을 내쉬신 이유는 무엇이며, 요한은 어떤 의도로 '엠퓌사오'라는 단어를 사용하여 이를 표현했을까? 분명히 예수님이 아무런 의미 없이 그냥 살아 있는 사람으로서 숨을 내쉰 것이라면 요한이 굳이 여기서 이 단어를 쓸 필요가 없었을 것이다. 헬라어 단어 '엠퓌사오'는 단지 숨을 쉬는 것을 뜻하기 때문에 단어 자체로는 의미를 파악하기가 어렵다. 그렇지만 요한이 예수님께서 부활하신 후에 제자들과 만나신 중요한 자리에서 일어난 일에 이 단어를 사용했고, 또한 70인 역LXX에서 두 번밖에 사용되지 않은 단어를 여기서 굳이 사용한 것은 의미심장한 메시지를 전달하기 위한 것이라고 볼 수 있다. 특히 이 구절에서 숨을 내쉬는 것과 "성령을 받으라"라는 말씀이 결합되어 있으며, 게다가 이어지는 구절23절에서 죄를 사하는 권세에 대한 언급이 나오기 때문에 이 단어를 단순하게 취급할 수 없다.

결국 예수님이 이 순간에 숨을 내쉬셨다는 사실은 '오순절 성령강림 사건'과 연결된다고 볼 수 있다. 즉 예수님의 행위는 사도들이 능력을 받은 오순절 성령강림의 빛에서 이해될 수 있다. 그렇다면 이는 성령의 오심을 미리 보여주는 행동이 된다. 오순절에 성령께서 오실 때 강한 바람이 불었듯이참고. 행2장, 예수님이 입에서 숨을 내쉬심으로써 그날에 일어날 일을 미리 보여주시는 것이다. 오순절 성령의 강림으로 사도들은 강력한 능력을 얻어서 보냄을 받은 자로서의 역할을 수행할 수 있었다. 또한 예수님의 숨은 그분이 승천하신 후에 오실 보혜사가 예수님과 동일하신 분임을 드러내는 역할을 한다. 결국 예수님은 제자들에게 오실 보혜사를 미리 말씀하심으로써 약속이 반드시 성취될 것임을 보여주신다참고. 7:37~39의 성취.

예수님은 이어서 제자들에게 죄를 사하는 권한을 주신다. "너희가 누구의 죄든지 사하면 사하여질 것이요 누구의 죄든지 그대로 두면 그대로 있으리라"23절. 그렇다면 죄 사함의 권한은 사도들에게만 주어진 것인가 아니면 복음 전파자에게 모두 주어진 것인가? 이것도 오순절 성령강림의 구속사적 선상에서 이해할 수 있다. 즉 특정한 그리스도인 개인이나 개 교회가 아닌 보편적우주적 교회가 성령의 능력으로 복음을 전할 때 사람들의 죄가 사해지는 것을 뜻하는 것으로 볼 수 있다. 특히 요한복음에서 말하는 죄는 도덕적 범주category에 속하는 것이 아니라 신학적 범주예수님을 영접함에 속하기 때문에 이러한 이해는 설득력을 가진다참고. 3:19~21; 15:22~24; 16:8~11. 결국 제자들을 파송하시는 장면에서 성부와 성자와 성령 하나님이 모두 등장하신다.

(4) 예수님이 도마에게 나타나심(20:24~29)

24 열두 제자 중의 하나로서 디두모라 불리는 도마는 예수께서 오셨을 때에 함께 있지 아니한지라 **25** 다른 제자들이 그에게 이르되 우리가 주를 보았노라 하니 도마가 이르되 내가 그의 손의 못 자국을 보며 내 손가락을 그 못 자국에 넣으며 내 손을 그 옆구리에 넣어 보지 않고는 믿지 아니하겠노라 하니라 **26** 여드레를 지나서 제자들이 다시 집 안에 있을 때에 도마도 함께 있고 문들이 닫혔는데 예수께서 오사 가운데 서서 이르시되 너희에게 평강이 있을지어다 하시고 **27** 도마에게 이르시되 네 손가락을 이리 내밀어 내 손을 보고 네 손을 내밀어 내 옆구리에 넣어 보라 그리하여 믿음 없는 자가 되지 말고 믿는 자가 되라 **28** 도마가 대답하여 이르되 나의 주님이시요 나의 하나님이시니이다 **29** 예수께서 이르시되 너는 나를 본 고로 믿느냐 보지 못하고 믿는 자들은 복되도다 하시니라

1) 도마가 예수님의 부활을 의심함(20:24~25)

도마는 열두 제자 중 하나로서 예수님을 처음부터 따랐던 인물이었으며 예수님과 함께 목숨을 버릴 각오를 한 사람이었다참고. 11:16; 14:5. 도마는 당시의 관례에 따라 이름을 하나 더 가지고 있었다. 즉 '도마'는 헬라식 이름이고 '디두모'는 히브리식 이름으로 그 의미는 '쌍둥이'이다. 그런데 도마는 부활하신 예수님이 제자들에게 나타나셨을 때 그 자리에 없었다24절. 그 순간에 도마가 어디에 있었는지는 알려지지 않았지만, 그는 여전히 제자들과 연락을 취하면서 지내고 있었다.

다른 제자들이 도마에게 부활하신 예수님을 보았다고 하자 도마는 믿지 않는다25a절. 오히려 그는 다른 제자들이 유령을 보았다고 생각한다참고. 마 14:26. 그는 "내가 그의 손의 못 자국을 보며 내 손가락을 그 못 자국에 넣으며 내 손을 그 옆구리에 넣어 보지 않고는 믿지 아니하겠노라"라고 말한다25b절. 즉 자신이 직접 예수님을 목격하고 만져보기 전에는 믿지 않겠다고 말한다. 이 때문에 많은 사람은 도마를 의심 많은 회의주의자로 간주한다. 그러나 다른 제자들도 예수님을 직접 보기 전에는 그분의 부활을 믿지 않았다. 따라서 도마만을 회의주의자로 간주해서는 안 된다. 만일 도마를 이렇게 본다면 요한복음에 나오는 인물 중에서는 주님을 제외하고 누구도 회의주의자의 혐의를 벗어날 수 없다. 오히려 그를 실증주의자로 보는 것이 합당하다. 즉 그는 확실한 증거의 토대 위에서 믿음을 가지고 싶어 했다.

2) 예수님의 말씀과 도마의 신앙고백(20:26~29)

여드레를 지나서 제자들이 다시 집 안에 있을 때 도마가 있는 자리에서 부활하신 예수님이 나타나신다26절. 여기서 "여드레를 지나서"라는 표현은 시작하는 날짜를 같이 계산한 것으로 '칠 일일주일을 지나서'로 이해해야 한다. 즉 7일을 지나서일주일 후에 주일에 제자들이 다시 집 안에 있는 것이다. 따라서 다시금 기독교인들이 일요일주일에 모였다는 사실이 드러난다. 그런데 이때에도 문들이 여전히 닫혀 있었는데, 이는 제자들이 아직도 두려움에 떨고 있었기 때문이다. 그래서 예수님은 제자들에게 "너희에게 평강이 있을지어다"라고 말씀하신다.

그리고 예수님은 도마에게 다음과 같이 말씀하신다. "네 손가락을 이리 내밀어 내 손을 보고 네 손을 내밀어 내 옆구리에 넣어 보라 그리하여 믿음 없는 자가 되지 말고 믿는 자가 되라"27절. 이는 도마가 일주일 전에 했던 말을 예수님이 알고 계셨기 때문이다. 그런데 마리아의 경우에는 그녀가 예수님을 떠나시지 못하게 붙들므로 '자신을 붙들지 말라.'라고 하셨으나참고. 20:17, 도마의 경우에는 그가 예수님이 죽었던 분이 맞는지를 확인하고 싶어 하므로 '자신의 몸에 손을 대 보라.'라고 하신다. 그렇지만 요한은 도마가 실제로 예수님의 몸에 손을 대었는지 그렇지 않았는지를 언급하지 않는다.

도마는 예수님을 향하여 "나의 주님이시요 나의 하나님이시니이다"라고 말함으로써 위대한 신앙고백을 한다28절. 이것은 신약성경에서 발견되는 예수님에 대한 고백 중에서 가장 위대하고 가장 정확하다. 더욱이 이것은 정말로 표현하기가 쉽지 않은 일이었다. 왜냐하면 예수님이 활동하시던 시기와 요한복음이 기록될 시기에 로마제국에서 '주'와 '신'으로 불리는 유일한 존재는 로마 황제였기 때문이며, 로마 황제를 반역하는 이들에게는 가차 없는 박해가 주어졌기 때문이다. 하지만 도마는 예수님을 '주님'과 '하나님'이라고 고백함으로써 분명한 신념과 커다란 용기를 보여준다.

그런데 요한복음 자체의 신학적 구성의 측면에서 볼 때는 도마가 예수님을 자신의 '주님'이시며 '하나님'이시라고 고백한 것이 이 복음서의 서론에 나오는 하나님이신 예수님에 대한 언급참고. 1:1, 18과 문예적 연결고리를 제공한다.[69] 즉 요한은 서론에서 제시한 기독론적 칭호가 예수님의 생애에 관한 기록, 곧 복음서 전체를 통해서 입증되는 것을 기대한다. 그리고 이것을 요한복음의 문예적 기능의 측면에서 볼 때는 요한복음의 독자들이 서론에 제시된 예수님에 대한 기독론적 칭호들을 복음서를 읽어나가는 가운데 같은 신앙고백을 하도록 요청받는 것이라고 할 수 있다. 다시 말해서,

---

69. ESV Study Bible.

요한은 독자들이 도마가 예수님을 보고 그분의 신적 정체를 고백한 것과 같은 고백을 하기를 기대한다.

도마의 신앙고백에 대해서 예수님은 "너는 나를 본 고로 믿느냐 보지 못하고 믿는 자들은 복되도다"라고 말씀하신다29절. "보지 못하고 믿는 자들"이란 예수님을 직접 보지 못하는 후대의 그리스도인들을 가리킨다. 따라서 예수님의 말씀은 예수님을 직접 본 자들과 그렇지 못한 자들 사이에 아무런 차별이 없다는 뜻이다. 그렇다면 그들은 어떻게 예수님을 믿을 수 있는가? 그것은 이어지는 구절과 연관되는데, 예수님에 관한 말씀, 곧 성경을 읽으므로 믿을 수 있다. 즉 후대의 그리스도인들은 예수님의 말씀복음서을 통하여 예수님을 만날 수 있다. 그러므로 요한복음의 독자들은 물론이거니와 예수님을 직접 보지 못한 모든 세대의 그리스도인들은 예수님의 첫 제자들과 비교해 볼 때 전혀 불리한 위치에 있지 않다.[70]

(5) 요한복음의 기록 목적(20:30~31)

30 예수께서 제자들 앞에서 이 책에 기록되지 아니한 다른 표적도 많이 행하셨으나 31 오직 이것을 기록함은 너희로 예수께서 하나님의 아들 그리스도이심을 믿게 하려 함이요 또 너희로 믿고 그 이름을 힘입어 생명을 얻게 하려 함이니라

이 단락은 요한복음의 기록 목적을 보여준다. 요한은 예수님이 이 복음서에 기록되지 않은 다른 표적들예수님의 행적들도 많이 행하셨다고 말한다30절. 그러나 요한은 그 모든 것을 기록하지 않고 자신의 목적과 의도에 맞게 선별하여 기록했다고 밝히는데, 그의 목적과 의도는 "너희로 예수께서 하

---

70. ESV Study Bible.

나님의 아들 그리스도이심을 믿게 하려 함이요 또 너희로 믿고 그 이름을 힘입어 생명을 얻게 하려 함이니라"라는 문구에 들어있다. 30~31절에는 '표적', '예수', '하나님의 아들', '그리스도', '믿음', '생명'이라는 요한복음의 핵심용어들이 들어있는데, 이것들은 복음서의 서론에서 제시된 것들이고 복음서 전체에서 두루 설명되고 입증된 것들로서, 이제 독자들은 이 모든 것들을 머리로 이해하고 마음으로 받아들이며 입술로 고백해야 한다.

그런데 31절의 "믿게 하려 함이요"라는 문구에 대한 정확한 이해가 필요하다. 이미 이 책의 '서론'에서 이 문구의 의미를 설명했기에 여기서는 요점만 말하겠다. 여기서 "믿게 하려 함이요"라는 문구는 헬라어 사본에서 아오리스트 가정법aorist subjunctive으로 기록되어 있든지 아니면 현재 가정법present subjunctive으로 기록되어 있든지에 관계없이 믿지 않는 자들을 처음으로 믿게 하는 일전도과 이미 믿는 자들의 믿음을 강화하는 일교육이라는 두 가지 의미를 모두 가진다. 그리고 실제로 요한복음은 비신자와 신자 모두에게 주시는 메시지를 담고 있다. 다시 말해서, 요한복음의 기록 목적을 "믿게 하려 함"이라고 말한 것은 믿기 시작하는 것과 더욱 강하게 믿는 것 모두를 포함하는 것이라고 이해할 수 있다.[71]

---

71. 참고. Brendan Byrne, "The Faith of the Beloved Disciple and the Community in John 20," *JSNT* 23 (1985): 83~97; D. A. Carson, "The Purpose of the Fourth Gospel: John 20:31 Reconsidered," *JBL* 106 (1987): 639~51; J. A. T. Robinson, "The Destination and Purpose of St John's Gospel," *NTS* 6 (1959-1960): 117~31; Fernando F. Segovia, "The Final Farewell of Jesus: A Reading of John 20:30-21:25," *Semeia* 53 (1991): 167~90.

<특주9> 신약성경에 나타난 '파송과 고난'의 모티프

- 사역자 청빙 과정을 중심으로 -

신약성경이 기록될 당시의 교회 상황은 우리 시대의 교회 상황과 상당히 달랐다. 초기 기독교회는 체계와 조직과 경제적인 자립도를 갖추지 못했을 뿐만 아니라 교회의 숫자에 비해서 사역자의 숫자가 절대적으로 부족한 상황에 처해 있었다. 이러한 이유로 모든 교회가 자신들만의 사역자를 청빙할 수 있었던 것은 아니었다. 당시에 사역자들이 교회에 가는 것은 주로 영향력 있는 지도자예. 바울의 추천과 파송의 형태로 이루어졌다. 하지만 그런데도 사역자는 제대로 대우를 받지 못했으며, 오히려 복음을 전하고 교회를 세우는 과정에서 엄청난 박해와 어려움을 당했다.

그런데 초기 기독교회와 달리 오늘날 우리나라 교회에서는 목사주로 담임목사를 청빙할 때 명망 있는 지도자에게 부탁하거나 아니면 교인들이 좋은 목사를 모시기 위해서 찾아다니지 않는다. 오히려 우리나라 교회는 목사를 공모, 채용, 승계, 추천 등의 형태로 선출하기 때문에 큰 교회의 목사가 되는 것은 대기업에 취업하는 것과 비슷한 형태를 띤다. 실로 현대에 한국교회가 목사를 청빙하는 방식은 신약성경의 인물들이 행했던 것과 동떨어져 있으며, 목회지를 지원하는 목사들의 자세도 신앙의 선진들이 가졌던 자세와 거리가 멀다.

그러므로 이 글에서는 초기 기독교회의 사역자 청빙을 '파송과 고난'의 모티프motif 안에서 관찰하면서 오늘날 교회가 목사를 어떻게 청빙하는 것이 바람직하며, 청빙 받은 목사는 어떤 각오로 청빙에 응해야 하는지를 살펴보겠다.

1. 예수님과 보혜사

하나님께서는 예수님을 세상에 보내셨다. 하나님은 빛이신 예수님을 어두운 세상에 보내셔서 어둠을 물리치게 하시고 사람들을 빛 가운데로 나아오게 하셨다참고. 요1:1~18; 3:16, 18. 그리고 사람들은 하나님으로부터 보냄을 받으신 예수님께 나아옴으로써 하나님을 만날 수 있으며참고. 요14:9 온전한 회복을 경험할 수 있다참고. 요9:7. 예수님이 하늘로 올라가셔서 승천하시고 하나님의 오른편에 앉아계심으로 모든 세대의 모든 사람이 예수님의 현존을 경험할 수 있으며 예수님을 통하여 하나님께로 나아갈 수 있다.

따라서 우리 주 예수님은 하나님의 일, 곧 세상의 구원을 위하여 보내심을 받은 하나님의 전권대사이시다. 그런데 이렇게 예수님이 사람들에게 구원과 영생을 주실 수 있었던 이유는 그분이 고난을 받으시고 십자가에서 돌아가셨기 때문이다. 즉 하나님이 예수님을 세상에 보내신 것은 예수님을 죽이심으로써 온 인류를 살리시기 위해서였다. 이에 예수님은 다음과 같이 말씀하셨다. "한 알의 밀이 땅에 떨어져 죽지 아니하면 한 알 그대로 있고 죽으면 많은 열매를 맺느니라"요12:24. 실제로 예수님은 하나님의 프로그램에 따라 움직이셨고 그 방향과 목적은 오로지 인류의 구속을 이루시기 위한 것이었다.

공생애를 모두 마치신 예수님은 아버지께로 돌아가시기 직전에 보혜사 성령님을 보내주시겠다고 약속하셨다참고. 요14:26; 15:26. 예수님이 보내시는 성령님은 예수님께서 하시던 일을 그대로 수행하심으로 예수님의 계속된 현존presence을 가능하게 하신다. 즉 성령님은 예수님의 말씀을 기억나게 하시고 깨닫게 하시며 사역자들에게 권위와 능력을 부여해 주신다. 그리고 그러한 성령님의 사역은 사도행전에서 매우 분명하고 풍성하게 드러난다. 결국 성부 하나님은 성자 예수님을 파송하셨고 성자 예수님은 성부 하나님과 더불어 성령님을 파송하셨다. 그리고 그러한 파송의 과정에서 성자의 고난은 필연적이었다.

2. 사도들

마가복음 6장 6~7절에는 예수님께서 열두 제자를 부르시고 보내시는 장면이 기록되어 있다. 하나님께서 예수님을 이 땅에 보내셔서 사명을 이루셨듯이, 예수님께서는 제자들을 부르시고 양육하시고 보내셨다. 그리하여 '보냄을 받으신 분'Sent One은 '보내시는 분'Sender이 되셨다. 특히 예수님의 제자들은바울과 바나바를 포함하여 '사도'라는 명칭을 얻게 되었는데, '사도'라는 명칭은 '보냄을 받다'라는 뜻을 가진다. 그들은 그리스도의 이름과 기원을 가지고 일했다. 따라서 예수님과 마찬가지로 사도들 역시 분명한 파송의 모티프를 가지고 있었다.

고대에지금도 마찬가지지만 보냄을 받은 자는 보내는 자의 권위를 가졌다. 이에 사도들은 예수님이 그들에게 가르쳐 주신 복음을 손상 없이 전파했으며, 어떠한 왜곡이나 변조도 가하지 않았다. 더욱이 예수님께서 하나님의 권위와 능력을 갖추셨듯이, 사도들은 예수님의 권위와 능력을 갖췄다. 즉 예수님은 제자들을 보내시면서 그들에게 더러운 귀신을 제어하고 병자를 치유하는 권능을 주셨다. 이것은 주님의 능력을 반영한다참고. 막2:10; 3:15. 필시 사도들은 예수님의 능력과 권위를 가지고 일하면서 예수님의 사역을 그대로 계승하였다.

하지만 사도들은 예수님의 일을 감당하기 위하여 자신의 고향을 떠나야 했고, 부모·형제와 전토를 버려야 했으며, 심지어 목숨까지 바쳐야 했다참고. 막8:34~38; 10:17~31. 그들에게 요구된 이러한 희생은 예수님께서 이미 치르신 희생과 맥을 같이 한다. 그러면 그들은 왜 고난을 겪어야 했는가? 이는 세상사탄이 예수님을 미워하고 그의 사람들을 미워하기 때문이다. 세상은 복음이 마음대로 전해지도록 허용하지 않는다. 세상은 이를 필사적으로 막으려 한다. 그래서 복음이 전파되는 곳에는 고난과 박해가 불가피하다. 어쨌든 우리는 사도들의 삶과 사역에서도 파송과 고난의 원리가 적용되었던 것을 목격한다.

3. 바울과 동역자들

사도행전에 따르면, 예루살렘에서는 베드로와 야고보가 유대인들을 대상으로 목회하지만, 이방 지역에서는 바울과 그의 동역자들바나바, 실라 등이 이방인들을 대상으로 목회한다. 그러한 분화된 특성은 사도행전의 전체구조에 잘 드러나 있다. 즉 사도행전은 초점이 예루살렘에서 이방으로, 유대인에게서 헬라인에게로, 베드로에게서 바울에게로 옮겨가는 구조로 되어 있다. 특히 사도행전의 중심부인 9~12장을 기점으로 이러한 전환적 특성이 매우 명확하게 드러난다. 이렇게 분화된 사역의 형태는 사역자와 사역지의 특성이 참작된 것이다. 사역자들은 각각의 사명에 따라, 즉 주님께서 허락하신 재능과 성향에 따라 적절한 목회지에서 일했다.

사도행전 13장에 따르면, 바울은 안디옥교회로부터 선교사로 파송을 받아 이방 지역에서 사역하였다. 바울이 이방 지역에서 사역하면서 각 지역에 많은 교회가 세워졌다. 하지만 그 와중에 그는 엄청난 고난을 당해야만 했다. 그것은 오직 복음과 교회를 위한 고난이었다. 바울은 그의 서신서 전반에서 자신이 복음을 위하여 고난당한 사실을 언급하고 그의 서신을 받는 이들이 자신의 고난을 부끄러워하지 말라고 당부한다. 한편, 교회의 숫자에 비해 사역자의 숫자는 절대적으로 모자랐다. 그리하여 바울은 자신이 양육한 제자들을 각 교회에 보냈다.

그는 겐그레아 교회의 일꾼인 뵈뵈를 로마 교회에 추천하였고참고. 롬16:1, 바나바를 고린도 교회에 추천하였다참고. 고전16:12. 바울의 제자 디모데는 제2차 전도여행 때 바울에게서 할례를 받고 바울을 도와 많은 활동을 하기 시작하여 데살로니가, 빌립보, 고린도 등을 방문하여 일했다참고. 행16:1~3. 그는 이후에 바울과 함께 마게도냐로 가는 길에 에베소에 남겨져서 교회를 돌보게 되었다. 바울의 또 다른 제자 디도는 고린도 교회에 파송되어 그곳의 문제를 해결하도록 위임받았으며참고. 고후7:6, 8:6, 바울과 함께 그레데를 방문했다가 그곳에 남겨져서 교회를 섬기게 되었고참고. 딛1:5, 이후 바울이 로마 감옥에 재차 투옥되었을 때 그레데를 떠나서 달마디아로 가게 되었다참고. 딤후4:10. 그러므로 바울과 동역자들의 삶은 참으로 고달팠다. 그들의 사역에는 언제나 고난이 있었다. 예수님과 열두 제자들이 겪었던 고난을 그들도 그대로 겪었다.

4. 현대교회에 주는 함의: 파송과 고난

(1) 파송

하나님은 예수님을 세상에 보내셨고, 이후에 승귀하신 예수님은 성령님을 세상에 보내셨다. 사도들은 예수님으로부터 보냄을 받은 자들이었으며, 바울과 바나바 역시 안디옥 교회로부터 보냄을 받은 자들이었다. 그리고 바울은 자신이 세운 교회에 적합한 사역자들을 보냈다. 따라서 초기 기독교회는 '파송'의 원칙을 철저히 따랐다. 그러나 예수님과 사도들의 파송에는 정치적인 의도가 전혀 담겨있지 않았다. 그들은 적절한 사람을 적합한 자리에 보냈을 뿐이다. 즉 신약성경에서 사역자의 배치는 사역자가 가지고 있는 능력과 재능을 따랐다.

그러므로 현대교회의 목회자 청빙에서도 이러한 파송의 원칙이 적용되는 것이 바람직하다. 비록 신약성경 시대와 지금의 상황은 다르지만 같은 원칙의 적용이 필요하다. 목회자 청빙에 공모나 채용보다 명망 있는 지도자에 의한 추천이 훨씬 낫다. 물론 어떤 상황에서도 목회자를 보내는 것이 보내는 사람의 정치적/실리적 의도에 따른 것이 아니라, 오로지 교회를 염려하고 돌보는 목적에 따른 것이어야 한다. 필시 사역자가 가지고 있는 재능과 그것을 필요로 하는 교회가 바르고 적실하게 연결되어서 효과적이고 보람 있는 사역이 창출되어야 한다.

(2) 고난

초기 교회로부터 보냄을 받는 자들은 그 목회지에서 어떤 유익을 얻으려고 하지 않았다. 그들이 목회지에서 맞이하게 될 일들은 대체로 비관적이었고 보냄을 받는 자들은 어려움을 겪을 것을 뻔히 알면서도 기꺼이 그곳에 갔다. 이는 예수님께서 친히 모범을 보여주신 일이었으며 사도들이 따라갔던 일이었다. 우리 주님은 십자가를 지시기 위하여 이 땅에 보냄을 받으셨다. 그리고 그분을 따르려는 자들을 향하여 자신을 부인하고 십자가를 져야 한다고 말씀하셨다. 또한 바울은 자신이 "세상의 더러운 것과 만물의 찌꺼기"같이 되었다고 했다고전4:13.

오늘날 목사 청빙에 있어서 적용되어야 할 중요한 점 중의 하나는 한 교회의 목회자가 되는 것이 출세의 방법이 아니며 안정된 직장을 얻는 수단도 아니라는 사실이다. 목사는 결코 자신의 유익을 위하여 목회지를 선택하지 않아야 한다. 오히려 자신이 그 교회에 어떤 유익이 될 수 있는지를 고려해야 한다. 목사는 생명을 내어 걸고 양들을 지켜야 할 사람이지 자신의 생명을 유지하기 위하여 양들을 이용하는 사람이 아니다. 오늘날 목사들이 교회로부터 이득을 취하려고 갖은 노력을 기울이고, 교인들은 목사가 싫어서 내보내려 궁리하는 현실이 대단히 안타깝다.

A Commentary on the
Gospel According to
John
요한복음

단원 IV

결론: 사명(21:1~25)

Conclusion: Mission

단원의 요지

요한복음의 마지막 단원은 '결론'Conclusion이다. 이 결론에는 부활하신 예수님이 제자들교회에게 사명을 주시는 모습이 언급되어 있다. 그래서 이 단원을 '결론: 사명'Conclusion: Mission이라고 부른다. 이 단원은 부활하신 예수님이 제자들에게 나타나신 일, 예수님이 제자들에게 사명을 주신 일, 그리고 에필로그로 구성되어 있다.

단원의 구조

예수님이 제자들에게 나타나심	21:1~14
예수님이 제자들에게 사명을 주심	21:15~23
에필로그	21:24~25

1. 예수님이 제자들에게 나타나심(21:1~14)

많은 학자는 요한복음이 원래 20장에서 끝나고 21장은 후대에 덧붙여진 것이라고 주장한다. 이는 20장 마지막에 '기록 목적'이 나오는 데다 요한복음 본문이 여러 단계에 걸쳐 발전되어 왔다는 이론에 근거한다. 그러나 요한복음이 20장으로 끝나는 초기 사본들이 없으며, 21장의 문체가 20장의 것과 별로 다르지 않다. 게다가 20장 30~31절이 결론이지만 요한일서 5장 13절에도 결론이 나옴에도 불구하고 계속 서신이 진행된다. 그리고 요한복음의 편집설은 가설에 불과하다. 따라서 21장을 원래의 요한복음 본문에 포함되어 있던 것으로 보는 것에는 전혀 무리가 없다.

(1) 예수님과 제자들이 갈릴리에서 만남(21:1~7)

1 그 후에 예수께서 디베랴 호수에서 또 제자들에게 자기를 나타내셨으니 나타내신 일은 이러하니라 2 시몬 베드로와 디두모라 하는 도마와 갈릴리 가나 사람 나다나엘과 세베대의 아들들과 또 다른 제자 둘이 함께 있더니 3 시몬 베드로가 나는 물고기 잡으러 가노라 하니 그들이 우리도 함께 가겠다 하고 나가서 배에 올랐으나 그 날 밤에 아무것도 잡지 못하였더니 4 날이 새어갈 때에 예수께서 바닷가에 서셨으나 제자들이 예수이신 줄 알지 못하는지라 5 예수께서 이르시되 얘들아 너희에게 고기가 있느냐 대답하되 없나이다 6 이르시되 그물을 배 오른편에 던지라 그리하면 잡으리라 하시니 이에 던졌더니 물고기가 많아 그물을 들 수 없더라 7 예수께서 사랑하시는 그 제자가 베드로에게 이르되 주님이시라 하니 시몬 베드로가 벗고 있다가 주님이라 하는 말을 듣고 겉옷을 두른 후에 바다로 뛰어 내리더라

1) 제자들이 갈릴리에서 예수님을 기다림(21:1~3)

예수님은 부활하신 후 갈릴리 디베랴 호수에서 제자들에게 자신을 나타내신다1절. 이때 제자들은 호수에서 고기를 잡고 있었다. 어떤 사람들은 제자들이 낙심하여 원래의 일터로 돌아갔다고 말하는데, 이는 올바르지 않다. 제자들이 갈릴리에 간 것은 부활하신 예수님이 제자들에게 갈릴리에서 만나자고 말씀하셨기 때문이다참고. 마28:7. 그래서 제자들은 예수님의 지시에 따라 갈릴리에 가서 머물고 있었다. 제자들은 기다리는 중에 음식을 마련하기 위해서 물고기를 잡으러 호수에 나갔고, 이때 마침 예수님이 제자들에게 나타나셨다. 1절은 "그 후에"라는 단어로 시작되는데, 이에 해당하는 헬라어 단어 '메타 타우타'는 불특정한 시간의 경과를 가리킨다참고. 5:1; 6:1.[1] "디베랴"는 갈릴리 호수의 서쪽에 있는데, 예수님과 제자들에게 대단히 친숙한 곳이다참고. 6:23~24. 예수님은 이미 앞에서 두 번 제자들에게 나타나셨는데, 이제 세 번째로 제자들에게 나타나신다참고. 14절.

이때 갈릴리에는 일곱 명의 제자들이 있었다. 그런데 요한은 이 이름들을 말하면서 특정한 의도를 가지고 있다. 제일 앞에 나오는 베드로와 도마와 나다나엘은 요한복음에서 가장 두드러진 인물들이고, "세베대의 아들들"은 야고보와 요한을 가리키며, "또 다른 제자 둘"의 이름은 알려지지 않았다2절. 따라서 요한은 그의 복음서에서 주님으로부터 특별한 관심과 총애를 받았던 이들의 이름을 일부러 언급한다. 이것은 요한복음 내러티브가 줄곧 다루어 온 제자도를 결론 부분에서 말하려는 의도에서 비롯되었다. 즉 요한은 주님으로부터 훈련을 받은 이들이 어떤 사명을 받아서 일하기 시작하느냐를 말하려고 한다.

제자들은 밤에 고기를 잡으러 갔으나 아무것도 잡지 못한다3절. 그들이 '밤'에 고기를 잡으러 간 것은 고대 지중해 연안에서 고기를 잡는 가장 좋

---

1. Michaels, 1028.

은 시간이 밤이었기 때문이다참고. 눅5:5.[2] 즉 어부들은 밤에 고기를 잡아서 아침에 신선한 상태로 내다 팔았다.[3] 그런데 요한복음에서는 밤이라는 것이 낮과 반대되는 부정적인 이미지를 가진다. 비록 밤이 제자들이 고기를 잡으러 간 실제 시간을 가리키는 것은 맞지만, 요한이 이것을 굳이 언급한 것은 밤의 이미지와 제자들의 실패를 연관 지어서 부정적인 분위기를 조성하려는 목적을 가진다.

제자들이 고기를 잡으러 간 이유는 아무것도 하지 않고 마냥 주님을 기다리는 것이 지루했기 때문일 수도 있고, 먹을 것을 구하기 위해서였을 수도 있다. 다만 그들이 사명을 저버리고 이전의 생활로 돌아간 것은 아니었다. 그런데 요한은 "그날 밤에 아무것도 잡지 못하였더니"라는 상황설명을 한다. 이것은 무엇을 함의하는가? 제자들은 예전에 오랫동안 어부로 지냈기 때문에 고기 잡는 일에 익숙했다. 더군다나 갈릴리 호수는 그들의 주 작업장이었다. 따라서 그들이 그날 밤에 "아무것도", 즉 '한 마리도' 잡지 못한 것은 예상하지 못한 일이었다.

2) 예수님이 제자들에게 나타나심(21:4~7)

"날이 새어갈 때에", 즉 새벽에 예수님이 바닷가에 서셨으나 제자들은 예수님인 줄 알지 못한다4절. 제자들이 예수님을 알아보지 못한 것은 아직 날이 완전히 밝지 않았기 때문이지만 동시에 그들의 무지와 또한 부활하신 몸의 불연속성 때문이다. 제자들은 아직 완전히 훈련되지 않은 상태이다. 그들은 오순절에 성령이 임하시기 전까지 불완전함과 연약함을 보일 것이

---

2. Burge, 582.
3. ESV Study Bible.

다. 예수님이 제자들에게 "얘들아 너희에게 고기가 있느냐"라고 물으시자, 제자들은 "없나이다"라고 대답한다5절. "얘들아"란 친근한 표현이다. 예수님은 이처럼 사랑하는 제자들을 친근하게 부르신다참고. 요일2:1, 12, 14, 18, 28.

예수님께서 제자들에게 "그물을 배 오른편에 던지라 그리하면 잡으리라"라고 하시자, 제자들이 그물을 던졌더니 물고기가 많아 그물을 들 수 없을 지경이었다6절. 그런데 이 사건은 과거 예수님이 제자들을 처음 부르실 때의 장면을 떠올리게 한다참고. 눅5:1~11. 당시에 제자들은당시에는 제자가 아닌 어부 밤새도록 고기를 잡으려 했으나 실패했고, 그때 예수님께서 오셔서 그물을 던지라는 곳에 그물을 던졌더니 고기를 너무 많이 잡아서 배가 찢어질 지경이었다. 따라서 이제 다시 제자들이 밤에 고기를 잡지 못하다가 예수님을 통해서 고기를 많이 잡는 일은 제자들이 부활하신 예수님을 만날 것을 전조해 준다.

예수님께서 제자들에게 고기를 잡게 해 주심으로 자신의 정체를 드러내시자, 예수님께서 "사랑하시는 그 제자"가 제일 먼저 예수님을 알아본다 7절. 사랑하시는 제자가 베드로에게 "주님이시라"라고 말하자, 베드로는 옷을 벗고 있다가 주님이라는 말을 듣고 겉옷을 두른 후에 바다로 뛰어내린다. 여기서 예수님을 제일 먼저 알아본 "사랑하시는 그 제자"는 분명히 2절에 언급된 일곱 명의 제자 중 한 명이며, 따라서 이 복음서의 저자인 세베대의 아들 요한임에 틀림이 없다.[4] 그리고 베드로가 예수님께 가려고 바다에 뛰어드는 것은 그의 급한 성격을 반영하지만, 또한 그가 예수님을 얼마나 사랑하는지를 보여준다.

---

4. ESV Study Bible.

(2) 예수님이 제자들과 아침식사를 하심(21:8~14)

8 다른 제자들은 육지에서 거리가 불과 한 오십 칸쯤 되므로 작은 배를 타고 물고기 든 그물을 끌고 와서 **9** 육지에 올라보니 숯불이 있는데 그 위에 생선이 놓였고 떡도 있더라 **10** 예수께서 이르시되 지금 잡은 생선을 좀 가져오라 하시니 **11** 시몬 베드로가 올라가서 그물을 육지에 끌어 올리니 가득히 찬 큰 물고기가 백쉰세 마리라 이같이 많으나 그물이 찢어지지 아니하였더라 **12** 예수께서 이르시되 와서 조반을 먹으라 하시니 제자들이 주님이신 줄 아는 고로 당신이 누구냐 감히 묻는 자가 없더라 **13** 예수께서 가셔서 떡을 가져다가 그들에게 주시고 생선도 그와 같이 하시니라 **14** 이것은 예수께서 죽은 자 가운데서 살아나신 후에 세 번째로 제자들에게 나타나신 것이라

1) 제자들이 육지에 올라옴(21:8~11)

다른 제자들은 작은 배를 타고 물고기 든 그물을 끌고 와서 해변에 다다른다8절. 이때 예수님은 배고픈 제자들을 위하여 숯불을 피워놓고 생선과 떡을 준비하신다9절. 요한복음에서 숯불을 피우는 장면은 이곳과 베드로가 예수님을 부인한 곳뿐이다참고. 18:18. 생선과 떡은 예수님께서 사람들에게 음식 먹이신 일을 생각나게 한다참고. 6:9, 11. 따라서 이 장면은 예수님께서 자신을 세 번이나 부인한 베드로의 실수를 덮어 주시는 것과 예수님께서 자비를 베푸셔서 하나님의 백성들에게 음식을 먹이시는 것을 상기시켜 준다.

예수님이 지금 잡은 생선을 좀 가져오라고 말씀하신다10절. 그러자 베드로가 그물을 육지에 끌어 올리니 가득히 찬 큰 물고기가 "백쉰세 마리"나 될 정도로 많았지만, 그물이 찢어지지 않았다11절. 물고기의 숫자 '153'에 어떤 상징적인 의미가 들어있는지를 파악하려는 시도들이 있었고, 그에 따라 다양한 주장들이 쏟아졌다. 하지만 이 숫자 자체에 어떤 상징적인 의미가 들어있다고 추론할 만한 근거가 없다. 마치 물고기 두 마리와 떡 다섯

개라는 숫자에 별 의미가 담겨 있지 않듯이 말이다참고. 6:1~15. 당시에 어부들은 물고기를 잡아서 내다 팔기 전에 숫자를 세는 습관을 지니고 있었다.[5] 더욱이 요한은 이적의 사실성기억을 강조하려고 일부러 물고기의 숫자를 기록한 것으로 보인다.[6]

2) 예수님이 아침식사를 준비하심(21:12~14)

예수님께서 제자들에게 와서 조반을 먹으라고 말씀하시는데, 제자들은 주님이신 줄 알았기 때문에 당신이 누구냐고 감히 묻는 자가 없다12절. 예수님께서 제자들에게 가셔서 떡을 가져다가 그들에게 주시고 생선도 그와 같이 하신다13절. 요한은 예수님의 행동을 비교적 세밀하게 묘사하는데, 이것은 예전에 예수님께서 제자들의 발을 씻겨 주셨던 일을 세밀하게 묘사한 것을 연상하게 하며, 또한 예수님이 제자들에게 사랑을 베풀어 주시는 자상한 분이라는 사실을 보여주려는 의도를 가진다참고. 13장. 요한은 이것이 예수님이 죽은 자 가운데서 살아나신 후에 세 번째로 제자들에게 나타나

---

5. ESV Study Bible; 참고로, Michaels는 이 숫자 논쟁에 관하여 다음과 같이 말한다. "The number is remarkable both because it is very large (in keeping with similar extravagances in 2:6, 6:13, 12:3, and 19:39), and because it is so specific without being a round number (like one hundred) or an obviously symbolic one (like twelve). It is not an approximation ('about five thousand,' 6: 10; 'about a hundred pounds,' 19:39), nor an estimate ('each holding two or three measures,' 2:6), but an exact figure, like the 'thirty-eight years' the man at the pool had been sick (5:5). It is quite possible that the figure of 153 (with or without symbolic significance) was part and parcel of the story from the time it began to be told orally, just as the 'thirty-eight years' seems to have been part and parcel of the story of the man at the pool. It hints unmistakably at the presence of an eyewitness, something the text already claims for itself." Michaels, 1037.
6. '153'이라는 숫자의 의미를 파악하기 위한 학문적 연구를 위하여, Burge, 584~6을 보라.

신 것이라고 설명한다14절. 예수님은 부활하신 후에 제자들에게 나타나셨고참고. 20:19~23, 도마에게 나타나셨는데참고. 20:24~29, 이제 갈릴리에서 제자들에게 나타나셨다.[7]

2. 예수님이 제자들에게 사명을 주심(21:15~23)

예수님께서 베드로에게 자신을 사랑하느냐고 물어보시고, 예수님께서 베드로와 사랑하시는 제자의 운명을 말씀하신다.

(1) 예수님이 베드로에게 자신을 사랑하느냐고 물어보심(21:15~17)

15 그들이 조반 먹은 후에 예수께서 시몬 베드로에게 이르시되 요한의 아들 시몬아 네가 이 사람들보다 나를 더 사랑하느냐 하시니 이르되 주님 그러하나이다 내가 주님을 사랑하는 줄 주님께서 아시나이다 이르시되 내 어린 양을 먹이라 하시고 16 또 두 번째 이르시되 요한의 아들 시몬아 네가 나를 사랑하느냐 하시니 이르되 주님 그러하나이다 내가 주님을 사랑하는 줄 주님께서 아시나이다 이르시되 내 양을 치라 하시고 17 세 번째 이르시되 요한의 아들 시몬아 네가 나를 사랑하느냐 하시니 주께서 세 번째 네가 나를 사랑하느냐 하시므로 베드로가 근심하여 이르되 주님 모든 것을 아시오매 내가 주님을 사랑하는 줄을 주님께서 아시나이다 예수께서 이르시되 내 양을 먹이라

아침 식사를 마치신 후 예수님은 베드로에게 "요한의 아들 시몬아 네가 이 사람들보다 나를 더 사랑하느냐"라고 물으신다15a절. 여기서 "이 사람들"에 해당하는 헬라어 속격 복수형 '투톤'these은 남성이 사람들일 수도 있

7. 요한은 예수님이 막달라 마리아에게 나타나신 것을 나타나신 횟수에 넣지 않는데, 이는 막달라 마리아를 열두 제자 그룹에 넣지 않았기 때문이다.

고 중성이 물건들일 수도 있다. 만일 이것을 남성으로 본다면, '다른 제자들'을 가리키고, 중성으로 본다면, '배와 그물과 물고기'고기 잡는 일를 가리킨다. 혹시 예수님이 둘 다'이 사람들'과 '이것들'를 가리키셨을 수도 있다. 그런데 어떤 학자들은 이 문구를 '네가 이 사람들이 나를 사랑하는 것보다 더 나를 사랑하느냐?'로 해석한다. 이 문구 자체로 본다면 여러 다양한 해석이 모두 가능하다. 그래서 여러 견해 중에서 어느 것이 옳은지를 판단하기가 쉽지 않다.

하지만 위의 견해 중 어느 것을 선택하더라도 의미가 별로 달라지지는 않는다. 예수님은 베드로에게 '이 사람들보다 나를 더 사랑하느냐?'라고 물으셨을 수도 있고, '이 물건들이나 고기 잡는 일보다 나를 더 사랑하느냐?'라고 물으셨을 수도 있으며, '이 사람들이 나를 사랑하는 것보다 더 나를 사랑하느냐?'라고 물으셨을 수도 있다. 어쨌든 예수님은 베드로가 자신을 가장 사랑하기를 기대하시고 요청하시는 메시지를 보내셨다. 예수님의 질문에 베드로는 "주님 그러하나이다 내가 주님을 사랑하는 줄 주님께서 아시나이다"라고 대답하고, 이에 예수님은 "내 어린 양을 먹이라"라고 말씀하신다15b절. 예수님은 다시 베드로에게 같은 질문을 하시고 베드로는 같은 말로 대답한다16~17절. 그리고 예수님은 "내 양을 치라"라고 하시며, 또한 "내 양을 먹이라"라고 하신다. 이처럼 같은 질문과 대답이 세 번 반복된다.

그렇다면 왜 예수님은 같은 질문을 세 번이나 반복해서 하셨을까? 어떤 사람들은 예수님이 베드로에게 세 번이나 자신을 사랑하느냐고 물어보신 것을 해석할 때 헬라어를 거론하면서, 예수님이 요구하신 사랑은 '참된 사랑'아가페이었는데, 베드로가 이에 부응하지 못하자, 바른 대답아가페이 나올 때까지 계속 물어보신 것이라고 주장한다. 즉 예수님이 '아가파오'라는 단어를 사용하셔서 베드로에게 물었으나, 베드로가 '필레오'라는 단어로 대답했기 때문에, 예수님이 계속해서 '아가파오'로 물으신 것으로 생각한다.

예수님과 베드로의 대화에 사용된 헬라어를 유심히 살펴보라.

① 예수님: 네가 이 사람들보다혹은 이것들보다 나를 더 사랑하느냐아가파스?

베드로: 주님 그러하나이다 내가 주님을 사랑하는필로 줄 주님께서 아시나이다.

예수님: 내 어린 양을 먹이라보스케 타 아르니아 무.

② 예수님: 네가 나를 사랑하느냐아가파스?

베드로: 주님 그러하나이다 내가 주님을 사랑하는필로 줄 주님께서 아시나이다.

예수님: 내 양을 치라포이마이네 타 프로바타 무.

③ 예수님: 네가 나를 사랑하느냐필레이스?

베드로: 내가 주님을 사랑하는필레이스 줄을 주님께서 아시나이다.

예수님: 내 양을 먹이라보스케 타 프로바타 무.

위 대화를 자세히 살펴보면, 예수님께서 '아가파오'를 사용해서 물어보시지만, 베드로가 '필레오'를 사용해서 대답하는 것을 알 수 있다. 그러다가 베드로가 계속해서 '필레오'를 말하자, 예수님이 어쩔 수 없이 사랑의 수준을 낮추어서 '필레이스'를 말한 것처럼 보인다. 그렇다면 과연 예수님이 아가페 사랑을 요구하셨지만, 베드로가 필레오 사랑을 말하자, 예수님이 이에 만족하지 않으시고 재차 물어보시다가 포기하셨을까?

그러나 헬라어에서 '아가파오'와 '필레오'의 의미는 다르지 않다. 요한복음에서 이 두 동사는 교호적으로interchangeably 사용되었다. 곧 아버지-아들'아가파오': 3:35; '필레오': 5:20, 아버지-제자14:23; 16:27, 예수님-나사로11:5; 11:3, 예수님-사랑하시는 제자13:23; 20:2 사이에 이 단어들이 아무런 의미의 차이 없이 사용되었다. 그리고 이 대화에는 다른 단어들도 같은 뜻이지만, 다르게 동원되었다. 즉, '어린양'아르니온, '양'프로바톤, '먹이다'보스코, '치다'포이마이노 등 같은 뜻에 사용된 헬라어 단어가 각기 다르다. 이렇게 단어를 다양하게 쓰는 것은 단어의 반복을 피하기 위한 요한의 문예 기법이다. 게다가 예수님과 베드로는 아람어로 대화했고, 요한은 헬라어로 복음서를 기록했다는 점을 유념해야 한다.

그렇다면 예수님이 베드로에게 자신을 사랑하느냐고 세 번이나 물으신 이유는 무엇일까? 이는 베드로가 예수님을 세 번 부인했던 일을 회복시켜 주시기 위해서였다참고. 18:15~18, 25~27.[8] 이러한 사실은 21장 17절의 "베드로가 근심하여 이르되"라는 문구를 통해서 알 수 있다. 예수님이 세 번이나 같은 질문을 하실 때 베드로는 세 번이나 같은 대답을 하면서 자신이 예수님을 세 번 부인했던 일을 떠올리면서 근심했다. 특히 예수님은 베드로가 그분을 세 번 부인했을 때의 상황을 그대로 재연하시는데, 아침에 '숯불'을 피워놓으신 일이 그러하다. 요한복음에서 '숯불'안뜨라키아은 단지 두 번 나오는데, 이곳과 베드로가 예수님을 부인했던 곳에만 나온다참고. 18:18. 그리고 그 두 사건은 모두 새벽에 일어났다.

그러므로 예수님이 베드로에게 "요한의 아들 시몬아 네가 나를 사랑하느냐"라고 세 번 물어보시고, 베드로가 "주님 그러하나이다 내가 주님을 사랑하는 줄 주님께서 아시나이다"라고 세 번 대답한 것은 이전에 베드로

---

8. 참고. Borchert, 2002, 273~76.

가 닭 울기 전에 주님을 세 번 부인한 것을 회복만회시켜 주시려는 의도였다. 예전에 베드로는 예수님을 부인한 후 통곡했다. 그는 예수님을 부인한 것에 대해 심한 죄책감을 느끼고 있었다. 그는 주님을 뵐 면목이 없었다. 주님의 일을 하기에 너무나 죄송했다. 이에 예수님은 베드로의 마음을 위로하시고 그가 회복할 수 있도록 기회를 주셨다. 그리고 예수님은 베드로에게 "내 양을 먹이라"라고 말씀하심으로써 베드로가 주님의 일을 힘차게 감당할 수 있게 해 주셨다.

(2) 예수님이 베드로와 사랑하시는 제자의 운명을 말씀하심(21:18~23)

18 내가 진실로 진실로 네게 이르노니 네가 젊어서는 스스로 띠 띠고 원하는 곳으로 다녔거니와 늙어서는 네 팔을 벌리리니 남이 네게 띠 띠우고 원하지 아니하는 곳으로 데려가리라 19 이 말씀을 하심은 베드로가 어떠한 죽음으로 하나님께 영광을 돌릴 것을 가리키심이러라 이 말씀을 하시고 베드로에게 이르시되 나를 따르라 하시니 20 베드로가 돌이켜 예수께서 사랑하시는 그 제자가 따르는 것을 보니 그는 만찬석에서 예수의 품에 의지하여 주님 주님을 파는 자가 누구오니이까 묻던 자더라 21 이에 베드로가 그를 보고 예수께 여짜오되 주님 이 사람은 어떻게 되겠사옵나이까 22 예수께서 이르시되 내가 올 때까지 그를 머물게 하고자 할지라도 네게 무슨 상관이냐 너는 나를 따르라 하시더라 23 이 말씀이 형제들에게 나가서 그 제자는 죽지 아니하겠다 하였으나 예수의 말씀은 그가 죽지 않겠다 하신 것이 아니라 내가 올 때까지 그를 머물게 하고자 할지라도 네게 무슨 상관이냐 하신 것이러라

예수님이 베드로의 사명과 운명에 관하여 말씀하신다18절. 예수님은 "내가 진실로 진실로 네게 이르노니"라는 이중 아멘 형식어구double amen formula를 사용하셔서 말씀의 무게를 싣는다. "네가 젊어서는 스스로 띠 띠고 원하는 곳으로 다녔거니와"라는 표현은 베드로가 젊을 때 자신이 원하는 대로 마음대로 다닐 것이라는 뜻이다. "네 팔을 벌리리니"라는 말은 그가 십자가에 못 박혀 죽을 것을 가리키는 것 같다. "원하지 않는 곳으로 데려가리라"라는 말은 사람들이 베드로를 처형장으로 데려가는 것을 뜻하는 것으로 보인다. 이는 이어지는 "이 말씀을 하심은 베드로가 어떠한 죽음으로 하나님께 영광을 돌릴 것을 가리키심이러라"라는 말로 뒷받침된다19절. 결국 베드로는 사명을 감당하다가 순교할 것이다.

요한복음의 독자들은 베드로가 순교한 후에 이 복음서를 읽고 있으므로 그가 십자가에 못 박혀 죽은 것은 사실로 보인다. 그들은 예수님이 이 예언을 하신 것을 되새기면서 베드로의 삶을 돌아보았을 것이다. 한편, 고대 교부들은 한결같이 베드로가 로마에서 네로에 의하여 죽임을 당했다고 증언하며, 일부 교부들은 그가 십자가에 거꾸로 못 박혀 죽임을 당했다고 말한다참고. *1 Clement* 5.4(주후 96년); *Tertullian, Scorpiace* 15(주후 211년); Eusebius, *Eccl. Hist*. 2.25.5; Eusebius, *Eccl. Hist*. 3.1.2. 하여튼 베드로가 십자가에서 죽은 것은 사실로 보인다. 하지만 베드로가 십자가에 거꾸로 달려서 죽었는지는 확인할 길이 없다.

베드로가 돌이켜 예수님이 "사랑하시는 그 제자"가 따르는 것을 보니 그는 만찬석에서 예수님의 품에 의지하여 "주님 주님을 파는 자가 누구오니이까"라고 묻던 사람이었다20절. 이에 베드로는 그를 보고 예수님께 "주님 이 사람은 어떻게 되겠사옵나이까"라고 묻는다21절. 그러자 예수님은 "내가 올 때까지 그를 머물게 하고자 할지라도 네게 무슨 상관이냐 너는 나를 따르라"라고 말씀하신다22절. 이것은 다른 제자에 대해서는 상관하지 말고 자신을 따르기만 하라는 뜻이다. 사랑하시는 제자는 베드로와 다른 운명에 처할 것이 암시되는데, 베드로가 순교한 것과 달리 사랑하시는 제자는 오랫동안 살아 있을 것처럼 비친다. 하지만 "내가 올 때까지 그를 머물게 하고자 할지라도"라는 말은 그 제자가 죽지 않을 것이라는 소문이 되어서 퍼지는데, 이에 요한은 그것이 그런 뜻이 아니라고 바로잡는다23절.

3. 에필로그(21:24~25)

요한복음의 가장 마지막 부분을 '에필로그'epilogue라고 할 수 있는데, 이 부분은 요한의 제자들에 의해 첨가되었을 가능성이 크다. 이곳 에필로그에서 "우리"라는 언급이 나오는 것은 프롤로그1:1~18에서 "우리"가 나오는 것과 어울린다. 그리고 "증언"이라는 단어는 프롤로그에 나오는 세례 요한의 "증언"을 떠올린다. 에필로그는 프롤로그에서 제시된 예수님에 관한 기독론적 칭호들이 요한복음 전체에서 기술된 것을 사실이라고 증언하는 역할을 한다.

"이 일들을 증언하고 이 일들을 기록한 제자가 이 사람이라"라는 말은 사랑하시는 제자인 요한이 예수님과 함께 생활하면서 그가 보고 들은 그대로 기록하였다는 점을 반영하며, "우리는 그의 증언이 참된 줄 아노라"라는 말은 요한의 제자들이 요한의 증언을 사실이라고 보증하는 것을 반영한다24절.[9] 그러나 요한은 예수님의 모든 행적을 다 기록한 것이 아니라, 목적에 따라 선별해서 기록했다고 말한다25절; 참고. 20:30~31. 따라서 독자들은 이 복음서를 기록한 저자의 의도에 따라 읽어야 한다. 즉 독자들은 이 복음서를 읽음으로써 예수 그리스도를 알고 믿어야 한다.

---

9. Burge, 591.

요한복음의 연구에 유용한 도서 목록

여기에 나열된 도서들은 이 책을 쓰면서 참고한 책들이지만 나아가서 요한복음을 연구하는 데 도움이 될 만한 책들이다. 물론 세상에는 여기에 나열되지 않은 훌륭한 책들과 논문들이 무수히 많다. 지금 이 순간에도 새로운 책들과 논문들이 쏟아져 나오고 있다. 따라서 요한복음을 더 깊이 연구하려는 독자들은 이 도서 목록을 참고하되 여기에 제시되지 않은 도서들과 논문들을 살펴볼 수 있다.

권해생, 『요한복음』. 개정판. 서울: 총회출판국, 2021.
김동수, 『생명의 복음: 설교자를 위한 요한복음 주해』. 서울: 킹덤북스, 2016.
김병국, 『설교자를 위한 요한복음 강해』. 서울: 대서, 2014.
김세윤, 『요한복음 강해』. 서울: 두란노, 2011.
류호준, 『영생의 복음: 요한복음의 메시지』. 서울: 새물결플러스, 2013.
얀 판 더 바트, 『요한문헌 개론』, 황원하 역. 서울: CLC, 2011.
이성호, 『요한복음, 복음으로 읽기』. 서울: 좋은씨앗, 2020.
조석민, 『이해와 설교를 위한 요한복음』. 서울: 이레서원, 2019.

Appold, M. L., *The Oneness Motif in the Fourth Gospel*. Tübingen: J. C. B. Mohr [Paul Siebeck], 1976.

Ashton, J., *Understanding the Fourth Gospel*. London: Oxford University Press, 1991.

Ball, D. M., *'I am' in John's Gospel: Literary Function, Background and Theological Implications.* JSNT. SS 124. Sheffield: Sheffield Academic Press, 1996.

Barnhart, B., *The Good Wine: Reading John from the Center*. New York: Paulist Press, 1993.

Barrett, C. K., *The Gospel according to St. John: An Introduction with Commentary and Notes on the Greek Text*, revised edition. London: SPCK, [1955] 1978.

Beasley-Murray, G. R., *John*. Waco: Word Books, 1987.

Becker, J., *Das Evangelium nach Johannes: Kapitel 11-21*. Ökumenischer Taschenbuchkommetar zum Neuen Testament 4. Würzburg: Gütersloher Verlagshaus, 1981.

Bernard, J. H., *A Critical and Exegetical Commentary on the Gospel according to St. John*, 2 vols. Edinburgh: T&T Clark, 1928.

Bieringer, R., Pollefeyt, D., Vandecasteele-Vanneuville, F. (eds.), *Anti Judaism and the Fourth Gospel: Papers of the Leuven Colloquium, 2000*. Louisville: Westminster John Knox Press, 2001.

Blomberg, C. L., *The Historical Reliability of John's Gospel: Issues & Commentary*. Downers Grove: Inter Varsity Press, 2001.

Booth, S., *Selected Peak Marking Features in the Gospel of John*. New York: Peter Lang, 1996.

Borchert, Gerald L., *John 1-11*. The New American Commentary. Nashville: Broadman & Holman Publishers, 1996.

Borchert, Gerald L., *John 12-21*. The New American Commentary. Nashville: Broadman & Holman Publishers, 2002.

Borhhäuser, K., *Das Johannesevangelium: Eine Missionsschrift für Israel*. Gütersloh: Bertelsmann, 1928.

Botha, J. E., *Jesus and the Samaritan Woman: A Speech Act Reading of John 4:1-42*. Leiden: Brill, 1991.

Brodie, T. L., *The Gospel according to John*. Oxford: Oxford University Press, 1993.

Brodie, T. L., *The Quest for the Origin of John's Gospel: A Source-oriented Approach*. Oxford: Oxford University Press, 1993.

Brown, R. E., *An Introduction to the Gospel of John*, edited and updated by F J Moloney. Now York: Doubleday, 2003.

Brown, R. E., *The Community of the Beloved Disciple: The Life, Loves and Hates of an Individual Church in New Testament Times*. London: Geoffrey Chapman, 1979.

Brown, R. E., *The Gospel according to John*, 2 vols. New York: Doubleday, 1966-70.

Bruce, F. F., *The Gospel of John*. Grand Rapids: Eerdmans, 1983.

Bultmann, R., *The Gospel of John: A Commentary*, translated by G R Beasley-Murray. Oxford: Basil Blackwell, 1971.

Burge, G. M., *The Anointed Community: The Holy Spirit in the Johannine Tradition*. Grand Rapids: Eerdmans, 1987.

Burge, G. M., *The Gospel of John*. NIV Application Commentary. Grand Rapids: Zondervan, 2000.

Burkett, D., *The Son of the Man in the Gospel of John*. JSNT. SS 56. Sheffield: Sheffield Academic Press, 1991.

Carson, D. A., *The Gospel according to John*. Grand Rapids: Eerdmans, 1991.

Casurella, A., *The Johannine Paraclete in the Church Fathers*. Tübingen: J. C. B. Mohr [Paul Siebeck], 1983.

Coetzee, J. C., The Gospel according to John: Introduction and theology (The theology of John), in Du Toit, A B (ed.), *Guide to the New Testament, vol VI: The Gospel of John; Hebrews to Revelation*, 40-77. Pretoria: N.G. Kerkboekhandel, 1993.

Collins, R. F., *These things have been written: Studies on the Forth Gospel*. Grand Rapids: Eerdmans, 1990.

Coloe, M. L., *God Dwells with Us: Temple Symbolism in the Fourth Gospel*. Collegeville: The Liturgical Press, 2001.

Counet, P. C., *John, A Postmodern Gospel: Introduction to Deconstructive Exegesis Applied to the Fourth Gospel*. Leiden: Brill, 2000.

Countryman, L. W., *Mystical Way in the Fourth Gospel: Crossing over into God*. Valley Forge: Trinity Press International, 1994.

Culpepper, R. A., *Anatomy of the Fourth Gospel: A Study in Literary Design*. Philadelphia: Fortress Press, 1983.

Culpepper, R. A., *The Gospel and Letters of John*. Nashville: Abingdon Press, 1998.

Culpepper, R. A., *The Johannine School: An Evaluation of the Johannine School Hypothesis based on an Investigation of Ancient Schools*. Missoula: Scholars Press, 1975.

De Boer, M. C., *Johannine perspectives on the death of Jesus*. Kampen: Kok, 1996.

De Jonge, M., *Jesus: Stranger from Heaven and Son of God: Jesus Christ and the Christians in Johannine Perspective.* Missoula: Scholars Press, 1977.

Dodd, C. H., *The Interpretation of the Fourth Gospel*. Cambridge: Cambridge University Press, 1953.

Du Rand, J. A., *Entole in die Johannesevangelie en -briewe*. Pretoria: RGN, 1981.

Du Rand, J. A., *Johannine Perspective: Introduction to the Johannine Writings - Part I.* Johannesburg: Orion, 1997.

Du Rand, J. A., The Gospel according to John: Introduction and Theology (Introduction to the Gospel of John), in Du Toit, A B (ed.), *Guide to the*

New Testament, vol VI: The Gospel of John; Hebrews to Revelation, 1-39. Pretoria: N.G. Kerkboekhandel, 1993.

Duke, P., *Irony in the Forth Gospel*. Atlanta: John Knox, 1985.

Ferreira, J., *Johannine Ecclesiology*. JSNT. SS 160. Sheffield: Sheffield Academic Press, 1998.

Fortna, R. T., *The Forth Gospel and Its Predecessor: From Narrative Source to Present Gospel*. Philadelphia: Fortress Press, 1988.

Fortna, R. T., *The Gospel of Signs: A Reconstruction of the Narrative Source Underlying the Forth Gospel*. Cambridge: Cambridge University Press, 1970.

Frey, J., Van der Watt, J. G., Zimmermann, R. (eds.), *Imagery in John's Gospel*. Tübingen: J. C. B. Mohr [Paul Siebeck], 2006.

Furnish, V. P., *The Love Commandment in the New Testament*. London: SCM Press, 1973.

Guilding, A., *The Fourth Gospel and Jewish Worship: A Study of the Relation of St. John's Gospel to the Ancient Jewish Lectionary System*. Oxford: Clarendon Press, 1960.

Haenchen, E., *A Commentary on the Gospel of John*, 2 vols., translated by R W Funk. Philadelphia: Fortress Press, 1984.

Harris, E., *Prologue and Gospel: The Theology of the Fourth Evangelist*. JSNT. SS 107. Sheffield: Sheffield Academic Press, 1994.

Harris, M. J., *John: Exegetical Guide to the Greek New Testament*. Nashville: B&H Publishing Group, 2015.

Harvey, A. E., *Jesus on Trial: A Study in the Fourth Gospel*. London: SPCK, 1976.

Hendriksen, W., *A Commentary on the Gospel of John*. Edinburgh: The Banner of Truth Trust, [1954] 1961.

Holwerda, D. E., *The Holy Spirit and Eschatology in the Gospel of John: A Critique of Rudolf Bultmann's Present Eschatology*. Kampen: Kok,

1959.
Hoskyns, E. C., *The Fourth Gospel*. London: Faber, 1947.
Howard, W. F., *The Gospel according to John*. Nashville and New York: Abingdon, 1952.
Johnson, A. M., *The Cultural Context of the Gospel of John: A Structural Approach*. Michigan: University of Pittsburgh, 1978.
Johnston, G., *The Spirit-Paraclete in the Gospel of John*. Cambridge: Cambridge University Press, 1970.
Karris, R. J., *Jesus and the Marginalized in John's Gospel*. Collegeville: The Liturgical Press, 1990.
Käsemann, E., *The Testament of Jesus: A Study of the Gospel of John in the Light of Chapter 17*. Philadelphia: Fortress Press, 1978.
Kealy, S. P., *John's Gospel and the History of Biblical Interpretation*, 2 vols. Wales: The Edwin Mellen Press, 2002.
Keener, C. S., *The Gospel of John*. Peabody: Hendrickson Publishers, 2003.
Kerr, A. R., *The Temple of Jesus' Body: The Temple Theme in the Gospel of John*. Sheffield: Sheffield Academic Press, 2002.
Koester, C. R., *Symbolism in the Forth Gospel: Meaning, Mystery, Community*, second edition. Minneapolis: Fortress Press, [1995] 2003.
Köstenberger, A. J., John. Grand Rapids: Baker Academic, 2004.
Köstenberger, A. J., *The Mission of Jesus and the Discipleship: with implications for the Forth Gospel's Purpose and the Mission of the Contemporary Church*. Grand Rapids: Eerdmans, 1998.
Kysar, R., *John*. Minneapolis: Augsburg Publishing House, 1986.
Kysar, R., *The Fourth Evangelist and his Gospel*. Minneapolis: Augsburg Publishing House, 1975.
Kysar, R., *The Maverick Gospel*, revised edition. Louisville: Westminster John Knox Press, [1976] 1993.
Lee, D. A., *The Symbolic Narrative of the Forth Gospel: The Interplay of Form*

and Meaning. Sheffield: Sheffield Academic Press, 1994.
Lightfoot, R. H., *St. John's Gospel*. Oxford: Clarendon Press, 1956.
Lincoln, A. T., *Truth on Trial: The Lawsuit Motif in the Fourth Gospel*. Peabody: Hendrickson Publishers, 2000.
Lindars, B., *Behind the Fourth Gospel*. London: SPCK, 1971.
Lindars, B., *The Gospel of John*. London: Marshall, Morgan & Scott, 1972.
Lozada, F., *A Literary Reading of John 5: Text as Construction*. New York: Peter Lang Publishing, 2000.
Malina, B. J. & Rohrbaugh, R. L., *Social-Science Commentary on the Gospel of John*. Minneapolis: Fortress Press, 1998.
Marsh, J., *Saint John*. Harmondsworth and Baltimore: Penguin Books, 1968.
Martyn, J. L., *History and Theology in the Fourth Gospel*. Nashville: Abingdon Press, 1979[1968].
Maurice F. W., *The Spiritual Gospel: The Interpretation of the Fourth Gospel in the Early Church*. Cambridge: Cambridge University Press, 1960.
Michaels, J. R., *The Gospel of John*. NICNT. Grand Rapids: Eerdmans Publishing Co, 2010.
Mlakuzhyil, G., *The Christocentric Literary Structure of the Forth Gospel*. Roma: Pontifical Biblical Institute, 1987.
Moloney, F. J., *Belief in the Word: Reading John 1-4*. Minneapolis: Fortress Press, 1993.
Moloney, F. J., *John*. Collegeville: The Liturgical Book, 1998.
Moloney, F. J., *Signs and Shadows: Reading John 5-12*. Minneapolis: Fortress Press, 1996.
Morris, L., *The Gospel according to John: The English Text with Introduction, Exposition, and Notes*. New International Commentary on the New Testament. Grand Rapids: Eerdmans, 1971.
Newman, B. M. & Nida, E. A., *The Handbook on the Gospel of John*. New York: United Bible Society, 1980.

Nicol, W., *The Semeia in the Forth Gospel: Tradition and Redaction*. Novum Testamentum Supplements 32. Leiden: Brill, 1972.

Novakovic, L., *John 1-10 & 11-21: A Handbook on the Greek Text*. Waco: Baylor University Press, 2020.

O'Day, G., *Revelation in the Fourth Gospel: Narrative Mode and Theological Claim*. Philadelphia: Fortress Press, 1986.

O'Day, G., *The Word Disclosed: John's Story and Narrative Preaching*. St. Louis: CBP Press, 1987.

Orchard, H. C., *Courting Betrayal: Jesus as Victim in the Gospel of John*. JSNT. SS 161. Sheffield: Sheffield Academic Press, 1998.

Painter, J., *The Quest for the Messiah: the History, Literature and Theology of the Johannine Community*, second edition. Edinburgh: T&T Clark, 1993.

Parsenios, G. L., *Departure and Consolation: The Johannine Farewell Discourses in Light of Greco-Roman Literature*. Brill: Leiden, 2005.

Peterson, N. R., *The Gospel of John and the Sociology of Light: Language and Characterization in the Forth Gospel*. Harrisburg: Trinity Press International, 1993.

Pryor, J. W., *John: Evangelist of the Covenant People: The Narrative and Theme of the Fourth Gospel*. London: Darton, Longman and Todd, 1992.

Raney, W. H., *The Relation of the Fourth Gospel to the Christian*. Giessen, 1933.

Rensberger, D., *Overcoming the World: Politics and Community in the Gospel of John*. London: SPCK, 1989.

Resseguie, J. L., The Strange Gospel: Narrative Design & Point of View in John. Leiden: Brill, 2001.

Richter, G., *Die Fußwaschung im Johannesevagelium*. Regensburg: Pustet, 1967.

Richter, G., *Studien zum Johannesevangelium*. Biblische Untersuchungen 13. Regensburg: Friedrich Pustet, 1977.

Ridderbos, H. N., *The Gospel according to John: A Theological Commentary*, translated by J Vriend. Grand Rapids: Eerdmans, 1997[1987].

Robinson, J. A. T., *The Priority of John*. London: SCM Press, 1985.

Schenke, L., *Johannes: Kommentar*. Dusseldorf: Patmos, 1998.

Schlatter, A., *Der Evangelist Johannes*, second edition. Stuttgart: Calwer, 1948.

Schmithals, W., *Johannesevangelium und Johannesbriefe*. Berlin: W. de Gruyter, 1992.

Schnackenburg, R., *The Gospel according to St John, vol. 1: Introduction and Commentary*, 3 vols. translated by C Hastins, F McDonagh, D Smith and R Foley. London: Burns & Oates, [1965] 1968-[1975] 1982.

Schneider, J., *Das Evangelium nach Johannes*. Berlin: Evangelische Verlaganstalt, 1976.

Schnelle, U., *Antidocetic Christology in the Gospel of John: an investigation of the place of the Fourth Gospel in the Johannine school*. Minneapolis: Fortress Press, 1992.

Schnelle, U., *Das Evangelium nach Johannes*. Leipzig: Evangelische Verlagsanstalt, 1998.

Schulz, S., *Das Evangelium nach Johannes*. Göttingen: Vandenhoeck & Ruprecht, 1978.

Scott, E. F., *The Fourth Gospel: Its Purpose and Theology*. Edinburgh: T&T Clark, 1908.

Scott, M., *Sophia and the Johannine Jesus*. JSNT. SS 71. Sheffield: Sheffield Academic Press, 1992.

Segovia, F. F., *The Farewell of the Word*. Minneapolis: Fortress Press, 1991.

Smalley, S. S., *John: Evangelist and Interpreter*. London: The Paternoster Press, 1978.

Smith, D. M., *Johannine Christianity: Essays on Its Setting, Source, and*

Theology. Edinburgh: T&T Clark, 1987.

Smith, D. M., *John*. Philadelphia: Fortress Press, 1986.

Smith, D. M., *Theology of the Gospel of John*. Cambridge: Cambridge University Press, 1995.

Staley, J. L., *The Print's first Kiss: A Rhetorical Investigation of the Implied Reader in the Forth Gospel*. Atlanta: Scholars Press, 1988.

Stibbe, M. W. G., *John as Storyteller: Narrative Criticism and the Forth Gospel*. Cambridge: Cambridge University Press, 1992.

Stibbe, M. W. G., *John*. Sheffield: Sheffield Academic Press, 1993.

Talbert, C. H., *Reading John: A Literary and Theological Commentary on the Fourth Gospel and the Johannine Epistles*. New York: The crossroad publishing company, 1992.

Teeple, H. M., *The Literary Origin of the Gospel of John*. Evanston: Religion and Ethics Institute, 1974.

Temple, S., *The Core of the Fourth Gospel*. London: Mowbray, 1975.

Tenney, M. C., *John, the Gospel of Belief: An Analytic Study of the Text*. Grand Rapids: Eerdmans, 1954.

Thomas, J. C., *Footwashing in John 13 and the Johannine community*. JSNT. SS 61. Sheffield: Sheffield Academic Press, 1991.

Tolmie, D. F., *Jesus' Farewell to the Disciples: John 13:1-17:26 in Narratological Perspective*. Leiden: Brill, 1995.

Tuckett, C., *Reading the New Testament: Methods of Interpretation*. Philadelphia: Fortress Press, 1987.

Van Belle, G., *Johannine Bibliography 1966-1985: A Cumulative Bibliography on the Fourth Gospel*. Leuven: Leuven University Press, 1988.

Van Belle, G., Van der Watt, J. G., Maritz, P. (eds.), *Theology and Christology in the Fourth Gospel*. Leuven: Leuven University Press, 2005.

Van der Watt, J. G. (ed.), *Salvation in the New Testament: Perspectives on Soteriology*. NovTSup 121. Leiden: Brill, 2005.

Van der Watt, J. G., *Family of the King: Dynamics of Metaphor in the Gospel according to John*. Leiden: Brill, 2000.

Van Tilborg, S., *Imaginative Love in John*. Leiden: Brill, 1993.

Van Tilborg, S., *Reading John in Ephesus*. Leiden: Brill, 1996.

Von Wahlde, J., *The Earliest Version of John's Gospel: Recovering the Gospel of Signs*. Wilmington: Michael Glazier, 1989.

Westcott, B. F., *The Gospel according to St. John*. Michigan: Eerdmans, 1954[1908].

Westermann, C., *The Gospel of John in the Light of the Old Testament*, translated by S S Schatsmann. Peabody: Hendrickson Publishers, 1998.

Whitacre, R. A., *John*. Leicester: IVP, 1999.

Wikenhauser, A., *Das Evangelium nach Johannes*. Regensurg: Friedrich Pustet, 1957.

Wilckens, U., *Das Evangelium nach Johannes*. Göttingen: Vandenhoeck & Ruprecht, 1998.

Wiles, M. F., *The Spiritual Gospel: The Interpretation of the Fourth Gospel in the Early Church*. Cambridge: Cambridge University Press, 1960.

Windisch, H., *The Spirit-Paraclete in the Fourth Gospel*, translated by J W Cox. Facet Books Biblical Series 20. Philadelphia: Fortress Press, 1968.

Witherington III, B., *John's wisdom*. Louisville: Westminster John Knox press, 1995.

Woll, D. B., *Johannine Christianity in Conflict: Authority, Rank and Succession in the First Farewell Discourse*. Michigan: Scholars Press, 1981.

Yee, G. A., *Jewish Feasts and the Gospel of John*. Wilmington: Michael Glazier, 1989.